Modernes Seevölkerrecht

Veröffentlichungen des Instituts für
Internationales Recht an der Universität Kiel

Herausgegeben von

Jost Delbrück · Wilhelm A. Kewenig · Rüdiger Wolfrum

101

Akademie der Wissenschaften der UdSSR
Institut für Staat und Recht

Modernes Seevölkerrecht

Zusammenarbeit der sozialistischen Staaten
Internationale maritime Organisationen
Wirtschaftszone
Streitbeilegung
Problem der maritimen Rüstungsbegrenzung

Verantwortlicher Redakteur:
Marklen Ivanovič Lazarev

Übersetzt von Dr. iur. Elmar Rauch LL.M.

Redaktionelle Betreuung der Übersetzung:
Susanne Reese und Dr. Ursula Heinz

Duncker & Humblot / Berlin

Gedruckt mit Unterstützung der Fritz Thyssen Stiftung, Köln

CIP-Titelaufnahme der Deutschen Bibliothek

Modernes Seevölkerrecht; Zusammenarbeit d. sozialist. Staaten, internat. maritime Organisationen, Wirtschaftszone, Streitbeilegung, Problem d. maritimen Rüstungsbegrenzung / Akad. d. Wiss. d. UdSSR, Inst. für Staat u. Recht. Verantw. Red.: von Marklen Ivanovič Lazarev. Übers. von Elmar Rauch. — Berlin: Duncker u. Humblot, 1987
(Veröffenlichungen des Instituts für Internationales Recht an der Universität Kiel; 101)
Einheitssacht.: Sovremennoe meždunarodnoe morskoe pravo <dt.>
ISBN 3-428-06352-X
NE: Lazarev, Marklen Ivanovič [Red.]: Institut Gosudarstva i Prava <Moskva>; EST; Institut für Internationales Recht <Kiel>: Veröffenlichungen des Instituts ...

Satz: Hagedornsatz, Berlin 46
Druck: Berliner Buchdruckerei Union GmbH, Berlin 61
Printed in Germany

ISBN 3-428-06352-X

Vorwort

Mit diesem Werk liegt die Seevölkerrechtstrilogie „Modernes Seevölkerrecht" des Instituts für Staat und Recht der Akademie der Wissenschaften der UdSSR geschlossen in deutscher Übersetzung vor. Die beiden vorhergehenden Bände waren 1974 und 1978 in Moskau erschienen. Der erste Band trug den Untertitel „Die Rechtsordnung der Gewässer und des Bodens des Weltmeeres". Die deutsche Übersetzung wurde 1978 von der Nomos Verlagsgesellschaft Baden-Baden als Band 2 der Schriftenreihe des Bundesinstituts für ostwissenschaftliche und internationale Studien in Köln veröffentlicht. Band zwei mit dem Untertitel „Wissenschaftliche Forschung, Schutz der Meeresumwelt, Handels- und Kriegsschiffahrt" erschien in deutscher Übersetzung 1981 im Verlag Peter Lang, Frankfurt / Bern als Band 5 der Schriftenreihe Völkerrecht und Internationale Politik.

Verantwortlicher Redakteur der Arbeiten von unterschiedlich zusammengesetzten Autorenkollektiven war in allen drei Fällen Professor Marklen Ivanovič Lazarev, der diesem dreibändigen Handbuch für die Praxis eine mehr theoretische Arbeit an die Seite gestellt hat, die in dem vorliegenden Buch vielfach zitiert wird. Dieses Werk mit dem Titel „Theoretische Fragen des modernen Seevölkerrechts" ist in deutscher Übersetzung als Band 91 dieser Schriftenreihe erschienen.

Einige der sowjetischen Gesetzgebungsakte und Stellungnahmen auf der 3. VN-Seerechtskonferenz, auf die in der vorliegenden Arbeit Bezug genommen wird, sind als Anhänge I bis X meines Buches „Die Sowjetunion und die Entwicklung des Seevölkerrechts" (Wissenschaftlicher Autoren-Verlag Berlin, 1982) in deutscher Übersetzung verfügbar.

Die nach Osten hin vorfindbare Sprachbarriere sollte angesichts unserer geopolitischen Lage an der Nahtstelle zwischen den beiden Blöcken kein Hindernis sein, die sowjetische Literatur in die völkerrechtliche Diskussion miteinzubeziehen. Besonderer Dank gebührt daher dem Institut für Internationales Recht an der Universität Kiel, das mit dem oben erwähnten Lehrbuch Lazarevs, dem Werk Grigorij Ivanovič Tunkins (Recht und Gewalt im Internationalen System, Band 93 der Veröffentlichungen) und der vorliegenden Kollektivarbeit in kurzer Zeit drei maßgebliche sowjetische Völkerrechtslehrbücher in deutscher Sprache vorgelegt hat.

Derselbe Dank gilt der Fritz Thyssen Stiftung in Köln, ohne deren großzügige Unterstützung weder das Werk Lazarevs noch der vorliegende Band hätten erscheinen können.

Bonn, im Dezember 1987 Elmar Rauch

Vorbemerkung

Der russische Originaltitel des Buches lautet:

Sovremennoe meždunarodnoe morskoe pravo

Sotrudničestvo socialističestkich stran

Meždunarodnye morskie organizacii

Ekonomičeskaja zona

Razrešenie sporov

Problema ograničenija morskich vooruženij

Es wurde vom Wissenschaftlichen Rat des Instituts für Staat und Recht der Akademie der Wissenschaften der UdSSR zum Druck freigegeben und ging am 20. Januar 1984 in den Satz und am 22. Juni 1984 in den Druck. Das Buch erschien im Verlag „NAUKA" („Wissenschaft"), 117864 GSP-7 Moskva. V-485, Profsojusnaja ul. 90, in einer Auflage von 2 600 Exemplaren. Es trägt die Buchnummer IB No. 26835.

Die Autoren dieses Bandes

Einführung:	P. D. Barabolja M. I. Lazarev
Teil I:	
§ 1	S. A. Gureev
§ 2	V. F. Carev
§ 3	V. F. Sidorčenko
§ 4	I. E. Tarchanov
Teil II:	
§§ 1-3	R. F. Sorokin
§ 4	T. M. Staržina
§ 5	A. L. Kolodkin M. E. Volosov
§ 6	M. I. Lazarev
Teil III:	
§ 1	P. D. Barabolja
§ 2	B. G. Chabirov
Teil IV:	
§ 1	M. I. Lazarev G. G. Šinkareckaja
§§ 2-4	G. G. Šinkareckaja
Teil V:	
§§ 1-3	G. F. Kalinin
Nachwort:	M. I. Lazarev
Schlußbemerkung zu den drei Bänden:	M. I. Lazarev
Verantwortlicher Redakteur:	M. I. Lazarev

Inhaltsverzeichnis

DRITTER TEIL

VIERTER TEIL

FÜNFTER TEIL

Einführung

Der XXXVI. Parteitag der KPdSU widmete den Fragen der internationalen Politik, den Maßnahmen zur Verringerung der Kriegsgefahr, der Zügelung des Wettrüstens sowie der Erhaltung und Festigung der Entspannung höchste Aufmerksamkeit. Der Parteitag verabschiedete neue grundlegende Entschließungen, die darauf gerichtet sind, die Völker von der Gefahr eines Atomkrieges zu befreien und den Frieden auf Erden zu erhalten. Diese Leitsätze stellten eine organische Weiterführung und Fortentwicklung des Programms des Friedens bezüglich der brennendsten und aktuellsten Probleme der internationalen Angelegenheiten unserer Tage dar. Die Sowjetunion betrieb und betreibt auch weiterhin aktiv eine Leninistische Politik der friedlichen Koexistenz und der gegenseitig nützlichen Zusammenarbeit mit den kapitalistischen Staaten und des harten Widerstandes gegen die aggressiven Umtriebe des Imperialismus. Die konsequente friedliebende Politik unseres Landes, die unermüdlichen Anstrengungen der UdSSR im Kampf für den Frieden, die Entwicklung der Zusammenarbeit mit allen Staaten unseres Planeten sowie die neuen Vorschläge zur Verhütung eines Rüstungswettlaufs — alles dies widerlegt die falschen Behauptungen der herrschenden Kreise westlicher Länder, in erster Linie der USA, von einer „sowjetischen militärischen Bedrohung". Den imperialistischen Kräften wird es nicht gelingen, die Völker zu täuschen. Die gesamte fortschrittliche Menschheit unserer Tage wendet sich gegen die Gefahr eines thermonuklearen Krieges und gegen die Entfesselung einer neuen, weiteren Phase des Rüstungswettlaufs durch die ultrareaktionären Kräfte unter Führung der imperialistischen USA. In diesem Zusammenhang wird in der Gemeinsamen Erklärung, die auf dem Treffen der Parteivorsitzenden und Staatschefs einer Reihe sozialistischer Staaten am 28. Juni 1983 in Moskau erarbeitet wurde, die besondere Aufmerksamkeit der Völker aller Länder der Welt auf das Anwachsen „der Gefahr eines Atomkrieges mit allen seinen katastrophalen Folgen" gerichtet.[1] In seiner Rede vor dem Februarplenum (1984) des Zentralkomitees der KPdSU erklärte der Generalsekretär des ZK der KPdSU, *K. U. Černenko*: „Der große Lenin hinterließ uns als Vermächtnis das Prinzip der friedlichen Koexistenz von Staaten mit unterschiedlicher Gesellschaftsordnung. Wir sind diesem Prinzip unverändert treu. Heute, im Zeitalter von Kernwaffen und höchst präzisen Raketen, ist es für die Völker unverzichtbarer denn je."[2] Nachdem er in einer Rede vom 2. März 1984 vor den Wählern des Moskauer Stadtbezirks Kujbyšev

---

[1] Pravda vom 29. Juni 1983.

[2] Materialy vneočerednogo Plenuma Central'nogo Komiteta KPSS, 13 fevralja 1984 g., M. Politizdat 1984, S. 19.

das Problem der Politik der Kernwaffenmächte angeschnitten hatte, unterstrich *K. U. Černenko* auch, „daß lebenswichtige Interessen der gesamten Menschheit sowie die Verantwortung der Staatsmänner gegenüber heutigen und künftigen Generationen es erfordern, daß die Beziehungen zwischen diesen Mächten bestimmten Normen unterliegen.“[3]

Einen wichtigen Platz im Kampf für die Festigung des Prinzips der friedlichen Koexistenz und der Zusammenarbeit der Staaten nimmt die Nutzung des Weltmeeres sowie die Ausarbeitung seines neuen völkerrechtlichen Regimes ein. Auf dem Juniplenum (1983) des ZK der KPdSU wurde erwähnt, daß es nicht wenige große Probleme gibt, die alle Länder der Welt betreffen und deren Bedeutung ständig wächst: zum Beispiel die Erhaltung der Natur auf unserem Planeten, die Gewinnung neuer Energiequellen sowie die Erschließung des Weltraums und der Naturschätze des Weltmeeres.[4] Bekanntlich haben sich die Völkerrechtsordnung der verschiedenen Bereiche des Weltmeeres sowie das Seevölkerrecht insgesamt im Verlauf einer langen historischen Periode stets unter dem unmittelbaren Einfluß des Wandels staatlicher Maßnahmen zur Nutzung der Ozeane und Meere sowie ihrer Naturschätze entwickelt. In den letzten Jahrzehnten haben sich diese Veränderungen erheblich schneller vollzogen. In der zeitgenössischen Epoche entstanden durch die Erfolge der wissenschaftlich-technischen Revolution und die Entwicklung der Weltwirtschaft reale Möglichkeiten sowie materielle und technische Voraussetzungen für eine in der Vergangenheit unvorstellbare Erweiterung der Nutzung des Weltmeeres und seiner Naturschätze. Die Erschließung der Tiefen des Ozeans und die Entwicklung einer neuen Technologie erlaubten es, in durchaus beträchtlichem Umfange mit der Förderung wertvoller mineralischer Naturschätze des Meeresbodens zu beginnen. Die Staatenmehrheit sieht zu Recht in den Reichtümern des Weltmeeres eine der Quellen des eigenen Wohlstandes. Jetzt richtet die gesamte Menschheit ihre Aufmerksamkeit auf das Weltmeer. Sie hat, wie viele Wissenschaftler sagen, eine „Hinwendung zum Meer“ vollzogen. Die Entwicklungsländer rechnen damit, durch die Nutzung der Naturschätze der Meere und Ozeane ihre Volkswirtschaften erheblich zu stärken. Daher rührt das Bestreben dieser Länder, ein neues Völkerrecht zu schaffen, das in erster Linie ihre Interessen berücksichtigt. Nach den Worten des bekannten mexikanischen Juristen *Jorge A. Vargas* sind die Entwicklungsländer erfüllt von dem Wunsch, ein neues Seevölkerrecht zu schaffen, das auf die Philosophie der Entwicklung gegründet und auf die Schaffung einer neuen, harmonischen, gerechten und gleichberechtigten Völkerrechtsordnung gerichtet ist.[5] Die Lösung dieser Aufgabe erwies sich, wie die Praxis der Arbeit der 3. VN-Seerechtskonferenz zeigte, als äußerst

---

[3] Pravda vom 3. März 1984.

[4] Materialy Plenuma Central'nogo Komiteta KPSS, 14-15 ijunja 1983 g., M. Politizdat 1983, S. 24.

[5] *J. A. Vargas*, Contribucion de la America Latina al Derecho del Mar, Mexiko 1978, Bd. 1, No. 3, S. 141.

schwierig. In einer Analyse über den Wandel der Nutzung von Ozeanen und Meeren während der letzten beiden Jahrzehnte stellte der maltesische Wissenschaftler *Arvid Pardo*, einer der Theoretiker der Entwicklungsländer in Fragen des Seerechts, den man den „Vater“ vieler moderner Konzeptionen auf dem Gebiet der Nutzung der Tiefseeressourcen nennt, fest, daß sich eine Explosion nationaler Ansprüche auf das Weltmeer vollzogen habe.[6] In der Tat ist heute das Leben von Hunderten von Millionen von Menschen, die mit traditionellen und neuen Meeresaktivitäten wie Seeschiffahrt, Fischfang, Förderung der Naturschätze des Meeresbodens und -untergrundes befaßt sind, untrennbar mit dem Weltmeer verbunden. Im Jahre 1979 wurden mehr als 80% des Welthandels durch Seetransport abgewickelt[7], auf dem Weltmeer befanden sich 20-25 Millionen großer, mittlerer und kleiner Schiffe sowie sonstiger schwimmender Vorrichtungen.[8] Der jährliche Weltfischfangertrag überstieg 74 Millionen Tonnen.[9] Mehr als 22% der Weltförderung an Erdöl werden aus Bohrlöchern auf den Festlandsockeln und in küstennahen Bereichen erzielt. Im Jahre 1985 wird nach den Prognosen der Wissenschaftler der Anteil der maritimen Erdölförderung 40% der Gesamtmenge erreichen.[10]

Bis 1979 hatten schon fast 100 Staaten entlang ihrer Küsten 200 sm Ausschließliche Wirtschaftszonen oder Fischereizonen errichtet.[11] Einerseits vollzog sich also eine „wirtschaftliche Anbindung“ weiter Bereiche des Weltozeans an die Küstenstaaten, andererseits aber verstärkte sich die „Entfremdung“ dieser Gebiete von der wirtschaftlichen Tätigkeit anderer Länder. Wissenschaftler, Diplomaten, Juristen und Politiker vieler Staaten entwickelten eine Reihe von Konzeptionen, Theorien und juristischen Begriffen, mit denen Rechte auf unterschiedliche maritime, der gemeinsamen Nutzung unterliegende Gewässerbereiche sowie auf traditionelle und nicht-traditionelle maritime Tätigkeiten begründet werden sollen, wie „Zone nationaler Jurisdiktion“, „Zone *sui generis*“, „Epikontinentalmeer“, „Patrimonialmeer“, Konzeption eines „unterstellten internationalen Mandats des Küstenstaates“, Konzeption des „neuen, auf Gewohnheit beruhenden Völkerrechts“ und andere.

Die Konzeption des „unterstellten internationalen Mandats des Küstenstaates“ wurde zuerst von dem bekannten mexikanischen Juristen und Diplomaten

---

[6] *A. Pardo*, New Institutions for Ocean Space, in: The Tides of Change: Peace, Pollution and Potential of the Ocean, New York 1975, S. 324ff.

[7] Geografija Mirovogo okeana: Ekonomičeskaja geografia Mirovogo okeana, Leningrad 1979, S. 166.

[8] *V. F. Sidorčenko*, Naučno-techničeskich progress i meždunarodno-pravovye problemy spasanija na more, Avtoref dis. d-ra jurid. nauk., Leningrad 1979, S. 4.

[9] Yearbook of Fishery Statistic Catching and Landing, Rome, FAO, 1983, vol. 50, S. 37.

[10] *K. Riffo*, Buduščee — Okean, Leningrad 1978, S. 75.

[11] *R. F. Sorokin, V. L. Minin*, Osobennosti novogo zakonodatel'stva po ustanovleniju ekonomičeskich zon v Mirovom okeane, in: Morskoj sbornik 1979, No. 5, S. 63.

J. Castañeda im Jahre 1971 im VN-Ausschuß zur friedlichen Nutzung des Meeresbodens jenseits der Grenzen nationaler Jurisdiktion entwickelt. Das Wesen dieser Konzeption bestand darin, daß der Staat mit bestimmten Rechten zur wirtschaftlichen Regelung der Meeresressourcen in der Nähe seiner Küsten ausgestattet wird, weil dieser Meeresbereich bedeutende Quelle biologischer Ressourcen sowie Ausgangspunkt der Verschmutzung vieler Gebiete der Meere und Ozeane ist. Die genannte Konzeption war für diejenigen Länder günstig, die eine lange Küstenlinie besaßen und die darauf bedacht waren, ihre Rechte auf küstennahe Bereiche der Hohen See auszudehnen. In der Folgezeit entstand auf der Grundlage dieser Konzeption in Lateinamerika die Konzeption des „Patrimonialmeeres". Es ist kein Zufall, daß Wissenschaftler aus den USA begannen, diese Konzeption in einer wenig modifizierten Form zu unterstützen. So stellte *L. D. Nelson* fest, daß diese von lateinamerikanischen Ländern verkündete Konzeption die Funktion einer „Vormundschaft" habe und den Küstenstaat in einen „Wächter der internationalen Gemeinschaft" verwandele.[12] Die Gefahr dieser Konzeption bestand darin, daß mit ihrer Hilfe unter dem Aspekt einer „gewissen Interessenübereinstimmung von Küstenstaat und internationaler Gemeinschaft" Versuche unternommen wurden, faktische Handlungen einzelner Staaten zur Aneignung von Gewässerbereichen und des Bodens des Weltmeeres als rechtmäßig auszugeben. Diese faktischen Handlungen waren nicht durch Erscheinungsformen der internationalen Handlungsfähigkeit gedeckt, weil sie nicht auf geltenden Völkerrechtsnormen beruhten und sogar im wesentlichen Völkerrechtsverletzungen beinhalteten. Die These von einem solchen „Mandat" war bis zur Annahme der VN-Seerechtskonvention im Jahre 1982[13] absolut unbegründet. Daher wäre es erst nach Inkrafttreten dieser Konvention, in der Rechte und Pflichten sowohl der Küstenstaaten als auch der internationalen Gemeinschaft insgesamt ausbalanciert sind, möglich, von einem „internationalen Mandat" bezüglich konkreter, genau bestimmter Bereiche des Weltmeeres zu sprechen.

Es wurde in der sowjetischen und in der ausländischen Literatur ebenso wie auf der 3. VN-Seerechtskonferenz nachgewiesen, daß die Konzeption des „Patrimonialmeeres" in keiner Weise begründet ist. Der bekannte sowjetische Wissenschaftler *Ju. B. Markov*, der als erster in unserem Lande diese Konzeption analysierte, lenkte zu Recht die Aufmerksamkeit auf die Gefährlichkeit dieser Konzeption für die maritimen Interessen der internationalen Gemeinschaft.[14] Von einem theoretischen Standpunkt aus ist die Konzeption des „neuen, auf Gewohnheit beruhenden Seevölkerrechts" von großem Interesse. Diese Konzeption wird jedoch in einer Reihe von Fällen zu oberflächlich

---

[12] *L. D. Nelson*, The Patrimonial Sea, in: International and Comparative Law Quaterly, London 1973, vol. 22, pt. 4, S. 668-687.

[13] VN-Dok. CONF.62/122 v. 7. Oktober 1982 (in: Third United Nations Conference on the Law of the Sea, Official Records Vol. XVII).

[14] *Ju. B. Markov*, Patrimonial'noe more, in: Morskoj sbornik 1973, No. 8, S. 82-84.

ausgelegt und allein mit der Existenz einer beträchtlichen Anzahl nationaler Akte einzelner Staaten begründet, die versuchen, auf dieser Grundlage ihre Jurisdiktion auf weite Räume der Hohen See auszudehnen. So versucht die schwedische Wissenschaftlerin *Karin Hjertonsson* mit der Praxis einiger südamerikanischer Länder, 200 Meilen Küstenmeere oder Fischereizonen einzurichten, zu begründen, daß dadurch bereits ein neues „Seevölkergewohnheitsrecht" entstanden sei. Nach ihrer Meinung sei ein derartiges Herangehen an das Problem völlig „gerechtfertigt".[15] Eine vergleichbare Position zum 200 Seemeilen Küstenmeer nahm lange Zeit (auf den Sitzungen der 3. VN-Seerechtskonferenz) der bedeutende peruanische Wissenschaftler und Diplomat *Arias Schreiber* ein.[16] Er behauptete, in der Wirtschaftszone müßten die Küstenstaaten eine Verantwortung übernehmen, die analog, wenn nicht sogar größer sei als diejenige, die sie im Küstenmeer zu tragen hätten. Alles dies wurde auf der Grundlage eines „neuen Völkerrechts" aufgebaut. Noch in einer sehr späten Etappe der Konferenzarbeit verteilten die Vertreter Kolumbiens, Perus, Chiles und Ecuadors in dem Bestreben, ihre Rechte in den Wirtschaftszonen auszuweiten, die sogenannte Erklärung von Cali, die am 24. Januar 1981 von den Außenministern dieser Länder verabschiedet worden war. In diesem Dokument heißt es, daß die in der Erklärung von Santiago vom 18. August 1952 verkündeten Ziele und Prinzipien der Politik der Dekolonisierung der Meere und der Reform des Seevölkerrechts zugrunde lagen. Weiter wird die zwingende Notwendigkeit zur Fortsetzung der Anstrengungen betont, die ausschließliche Souveränität und Jurisdiktion zu garantieren, die alle Länder in Übereinstimmung mit ihren einschlägigen Gesetzen in ihren 200 sm Zonen besitzen müssen.[17] Wie ersichtlich, führen die Autoren auch hier an erster Stelle ihre nationalen Gesetze an; auf dieser Grundlage unternehmen sie den Versuch, der internationalen Gemeinschaft entsprechende Normen aufzuzwingen.

In einem Interview mit dem Korrespondenten der Zeitung „New York Times" vom 15. März 1981 sprach sich der amerikanische Senator *John Breaux* gegen die Annahme der neuen VN-Seerechtskonvention aus und erklärte, daß alle nationalen Gesetze, Normen und Bestimmungen mit Ausnahme derer, die sich auf die Ausbeutung der Naturschätze der Tiefseegebiete des Meeresbodens beziehen, Normen des Völkergewohnheitsrechts geworden seien.[18] Mit dieser Erklärung warf der amerikanische Senator auf einen Schlag alle theoretischen Grundlagen des modernen Völkerrechts und viele Aussagen seiner eigenen Landsleute über den Haufen. So zeigt zum Beispiel der amerikanische Wissen-

---

[15] *K. Hjertonsson*, The New Law of the Sea: Influence of the Latin American States on Recent Developments of the Law of the Sea, Leyden 1973, S. 173, 178, 179.

[16] Oficial'nye otčety III. Konferencii OON po morskomu pravu, New York 1975, Bd. 2, S. 295-297 (Third United Nations Conference on the Law of the Sea, Official Records [UNCLOS III, OR] Vol. II, 2nd Comm., 24th Meeting).

[17] VN-Dok. A/CONF.62/108 vom 16. März 1981 (in: UNCLOS III, OR Vol. XV).

[18] New York Times vom 15. März 1981.

schaftler *J. K. Gamble*, daß sich internationale maritime Gewohnheiten in Jahrhunderten herausbildeten, während heute einige Länder versuchen, sie buchstäblich blitzartig zu schaffen.[19] Derartigen Behauptungen kann man nicht zustimmen, weil die Ideen der neuen Institute des Seevölkerrechts wie Wirtschaftszone, internationales Gebiet des Meeresbodens und gemeinsames Erbe der Menschheit überhaupt erst vor einem Jahrzehnt aufgetaucht sind. Die Erklärung des amerikanischen Senators ist kein Zufall. Viele bürgerliche Juristen vertreten heutzutage die Auffassung, daß die moderne Völkerrechtstheorie die Existenz von zwei Quellen des Völkerrechts kennt, nämlich neben dem internationalen Vertrag die internationale Gewohnheit. Dafür, daß eine Tätigkeitsart die Qualität einer Norm des Völkergewohnheitsrechts erlangt, ist jedoch erforderlich — und darauf weisen viele Wissenschaftler hin —, daß die in der Praxis angewandte Verhaltensnorm bei der Durchführung derartiger Handlungen eine Reihe von Voraussetzungen erfüllt. Erstens muß jede Praxis ausreichend lange und einheitlich sein, ihr muß juristische Kraft beigelegt werden können. Zweitens muß sie in großem Umfang von der Mehrheit der Staaten geübt werden. Darüber hinaus ist äußerst wichtig, daß sie allgemein anerkannt ist und weder der VN-Satzung[20] noch den Grundprinzipien des modernen Völkerrechts, einschließlich der Prinzipien des *jus cogens*, widerspricht. Dabei muß man berücksichtigen, daß der Begriff der allgemeinen Anerkennung in unserer heutigen Zeit nicht nur einen quantitativen (erdrückende Mehrheit der Staaten), sondern auch einen qualitativen Aspekt hat, d.h. unter den anerkennenden Staaten müssen Staaten der verschiedenen sozialökonomischen Systeme sein. In diesem Zusammenhang sind die Untersuchungen des bekannten sowjetischen Juristen *N. V. Mironov* über Normen und ihre juristische Kraft sowie die Errichtung einer bestimmten hierarchischen Unterordnung völkerrechtlicher Normen von besonderem Interesse. Nach seiner Meinung drücken Normen des Völkerrechts, obwohl sie im Prinzip vergleichbar dem innerstaatlichen Recht eine einzelne Kategorie bleiben, bedeutend öfter stärker verallgemeinernde Tendenzen aus als Normen des innerstaatlichen Rechts.[21] Das gilt in vollem Umfang für die Kategorie der völkerrechtlichen Gewohnheiten. Ohne breite verallgemeinernde Prinzipien können einzelne innerstaatliche Akte dieser oder jener Staatengruppe nicht als völkerrechtliche Gewohnheit angesehen werden. Das gilt auch für Erklärungen einzelner Staatengruppen wie der oben erwähnten Deklaration von Cali, weil diese der auf der 3. VN-Seerechtskonferenz auf der Grundlage des Konsensprinzips erzielten Übereinkunft über den Rechtsstatus der Wirtschaftszone widerspricht. Die diesbezüglich auf der Konferenz vereinbarten Normen haben also imperativen

---

[19] *J. K. Gamble*, Bloc Thinking About the Oceans: Accelerating Pluralism?, in: Law of the Sea: The Emerging Regime of the Oceans, Cambridge 1974, S. 3ff.

[20] *G. I. Tunkin*, Teorija meždunarodnogo prava, Moskva 1970, S. 108-109.

[21] *N. V. Mironov*, Meždunarodnoe pravo: normy i ich juridičeskaja sila, Moskva 1980, S. 19, 31.

Charakter (*jus cogens*), d. h. den Charakter von Normen, von denen die Staaten wegen ihrer lebenswichtigen Bedeutung für alle Staaten nicht abweichen dürfen.[22] Wenn die internationale Gemeinschaft sich gegen irgendwelche innerstaatlichen Akte von Staaten wendet, dann bedeutet dies, daß diese Akte unter keinen Umständen zur Kategorie der völkerrechtlichen Gewohnheit gehören können. Bekanntlich haben z. B. eine Reihe von lateinamerikanischen (Argentinien, Brasilien, Peru, Chile, Ecuador, Uruguay u. a.) und afrikanischen Staaten (Somalia, Guinea, Sierra Leone usw.) zu verschiedenen Zeiten 200 sm, 150 sm und 100 sm Küstenmeere eingerichtet, die keine Anerkennung durch die absolute Mehrheit der Staaten erhalten haben. Alle Versuche dieser Gruppe von Ländern, die bei den Völkerrechtsarbeiten die „Gruppe der Territorialisten" genannt wurde, Anerkennung für ihre Rechte als Norm des Völkergewohnheitsrechts zu finden, blieben auf der 3. VN-Seerechtskonferenz ohne Erfolg. Die unterschiedliche Praxis einer Reihe von Staaten, die in den letzten Jahrzehnten zur Ausdehnung ihrer Rechte auf weite Bereiche des Weltmeeres angewendet wurde, kann also nicht zu einer völkerrechtlichen Gewohnheit erklärt werden.

Im Lichte der Analyse der aufgezeigten Konzeptionen ist die Untersuchung des Verlaufs der Arbeiten der 3. VN-Seerechtskonferenz von großem Interesse. Bekanntlich trat diese Konferenz, an der mehr als 150 Staaten teilnahmen, im Jahre 1981 in das Schlußstadium ihrer Arbeit ein. Von 320 Artikeln des Entwurfs einer VN-Seerechtskonvention und 8 Anhängen mit 119 Artikeln bestand gegen Ende des Jahres 1980 nur noch über einige Artikel kein Einvernehmen. Davon betroffen waren insbesondere die Fragen der Abgrenzung maritimer Zonen, des Beitritts internationaler Organisationen zur Konvention, der Streitbeilegung und einzelne Bestimmungen über die Schaffung und Funktion der Vorbereitungskommission sowie des Schutzes von Pionierinvestitionen für die Ausbeutung der Tiefseeressourcen des Meeresbodens. Die erzielten Übereinkünfte über den Konventionsentwurf, mit denen die Delegationen im März 1981 zur 10. Konferenzsitzung zusammenkamen, waren das Ergebnis einer mehr als dreijährigen harten Arbeit des VN-Ausschusses für die friedliche Nutzung des Bodens der Ozeane und Meere jenseits der Grenzen nationaler Jurisdiktion und einer siebenjährigen Arbeit der Konferenz selbst.

Über alle zu erörternden Fragen war auf der Grundlage des Konsensprinzips ein hohes Maß an Einvernehmen erzielt worden. Praktisch alle Staaten erwarteten, daß die Konvention — ein „schmerzensreiches Dokument", das auf globaler Ebene die Rechtsordnung des Weltmeeres festlegte — Anfang 1981 in New York angenommen und in der zweiten Jahreshälfte in Caracas, Venezuela, unterzeichnet werden würde. Jedoch ereignete sich weder das eine noch das andere. Angesichts der Obstruktionshaltung der Delegation der Vereinigten Staaten von Amerika blieben die Hoffnungen aller Länder unerfüllt. Buchstäblich wenige Tage vor Eröffnung der zehnten Konferenzsitzung wechselte die an

---

[22] *L. A. Aleksidze*, Problema jus cogens v sovremennom meždunarodnom prave, in: Sovetskij ežegodnik meždunarodnogo prava 1969, Moskva 1970, S. 141.

die Macht gekommene Administration *R. Reagans* fast die gesamte Delegation aus und erklärte, daß sie nicht bereit sei, die Arbeit der Konferenz im Jahre 1981 abzuschließen. Der neue Leiter der amerikanischen Delegation, *J. Malone*, erklärte, daß der Konventionsentwurf in der vorliegenden Fassung von der US-Administration nicht angenommen werden könne, bevor nicht eine Überprüfung dieses Entwurfs bis Ende 1981 abgeschlossen sei. Nach den Erklärungen *Malones* gefiel den Amerikanern vor allem der Teil XI des Konventionsentwurfs über die Ausbeutung der Tiefseeressourcen des Meeresbodens und die Einrichtung einer Internationalen Meeresbodenbehörde nicht. Gerade dieser Teil der Konvention rief erbitterte Kritik von seiten der „Kennecott Copper Corporation" und einer Reihe anderer Firmen hervor, die mit der Gewinnung von Bodenschätzen aus den Manganerzknollen begonnen hatten. Schon die Wahlplattform der Republikanischen Partei unter dem Vorsitz *R. Reagans* aus dem Jahre 1980 besagte, daß die ausgearbeitete Konvention die Erschließung des Meeresbodens und die Gewinnung unzähliger Bodenschätze durch die Vereinigten Staaten verhindere.[23] Die einseitigen Maßnahmen der USA trafen auf die entschiedene Mißbilligung der Konferenzteilnehmer. Der Leiter der sowjetischen Delegation und Stellvertretender Außenminister der UdSSR, *S. P. Kozyrev*, führte aus, daß die amerikanische Seite handele, als ob die Frage der internationalen Konvention, um die es gehe, eine rein inneramerikanische Angelegenheit sei. Derartige einseitige Handlungen seien nichts anderes als der Ausdruck der Mißachtung der internationalen Konferenz und der ganzen internationalen Gemeinschaft.[24] Der Vorsitzende des Zweiten Ausschusses der Konferenz, *Aguilar*, erklärte im Namen Venezuelas mit Empörung: „Die Zeiten sind vorbei, da man zu anderen Ländern mit der Sprache der Macht reden konnte". Das allgemein anerkannte Konsensprinzip zu bestreiten, bedeute eine Provokation der gesamten universellen Gemeinschaft, unterstrich der Leiter der algerischen Delegation.[25]

Noch entschiedener entwickelte sich der Kampf für die unveränderte Erhaltung des Konventionsentwurfs auf der fortgesetzten 10. Konferenzsitzung, die in Genf im August 1981 zusammentrat. In seiner Rede vom 5. August 1981 beschränkte sich der Leiter der amerikanischen Delegation, *J. Malone*, auf eine allgemein gehaltene Aufzählung derjenigen Bestimmungen des Teils XI des Konventionsentwurfs, die den USA nicht gefielen. Zu ihnen gehörten u. a. die Bestimmungen über die Zuständigkeit der Versammlung der Meeresbodenbehörde, die Aufgabenverteilung zwischen Versammlung und Rat, die Zusammensetzung des Rates und das Abstimmungsverfahren im Rat, die Verfahren für den Abschluß von Verträgen zur Ausbeutung der Naturschätze, Produktionsbeschränkungen, Revisionskonferenz, Finanzierung des Behördenunternehmens und Technologietransfer. Im Namen der „Gruppe der 77" der Entwicklungslän-

---

23 New York Times vom 17. Dezember 1981.

24 Pravda vom 15. Juni 1981.

25 A.a.O.

der, zu der fast 120 Staaten der Welt gehören, führte der Vorsitzende dieser Gruppe, der Pakistaner *Ul Haque*, aus, daß der Konventionsentwurf ein einheitliches Ganzes („Paket") sei, das nur zustande gekommen sei, weil seine Gruppe im Interesse eines allgemeinen brauchbaren Kodex von Rechtsnormen schmerzliche Kompromisse hingenommen habe. *Ul Haque* wiederholte dabei die Forderung der „Gruppe der 77", daß die VN-Seerechtskonvention verabschiedet werden müsse. Der Leiter der sowjetischen Seerechtsdelegation, *S. P. Kozyrev*, kritisierte die amerikanische Position auf dieser Sitzung mit den Worten, die Vereinigten Staaten seien allem Anschein nach entschlossen, ihre Obstruktionspolitik auf der Konferenz fortzusetzen, mit dem einen Unterschied, daß auf der vergangenen Sitzung zur Verschleierung dieser Linie angeführt wurde, die neue Regierung müsse den Konventionsentwurf erst noch prüfen, während jetzt als Grund für die Verzögerung angegeben wird, die Prüfung sei noch nicht abgeschlossen und die Haltung zum Konventionsentwurf noch nicht festgelegt. Um derartigen Erklärungen eine größere „Überzeugungskraft" zu verleihen, würden sie von Behauptungen begleitet, daß die Regierung eines jeden Landes das Recht habe, eine derartige „Überprüfung" vorzunehmen.[26]

In der Tat haben neue Regierungen aller Länder ein solches Recht. Im Verlauf der Arbeiten der Konferenz wechselten in einer Reihe von Staaten die Regierungen. Jedoch beachteten sie bei der Durchführung derartiger „Überprüfungen" die elementaren Normen der internationalen Höflichkeit und die grundlegenden Prinzipien der Rechtsnachfolge und der gewissenhaften Erfüllung übernommener Verpflichtungen. Die Regierungen aller anderen Länder, auch der neuen, zeigten Achtung vor der Konferenz und zwangen nicht andere Teilnehmer zu warten. Auch forderten sie keine Einstellung der Arbeiten oder die Einberufung besonderer Plenarsitzungen für sich selbst. Man kann sich leicht vorstellen, was mit internationalen Konferenzen geschähe, wenn jede neue Regierung sich berechtigt glaubte, derartige nicht endende „Überprüfungen" früher erzielter Übereinkünfte durchzuführen und alle anderen Teilnehmer an diesen internationalen Arbeiten zwänge, den Abschluß derartiger „Überprüfungen" abzuwarten. Eine Analyse der Arbeiten der zehnten Konferenzsitzung zeigt, daß die sogenannte Prüfung und Durchsicht des Konventionsentwurfs und der Position der USA auf dieser Konferenz durch die *Reagan*-Administration ein Problem ist, das nicht nur dieses internationale Forum betrifft. In dieser Frage sah sich die internationale Gemeinschaft auch anderen Versuchen der USA gegenüber, die positiven Ergebnisse aus der Entwicklung der internationalen Lage in den 70er Jahren zu beseitigen oder wenigstens zu schmälern. Es ist offensichtlich, daß man die Haltung der *Reagan*-Administration auf der Konferenz im Gesamtzusammenhang mit einer globalen Einstellung betrachten muß, die auf die Ablehnung von Kompromissen und Zusammenarbeit und auf

---

[26] VN-Dok. A/CONF.62/SR.182 vom 3. Juni 1982 (in: UNCLOS III, OR Vol. XVI, 182nd Plenary Meeting).

das Abrutschen in eine Politik des versuchten Diktats in den gegenseitigen Beziehungen mit anderen Ländern gerichtet ist. Zwangsläufig gelangt man zu der Schlußfolgerung, daß die Linie der USA auf der Konferenz nur ein Teil, ein Element einer generellen feindseligen Ausrichtung der politischen Strategie der *Reagan*-Administration gegenüber der internationalen Zusammenarbeit und Sicherheit ist. Die Mehrheit der Menschheit lehnt diese reaktionäre Obstruktionspolitik ab. Sogar westliche Staatenvertreter äußerten in den Couloirgesprächen trotz des auf sie von seiten der USA ausgeübten Drucks ihre Bereitschaft, den Konventionsentwurf in der Fassung anzunehmen, der auf der 10. Sitzung vorlag.

Weil die USA sich auf der Konferenz in völliger Isolierung befanden, unternahmen sie den Versuch, die Konferenzarbeit hinauszuzögern und die Vorbereitung eines offiziellen Konventionsentwurfs zu verhindern. Aber auch diesen Versuchen war kein Erfolg beschieden. Ein großer Teil der noch unentschiedenen Fragen konnte im Verlauf dieses Teils der Sitzung einvernehmlich gelöst werden. Der Redaktionsausschuß der Konferenz schloß seine Arbeiten an einem großen Teil der Artikel des Konventionsentwurfs ab. Das Konferenzkollegium[27] konnte deshalb einen neuen, überarbeiteten offiziellen Konventionsentwurf vorbereiten. Dieser Entwurf wurde auf der elften Konferenzsitzung intensiv erörtert, die vom 3. März bis 30. April 1982 in New York stattfand und auf der es einen scharfen und heftigen Kampf zwischen den verschiedenen Staatengruppen gab. Auf der einen Seite versuchten die USA mit Unterstützung anderer westlicher Mächte, in erster Linie Großbritanniens, der BRD, Belgiens und Italiens, eine Revision der Bestimmungen des Konventionsentwurfs in Fragen der Erforschung und Ausbeutung des Meeresbodens zu ihren Gunsten und eine Verlängerung oder gar einen Abbruch der Konferenzarbeiten zu erreichen. Auf der anderen Seite strebte eine bedeutende Staatengruppe wesentliche Änderungen in den Artikeln über die friedliche Durchfahrt durch das Küstenmeer (China, Marokko, Peru, Somalia, Philippinen, Ecuador u. a.), die Rechtsordnung internationaler Meerengen (Spanien, Jemenitische Arabische Republik u. a.), das Fischereiregime (Argentinien, Kanada, Australien u. a.) sowie über einige andere Fragen an. Die Delegation der USA legte einen ganzen Folianten von Änderungen vor, der mehr als 40 Artikel des Teils XI des Konventionsentwurfs zum Regime der Ausbeutung der Tiefseeressourcen des Meeresbodens betraf. Dieser Vorstoß der Amerikaner und ihrer westlichen Partner fand jedoch auf der Konferenz keine Unterstützung, weshalb sie ihre Änderungswünsche nicht zur Abstimmung stellten. Gleichzeitig verhinderten die westlichen Staaten die Annahme der Konvention auf der Grundlage eines Konsenses, die Konferenz war deshalb gezwungen abzustimmen.

---

[27] Zum Kollegium gehörten der Konferenzpräsident, die Vorsitzenden der drei Hauptausschüsse, der Vorsitzende des Redaktionsausschusses und der Generalberichterstatter der Konferenz.

Die Abstimmung über den Konventionsentwurf mit seinen acht Anhängen und den vier beigefügten Resolutionen über die Vorbereitungskommission der Meeresbodenbehörde und des Seerechtsgerichtshofs, über den Schutz von Pionierinvestitionen auf dem Meeresboden, über noch nicht sich selbst verwaltende Territorien sowie über nationale Befreiungsbewegungen ergab folgendes Ergebnis: für die Konvention einschließlich aller Anhänge stimmten 130 Delegationen, dagegen 4 (USA, Israel, Türkei und Venezuela). 17 Delegationen enthielten sich der Stimme, darunter die UdSSR und eine Reihe anderer sozialistischer Länder. Die Haltung der UdSSR erläuterte der Leiter der sowjetischen Delegation, *S. P. Kozyrev*, dahingehend, daß die sowjetische Delegation im Falle einer Abstimmung über jedes einzelne der Dokumente für alle gestimmt hätte mit Ausnahme der Resolution zum Schutze von Pionierinvestitionen. Er führte weiter aus, daß es der Konferenz zwar gelungen sei, einen guten, allumfassenden Entwurf einer VN-Seerechtskonvention auszuarbeiten, die ein ausgewogenes „Paket" von vereinbarten Kompromissen sei; in der oben genannten Resolution sei jedoch eine die UdSSR diskriminierende Bestimmung enthalten, darüber hinaus gebe es gewisse Sonderrechte für westliche Länder.[28] Als Grund für ihr Votum gegen die Konvention gab die Delegation Venezuelas an, daß die Konferenz ihren Vorschlag, Vorbehalte bei der Unterzeichnung der Konvention zuzulassen, nicht berücksichtigt habe. Deshalb lehnte Venezuela es sogar ab, die Konferenz zur Unterzeichnung der Konvention in Caracas zu empfangen.

Anfang Dezember 1982 entsandten mehr als 150 Länder ihre Delgationen zur Unterzeichnung der neuen VN-Seerechtskonvention nach Montego Bay auf Jamaica. Am 10. Dezember 1982 wurde die Konvention von 119 Staaten, unter ihnen die UdSSR und andere sozialistische Staaten, unterzeichnet.[29] Wie sich aus den Bestimmungen der Konvention ergibt, tritt sie ein Jahr nach Hinterlegung von 60 Ratifikationsurkunden beim Generalsekretär der VN in Kraft. So wurde die neunjährige Arbeit dieses internationalen Forums unter Teilnahme aller Staaten der Welt abgeschlossen und ein allumfassendes Dokument erarbeitet, das einschließlich der Anhänge 500 Artikel enthält. Mit der Annahme dieses Dokuments stellen sich für alle Staaten Probleme im Zusammenhang mit der Ratifizierung der Konvention, der Einrichtung der Meeresbodenbehörde, dem Internationalen Seerechtsgerichtshof, der Vorbereitungskommission usw.

Auf dem Weg zur Lösung dieser Fragen stieß die internationale Gemeinschaft auf ernsthafte Schwierigkeiten, weil die westlichen Länder zur Umgehung der Konvention den Abschluß eines „Mini-Vertrages" zur Ausbeutung der Naturschätze des Meeresbodens anstrebten. Am 2. September 1982 wurde in Washington zwischen den USA, England, Frankreich und der BRD ein vorläufiger

---

[28] A.a.O. (Fn. 26).

[29] *A. Kedrov*, Novaja Konvencija po morskomu pravu, in: Meždunarodnaja žizn' 1982, No. 11, S. 46-47.

Vertrag mit dem Ziel der Inbesitznahme der rohstoffhöffigsten Teile des Meeresbodens geschlossen.[30] Darüber hinaus gab der Präsident der USA am 10. März 1983 eine Erklärung zur neuen Politik der USA in Fragen der Nutzung des Weltmeeres und seiner Ressourcen bekannt.[31] Durch diese Erklärung wurde eine 200 sm- Ausschließliche Wirtschaftszone entlang der gesamten amerikanischen Küste eingerichtet. Darüber hinaus verdeutlichten die USA, daß sie nach wie vor nicht willens seien, die neue VN-Seerechtskonvention zu unterzeichnen und daß sie hinsichtlich der Nutzung der Reichtümer des Weltmeeres nach ihrem eigenen Gutdünken handeln würden. Um dieser völkerrechtswidrigen Haltung der USA zu begegnen, veröffentlichte die sowjetische Regierung am 24. April 1983 eine Erklärung, in der die Politik der Willkür sowie die Versuche der USA, die Konvention zu zerstören und die eigene Obstruktionshaltung gegenüber der Konvention auch anderen Staaten aufzuzwingen, entschieden zurückgewiesen werden. In der Erklärung heißt es hierzu, daß die derzeitige Regierung der USA nichts anderes versuche, als in den Fragen der Nutzung der Meeresräume Chaos zu verbreiten und die Grundlage einer gegenseitig nutzbringenden Zusammenarbeit der Länder in diesem lebenswichtigen Bereich menschlicher Tätigkeit zu zerstören; dies müsse die ernsthafte Besorgnis der Mehrheit der Staaten hervorrufen. Besondere Aufmerksamkeit wird darauf gerichtet, daß die von der Konvention errichtete Rechtsordnung über das Regime der Meeresräume alle Staaten betreffe und daß kein Staat, auch nicht die USA, dies ignorieren könne oder ignorieren dürfe.[32]

Es ist offenkundig, daß nur eine Verwirklichung der VN-Seerechtskonvention von 1982 und eine strenge Einhaltung der in ihr enthaltenen Normen die Festigung des Friedens und der Rechtsordnung auf den Meeren und Ozeanen fördern kann. In der Sowjetunion wird dem Studium und der Entwicklung des Seevölkerrechts besondere Aufmerksamkeit gewidmet. Im Jahre 1974 wurde vom Verlag „Wissenschaft" der erste Band des Spezialwerkes „Modernes Seevölkerrecht" herausgebracht. Ein Autorenkollektiv legte in diesem Buch die Fragen des allgemeinen Teils des Seevölkerrechts dar und untersuchte die Rechtsordnung der Gewässer und des Bodens des Weltmeeres. Nach vier Jahren, 1978, kam der zweite Band dieses Spezialwerkes heraus, in dem wichtige Fragen des Seevölkerrechts wie Regelung der wissenschaftlichen Erforschung der Ozeane und Meere, Schutz der Meeresumwelt und Entwicklung der Handels- und Kriegsschiffahrt untersucht wurden.

Mit dem vorliegenden dritten Band schließt das Autorenkollektiv seine Arbeit ab. In ihm werden die in den vorangegangenen Bänden offengelassenen Fragen erläutert. Der erste Teil ist der Zusammenarbeit der sozialistischen Staaten im

---

[30] *Ju. G. Barsegov*, Mirovomu okeanu — mirnoe sotrudničestvo, in: Izvestija vom 1. Oktober 1982.

[31] New York Times vom 11. März 1983.

[32] Pravda vom 24. April 1983.

Bereich der Meeresnutzung und der gemeinsamen Erforschung der dort vorhandenen Naturschätze gewidmet. Die UdSSR mißt der Zusammenarbeit der sozialistischen Staaten eine sehr große Bedeutung bei. Dies kommt in Artikel 30 der Verfassung der UdSSR zum Ausdruck: „Die UdSSR als Bestandteil des Weltsystems des Sozialismus und des sozialistischen Bruderbundes entwickelt und festigt die Freundschaft und die Zusammenarbeit sowie die gegenseitige Unterstützung unter Genossen mit den Ländern des Sozialismus auf der Grundlage des Prinzips des sozialistischen Internationalismus und nimmt aktiv an der wirtschaftlichen Integration sowie an der internationalen sozialistischen Arbeitsteilung teil." Ein bedeutender Teil des dritten Bandes ist der Rechtsordnung der 200 sm-Wirtschaftszone der Küstenstaaten gewidmet. Wie schon erwähnt, erfolgte die Ausarbeitung des Rechtsstatus und der Rechtsordnung der Wirtschaftszone auf der 3. VN-Seerechtskonferenz in einem ungewöhnlich scharfen Kampf zwischen zwei großen Staatengruppierungen. Nicht einmal alle Küstenländer konnten Nutzen aus der Errichtung von 200 sm-Wirtschaftszonen ziehen, ganz zu schweigen von den Binnenländern, die keinen Zugang zum Meer haben. Allein fünf industriell entwickelte maritime kapitalistische Staaten (USA, Kanada, Neuseeland, Japan und Australien) haben die Möglichkeit, über Naturschätze in Wirtschaftszonen von zusammen über 30 Millionen Quadratkilometern zu verfügen. Dagegen werden Länder, die lediglich kurze Küsten haben, nur schmale Wirtschaftszonen beanspruchen können. Nicht zufällig wurden diese Länder als Gruppe der geographisch benachteiligten Staaten bezeichnet. In erster Linie strebte die letztgenannte Staatengruppe danach, in der neuen Konvention eine Bestimmung des Inhalts zu verankern, daß die Wirtschaftszone ein Teil der Hohen See ist, in der die Küstenstaaten souveräne Rechte auf die lebenden und mineralischen Naturschätze sowie Jurisdiktion über die Bereiche der wissenschaftlichen Forschung und der Verhütung der Verschmutzung der Meeresumwelt erhalten. Dank der Unterstützung vor allem der sozialistischen Länder wurde in den Konventionsentwurf aufgenommen, daß sich ein großer Teil der Artikel, welche die Rechtsordnung der Hohen See regeln, auch auf die Wirtschaftszone erstreckt. Hauptkomponenten der Rechte anderer Staaten in der Wirtschaftszone sind die Schiffahrtsfreiheit, das Recht, Unterwasserkabel und -rohrleitungen zu legen sowie die sonstige völkerrechtlich zulässige Nutzung des Meeres im Zusammenhang mit diesen Freiheiten. Große Bedeutung wurde in der vorliegenden Arbeit auch den Fragen der Beilegung derjenigen Streitigkeiten gewidmet, die nicht selten zwischen den Staaten bei der Nutzung der Ozeane und Meere sowie ihrer Naturschätze entstehen. Unter Berücksichtigung der hochrangigen Bedeutung der Verhütung eines Rüstungswettlaufs werden im dritten Band aktuelle Probleme der Verhinderung eines maritimen Rüstungswettlaufs als Hauptkomponente einer allgemeinen und vollständigen Abrüstung untersucht.

Das Autorenkollektiv hat bei der Abfassung aller Kapitel des Buches in großem Umfang auf die Dokumente und Materialien der Vereinten Nationen zur Nutzung des Weltmeeres und seiner Naturschätze, auf die Gesetzgebung der

UdSSR und vieler Küstenstaaten zu Fragen der Seeschiffahrt und der Rechtsordnung der küstennahen Meeresgebiete sowie auf die Vorschläge zurückgegriffen, die von einer großen Anzahl von Delegationen auf der 3. VN-Seerechtskonferenz unterbreitet wurden. Es wird eine Analyse der Arbeiten der genannten Konferenz im Verlauf ihrer elften Sitzung gegeben, und es wurde die sowjetische und die ausländische Literatur zum Seevölkerrecht umfassend ausgewertet. Die Autoren nehmen nicht für sich in Anspruch, die untersuchten Probleme erschöpfend erläutert zu haben, hoffen jedoch, daß sich der dritte Band des „Modernen Seevölkerrechts" als ein Beitrag zur weiteren Entwicklung der sowjetischen Theorie und Praxis des Seevölkerrechts erweisen und ein tieferes Verständnis der aktuellen Probleme des Weltmeeres begünstigen wird. Die Autoren möchten den Doktoren der juristischen Wissenschaften *A. S. Bachov* und *G. P. Žukov* sowie der Kandidatin der juristischen Wissenschaften *L. V. Speranskaja* für wertvolle Hinweise während der Vorbereitung der Manuskripte aufrichtig danken.

Erster Teil

Zusammenarbeit der sozialistischen Staaten bei der Erforschung und Nutzung des Weltmeeres

1. Zusammenarbeit der sozialistischen Staaten im Bereich des See- und Flußtransports

Die Vertiefung und Verbesserung der Zusammenarbeit der Mitgliedsländer im RGW auf dem Gebiet des Transports entwickelt sich unter den Bedingungen der sozialistischen Wirtschaftsintegration. Diese Länder betrachten die Erweiterung gemeinsamer Verkehrsverbindungen als einen äußerst wichtigen Faktor ihrer Außenpolitik. In der Verfassung der UdSSR von 1977 heißt es: „Die UdSSR als Bestandteil des weltweiten Systems des Sozialismus und der sozialistischen Gemeinschaft entwickelt und festigt die Freundschaft und die Zusammenarbeit sowie die gegenseitige Hilfe unter Genossen mit den Ländern des Sozialismus auf der Grundlage des Prinzips des sozialistischen Internationalismus und beteiligt sich aktiv an der wirtschaftlichen Integration und an der internationalen sozialistischen Arbeitsteilung." Die Politische Erklärung der Mitgliedsstaaten des Warschauer Paktes besagt, daß die Herausbildung eines neuen, auf freiwillige, gleichberechtigte Zusammenarbeit und internationale Solidarität souveräner sozialistischer Staaten gegründeten Typs internationaler Beziehungen eine der wichtigsten Errungenschaften des Sozialismus war.[1] Die Teilnehmer der Konferenz des Politischen Konsultativkomitees des Warschauer Paktes unterstrichen die Notwendigkeit, die wirtschaftliche und wissenschaftlich-technische Zusammenarbeit sowie die genossenschaftliche Organisation auf vertraglicher Grundlage im Rahmen des Rates für Gegenseitige Wirtschaftshilfe mit dem Ziel zu erweitern, die wirtschaftliche und soziale Entwicklung eines jeden Landes zu fördern, die auftauchenden wirtschaftlichen Probleme der sozialistischen und kommunistischen Aufbauprogramme zu lösen sowie das materielle und immaterielle Lebensniveau der Bevölkerung anzuheben.[2] Auf dem Februarplenum (1984) des ZK der KPdSU wurde der Entwicklung der Zusammenarbeit der Mitgliedsländer des RGW auch im wirtschaftlichen Bereich große Aufmerksamkeit gewidmet. In seiner Rede vor dem Plenum führte der Generalsekretär des ZK der KPdSU, *K. U. Černenko*, aus: „Indem wir mit allen Mitteln den Zusammenschluß und die Zusammenarbeit mit den Ländern des sozialistischen Lagers in allen Bereichen entwickeln und vertiefen,

---

[1] Pravda vom 7. Januar 1983.

[2] A.a.O.

einschließlich selbstverständlich des wichtigen wirtschaftlichen Bereichs, leisten wir einen großen Beitrag für die Sache des Friedens, des Fortschritts und der Sicherheit der Völker."[3]

Zwischen 1971 und 1981 wuchs der gegenseitige Warenaustausch der Mitgliedsländer des RGW um das 3,7-fache und erreichte 134 Milliarden Rubel.[4] Die Entwicklung des Warentransports hat für die Sicherung des ständig wachsenden Außenhandels große Bedeutung. In den letzten 20 Jahren erhöhte sich der Gütertransport der Mitgliedsländer des RGW fast um das Dreifache und der Güterumschlag um mehr als das Dreifache. Bei diesen Transporten wächst der Anteil des Seetransports ständig und zeigt für die Sicherung der Außenhandelsbeziehungen der UdSSR seine große Bedeutung.[5] Die Mitgliedsländer des RGW arbeiten auf dem Gebiet des Seetransports auf bilateraler und auf multilateraler Ebene zusammen, dabei wächst die Rolle und die Bedeutung der multilateralen Beziehungen. Wichtige Meilensteine in der Entwicklung waren die Gründung des Rates für Gegenseitige Wirtschaftshilfe mit dem Ständigen Ausschuß für die Zusammenarbeit auf dem Gebiet des Transports und der Konferenz der Fracht- und Reedereiorganisationen der Mitgliedsländer des RGW, das Komplexprogramm der sozialistischen Wirtschaftsintegration, der Abschluß des multilateralen Abkommens vom 3. Dezember 1971 über die Zusammenarbeit der Mitgliedsländer des RGW bei der Seehandelsschiffahrt sowie die Langzeitprogramme für die Zusammenarbeit, u. a. auf dem Gebiet der Transportverbindungen.

Im Abkommen über die Zusammenarbeit bei der Seehandelsschiffahrt bekräftigten die Mitgliedsländer des RGW ihre Treue zu den Prinzipien der Freiheit der Seehandelsschiffahrt und ihre Entschlossenheit, allen diskriminierenden Maßnahmen auf diesem Gebiet entgegenzuwirken, die der normalen Entwicklung der Schiffahrt Schaden zufügen. Darüber hinaus wurde die Bereitschaft zur effektiven Entwicklung der internationalen Handelsschiffahrt und insbesondere zur Lösung aller auf diesem Gebiet auftretenden wirtschaftlichen, wissenschaftlich-technischen und rechtlichen Probleme betont. Zur Erreichung dieser Ziele ist die Zusammenarbeit mit anderen Ländern auf der Grundlage der Prinzipien der Gleichberechtigung, der Nichteinmischung in innere Angelegenheiten und des gegenseitigen Nutzens vorgesehen.

Laut Kommuniqué der 30. Sitzung des RGW hat das Programm für die Zusammenarbeit bei der Entwicklung der Transportverbindungen der Mitgliedsländer des RGW zum Ziel, die Bedürfnisse hinsichtlich aller Transportarten fristgerecht und störungsfrei zu befriedigen und die Modernisierung der verschiedenen Transportmittel sowie die rationelle Entwicklung der nationalen

---

[3] Materialy vneočerednogo Plenuma Central'nogo Komiteta KPSS, 13 Fevralja 1984, Moskva, Politizdat 1984, S. 18.

[4] Pravda vom 15. Oktober 1982.

[5] Siehe *T. B. Gušenko*, Morskoj transport SSSR v uslovijach razvitogo socialisma, Moskva 1982.

Transportsysteme untereinander zu koordinieren und am europäischen Verkehrsnetz zu orientieren.[6] Auf der 30. Sitzung des RGW wurden die Grundlegenden Ziele und Aufgaben der Zusammenarbeit der Mitgliedsländer des RGW auf dem Gebiet des Transports für die Jahre 1976 - 1980 und die folgende Periode gebilligt und verabschiedet. Vorangegangen war die Erörterung eines Berichts der Ständigen Kommissionen für Transport und Zivilluftfahrt, in dem ein Anwachsen des Passagier- und Gütertransports in den verschiedenen Beförderungsarten sowie die Entwicklung der Verkehrsverbindungen zwischen den Mitgliedsstaaten vorausgesagt wurde und die Grundziele der Zusammenarbeit im Transportwesen in der Periode bis 1990 verdeutlicht wurden.[7] Als „Grundlegende Ziele" sind folgende Punkte festgehalten: Verbesserung der planerischen, wirtschaftlichen und wissenschaftlich-technischen Grundlagen der Zusammenarbeit der Mitgliedsstaaten des RGW auf dem Gebiet des Transports, Entwicklung der nationalen Transportsysteme und Transportzweige hin zu einer tiefen und dauerhaften Verbindung und zu einem harmonischen Zusammenwirken sowie Sicherung der zu erwartenden Bedürfnisse beim Transport grundlegender technischer Mittel und Materialien. Zu den geplanten Maßnahmen gehören: Gemeinsame Prognosen über die Transportentwicklung für einen Zeitraum von 15 - 20 Jahren, Koordinierung von problemorientierten langfristigen Entwicklungsplänen für den Transport, Gewährleistung einer rationellen Aufteilung des Transports auf die einzelnen Transportarten, Entwicklung eines international bedeutenden verkehrstechnologischen Systems (insbesondere eines einheitlichen Containertransportsystems) und Ausbau fortschrittlicher Arten des Gütertransports (Leichtertransport- und Fährsysteme usw.). Die grundsätzliche Methode der Zusammenarbeit im RGW auf dem Gebiet des Transports ist die multilaterale Koordinierung der nationalen Fünfjahrespläne zur Entwicklung des Verkehrs. In diesem Rahmen erfolgt die Abstimmung über Umfang, Routen und Arten des internationalen Personen- und Warentransports in die einzelnen Länder, und es werden Maßnahmen festgelegt, die für die Erfüllung dieser Pläne notwendig sind. Diese Langzeitprogramme sind ein neuer Schritt auf dem Weg zur Stärkung der planerischen Grundlagen für die Entwicklung der gegenseitigen Wirtschaftsbeziehungen der sozialistischen Länder und ein klarer Beweis für die Vorzüge des sozialistischen Wirtschaftssystems. In ihnen werden Maßnahmen vorgesehen, die in ihrer Gesamtheit einen Komplex praktischer Handlungen darstellen und die gegenseitige Annäherung und den Niveauausgleich in der Wirtschaftsentwicklung der Mitgliedsländer des RGW beschleunigen sollen. Die Langzeitprogramme sind eine Weiterentwicklung und Konkretisierung des Komplexprogramms.[8]

---

[6] Siehe Pravda vom 10. Juli 1976.

[7] Im einzelnen siehe dazu *N. D. Možarov*, Transport stran — členov SEV v 1976 - 1980 gg., Moskva 1977; *L. M. Grankov*, Sotrudničestvo stran — členov SEV v oblasti morskogo transporta na sovremennom etape., Moskva 1983.

[8] Siehe Pravda vom 24. Juni 1977.

Auf der 32. Sitzung des RGW billigten die Mitgliedstaaten Langzeitprogramme für einzelne Bereiche von Industrie und Landwirtschaft und stellten fest, daß die Vorbereitung anderer Langzeitprogramme, u. a. der Entwurf eines Langzeitprogramms zur Entwicklung der Transportverbindungen und der Abschluß entsprechender multilateraler und bilateraler Abkommen, beschleunigt werden müsse.[9] Im Juni 1979 wurde dieses Programm auf der 33. Sitzung des RGW gebilligt. Die Entwicklung des Wassertransports und die Sicherung der ständig wachsenden Transportbedürfnisse der Mitgliedsländer des RGW erfolgen nach diesem Langzeitprogramm insbesondere durch folgende Maßnahmen: Verbesserung der Transportabwicklung auf dem Seewege und auf Flüssen; Entwicklung und Verbesserung der Tätigkeit des internationalen Seewirtschaftsunternehmens „Interleichter" zur gemeinsamen Nutzung von Leichtersystemen bei dem Gütertransport Donau — Meer (das Abkommen zur Gründung von „Interleichter" wurde im Jahre 1978 unterzeichnet); Errichtung eines Verkehrslenkungssystems und eines Systems zur Abfertigung der Güterströme und Tonnage auf der Donau (Abkommen von 1981) unter Berücksichtigung der Erfahrungen mit der sowjetisch-bulgarischen Transportgesellschaft „Donautrans" (1976 gegründet); Ausbau der Fährverbindungen (Abkommen von 1975) zwischen Varna (Volksrepublik Bulgarien) und Il'ičevsk (UdSSR);[10] Verbesserung der Arbeit der internationalen (sowjetisch-bulgarischen) Gesellschaft „Intermorput" für die Durchführung von Baggerarbeiten, Havarie- und Rettungsarbeiten auf See, Navigationsdiensten auf Seewegen, Schlepper- und technischen Hebe- und Schiffsbergungsarbeiten auf dem Schwarzen Meer (Gründungsabkommen vom März 1979); Organisation der Zusammenarbeit zwischen der Polnischen Volksrepublik und der DDR über Bodenvertiefungsarbeiten in der Ostsee; wissenschaftlich-technische Zusammenarbeit der Mitgliedsländer des RGW zur Lösung von Transportproblemen beim Wassertransport sowie Vereinheitlichung einzelner, in der nationalen Seeschiffahrt angewandter Rechtsnormen durch diese Staaten.

Im Komplexprogramm spiegelt sich die Tendenz zur Verstärkung der komplexen, zielgerichteten und planerischen staatlichen Steuerung auf multilateraler Grundlage durch Integrationsprozesse wider. Dabei wächst die Rolle des RGW bei der Vertiefung und Verbesserung der wirtschaftlichen und wissenschaftlich-technischen Zusammenarbeit. Der Rat wird alle notwendigen Maßnahmen für die Verwirklichung des Programms ergreifen (Teil 1, Punkt 8 des Komplexprogramms). Daneben verpflichten sich die Mitgliedsländer, ihre Tätigkeit zur Ausführung des Komplexprogramms in erster Linie im RGW zu organisieren und zu koordinieren (Teil 16, Punkt 2). Dementsprechend befaßt sich hauptsächlich die Dritte Sektion der Ständigen Kommission des RGW für

---

[9] Siehe Pravda vom 30. Juni 1978.

[10] Die Fährverbindung funktioniert seit 1978 erfolgreich. Im Jahre 1982 wurde zwischen der UdSSR und der DDR ein Abkommen über die Einrichtung einer Eisenbahnfährverbindung für die Güterbeförderung zwischen den Häfen Kleipeda (UdSSR) und Sasnitz (DDR) unterzeichnet.

die Zusammenarbeit auf dem Gebiet des Transports mit der Organisation der multilateralen Zusammenarbeit beim Wassertransport. Zur Lösung von Einzelproblemen kann diese Kommission Arbeitsgruppen und Untergruppen einsetzen. So wurde eine befristete Arbeitsgruppe für Transportprobleme auf der Donau eingerichtet, in der die Transport-, Außenhandels- und Planungsorgane der Mitgliedsländer und der Sozialistischen Föderativen Republik Jugoslawiens vertreten sind. Die in fünf Sitzungen von ihr ausgearbeiteten Vorschläge wurden von der Ständigen Kommission des RGW für die Zusammenarbeit auf dem Gebiet des Transports gebilligt.

Eine wichtige Form der Zusammenarbeit auf dem Gebiet der Seeschiffahrt sind gegenseitige Konsultationen der Mitgliedsländer des RGW, in denen die Positionen zu wichtigen Schiffahrtsproblemen zur Vorbereitung der Erörterungen in internationalen Organisationen abgestimmt werden. Das Auftreten der sozialistischen Länder in internationalen Organisationen und auf internationalen Konferenzen mit einer abgestimmten Position wirkt sich bei der Ausarbeitung und Verabschiedung multilateraler Konventionen und Abkommen auf dem Gebiet der Handelsschiffahrt und anderer Aktivitäten der Staaten positiv aus. Mit einer einheitlichen Position zu den Kardinalfragen der Rechtsordnung des Weltmeeres traten die Delegationen der Mitgliedsländer des RGW auf der 3. VN-Seerechtskonferenz auf. Sie konnten gemeinsame Artikelentwürfe zum Küstenmeer, zur Wirtschaftszone und zu Meerengen, die der internationalen Schiffahrt dienen, auf der Konferenz einbringen. Die Vorschläge, die in diesen Entwürfen enthalten waren, wurden von einer großen Zahl von Delegationen unterstützt und in der VN-Seerechtskonvention berücksichtigt, die am 10. Dezember 1982 unterzeichnet wurde. In ihr wurden ausgewogene und allgemein annehmbare Lösungen der Grundfragen des Seevölkerrechts gefunden.

Durch die Anstrengungen der Entwicklungsländer und die konsequente und einheitliche Verhandlungslinie der Mitgliedstaaten des RGW gelang es, in dem im Jahre 1974 verabschiedeten Verhaltenskodex für Linienkonferenzen eine Bestimmung über den offenen Charakter von Schiffahrtkonferenzen sowie allgemeine Kriterien für die Tarifpolitik und Prinzipien zu verankern, die den Interessen aller Staaten, besonders denen der Entwicklungsländer, gerecht werden.[11] Diese Haltung der Mitgliedsländer des RGW wird von ihrem unerschütterlichen Kurs auf eine Erweiterung der gleichberechtigten und gegenseitig nutzbringenden Zusammenarbeit mit den Entwicklungsländern, u. a. auch auf dem Gebiet der Seeschiffahrt, bestimmt.[12] Die Mitgliedsländer des

---

[11] Siehe *Ju. Ch. Džavad*, K prinjatiju Kodeksa povedenija linejnych konferencij: Ekspress-informacija MMF SSSR „Meždunarodnoe sotrudničestvo v oblasti morskogo sudochodstva", Moskva 1975, No. 1 (20).

[12] *G. A. Levikov*, Sotrudničestvo meždu socialističeskimi i razvivajuščimisja stranami v oblasti torgovogo moreplavanija, in: Inf. bjul. Bjuro koordinacii frachtovanija sudov SEV, 1978, No. 1, S. 30-37.

RGW treten ebenfalls für eine konstruktive und sachliche Zusammenarbeit mit den entwickelten kapitalistischen Staaten ein, da dies die Umsetzung der Schlußakte der Konferenz über Sicherheit und Zusammenarbeit in Europa fördern würde. Die Länder des sozialistischen Lagers sind Vertragspartner sowohl aller grundlegenden internationalen Konventionen und Abkommen über die Seeschiffahrt mit universellem Anwendungsbereich als auch regionaler internationaler Abkommen. Darüber hinaus bestehen bilaterale Abkommen über die Zusammenarbeit bei der Seehandelsschiffahrt mit industriell entwickelten kapitalistischen Staaten und mit Entwicklungsländern.

Große Bedeutung für die Außenwirtschaftsbeziehungen der Mitgliedsländer des RGW hat ihre wissenschaftlich-technische Zusammenarbeit auf multilateraler und bilateraler Grundlage.[13] Sie umfaßt alle Bereiche des Seetransports und begünstigt die Umsetzung neuester Errungenschaften von Wissenschaft und Technik in die Praxis, u.a. in Fragen des Wassertransports. Es geht dabei um folgende Ziele der Zusammenarbeit: Koordinierung von gegenseitig interessierenden Forschungsvorhaben mit komplexem Charakter; Kooperation bei den wissenschaftlich-technischen Forschungen auf der Grundlage von Verträgen und Abkommen zwischen Ministerien, Behörden, Instituten, Unternehmen und anderen Organisationen; gemeinsame Durchführung wissenschaftlicher und technischer Forschungsvorhaben mit Forschungsinstituten, Projekt- und Konstruktionsorganisationen, gemeinsamen Laboratorien und internationalen wissenschaftlichen Produktionsvereinigungen interessierter Länder; Durchführung von wissenschaftlich-technischen Konferenzen und Symposien von Spezialisten aus den Mitgliedsländern des RGW. Als weitere Formen der Zusammenarbeit wurden von den Mitgliedsländern des RGW insbesondere der gegenseitige Austausch wissenschaftlich-technischer Forschungsergebnisse und Produktionserfahrungen, der Austausch technischer Dokumentationen, gegenseitige Besuchsreisen von Spezialisten zum Zwecke des Erfahrungsaustauschs, die Ausbildung von Kadern usw. vorgesehen. Eine immer größere Bedeutung nimmt gegenwärtig die wissenschaftlich-technische Zusammenarbeit auf multilateraler Grundlage ein, mit deren Organisation im Transportwesen sich der Ständige Ausschuß des RGW für die Zusammenarbeit im Bereich des Transports befaßt. Die interdisziplinäre Koordination der wissenschaftlichen Forschungsarbeit führt der RGW-Ausschuß für wissenschaftlich-technische Zusammenarbeit durch.

Die 31. RGW-Sitzung hat eine Entschließung angenommen, in der die Notwendigkeit der Planung wissenschaftlich-technischer Beziehungen der Mitgliedsländer und einer engen Verknüpfung dieser Beziehungen mit der wirtschaftlichen Zusammenarbeit insgesamt unterstrichen wird.[14] Insbesondere in

---

[13] Siehe im einzelnen dazu *V. M. Nazarenko*, Voprosy mnogostoronnego sotrudničestva stran-členov SEV v oblasti morskogo transporta — Express-informacija MMF SSSR „Meždunarodnoe sotrudničestvo v oblasti morskogo sudochodstva", Moskva 1975, No. 2 (21).

Fragen der Sicherheit der Seeschiffahrt und des Schutzes menschlichen Lebens auf See entwickeln und vertiefen sich die Beziehungen der Länder des sozialistischen Lagers. Nach dem Zwischenstaatlichen Abkommen von 1961 über die Zusammenarbeit auf dem Gebiet der technischen Überwachung von Schiffen und ihrer Klassifikation[15] haben die zuständigen Organe der Vertragsstaaten zwischen 1964 und 1967 übereinstimmende Regeln für die Klassifikation und den Bau von Seeschiffen ausgearbeitet. Zum Zwecke der Weiterentwicklung der in diesen Regeln enthaltenen Anforderungen wurde ein Programm verabschiedet, das die zuständigen Organe der Vertragsstaaten des Abkommens durchführen.

Die Mitgliedsländer des RGW schlossen Abkommen über einen günstigeren Freibord, über die Zusammenarbeit bei der Rettung menschlichen Lebens und die Hilfeleistung an Schiffe und Flugzeuge in Not ab (für die Ostsee und das Schwarze Meer).[16] Im Rahmen des RGW wurde die wissenschaftlich-technische Zusammenarbeit zur Verbesserung der Schiffe und ihres technischen Niveaus in Übereinstimmung mit den modernen Anforderungen an die Sicherheit der Schiffahrt koordiniert. Es wurden einheitliche Regeln für den Arbeitsschutz und für die Sicherheitstechnik auf Seetransportschiffen (Anforderungen an Konstruktion und Ausrüstung) sowie Regeln für die Gesundheits- und Lebensbedingungen auf Seeschiffen (Anforderungen an Konstruktion und Einrichtung) ausgearbeitet und in Kraft gesetzt. Diese zwei Dokumente gelten seit 1969 für den Bau und die Ausrüstung von Seeschiffen der Mitgliedsländer des RGW. Eine multilaterale wissenschaftlich-technische Zusammenarbeit der Mitgliedsländer des RGW gibt es auch für folgende Zwecke: Erstellung von Prognosen über die Transportentwicklung dieser Länder; Schutz und Verbesserung der Umwelt; Verbesserung des Transportablaufs beim Seetransport (Einführung fortschrittlicher Technologien, Transport in Containern, Einsatz von Leichtersystemen und Leichterschiffen mit horizontaler Beladung); Entwicklung der technologischen Mittel des Seetransports usw. In diese Zusammenarbeit ist die Frage der Vereinheitlichung einzelner Normen des Seerechts durch interessierte Länder eingeschlossen.[17] Schließlich darf nicht unerwähnt bleiben, daß sich die Ständige Kommission des RGW für die Zusammenarbeit auf dem Gebiet des Transports im Hinblick auf die Vereinheitlichung des Seerechts seiner Mitgliedsländer derzeit auch mit dem Thema der Vereinheitlichung einzelner auf die

---

[14] Siehe Pravda vom 25. Juni 1977.

[15] Teilnehmerstaaten sind Bulgarien, Ungarn, DDR, Polen, Rumänien, UdSSR, CSSR, Jugoslawien (seit 1967) und Kuba (seit 1972).

[16] Siehe dazu im einzelnen *S. A. Gureev*, Sotrudničestvo stran-členov SEV v oblasti morskogo sudochodstva, in: Sovetskoe gosudarstvo i pravo 1973, No. 3.

[17] Siehe dazu im einzelnen *Ja. Lopuski*, Problema unfikacii morskogo prava stran-členov SEV, in: Inf. bjul. Bjuro koordinacii frachtovanija sudov SEV, 1971, No. 9; *S. A. Gureev*, Unifikacija morskogo prava stran-členov SEV, a.a.O. 1973, No. 11, S. 26-29; *Ja. Cholovin'skij*, Za meždunarodnuju unifikaciju morskogo prava v otnošenii perevozki gruzov, a.a.O. 1977, No. 6, S. 45-46.

internationale Seeschiffahrt anwendbarer Rechtsnormen durch interessierte Mitgliedsländer des RGW befaßt. Ein Entwurf einzelner vereinheitlichter Normen des Seerechts dieser Länder wurde bereits ausgearbeitet. Die Vereinheitlichung des Seerechts der Mitgliedsländer des RGW ist eine wichtige Etappe für die Verwirklichung der sozialistischen Wirtschaftsintegration beim Seetransport.

Die wissenschaftlich-technische Zusammenarbeit der sozialistischen Länder auf dem Gebiet des Seetransports wird auch auf bilateraler und trilateraler Grundlage durchgeführt. Sie umfaßt die Bearbeitung von Grundproblemen der Verbesserung des Seetransports und des technischen Einsatzes hierbei, der Sicherheit der Seeschiffahrt, der Verhütung der Meeresverschmutzung durch Schiffe, der Verteidigung von Interessen der sozialistischen Länder in der internationalen Schiffahrt und die Bearbeitung von Fragen des Seerechts. Rechtsformen dieser Zusammenarbeit sind bilaterale Protokolle zwischen den Transportbehörden der sozialistischen Länder. So haben sowjetische und bulgarische Fachleute Fragen einer gemeinsamen Beförderung von Großraumcontainern zwischen Varna und Il'ičevsk erörtert und Fachleute der UdSSR und der DDR Fragen einer Standardisierung beim Seetransport diskutiert. Im Mai 1969 wurde im Rahmen der Zwischenstaatlichen Kommission für wirtschaftliche und wissenschaftlich-technische Zusammenarbeit zwischen der DDR und der UdSSR eine umfassende Arbeitsgruppe für Transportfragen eingerichtet. Diese Arbeitsgruppe ergriff Maßnahmen, die die Voraussetzungen für die Weiterentwicklung der Containerbeförderung von Gütern zwischen Rostock und Riga schaffen sollen. Das Problem der Standardisierung der Donauflotte und die Ausarbeitung technisch-wirtschaftlicher Kriterien für die Planung von Schubverbänden (unter Berücksichtigung der Eröffnung des Rhein-Main-Donau-Kanals) war Gegenstand gemeinsamer Untersuchungen von Fachleuten der UdSSR, der CSSR und der Ungarischen Volksrepublik.

Unter den Bedingungen der sozialistischen Wirtschaftsintegration entwickeln und vertiefen sich die Verbindungen sowohl zwischen den nationalen Transportsystemen der Mitgliedsländer des RGW insgesamt als auch zwischen den einzelnen Transportarten verschiedener Länder. Durch diese Annäherung entsteht ein integriertes Transportsystem der Mitgliedsländer des RGW.[18] Ein sehr wichtiges Bindeglied ist das Einheitliche Container- Transportsystem. Seine wesentlichen Bereiche sind der See- und Flußtransport. Die Ständige Kommission des RGW für die Zusammenarbeit auf dem Gebiet des Transports organisiert die wissenschaftlich-technische Zusammenarbeit der Mitgliedsländer beim Containertransport. 1971 trat das „Abkommen über technische, wirtschaftliche und technologische Grundlagen eines Containersystems der Mitgliedsländer des RGW für den Binnenverkehr und den internationalen

---

[18] Siehe *B. A. Gorizontov*, Puti sozdanija integrirovannoj transportnoj sistemy stran-členov SEV, in: Inf. bjul. Bjuro koordinacii frachtovanija sudov SEV, 1974, No. 12, S. 20-32.

Verkehr" in Kraft. Koordinationszentrum für diesen Bereich ist das Allunions-Forschungsinstitut für Eisenbahntransport des Ministeriums für Verkehrsverbindungen der UdSSR. Die Einrichtung von Koordinationszentren beweist das sehr hohe Niveau der Integration der wissenschaftlich-technischen Zusammenarbeit und stellt den Fortschritt auf dem Weg zur Schaffung internationaler wissenschaftlicher Forschungsinstitute dar.

Im Dezember 1971 verabschiedeten die Mitgliedsländer des RGW ein Abkommen über die Einführung eines einheitlichen Container-Transportsystems sowie ein Protokoll über die Annahme eines Programms zur Verwirklichung eines einheitlichen Container-Transportsystems für die Jahre 1981-1991.[19] In diesem Programm ist vorgesehen, zusätzlich zu den bestehenden Containerlinien 9 Linien und 156 neue Containerpunkte für die Abfertigung von Großraumcontainern zu eröffnen sowie gemeinsame Maßnahmen zur Verbesserung der Organisation der Containerbeförderung auf internationalen Verkehrswegen zu ergreifen. Dadurch soll z.B. der Umfang der Containerbeförderung bis 1985 um das 2,5-fache und bis 1990 um das 4-fache im Vergleich zum Jahre 1980 gesteigert werden. Dabei wächst der Anteil des Seetransports am Gesamtumfang der Containerbeförderung von 21,2 % im Jahre 1980 auf 27,9 % im Jahre 1985.[20] Die höchste Effektivität durch Containerisierung (Beschleunigung des Transports, Verringerung der Transportkosten) wird erreicht, wenn man zu einem Transport-Verbund-System übergeht und alle Transportarten zu einem einheitlichen System zusammenfaßt, das eine Beförderung der transportierten Güter „von Tür zu Tür" sicherstellt, d.h. vom Lager des Warenversenders bis zum Lager des Warenempfängers mit einem einheitlichen Transportdokument. Die Containerbeförderung mit verschiedenen Transportmitteln schafft dafür günstige Voraussetzungen. In dem Abkommen unterstreichen die Vertragsstaaten ihren Wunsch, ein höchst effektives Transportsystem zu schaffen, das modernen, volkswirtschaftlichen Anforderungen und den grundlegenden Tendenzen des weltweiten wissenschaftlich-technischen Fortschritts gerecht wird. Der Ablauf des Gütertransports auf innerstaatlichen und vor allem auf internationalen Verkehrswegen soll unter komplexer Nutzung aller Transportarten beschleunigt und rationalisiert und die volkswirtschaftlichen Kosten sollen insbesondere durch die Organisation eines umschlagfreien Transports der Fracht vom Absender zum Empfänger gesenkt werden. Die vertragschließenden Parteien wollen ein einheitliches Containersystem für die Frachtbeförderung auf innerstaatlichen und vor allem auf internationalen Verkehrswegen schaffen und dafür universelle und spezielle Großraumcontainer für alle Transportarten einsetzen. Zu diesem Zwecke ist vorgesehen, ein Netz regelmäßig verkehrender internationaler Containerlinien des Eisenbahn-, Straßen-, Wasser- und Lufttransports einzurichten, das mit den innerstaatlichen Containerlinien verbun-

---

[19] Siehe Mnogostoronnee ekonomičeskoe sotrudničestvo socialističeskich gosudarstv: Sbornik dokumentov, Moskva 1972, S. 473-477.

[20] Siehe *L. M. Grankov* (Fn. 7), S. 40.

den wird. Diese Linien sollen gemäß dem Programm zur Verwirklichung eines einheitlichen Containertransportsystems alle Hauptstädte der Mitgliedsländer des RGW sowie ihre wichtigsten Industriezentren und Seehäfen — Riga, Kiev, Il'ičevsk, Rostock, Dresden, Stettin, Danzig, Kattowitz, Brünn, Bratislava, Komarno, u.a. — miteinander verbinden. Containertransporte gibt es bereits zwischen Riga und Rostock und auf der Containerlinie Il'ičevsk — Varna. Zur Vereinheitlichung des Containertransportsystems wollen die Vertragsstaaten des Abkommens einen Komplex standardisierter Ausrüstung schaffen, der einheitliche Parameter aufweist und nach funktioneller Bestimmung und Leistungsfähigkeit verbunden werden kann (universelle und spezielle Container, spezialisierte Mittel für einen Transport und entsprechende Be- und Entladeausrüstung).

Von den für Maschinenbau zuständigen Ministerien der Mitgliedsländer wurde am 20. April 1972 zur Durchführung des Komplexprogramms und des Abkommens von 1971 ein weiteres Abkommen über die gemeinsame Planung der materiell-technischen Basis für ein Containertransportsystem und die Zusammenarbeit bei Errichtung und Weiterentwicklung eines solchen Systems abgeschlossen.[21] Am 29. Juni 1974 unterzeichneten die Regierungen der Mitgliedsländer des RGW auch ein Abkommen über die gemeinsame Nutzung von Containern im internationalen Verkehr.[22] Dadurch wurde der Rat für die Gemeinsame Nutzung von Containern (GNC-Rat) als internationale Organisation mit einem Exekutivorgan auf Arbeitsebene, dem GNC-Büro, gegründet. Mitglieder des GNC-Rates sind die Verkehrsministerien der Vertragsstaaten, vertreten durch einen Bevollmächtigten aus jedem Land. Die gemeinsame Nutzung von Containern wird durch den zahlenmäßig gleichen Austausch ermöglicht, wobei die Eigentumsrechte der Vertragsstaaten am eigenen Containerpark erhalten bleiben sollen (Art. III). Der GNC-Rat, der auf der Grundlage einer Satzung arbeitet[23], erließ des weiteren Regeln für die gemeinsame Nutzung von Containern auf internationalen Verkehrswegen und Bestimmungen über das GNC-Büro.

Große Bedeutung wird derzeit der Entwicklung der gegenseitig nutzbringenden Zusammenarbeit der sozialistischen Länder auf dem Gebiet der Linienschiffahrt beigemessen. Diese Kooperation vollzieht sich mit Hilfe positiver Langzeitfaktoren wie Vertiefung der internationalen sozialistischen Arbeitsteilung und Erweiterung der Außenwirtschaftsbeziehungen der sozialistischen Länder mit allen Staaten der Welt. Voraussetzung für letzteres ist die Gemeinsamkeit der sozialökonomischen Struktur in den Mitgliedsländern des sozialistischen Lagers, das sozialistische Eigentum an den Produktionsmitteln, das

---

[21] Siehe Mnogostoronnee ekonomičeskoe sotrudničestvo socialističeskich gosudarstv (Dokumenty za 1972-1975 gg.), Moskva 1976, S. 228-233.

[22] A.a.O., S. 200-205.

[23] A.a.O., S. 205-209.

System der Planwirtschaft und die einheitliche Ideologie. Die Gründung des RGW war eine wichtige Etappe für die Zusammenarbeit auf dem Gebiet der Linienschiffahrt. Im Jahre 1956 nahm die Vertreterkonferenz der Frachtorganisationen der Mitgliedsländer des RGW das Problem der Entwicklung der Linienschiffahrt in ihren Zuständigkeitskatalog auf. Diese Entscheidung begünstigte den Übergang von der Zusammenarbeit auf bilateraler Grundlage zu multilateralen Beziehungen im Linientransport.

Grundlage für den Fortschritt in der Zusammenarbeit der Reedereien der Mitgliedsländer des RGW und für die Schaffung gemeinsamer Schiffahrtslinien unter Beteiligung zweier oder mehrerer Reedereiunternehmen waren die Erfolge bei der Wirtschaftsentwicklung in den Mitgliedsländern, die Vertiefung ihrer Außenwirtschaftsbeziehungen und die Schaffung der materiell-technischen Basis für die Linienschiffahrt.[24] Die erste gemeinsame Schiffahrtslinie wurde im Jahre 1958 von der Baltischen Dampfschiffahrtsgesellschaft und dem Unternehmen „Deutsche Seereederei" (DDR) zwischen den Häfen der DDR und der UdSSR eingerichtet. Die bestehenden Linien kann man in zwei Gruppen einteilen: zum einen Linien, die den Gütertransport im Rahmen des bilateralen Außenhandelsumschlages sicherstellen, und zum anderen Linien, die den Transport in Drittländer auf parallelen Transportwegen durchführen. Die erste derartige Linie war die trilaterale Linie „Uniafrika" (Mitglieder: VEB „Deutsche Seereederei" (DDR), „Polnische Ozeanlinien" (Volksrepublik Polen) und die Lettische Seereederei (UdSSR)). Zu diesen Linien gehören auch „Unilevant", „Baltamerika", „Baltafrika" u.a.

Eine weitere bedeutende Etappe für die Zusammenarbeit bei der Linienschiffahrt war die Annahme des Komplexprogramms. Hierdurch sollen Maßnahmen zur Verbesserung der Zusammenarbeit der betreffenden Reedereiunternehmen bei der internationalen Linien- und Trampschiffahrt getroffen und die Maßnahmen zur Errichtung neuer Schiffahrtslinien und zur Verbesserung der Organisation auf dem Frachtsektor koordiniert werden. Der Ausbau der Linienschiffahrt steht im Mittelpunkt der Konferenz der Fracht- und Reedereiorganisationen der Mitgliedsländer des RGW. Im Jahre 1979 billigte sie im Vollzug des Komplexprogramms Grundsätze zur Koordinierung der Zusammenarbeit der nationalen Reederei- und Frachtorganisationen in der internationalen Linien- und Trampschiffahrt. Darüber hinaus entwarf die Konferenz Grundformen der Zusammenarbeit zwischen den Reedereiunternehmen in der internationalen Linienschiffahrt und empfahl den Teilnehmerländern deren Anwendung in der Praxis. Erarbeitet wurde ebenfalls ein Musterabkommen für die Zusammenarbeit von Linien auf parallelen oder identischen Strecken.

---

[24] Gegenwärtig sind von den 123 Linien der Schiffahrtsunternehmen der Mitgliedsländer des RGW, die der Güterbeförderung dienen, 91 einseitige Linien, 23 gemischte Linien mit Schiffahrtsgesellschaften aus entwickelten kapitalistischen Staaten und aus Entwicklungsländern und 9 gemeinsame Linien unter ausschließlicher Beteiligung von Schiffahrtsunternehmen der Mitgliedsländer des RGW.

Der RGW handelt bei der Einrichtung von Gemeinschaftslinien der Reedereiorganisationen seiner Mitgliedsländer nach dem Prinzip der wirtschaftlichen Zweckmäßigkeit. Die gegenseitigen Beziehungen der Mitgliedsländer richten sich nach den Bestimmungen des Komplexprogramms, nach Prinzipien, die in zwischenstaatlichen Abkommen dieser Länder niedergelegt sind, und nach Empfehlungen der Ständigen Kommission des RGW für die Zusammenarbeit auf dem Gebiet des Transports. Die Entwicklung der Zusammenarbeit bei der Linienschiffahrt ist ein wichtiger Aspekt der Tätigkeit des internationalen Reedereiverbandes (INSA)[25], der hierfür Empfehlungen ausarbeitet. Im Jahre 1975 beschloß der Verband, eine Ständige Linienkommission einzurichten mit den Aufgaben der Bewertung der Entwicklungstendenzen der internationalen Linienschiffahrt sowie der Beobachtung von Frachtkonferenzen mit dem Ziel, die Beteiligung der Verbandsmitglieder an der internationalen Arbeitsteilung auf dem Gebiet der Linienschiffahrt zu erweitern, wobei keinerlei Diskriminierung erfolgen darf und gegenseitiger Nutzen die Grundlage sein muß.

Jede gemeinsame Schiffahrtslinie hat ihre Besonderheiten. Bei ihrer Einrichtung werden ihre spezifischen Arbeitsbedingungen, das Ausmaß der Güterströme, die Abfertigungsbedingungen für Schiffe in den Häfen und andere Faktoren berücksichtigt. Jedoch sind für alle Gemeinschaftslinien einige umfassende Züge charakteristisch, so insbesondere die Koordinierung von Beladung und Abfahrt der Schiffe, die Arbeit der Gemeinschaftslinie nach einem Fahrplan sowie auf der Grundlage einheitlicher Transportbedingungen und einheitlicher Tarife, die Betreuung der Linie durch eine einzige Agenturgesellschaft in den Einlaufhäfen, die Beteiligung der Eigentümer der Ladung an der Vereinbarung der Tarifsätze und die Möglichkeit des Beitritts anderer Reeder zu dem geltenden Abkommen. In den Abkommen über Gemeinschaftslinien werden festgelegt: Verlauf der Linie, Anlaufhäfen, die bereitgestellte Tonnage für die Durchführung von Transporten auf der Linie, Grundsätze der Ladungsverteilung auf die Teilnehmer nach Menge und Nomenklatur, Verfahren für die Aufstellung des Fahrplans u.a. Jeder Beteiligte nutzt seine auf der Linie eingesetzten Schiffe selbständig und ist für die kommerziellen und finanziellen Ergebnisse ihrer Fahrten verantwortlich. Im Buchungsbüro befassen sich die Vertreter jeder Reederei mit Fragen des Einsatzes der Schiffe ihrer Schiffahrtsunternehmen. Sie haben gleiche Rechte und führen die Angelegenheiten des Buchungsbüros gemeinsam. Periodisch werden Gespräche und Konferenzen zwischen den an den Gemeinschaftslinien beteiligten Reedereiorganisationen durchgeführt. Diese Direktorenkonferenz ist das oberste Organ der Gemeinschaftslinien, auf der neben Analysen und Bewertungen der Arbeitsergebnisse Vorschläge und Empfehlungen für die weitere Verbesserung der Linie sowie zur Festigung und Erweiterung der Zusammenarbeit beraten und verabschiedet werden.

---

[25] Mitglieder der INSA sind neben Indien Reeder oder Reedervereinigungen, die von den Schiffahrtsunternehmen sozialistischer Länder gegründet wurden.

Die gemeinschaftlichen Schiffahrtslinien der Mitgliedsländer des RGW sind eine besondere Form der Integration im Bereich der Seehandelsschiffahrt. Da eine gemeinsame Wirtschaftsführung dieser Linien (einschließlich einer gemeinsamen finanziellen Tätigkeit nach den Grundsätzen einer selbständigen Rechnungsführung) fehlt, ist es unseres Erachtens nicht gerechtfertigt, diese Gemeinschaftslinien den internationalen Wirtschaftsorganisationen (IWO) wie der Internationalen Wirtschaftsvereinigung, Gemeinschaftsunternehmen und der Internationalen Wirtschaftsgenossenschaft zuzurechnen.[26] Wichtigste Funktion der beiden erstgenannten Arten der IWO ist die Ausübung einer eigenen Wirtschaftstätigkeit mit selbständiger Rechnungsführung und der Besitz von Sondervermögen. Für die Führung der Geschäfte und die Abwicklung gemeinsamer Tätigkeiten kann ein bestimmtes Vermögen zusammengefaßt werden. Außerdem werden die Geschäfte der Wirtschaftsorganisation durch einen der Beteiligten in Vollmacht der anderen geführt. Das Sondervermögen der IWO wird anfangs auf der Grundlage von Beiträgen der Mitglieder gebildet. Es kann sich dann im gemeinschaftlichen Eigentum der IWO oder auch nur in ihrem Besitz befinden, wie zum Beispiel bei der Miete von Schiffen für Timecharter. Die IWO kann auch andere Vermögenswerte besitzen: Anlegestellen, Schlepper, Schuten, Ausrüstung für Stauarbeiten usw.

Einer der Wege zur Verbesserung der Tätigkeit der gemeinschaftlichen Schiffahrtslinien der Mitgliedsländer des RGW und zu ihrer Umwandlung in eine IWO ist nach unserer Meinung die Gründung eines Geldpools im Rahmen der Schiffahrtslinie. Ein solcher Pool gleicht die Gewinne der Beteiligten aus, verhindert in erheblichem Maße einen Konkurrenzkampf und bildet einen Arbeitsmechanismus für die Abrechnung, auf dessen Basis der Apparat für ein Gemeinschaftsunternehmen gegründet werden kann. Der erste Geldpool wurde im Rahmen der gemeinsamen Schiffahrtslinie „Uniafrika“ eingerichtet. Er trat am 1. Januar 1979 in Kraft. Vorangegangen waren Bemühungen in bezug auf die Vereinheitlichung des von der Linie bedienten Gebiets, d.h. es wurden einheitliche Agenten und Stauer bestellt sowie Mantelgesellschaften und einheitliche Anlegestellen eingerichtet. Maßnahmen zur Schaffung eines einheitlich bedienten Gebietes wurden auch auf den Linien „Unilevant“, „Baltamerika“ und „Polarktik“ ergriffen. Die Konferenz der Fracht- und Reedereiorganisationen der Mitgliedsländer des RGW empfahl den interessierten Reedereiorganisationen, die Möglichkeiten einer Verbesserung der bestehenden Gemeinschaftslinien weiter zu untersuchen und dabei die Erfahrungen und die Arbeitspraxis der Linie „Uniafrika“ zu berücksichtigen. Zur Zeit haben nach unserer Ansicht die gemeinschaftlichen Schiffahrtslinien „Uniafrika“ und „Unilevant“ die besten Aussichten, in eine IWO umgewandelt zu werden. Zur weiteren Verbesserung der gemeinschaftlichen Schiffahrtslinien ist es notwen-

---

[26] Siehe Edinoobraznye položenija ob učreždenii i dejatel'nosti meždunarodnych chozjajstvennych organizacij SEV, Moskva, Ispoln. kom., 1976 (im folgenden: Edinoobraznye položenija).

dig, daß die Mitgliedsländer des RGW ihre Entwicklungspläne koordinieren, die Organisationsformen zur besseren Nutzung von Tonnage und Dienstleistungsangebot optimieren und in großem Umfange neue Transporttechnologien einführen (Ersetzen konventioneller Schiffe durch Containerschiffe, Roll-on / Roll-off-Schiffe usw.). Die Auswahl des richtigen Typs der IWO für die auf der Basis neuer Grundsätze entscheidend umgestalteten gemeinschaftlichen Schiffahrtslinien muß sich nach den Zielen und konkreten Bedingungen richten, die diese Linie sich selbst stellt.

Dabei empfiehlt es sich, nach den Regeln der „Einheitlichen Bestimmungen“ vorzugehen, nach denen eine IWO entweder durch internationale Abkommen oder durch einen schriftlichen, bürgerlich-rechtlichen Vertrag unter den Mitgliedern der Organisation geschaffen wird. Die Vertiefung der Zusammenarbeit der sozialistischen Staaten auf dem Gebiet der Seeschiffahrt hat zu einer ständigen Zunahme gemeinschaftlicher Schiffahrtslinien der Mitgliedsländer des RGW, zu einem Anwachsen des Seetransports auf diesen Linien und zur Verbesserung der Organisationsformen ihrer Tätigkeit geführt. Dadurch wird die wirtschaftliche Effektivität des Außenhandels und des Seetransports der sozialistischen Staaten erhöht, teilweise beteiligen sich die Reeder einiger sozialistischer Länder (beispielsweise der Volksrepublik Bulgariens, der DDR, der Polnischen Volksrepublik und der UdSSR) an der Arbeit von über 30 Linienkonferenzen.

Die Steigerung des Industriepotentials sozialistischer Länder, ihr Anteil an der weltweiten Industrieproduktion, die Zunahme ihres Warenaustauschs im Außenhandel, die Vergrößerung ihrer Handelsflotte sowie der Ausbau des Systems regulärer Linien einschließlich der Gemeinschaftslinien — alles dies sind Faktoren, welche die Aufmerksamkeit von Schiffahrtsgesellschaften und großen kapitalistischen Mächten auf sich zogen. In den 60er Jahren begannen einige Linienkonferenzen der kapitalistischen Welt, Reedereien sozialistischer Länder als Mitglieder aufzunehmen. In diesen Linienkonferenzen hielten die Reedereien der sozialistischen Länder genau die Arbeitsregeln der betreffenden Reedereivereinigungen ein und vermieden „nichtkommerzielle“ Methoden zur Kundenwerbung, wie sie vereinzelt von Reedereien kapitalistischer Staaten eingesetzt wurden. Es wurde eine gleichberechtigte und gegenseitig nutzbringende Zusammenarbeit mit den Schiffahrtsgesellschaften der kapitalistischen Staaten und der Entwicklungsländer zur Wahrung der Interessen der Reeder und auch der Besitzer der Ladung angestrebt. Deshalb entbehren die Behauptungen der Vertreter von Schiffahrtskreisen des Westens jeglicher Grundlage, die Handelsflotten der sozialistischen Länder, besonders der UdSSR, betrieben in der Linienschiffahrt Expansions- und Dumpingpolitik. Diese Hirngespinste entstellen gröblich den Charakter und die Ziele der Politik der Reedereiorganisationen aus sozialistischen Ländern. Ziel dieser Lügen ist es, wie der Minister der Handelsflotte der UdSSR, *T. B. Guženko*, betonte, in den internationalen Wirtschaftsbeziehungen auf den Meeren Spannungen zu erzeugen und die Notwendigkeit für eine Beschränkung der Tätigkeit der sozialistischen Schifffahrtsunternehmen zu „begründen“.[27] Derartige diskriminierende Maßnahmen sind insbesondere die vom Rat der Transportminister der EWG eingeführten Beschränkungen für das Einlaufen in Häfen und für den Zugang zur Ladung, die hauptsächlich gegen die Schiffahrtsorganisationen der sozialistischen Länder gerichtet sind. Am Ende desselben Jahres billigte der Kongreß der USA ein Gesetz, das ausländische Staatsunternehmen (und das sind die Schiffahrtsgesellschaften aller sozialistischen Länder — S. G.) auf dem Territorium der USA gegenüber Schiffahrtsunternehmen privater Eigentümer ungleich behandelt. In Wirklichkeit entwickelt die Sowjetunion ihre Handelsflotte vor allem für die Sicherstellung des eigenen Außenhandels und der Küstenschiffahrt. Dienstleistungen für den Transport von Gütern ausländischer Befrachter nehmen keinen auch nur irgendwie bedeutenden Platz im Gesamtumfang der Handelsschiffahrt der UdSSR ein und sind für diese nicht maßgebend. Dennoch wollen die Schiffahrtsgesellschaften der kapitalistischen Staaten eine Ausweitung der regulären Linien der sozialistischen Länder und ihrer Tätigkeit auf Gebiete, die von Linienkonferenzen monopolisiert werden, verhindern. Deshalb lassen sie unter Berufung auf die Geschlossenheit der Mitgliedschaft in den Konferenzen zu vielen Linien keine sozialistischen Schiffahrtsorganisationen zu.

Im Zusammenhang mit der Beteiligung von Reedereien sozialistischer Länder an einigen Konferenzen tauchte die Frage nach geeigneten Kooperationsformen zwischen denjenigen Linien der Mitgliedsländer des RGW auf, die Beteiligte an derselben Linienkonferenz sind. Es werden regelmäßig Treffen der Direktoren solcher Linien und Konsultationen zur Frage der Konferenzpolitik durchgeführt, es wird eine einheitliche Position ausgearbeitet, und es werden gemeinsame Dienstleistungen für die Linienschiffe in ausländischen Häfen organisiert. Hierbei spielt der im Jahre 1974 verabschiedete Verhaltenskodex für Linienkonferenzen eine fortschrittliche Rolle in der weltweiten Linienschiffahrt und gewährleistet die gleichberechtigte Teilnahme der Schiffahrtsgesellschaften aller Länder.[28] Eine der Kooperationsformen auf dem Gebiet der Seeschiffahrt und der Hafenwirtschaft ist die Schaffung internationaler Wirtschaftsorganisationen und Genossenschaften. Zu ihnen gehören „Interleichter“, „Interport“, „Donautrans“ und „Intermorput“. Auf der Sitzung der oben schon erwähnten Befristeten Arbeitsgruppe der Mitgliedsländer des RGW und der Sozialistischen Föderativen Republik Jugoslawien für Transportprobleme auf der Donau wurde festgehalten, daß Leichterschiffe ein effektives Transportmittel auf der

[27] Siehe *T. B. Gušenko*, O mnimoj i dejstvitel'noj ekspansii v meždunarodnom sudochodstve, in: Vodnyj transport, 4. Oktober 1975.

[28] Das Übereinkommen über einen Verhaltenskodex für Linienkonferenzen sieht für sein Inkrafttreten zwei Bedingungen vor: 24 Staaten müssen Vertragsparteien werden, und die Flotten dieser Staaten müssen mindestens 25% der Linientonnage stellen. Nach der Ratifizierung des Übereinkommens durch die BRD und die Niederlande erreichte die Zahl der Vertragsstaaten 58 mit einem Anteil an der Linientonnage von 26,7%. Das Übereinkommen trat im Oktober 1983 in Kraft.

Verbindung Donau — Schwarzes Meer und Mittelmeer sein können. Es wurden technische Einsatzkriterien für die Leichtertransporter und Leichter festgelegt, die auf dieser Linie eingesetzt werden.

Am 19. Mai 1978 schlossen die Regierungen der Volksrepublik Bulgariens, der Ungarischen Volksrepublik, der UdSSR und der CSSR ein Abkommen zur Gründung des internationalen Wirtschafts- und Schiffahrtsunternehmens „Interleichter“ (im folgenden: Abkommen) mit Sitz in Budapest, mit dem sie die Bedürfnisse ihrer Länder hinsichtlich des Transports von Außenhandelsgütern unter Einsatz von Leichtersystemen vollständiger und effektiver befriedigen können. Diese Organisation befördert seit 1978 unter Einsatz eigener oder gemieteter Leichter, Schlepper und Leichterschiffe Güter zwischen den Donauhäfen, den Häfen anderer Binnenwasserstraßen und den Seehäfen. „Interleichter“ wickelt insbesondere umschlagfrei einen Gütertransport zwischen den Flußhäfen der Donauanlieger und den Seehäfen der Staaten Südostasiens unter Einsatz der Leichterschiffe ab, die ihr von der sowjetischen Donau-Dampfschiffahrtsgesellschaft zur Verfügung gestellt wurden. Gegenwärtig werden Güter nach diesem System zwischen den Häfen an der Donau und am Mekong sowie den Seehäfen Indiens, Pakistans, der Sozialistischen Republik Vietnam, Kamputscheas und anderer Länder Südostasiens befördert. Die beiden Glieder des Leichtersystems als einheitlicher Transportvorgang sind das Seeschiff (Leichterschiff) und die Leichterschute ohne Eigenantrieb und ohne Bemannung. Die Güter werden im Flußhafen in die Leichterschute geladen, auf dem Fluß bis zum Seehafen geschleppt und dort auf der Reede auf das Leichterschiff verladen. Dieses bringt sie zu dem dem Bestimmungshafen nächstgelegenen Seehafen, wo sie entladen und auf dem Fluß weitertransportiert werden.

Ursprünglich waren an dem Unternehmen „Interleichter“ (im folgenden: Unternehmen) beteiligt: Bulgarische Fluß-Dampfschiffahrtsgesellschaft (BRP mit Sitz in Ruza), Ungarische Donau-Dampfschiffahrtsgesellschaft (MACHART mit Sitz in Budapest), Sowjetische Donau-Dampfschiffahrtsgesellschaft (SDP mit Sitz in Izmail) und Tschechoslowakische Donau-Dampfschiffahrtsgesellschaft (CSDP mit Sitz in Bratislava). Es können sich jedoch auch andere Schiffahrtsgesellschaften und Organisationen an dem Unternehmen beteiligen, wenn sie nach ihrer nationalen Gesetzgebung im eigenen Namen am Wirtschaftsverkehr teilnehmen und selbständig mit ihrem Vermögen haften (Art. 6 des Abkommens). Das Unternehmen transportiert Güter der Teilnehmerländer im Außenhandel mit Drittländern und im bilateralen Außenhandelsverkehr zwischen ihnen selbst. Es kann auch Güter von Drittländern befördern. Gegenwärtig werden Leichterschiffe eingesetzt, die dem Unternehmen von der Sowjetischen Donau-Dampfschiffahrtsgesellschaft nach Maßgabe von Sonderverträgen zur Verfügung gestellt wurden.[29] Nach einstimmiger Entscheidung

---

[29] Das erste sowjetische Leichterschiff „Julius Fučik“ wurde 1978 in Dienst gestellt, das zweite — „Tibor Samueli“ — im Jahre 1980.

des Rates des Unternehmens können die Leichterschiffe auch von anderen Teilnehmern zur Verfügung gestellt werden. Daneben kann es auch mit eigenen Finanzmitteln Leichterschiffe erwerben (Punkt 5 der Satzung „Interleichter"). Hauptsächlich besteht der Park des Unternehmens aus Leichtern, Schubschiffen und Leichterschiffen, die aus eigenen Mitteln erworben oder die ihm zur Verrechnung mit den geschuldeten Beitragsanteilen überlassen worden sind, u.a. auch zur Nutzung oder auf Grund von Mietverträgen (Punkt 19 der Satzung). Zur Erfüllung der übertragenen Aufgaben wurde dem Unternehmen das Recht eingeräumt, außenwirtschaftlich selbständig zu handeln, insbesondere Verträge zur Beförderung von Außenhandelsgütern mit den Eigentransportmitteln im eigenen Namen abzuschließen, selbständig in den Mitgliedsländern oder in Drittländern die wichtigsten Transportmittel (Leichter, Schlepper und Leichterschiffe) für den Eigenbedarf zu erwerben und zu verkaufen, in kommerzielle Vertragsbeziehungen mit Agenten, Maklern und Expediteurorganisationen der Teilnehmerstaaten und von Drittländern einzutreten oder selbst derartige Tätigkeiten in dem Umfang auszuüben, der für die Erfüllung der Aufgaben des Unternehmens notwendig ist. Darüber hinaus können mit den entsprechenden Unternehmen der Donauanlieger und von Drittstaaten Dienstleistungsverträge über Schlepperdienste abgeschlossen (Schub von Leichtern und andere Arten von Schlepperdiensten, Bereitstellung von Speziallagerraum zur kurzfristigen Aufbewahrung von Schüttgut und von Versorgungsgütern usw.) sowie Vertragsbeziehungen im Rahmen der Transporttätigkeit mit Außenhandelsorganisationen von Mitgliedsstaaten und Drittländern geknüpft werden (Art. 3 des Abkommens).

Das Unternehmen hat im Regelfall den Status einer juristischen Person des Sitzstaates und übt seine Tätigkeit gemäß der Gesetzgebung dieses Landes aus, wenn nicht das Abkommen oder die Satzung etwas anderes vorsehen. Das Unternehmen hat das Recht, Verträge zu schließen, Eigentum zu erwerben, zu mieten und zu veräußern und als Kläger und Beklagter vor Gerichten und Schiedsgerichten aufzutreten (Art. 4). Es kann mit Einverständnis der zuständigen Organe Filialen und Vertretungen in den Mitgliedsstaaten und in Drittländern nach dem entsprechenden landesrechtlich vorgesehenen Verfahren eröffnen. Die Teilnehmerländer des Abkommens und die an dem Unternehmen Beteiligten haften nicht für die Verpflichtungen des Unternehmens und seiner Filialen, ebenso wie das Unternehmen und seine Filialen nicht für die Verbindlichkeiten der Mitgliedsländer des Abkommens und der Teilhaber des Unternehmens haften. Wie das Unternehmen selbst, so sind auch seine Filialen selbständige Wirtschaftsorganisationen und haften mit ihrem Vermögen für ihre Verbindlichkeiten. Die dem Unternehmen gehörenden Schiffe müssen in das Schiffsregister des Sitzstaates eingetragen werden, d.h. in das Register der Vertragsstaaten oder der Länder, in dem die Filialen des Unternehmens ihren Sitz haben. Dabei müssen alle Voraussetzungen erfüllt werden, die für die nationalen Transportmittel gelten. Die Schiffe fahren unter der Staatsflagge des Landes, in dem sie registriert sind und führen den Wimpel „Interleichter".[30]

Das Unternehmen übt auf der Grundlage eines Planes und mit selbständiger Rechnungsführung eine eigene wirtschaftliche Tätigkeit aus. Es arbeitet auf Grund von Vorschlägen seiner Teilhaber Jahres-, Fünfjahres- und Langzeitpläne aus und berücksichtigt dabei die Interessen der Volkswirtschaftspläne der Vertragsstaaten. Für die Sicherung der Wirtschaftstätigkeit des Unternehmens wurde satzungsgemäß ein Finanzfonds gebildet, der aus den anteiligen Beiträgen der Vertragsparteien besteht. Auf die anteilige Beitragspflicht können Waren, materielle Werte und Geldmittel in Transferrubeln, in frei konvertierbarer Valuta und in der Währung des Sitzstaates des Unternehmens verrechnet werden (Art. 10 und 11 des Abkommens).

Leitendes Organ des Unternehmens ist der Rat aus bevollmächtigten Vertretern der Teilhaber. Bei Entscheidungen hat jeder der Vertreter von Organisationen eines Landes im Rat von „Interleichter" eine Stimme. Der Rat tritt mindestens zweimal im Jahr zu ordentlichen Sitzungen zusammen. Aus seiner Mitte wählt er den Vorsitzenden und seinen Stellvertreter für die Dauer von zwei Jahren. Zur ausschließlichen Zuständigkeit des Rates gehört es insbesondere, die Grundtendenzen der Entwicklung und der Tätigkeit von „Interleichter" in Übereinstimmung mit dem Abkommen und der Satzung festzulegen, die Pläne des Unternehmens und die Rechenschaftsberichte über ihre Erfüllung zu billigen, die Organisationsstruktur zu bestimmen, die Bilanzen und die Ausschüttung der Gewinne der finanziellen Tätigkeit des Unternehmens zu bestätigen, den Generaldirektor und andere leitende Mitarbeiter des Unternehmens zu ernennen und zu entlassen sowie Filialen und Vertretungen zu eröffnen und zu schließen. Die laufenden Geschäfte des Unternehmens führt ein Generaldirektor eigenverantwortlich im Rahmen der übertragenen Zuständigkeit. Er vertritt das Unternehmen in anderen Organisationen, Unternehmen und Einrichtungen, verfügt nach eigenem Ermessen über Finanzmittel und Vermögen des Unternehmens, schließt in seinem Namen die erforderlichen Abkommen, Verträge und Vereinbarungen und stellt deren Erfüllung sicher. Die Finanztätigkeit und die Wirtschaftsführung des Unternehmens werden von einer Revisionskommission kontrolliert, deren Mitglieder vom Rat ernannt werden.

Das Abkommen zur Gründung von „Interleichter" ist für Dritte offen. „Im Einvernehmen aller Vertragsparteien können die Regierungen anderer Länder beitreten, die seine Ziele und Prinzipien teilen und die Verpflichtungen auf sich nehmen, die sich aus dem Abkommen und der Satzung ergeben" (Art. 20 des Abkommens). Die Entwicklung des Transports mit Leichtersystemen fördert die Möglichkeit, den allgemeinen Umfang der Güterbeförderung insbesondere im Bereich des Schwarzen Meeres und der Donau wesentlich zu erhöhen. Deshalb wäre die Beteiligung auch anderer sozialistischer Donauländer an dem Abkommen über „Interleichter" wünschenswert. Organisationen von Drittländern, die

[30] Der Wimpel des Unternehmens muß auf allen Transportmitteln gesetzt werden, einschließlich der Leichter, die im Unterschied zu den Schiffen keine Staatsflagge führen.

nicht Vertragsparteien des Abkommens über „Interleichter" sind, können nach Abschluß von Kooperationsverträgen mit „Interleichter" an der Arbeit dieses Unternehmens teilnehmen.

Zusammenfassend kann man folgenden Schluß ziehen: „Interleichter" ist die erste multilaterale internationale Wirtschaftsorganisation der Mitgliedsländer des RGW auf dem Gebiet der Schiffahrt. „Interleichter" erfüllt seine Aufgaben durch wirtschaftliche Tätigkeit nach den Grundsätzen einer eigenen Wirtschaftsführung, wird von den Teilhabern gemeinsam geführt, verfügt über Sondereigentum, das zunächst aus den Beiträgen der Anteilseigner besteht und handelt als juristische Person. Damit sind alle Voraussetzungen, die in den erwähnten „Einheitlichen Bestimmungen" über die Gründung und die Tätigkeit internationaler Wirtschaftsorganisationen an eine internationale sozialistische Wirtschaftsvereinigung und an ein Gemeinschaftsunternehmen gestellt werden, durch „Interleichter" erfüllt.

Im Verlauf der 13. Sitzung der Wirtschaftskommission DDR — Polen wurde im November 1973 ein zwischenstaatliches Abkommen über die Gründung der internationalen Wirtschaftsvereinigung „Interport" unterzeichnet. Ihre Mitglieder sind das VEB „Kombinat Seetransport und Hafenwirtschaft" (Rostock, DDR) und die Vereinigung von Seehäfen (Gdingen, Polnische Volksrepublik) als Außenhandelsorganisationen der Seehäfen beider Länder. Das Abkommen über die Gründung von „Interport" trat am 1. Januar 1974 in Kraft. Die Auslastung von Seehäfen, die durch das ungleichmäßige Einlaufen von Schiffen und die ungleichmäßige Anlieferung von Ladung bedingt ist, ist traditionell großen Schwankungen unterworfen. Zur Bewältigung der daraus sich ergebenden Probleme entstand die Idee, die Kapazitätsreserven einzelner Häfen gegenseitig zu nutzen. Die Organisation „Interport" befaßt sich hauptsächlich mit der gemeinsamen Planung gegenseitiger Dienste für den Warenumschlag, der Planung von Kapitalinvestitionen und koordiniert die Ausnutzung freier Verladekapazitäten in den Seehäfen beider Länder. Dadurch soll die Abfertigung der Schiffe beschleunigt und der allgemeine Güterumschlag der Häfen Polens und der DDR erhöht werden. Eine wichtige Aufgabe ist auch die Koordinierung der Entwicklung der Häfen, insbesondere im Hinblick auf eine Spezialisierung auf besondere Güter.[31] Vorrangig sind dabei folgende Probleme: Rationalisierung der Verladearbeiten, Einführung rationellerer Arbeitsmethoden durch Organisation der Zusammenarbeit zwischen benachbarten Seehäfen mit Gemeinsamkeiten in der technischen Ausrüstung und organisatorisch-technische Fragen. Im Rahmen des Abkommens über „Interport" werden wissenschaftlich-technische Dokumentationen und Erfahrungen auf dem Gebiet der Technologie der Be- und Entladearbeiten ausgetauscht. Es werden gemeinsame technisch-wirtschaftliche Untersuchungen auf dem Gebiet der Spezialisierung der Be- und Entladearbeiten durchgeführt und Prinzipien zur

[31] Bei einzelnen Häfen gibt es teilweise bereits eine Spezialisierung.

Festlegung der Tarife ausgearbeitet. Gemeinsam werden spezialisierte Anlegestellen gebaut und Arbeiten auf dem Gebiet des Umweltschutzes durchgeführt.

Die internationale Wirtschaftsvereinigung „Interport" hat die rationelle Kapazitätsausnutzung von drei Häfen der DDR — Rostock, Stralsund und Wismar — und drei polnischen Häfen — Stettin, Gdingen und Danzig — zum Ziel. Die internationale Dispatcherabteilung von „Interport" trifft die Auswahl der am besten geeigneten Güterströme „See — Land" und lenkt die Schiffe zum Be- und Entladen in die entsprechenden Häfen. Für die Zukunft zeichnet sich die Entwicklung spezialisierter Häfen der DDR und Polens unter Berücksichtigung der Transitgüterströme aus Ungarn und der CSSR ab. Oberstes Organ von „Interport" ist der Rat, zu dem 5 Vertreter eines jeden Landes gehören. Sein Geschäftsbetrieb und seine Aufgaben werden durch die Satzung bestimmt. Im Rahmen seiner Kompetenz faßt der Rat Beschlüsse, die für die Mitglieder dieser Internationalen Wirtschaftsorganisation und der ihr unterstehenden Organisationen und Unternehmen verbindlich sind. Den Ratsvorsitz und seine Stellvertretung nehmen die Generaldirektoren der „Interport"-Mitglieder der Reihe nach wahr. In Stettin wurde ein ständiges Sekretariat von „Interport" unter Leitung des polnischen Vertreters eingerichtet. Sein Stellvertreter ist der Vertreter der DDR. Das ständige Sekretariat erstellt Rechenschaftsberichte und Analysen für den Rat, führt organisatorische Arbeiten einschließlich Maßnahmen zur Erreichung der gesteckten Ziele durch und koordiniert insbesondere die gegenseitigen Dienstleistungen beim operativen Güterumschlag. Die seit der Gründung von „Interport" verstrichenen Jahre haben gezeigt, daß diese Organisation bei der Nutzung der Hafenwirtschaften der DDR und Polens sehr effektiv arbeitet. Schon im ersten Jahr des Bestehens von „Interport" erhöhte sich der Güterumschlag der DDR in den polnischen Häfen um das Dreifache. Die wissenschaftlich-technische Zusammenarbeit verläuft erfolgreich, die Umschlagkapazitäten der Ostseehäfen beider Länder werden besser genutzt, und die Abfertigung der Schiffe in diesen Häfen beschleunigt sich immer mehr. Der Güterumschlag von „Interport" erreichte im Jahre 1981 860.000 t.

Die Zusammenarbeit der sozialistischen Länder bei der Donauschiffahrt entwickelt sich gegenwärtig auf multilateraler und auf bilateraler Grundlage. Die Donau hat große Bedeutung für die Entwicklung der außenwirtschaftlichen Beziehungen der europäischen Staaten. Ein großer Teil des Gütertransports auf der Donau wird zwischen sozialistischen Staaten durchgeführt. Mit Eröffnung des Rhein-Main-Donau-Kanals wird die Bedeutung der Schiffahrt auf der Donau für die europäischen Staaten noch zunehmen. Die sozialistischen Donauanliegerstaaten sind neben Österreich Vertragsstaaten des Abkommens von 1948 über die Schiffahrt auf der Donau, das an die Stelle früherer ungleicher Verträge getreten ist, die den Donauländern vom internationalen Imperialismus aufgezwungen worden waren. Darüber hinaus wurden die Abkommen von Bratislava aus dem Jahre 1955 von den Direktoren der Donau-Dampfschiffahrtsgesellschaften der sozialistischen Länder (Volksrepublik Bulgarien,

UdSSR, Ungarische Volksrepublik, Sozialistische Republik Rumänien und CSSR) abgeschlossen. Sie enthalten Vereinbarungen über die allgemeinen Transportbedingungen, über einheitliche Tarife, über Schlepperdienste und Hilfeleistung in Unglücksfällen sowie über die Tätigkeit von Agenturen.[32] Im Komplexprogramm wurde die Aufgabe gestellt, Vorschläge zur Entwicklung der Zusammenarbeit der Mitgliedsländer des RGW auszuarbeiten, die auf eine Zunahme des Gütertransports auf der Donau abzielen. Wesentlich dabei ist die große Arbeit der Befristeten Arbeitsgruppe der Vertreter der Transport-, Außenhandels- und Planungsorgane der Mitgliedsländer des RGW und der Sozialistischen Föderativen Republik Jugoslawiens bei der Lösung der Transportprobleme auf der Donau. Der RGW unterhält seit 1957 ständige Verbindungen mit der Donaukommission, die für die Überwachung des Abkommens über die Schiffahrt auf der Donau geschaffen wurde. Eine neue Etappe dieser Beziehungen begann am 23. Juni 1975, als das Abkommen über die Zusammenarbeit zwischen dem Rat für Gegenseitige Wirtschaftshilfe und der Donaukommission unterzeichnet wurde.

Als Beispiel für die Entwicklung einer fruchtbaren, brüderlichen Zusammenarbeit zwischen den Mitgliedsländern des RGW auf bilateraler Grundlage kann das Abkommen von 1976 zwischen dem Ministerium der Seeflotte der UdSSR und dem Transportministerium Bulgariens über die Gründung der sowjetisch-bulgarischen Transportgenossenschaft „Donautrans" bezeichnet werden. Mit dieser Genossenschaft soll die Lenkung des Schiffsverkehrs und die Abfertigung von Ladung der Sowjetischen Donau-Dampfschiffahrtsgesellschaft und der Bulgarischen Fluß-Dampfschiffahrtsgesellschaft koordiniert und die Kapazitäten der Flußflotten und der Donauhäfen bei der Beförderung von Außenhandelsgütern zwischen der UdSSR und Bulgarien besser genutzt werden. „Donautrans" ist keine juristische Person und haftet nicht für die Verbindlichkeiten der genannten Schiffahrtsgesellschaften. Leitungsorgan von „Donautrans" ist ein Rat, dessen Zusammensetzung, Aufgaben und Kompetenzen durch eine Satzung festgelegt werden. Der Rat arbeitet auf der Grundlage der völligen Gleichberechtigung aller Beteiligten, der Respektierung der Souveränität und der nationalen Interessen der Vertragsstaaten dieses Abkommens, des gegenseitigen Nutzens und der gegenseitigen Hilfe unter Genossen. Der Rat billigt den allgemeinen Jahresplan von „Donautrans" über den Gütertransport und die Verteilung des Außenhandelsgüterumschlags zwischen den Donauhäfen beider Länder. Er erörtert alle Fragen der gemeinsamen Organisation des Schiffsverkehrs beider Schiffahrtsgesellschaften, der Erfüllung der Koordinationspläne für den Verkehr von Schleppzügen und Tonnage, der Abfertigung in den Donauhäfen und der Durchführung anderer Maßnahmen zur Sicherstellung des

---

[32] Die genannten Abkommen gelten mit Änderungen und Ergänzungen. Im Jahre 1966 traten zwei jugoslawische Schiffahrtsgesellschaften und 1968 je eine Schiffahrtsgesellschaft aus Österreich und aus der BRD dem Abkommen über allgemeine Transportbedingungen bei.

Gütertransports. Mitglieder des Rates sind der Vorsitzende der Sowjetischen Donau-Dampfschiffahrtsgesellschaft, der Hauptdirektor der Bulgarischen Fluß-Dampfschiffahrtsgesellschaft, die Leiter der Häfen Reni und Izmail sowie die Direktoren der Häfen Ruza und Lom (mit beratender Stimme). Der Rat tritt mindestens zweimal im Jahr zu Sitzungen zusammen. Auf den Sitzungen des Rates präsidieren der Reihe nach die Vertreter der Dampfschiffahrtsgesellschaften, die dieses Amt für ein Jahr ausüben. Die Entscheidungen des Rates werden einstimmig angenommen.

Ständiges Arbeitsorgan der Genossenschaft ist die Direktion mit einem Direktor an der Spitze, der vom Rat ernannt wird. Sitz der Direktion ist Ruza (Bulgarien), in Izmail (UdSSR) wird eine Vertretung unterhalten. Die Aufgaben der Direktion, ihre Vollmachten, Zusammensetzung und Arbeitsweise sowie die Vermögens-, Finanz- und andere Tätigkeiten von „Donautrans“ werden von einer vom Rat gebilligten Satzung für die Direktion bestimmt. Der Direktor von „Donautrans“ nimmt an den Sitzungen des Rates mit beratender Stimme teil. Die Direktion der Genossenschaft bereitet die Ratssitzungen vor und übt die Funktion eines Sitzungssekretariats aus. Darüber hinaus vertritt der Direktor „Donautrans“ im Rahmen der ihm verliehenen Vollmachten bei anderen Organisationen und Unternehmen in allen Fragen, welche die Tätigkeit der Genossenschaft berühren. Die Direktion gewährleistet die Ausführung der Ratsentscheidungen und führt die gesamte laufende Arbeit der gemeinsamen Organisation beider Schiffahrtsgesellschaften im Hinblick auf den Transport der Außenhandelsgüter. Sie koordiniert die Schiffsbewegungen der Sowjetischen Donau-Dampfschiffahrtsgesellschaft und der Bulgarischen Fluß-Dampfschiffahrtsgesellschaft zwischen den Flußhäfen der Donau und organisiert die Arbeit der gemeinschaftlichen sowjetisch-bulgarischen Containerlinien nach den Bedingungen eines zwischen beiden Schiffahrtsgesellschaften am 29. April 1976 unterzeichneten Abkommens. Monatlich wird ein graphischer Koordinierungsplan auf der Grundlage der planmäßigen Transportmengen von Export- und Importgütern und der von beiden Schiffahrtsgesellschaften zur Verfügung gestellten Flotten für den gemeinsamen Verkehr von Schleppzügen und Tonnage zwischen den Flußhäfen der Donau erarbeitet. Seit Beginn der Tätigkeit von „Donautrans“ ab der zweiten Hälfte des Jahres 1977 bis heute wurden in den Donauhäfen der UdSSR und Bulgariens mehr als zweieinhalb tausend Schleppzüge abgefertigt, was etwa sechs Millionen Tonnen Ladung für den sowjetisch-bulgarischen Güteraustausch entspricht. Damit trägt das Funktionieren von „Donautrans“ dazu bei, die Effektivität der Arbeit der sowjetischen und bulgarischen Flußschiffahrtsflotten zu erhöhen.

Auf der Grundlage eines im Jahre 1979 unterzeichneten Abkommens wurde die internationale (sowjetisch-bulgarische) Genossenschaft „Intermorput“ gegründet. Ihr Tätigkeitsbereich ist: Seeschiffahrt, Havarie- und Rettungsarbeiten, Navigationsdienste auf Seewegen, Schlepperdienste sowie technische Unterwasser- und Schiffshebearbeiten auf See. Die Tätigkeit aller vier internationaler Organisationen der sozialistischen Länder „Interleichter“, „Interport“, „Donautrans“ und „Intermorput“ ist ein leuchtendes Beispiel der brüderlichen Zusammenarbeit der Mitgliedsländer des RGW und ihrer Organisationen auf der Grundlage des sozialistischen Internationalismus sowie ein Beitrag zur weiteren Entwicklung und Verbesserung der sozialistischen Wirtschaftsintegration.

2. Zusammenarbeit der sozialistischen Staaten in internationalen Organisationen in Fragen der Nutzung lebender Naturschätze des Meeres

Zwischen dem Ende der 50er Jahre und dem Beginn der 60er Jahre entstand und entwickelte sich eine erfolgreiche multilaterale Zusammenarbeit der sozialistischen Staaten bei der Nutzung der biologischen Naturschätze des Weltmeeres. Das erste Abkommen über eine derartige Zusammenarbeit wurde am 7. Juli 1959 in Varna (Bulgarien) zwischen den Regierungen der UdSSR, Bulgariens und Rumäniens über die Fischerei im Schwarzen Meer abgeschlossen. Diesem Abkommen liegen die Prinzipien der souveränen Gleichheit, der brüderlichen Zusammenarbeit und des gegenseitigen Nutzens zugrunde. In der Präambel wird auf das gegenseitige Interesse der Vertragsparteien an einer rationellen Nutzung der Fischressourcen des Schwarzen Meeres und an der Entwicklung der Seefischerei hingewiesen. Das Abkommen sieht ein breites Spektrum der Zusammenarbeit auf Staatsebene bei der Nutzung der lebenden Ressourcen des Schwarzen Meeres vor. Zu diesem Zwecke wollen die Parteien sich insbesondere bei der Durchführung eines rationellen Fischfangs, der Verbesserung der Fischfangtechnik und bei Forschungsvorhaben auf dem Gebiet der Ichthyologie und Hydrobiologie zur Erhaltung und Vergrößerung der Fischbestände des Schwarzen Meeres gegenseitig unterstützen.[33] Auf der Grundlage der Gegenseitigkeit vereinbarten die Vertragsstaaten, Hochsee-Fischereischiffen das Recht zu gewähren, zum Schutze vor Stürmen und bei Havarien die von jeder Vertragspartei zu bestimmenden Zufluchtshäfen anlaufen zu dürfen. Das Verzeichnis der Zufluchtshäfen kann mit Zustimmung aller Teilnehmerstaaten geändert werden. In den genannten Fällen dürfen Fischereischiffe havariebedingte Reparaturarbeiten durchführen sowie sich mit Lebensmittelvorräten, Trinkwasser, Kraftstoff, Schmierstoffen und anderen Materialien versorgen, die für die Fortsetzung der Reise oder die Rückkehr des Schiffes in den nächsten Hafen des Flaggenstaates erforderlich sind. Es ist auch möglich, die gefangenen Frischfische im Zufluchtshafen zu verkaufen, falls der Fang an Bord nicht aufbewahrt werden kann. Das Abkommen (Art. 6 und 7) sieht den gegenseitigen Austausch neuer Erkenntnisse über die Wanderungen der Nutzfischarten, der Ergebnisse wissenschaftlicher Forschungsvorhaben auf den

[33] Sbornik meždunarodnych soglašenij SSSR po voprosam rybolovstva i rybochozjajstvennych issledovanij, Moskva 1981, S. 159-164.

Gebieten der maritimen Ichthyologie, der Hydrobiologie und der Fangtechnik sowie statistischer Fangdaten vor. Der Umfang des Regelungsbereichs erfaßt die zwischenstaatliche Zusammenarbeit bei der rationellen Nutzung der maritimen Fischressourcen. Damit ist dies das erste völkerrechtliche Abkommen seiner Art.

In Erfüllung des Vertrages wurde eine Gemischte Kommission gegründet, die mindestens einmal im Jahr in einem der Vertragsstaaten zusammentritt. Die Gemischte Kommission hat gemäß Art. 9 des Abkommens folgende Aufgaben: Ausarbeitung vereinbarter Maßnahmen zur Regelung des Fischfangs mit dem Ziel, die Fischbestände des Schwarzen Meeres zu erhalten und zu vergrößern, Weiterentwicklung der Fischfangtechnik und Einführung von Änderungen zu Art. 5 des Abkommens über die Arten und Abmessungen von Fischen, die im Schwarzen Meer gefangen werden dürfen. Die Kommission koordiniert die Pläne für wissenschaftliche Forschungsarbeiten über den Fischfang im Schwarzen Meer, legt Art und Umfang der Statistiken und anderer Materialien fest, die den Mitgliedsländern der Kommission zur Verfügung gestellt werden, stellt die gegenseitige Information über die Einhaltung des Abkommens sicher und untersucht alle anderen Fragen, die ihr von den Mitgliedsländern gestellt werden. Sie kann Empfehlungen aussprechen oder (einstimmig) Entscheidungen mit Zustimmung der Vertreter aller Mitgliedsländer treffen. Nach der Satzung können Beobachter anderer Länder zu den Sitzungen der Kommission eingeladen werden. Die mehr als zwanzigjährige Erfahrung mit dem Abkommen beweist, daß die Gemischte Kommission zu einem echten Regionalorgan geworden ist, das die Zusammenarbeit der sozialistischen Staaten bei der rationellen Nutzung der lebenden Meeresressourcen des Schwarzen Meeres fördert. Dies wird in entscheidendem Maße durch den Umstand begünstigt, daß die Beziehungen zwischen den sozialistischen Ländern auf diesem Gebiet wie auch in anderen Bereichen der Zusammenarbeit auf dem Prinzip des sozialistischen Internationalismus aufgebaut sind, das eine harmonische Verbindung der Interessen eines jeden Landes mit den Interessen des ganzen Lagers, brüderliche gegenseitige Hilfe und Zusammenarbeit in Wirtschaft, Politik, Kultur und internationalen Beziehungen voraussetzt.[34]

In Erfüllung des Abkommens führen die sozialistischen Anrainerstaaten des Schwarzen Meeres ein breites Programm wissenschaftlicher Grundlagenforschung auf zahlreichen Gebieten durch: Ozeanographisches Regime, Nahrungsgrundlage planktonfressender Fische des Schwarzen Meeres sowie Prognose eines möglichen Fangertrages; Erhöhung der Fangproduktivität im Schwarzen Meer durch Entwicklung von Meereskulturen; Verbesserung der Fischverarbeitungstechnologien und Erweiterung des Sortiments von Nahrungsmittelprodukten. Die Themen der wissenschaftlichen Forschungsvorhaben werden auf den Sitzungen der Gemischten Kommission präzisiert und konkretisiert. Für jedes der Teilnehmerländer werden bestimmte Forschungsziele festgelegt.

---

[34] Kurs meždunarodnogo prava, Moskva 1973, Bd. VI, S. 19-21.

Halbjährlich tauschen die Parteien die Zwischen- und Endergebnisse ihrer Forschungen aus. Auf diese Weise erhalten die Teilnehmer des Abkommens in kurzer Zeit wertvolle Informationen, die es erlauben, die lebenden Meeresressourcen des Schwarzen Meeres rationeller zu nutzen und dank einer vernünftigen Kooperation bei der Durchführung wissenschaftlicher Forschungsvorhaben erhebliche Mittel einzusparen. Zur weiteren Regelung des Fischfangs schlugen die Vertreter Bulgariens auf der 14. Sitzung der Gemischten Kommission (im Jahre 1980) vor, das Schwarze Meer in Gewässerbereiche aufzuteilen. Auf der 15. Sitzung der Kommission im Jahre 1982 wurde ein Aufteilungsschema vereinbart, mit dem der systematische gegenseitige Austausch von Forschungsunterlagen über den Zustand der Bestände der hauptsächlichen Nutzfischarten weiter intensiviert werden kann.

Die Zusammenarbeit der Staaten bei der Nutzung der Bioressourcen des Schwarzen Meeres hat eine Besonderheit. Fast alle Anliegerstaaten des Schwarzen Meeres sind sozialistisch. Dieser Umstand prägt den Gesamtcharakter der gegenseitigen Beziehungen zwischen den Schwarzmeerstaaten. Das Schwarze Meer gehört bekanntlich in bezug auf die Durchfahrt von Kriegsschiffen von Nichtanliegerstaaten nach den geltenden Normen des Völkerrechts zur Kategorie der „Geschlossenen" und „Halbgeschlossenen" Meere.[35] Dies hat zweifellos einen entsprechenden Einfluß auf den Status des Schwarzen Meeres und berührt auch die Rechtsordnung der Nutzung seiner Bioressourcen. Letztere werden traditionell nur von den Anliegerstaaten genutzt. Die Beziehungen zwischen ihnen entwickeln sich im Rahmen nicht nur einer multilateralen, sondern auch einer bilateralen Zusammenarbeit. Auch nach der VN-Seerechtskonvention von 1982 gehört das Schwarze Meer unter dem Aspekt der Nutzung seiner Bioressourcen zur Kategorie der „Geschlossenen" und „Halbgeschlossenen" Meere.[36] Nach Art. 123 der Konvention sollen Staaten, die an einem solchen Meer liegen, entweder unmittelbar oder im Rahmen einer geeigneten Regionalorganisation zusammenarbeiten. Dabei sollen sie die Bewirtschaftung, Erhaltung, Erforschung und Ausbeutung der lebenden Naturschätze, die Ausübung ihrer Rechte und Pflichten bezüglich des Schutzes und der Erhaltung der Meeresumwelt sowie die Durchführung ihrer wissenschaftlichen Forschungsvorhaben koordinieren und gegebenenfalls gemeinsam durchführen. Dabei können sie andere interessierte Staaten oder internationale Organisationen zur Zusammenarbeit auffordern. Folglich entspricht die Zusammenarbeit der sozialistischen Staaten auf dem Gebiet der Nutzung der Bioressourcen des Schwarzen Meeres in vollem Umfang der VN-Seerechtskonvention von 1982.

Ein Problem bei den Bemühungen um die Erhaltung und rationelle Nutzung der Bioressourcen des Schwarzen Meeres stellt sich dadurch, daß die Türkei dem

---

[35] Siehe dazu im einzelnen: *L. A. Ivanaščenko*, Meždunarodno-pravovoj režim zakrytych morej, in: Novoe v meždunarodnom morskom prave, Moskva 1972, S. 93-106.

[36] Dok. OON A/CONF.62/122 vom 7. Oktober 1982, S. 64 (in: Third United Nations Conference on the Law of the Sea, Official Records Vol. XVII).

Abkommen von 1959 nicht beigetreten ist. Die Türkei ist der einzige Anliegerstaat des Schwarzen Meeres, der bei der Fischerei die Bestimmungen zur Regelung des Fischfangs nicht berücksichtigt, die von den anderen Anliegerstaaten des Schwarzen Meeres aufgestellt worden sind und beachtet werden. Die Türkei fängt unkontrolliert wertvolle Fisch- und Delphinarten, insbesondere in der Nähe des Küstenmeeres der UdSSR.[37] Die Gemischte Kommission betonte auf ihren Sitzungen wiederholt die Notwendigkeit, daß alle Anliegerstaaten des Schwarzen Meeres die Fischfangregeln beachten müssen, die im Rahmen des Abkommens von 1959 ausgearbeitet worden sind. Zu diesem Zweck wurde der Türkei offiziell vorgeschlagen, dem genannten Abkommen beizutreten. Aber bislang gab es auf diesen Vorschlag der sozialistischen Länder keine positive Antwort.

Da die VN-Seerechtskonvention von 1982 das Institut der 200-sm-Wirtschaftszone bestätigte, standen die Anrainerstaaten des Schwarzen Meeres vor dem Problem, die Auswirkungen dieses Instituts auf das Schwarze Meer zu bestimmen. Die Errichtung von 200-sm-Zonen würde die Rechtsordnung des Schwarzen Meeres wesentlich verändern und viele Aspekte der Zusammenarbeit der Schwarzmeer-Anrainerstaaten erschweren, u. a. auch in Fragen der Nutzung der lebenden Meeresressourcen. Es ist kein Zufall, daß bis heute kein einziger Staat, der am Schwarzen Meer liegt, Schritte unternommen hat, die auf die Errichtung einer Wirtschaftszone abzielen. Das derzeit geltende System internationaler Abkommen über die Nutzung der Gewässer und Ressourcen des Schwarzen Meeres ist am besten dazu geeignet, die Zusammenarbeit der Anrainerstaaten des Schwarzen Meeres auf allen Gebieten, einschließlich der rationellen Nutzung der vorhandenen Bioressourcen, weiter zu verbessern. Dies könnte beispielsweise dadurch geschehen, daß das Abkommen von 1959 selbst weiterentwickelt wird. Dabei ist zu prüfen, ob der Aufgabenkatalog der Gemischten Kommission erweitert werden soll. Analog den Regionalkommissionen in anderen Bereichen des Weltmeeres müßte man u. a. untersuchen, ob Bestimmungen über Kontrollmaßnahmen zur Einhaltung der Fischereiregeln erarbeitet werden sollen.

Der Zusammenarbeit der sozialistischen Staaten dient auch das Abkommen über die Zusammenarbeit auf dem Gebiet der Seefischerei vom 28. Juli 1962.[38] Die Vertragsstaaten, die an der Kooperation bei der Entwicklung der Seefischerei, der Fangtechnik und der produktverarbeitenden Technologie sowie an der wissenschaftlichen Forschung über den Zustand der lebenden Meeresressourcen interessiert sind, vereinbarten eine Zusammenarbeit auf folgenden Gebieten: Entwicklung des Fischfangs auf Hoher See, Durchführung von Konsultationen über praktische Fragen des Fangs, Koordinierung der Anstrengungen zur

---

[37] Siehe *A. F. Vysockij*, Černoe more: Meždunarodno-pravovye voprosy, Kiev 1979, S. 117.

[38] Das Abkommen trat am 22. Februar 1973 in Kraft. Teilnehmerstaaten sind: Bulgarien, DDR, Kuba, Polen, CSSR, UdSSR.

Erforschung von Rohstoffen auf Hoher See u.a. (Art. 1). Der Anwendungsbereich des Abkommens erstreckt sich auf das gesamte Weltmeer. Gemäß Art. 2 des Abkommens wurde eine Gemischte Kommission eingerichtet, die mindestens einmal im Jahr zu einer ordentlichen Sitzung einberufen wird. Die Kommission erarbeitet Pläne für die wissenschaftlich-technische Zusammenarbeit und die gegenseitige Hilfe bei der Entwicklung der Fischerei auf Hoher See, organisiert den gegenseitigen Austausch von Erfahrungen beim Einsatz der gewerblichen Fischfangflotten bei Fang, Aufbewahrung, Verarbeitung und Transport der Fische sowie den Informationsaustausch der Untersuchungsergebnisse beim Aufspüren und der Erforschung lebender Meeresressourcen. Die Kommission unterbreitet Vorschläge zur Einberufung wissenschaftlicher und technischer Konferenzen und Zusammenkünfte über verschiedene Probleme der Fischwirtschaft, die für die Vertragsparteien von gemeinsamem Interesse sind, und organisiert den Erfahrungsaustausch bei der Ausbildung von Kadern u.a. In allen diesen Fragen verabschiedet die Kommission mit Zustimmung der Vertreter aller Teilnehmerländer Empfehlungen und Entscheidungen. Alle Arbeiten im Rahmen der wissenschaftlich-technischen Zusammenarbeit auf dem Gebiet der Fischerei werden aufeinander abgestimmt. Bei der Planung von Themen werden ein Land und seine Behörde zum Koordinator für die entsprechenden Arbeiten bestimmt. Die Durchführung obliegt dann den nationalen Organisationen dieses Landes. In den letzten Jahren verstärkte sich jedoch die Zusammenarbeit bei einzelnen Vorhaben. Eine solche Form der Zusammenarbeit gibt es beispielsweise zum Thema „Organisation der wissenschaftlich-technischen Information".

Die zwanzigjährige Periode der praktischen Anwendung des Abkommens beweist, daß es wirklich ein Instrument ist, das die Zusammenarbeit der sozialistischen Staaten bei der Erforschung und Nutzung der Bioressourcen des Weltmeeres fördert. Jedoch wird durch die Entwicklung der sozialistischen Wirtschaftsintegration auch auf dem Gebiet der Fischwirtschaft die Ergänzung und Änderung des Abkommens von 1962 notwendig. Dieser Frage widmete die Gemischte Kommission in den letzten Jahren ihre besondere Aufmerksamkeit. Die Notwendigkeit, die wirtschaftliche Zusammenarbeit der sozialistischen Staaten auf dem Gebiet des Fischfangs zu erweitern, ergibt sich unter anderem aus den veränderten Bedingungen für die Seefischerei nach Annahme der VN-Seerechtskonvention von 1982. Die Errichtung von 200-sm-Wirtschaftszonen durch die Küstenstaaten erfordert es auch, Formen und Niveau der Zusammenarbeit der sozialistischen Staaten zu vervollkommnen.

Die sozialistischen Staaten arbeiten in Fragen der Nutzung der lebenden Naturschätze der Ostsee aktiv zusammen. Auf Initiative Polens und mit Unterstützung der UdSSR und der DDR trat im September 1973 in Danzig eine diplomatische Konferenz zusammen, deren Ergebnis die Unterzeichnung einer internationalen Konvention über die Fischerei und den Schutz der lebenden Ressourcen in der Ostsee und in den Belten war. Alle Ostseeanliegerstaaten (Dänemark, Finnland, DDR, BRD, Polen, Schweden, UdSSR) unterzeichneten die Konvention. Die Vertragsstaaten der Konvention gingen von der Erkenntnis aus, daß sie für den Schutz und die rationelle Nutzung der lebenden Ressourcen der Ostsee gemeinsam verantwortlich sind und eine engere Zusammenarbeit auf diesem Gebiet notwendig ist. Daher vereinbarten die Ostseeanliegerstaaten, daß sie zum Schutz und zur Vermehrung der lebenden Ressourcen der Ostsee sowie zur Optimierung der Fangergebnisse enger zusammenarbeiten und zu diesem Zweck insbesondere die wissenschaftliche Forschung erweitern und koordinieren werden. Ferner wurde vereinbart, daß die Vertragsstaaten organisatorische und technische Vorhaben für den Schutz und das Wachstum der lebenden Ressourcen einschließlich Maßnahmen der künstlichen Reproduktion wertvoller Fischarten vorbereiten und durchführen und / oder sich daran mit finanziellen Mitteln auf gleicher und gerechter Grundlage beteiligen und daß sie auch andere Maßnahmen zur rationellen und wirksamen Nutzung der lebenden Ressourcen treffen. Der Geltungsbereich der Konvention erstreckt sich auf die gesamten Gewässer der Ostsee und der Belte mit Ausnahme der Eigengewässer. Die lebenden Ressourcen der Ostsee sind einem akuten negativen Einfluß aus der industriellen Tätigkeit der Ostseeanrainerstaaten und aus der Einleitung großer Mengen vielfältiger Schadstoffe in die Ostsee ausgesetzt. Deshalb ist zu Recht die Ausweitung des Geltungsbereichs der Konvention auf das Küstenmeer und die Fischereizonen der Küstenstaaten erfolgt, woraus sich die große Bedeutung für eine umfassende Erforschung der lebenden Ressourcen und ihres Lebensraumes ergibt. Die Geltung der Konvention erstreckt sich auf alle Fischarten und anderen lebenden Meeresressourcen in diesem Gebiet. Dadurch soll die Effektivität der Maßnahmen zur Erhaltung der lebenden Ressourcen wesentlich erhöht und bei der Ausarbeitung von Fischereiregeln der engen gegenseitigen Abhängigkeit zwischen den verschiedenen Fischarten Aufmerksamkeit gewidmet werden. Wie bereits bemerkt, ging die Initiative für die Ausarbeitung der Konvention von den sozialistischen Staaten aus, die konsequent dafür eintreten, daß alle Fragen der Nutzung der lebenden Meeresressourcen auf der Grundlage einer multilateralen Zusammenarbeit gelöst werden. Wie die langjährige Praxis zeigt, entspricht ein solcher Ansatz am besten den Interessen aller Staaten. Die Ostsee gehört den Bestimmungen der VN-Seerechtskonvention von 1982 zufolge zur Kategorie der „Geschlossenen" und „Halbgeschlossenen" Meere. Jeder der Ostseeanliegerstaaten wirkt durch seine Wirtschaftstätigkeit auf den Zustand der lebenden Meeresorganismen ein; deshalb können Maßnahmen, die für eine vernünftige Nutzung und Reproduktion der Fischressourcen notwendig sind, nur dann die erwünschte Wirkung haben, wenn alle Ostseeanliegerstaaten ständig eng zusammenarbeiten.

Um die in der Konvention gesetzten Ziele zu erreichen, schufen die Vertragsstaaten eine Internationale Kommission für die Fischerei in der Ostsee. Dieser Kommission obliegt die Beobachtung der lebenden Ressourcen und des Fischfangs im Konventionsgebiet durch Sammlung, Verarbeitung, Analyse und Verbreitung statistischer Angaben über Fang, Fischereiaufwand und andere Informationen, ferner die Ausarbeitung von Vorschlägen zur Koordinierung der wissenschaftlichen Forschung im Konventionsgebiet und die Vorbereitung von Empfehlungen auf der Basis der Forschungsergebnisse und ihre Vorlage zur Behandlung durch die vertragschließenden Staaten. Die Bedeutung wissenschaftlicher Forschungsvorhaben auf dem Gebiet des Fischereiwesens wuchs in jüngster Zeit wegen der Intensivierung der Seefischerei und als Folge der Ausdehnung souveräner Rechte der Küstenstaaten auf die Nutzung der lebenden Ressourcen bis 200 sm ganz beträchtlich. Wegen der Begrenztheit des Meeresraumes der Ostsee und der erhöhten Verflechtung ihres Ökosystems spielen wissenschaftliche Daten, auf deren Grundlage Regelungsmaßnahmen ergriffen werden müssen, für die rationelle Nutzung der lebenden Meeresressourcen eine entscheidende Rolle. Aus diesem Grund sieht die Konvention die Verwendung von Forschungsergebnissen vor, die nicht nur von den Küstenstaaten, sondern auch von internationalen Organisationen (ICES u.a.) zur Verfügung gestellt werden. Die Kommission hat sehr umfassende Zuständigkeiten bei der Behandlung von Maßnahmen zur Regelung der Fischerei und der Ausarbeitung entsprechender Empfehlungen an die Vertragsstaaten des Abkommens. Hierzu gehören: 1) Maßnahmen zur Regelung der Fanggeräte, -vorrichtungen und Fangmethoden; 2) Maßnahmen zur Regelung der Größenbegrenzung von Fischen, die an Bord von Schiffen zurückbehalten, angelandet, zum Verkauf ausgestellt oder angeboten werden dürfen; 3) Maßnahmen zur Festsetzung von Schonzeiten und Sperrgebieten; 4) Maßnahmen zur Verbesserung und Vergrößerung der lebenden Meeresressourcen einschließlich künstlicher Vermehrung und Verpflanzung von Fischen und anderen Organismen; 5) Maßnahmen zur Regelung der Höhe des Gesamtfangergebnisses und / oder dessen Aufteilung auf die vertragschließenden Staaten oder des Fischereiaufwandes nach Objekten, Arten, Gebieten und Fangzeiten; 6) Maßnahmen zur Überwachung der für die vertragschließenden Staaten bindenden Empfehlungen; 7) andere Maßnahmen zum Schutz und zur rationellen Nutzung der lebenden Meeresressourcen. Die vertragschließenden Staaten der Konvention gewährleisten, daß die Bestimmungen des Abkommens, insbesondere die Maßnahmen zur Regelung des Fischfangs im Vertragsgebiet, eingehalten werden.

Schon seit 1977 galt im Vertragsgebiet ein System internationaler Kontrolle. Seit Januar 1978 funktioniert dieses System wegen der Erweiterung der Fischereizonen der Ostseeländer nicht mehr, da die Kontrollfunktionen in diesen Zonen jetzt von den Küstenstaaten selbst ausgeübt werden. Im Hinblick auf die Ausdehnung der Fischereihoheit der Küstenstaaten wurden auf der dritten Sitzung der Kommission entsprechende Änderungen in der Konvention vorbereitet. Art. VIII Abs. 3 wurde neugefaßt und lautet jetzt: „Jeder vertragschließende Staat hat eine Stimme in der Kommission. Beschlüsse sowie Empfehlungen der Kommission werden mit Zweidrittelmehrheit der Stimmen der auf der Tagung anwesenden und an der Abstimmung teilnehmenden vertragschließenden Staaten angenommen; Empfehlungen, die Gebiete unter der Fischereihoheit eines oder mehrerer vertragschließender Staaten betreffen, treten für diese Staaten jedoch nur in Kraft, wenn sie dafür gestimmt haben."

Auch Art. X wurde geändert, demzufolge die Kommission Maßnahmen zur Festsetzung des zulässigen Gesamtfangs oder Fischereiaufwands nach Arten, Beständen, Gebieten und Fangzeiten, einschließlich des zulässigen Gesamtfangs für Gebiete unter der Fischereihoheit der vertragschließenden Staaten behandeln und zur Annahme empfehlen kann. Nach der Änderung zu Buchstabe g) des Art. X kann die Kommission behandeln und zur Annahme empfehlen: „Maßnahmen zur Kontrolle der Durchführung der für die vertragschließenden Staaten bindenden Empfehlungen, die jedoch keine internationale Inspektion im Gebiet ihrer Küstenmeere und in Gewässern einschließen, die unter ihrer Fischereihoheit stehen". Derzeit sind diese Änderungen von allen Teilnehmerstaaten der Konvention ratifiziert worden, mit Ausnahme Dänemarks und der BRD. Die Erweiterung der Fischereizonen der Ostseeanliegerstaaten erschwerte die Tätigkeit der Kommission. Auf Grund der Errichtung von 220-sm-Wirtschafts- (Fischerei-)Zonen in anderen Bereichen des Weltmeeres erhöhten die Ostseeanlieger ihre Fischfanganstrengungen in der Ostsee. Dadurch kam es unausweichlich zu Eingriffen in den Bestand der lebenden Ressourcen und zu häufigen Verletzungen der Grenzen der Fischereizonen von benachbarten Staaten, die jetzt unbedingt noch endgültig festgelegt werden müssen.

Auf der vierten Sitzung der Kommission im September 1978 schlugen die UdSSR, Polen und Schweden angesichts der Tatsache, daß die Staaten die räumlichen Grenzen ihrer Fischereihoheit ausgedehnt haben, eine neue Methode für die Aufteilung der zulässigen Gesamtfangmenge vor. Dieser Vorschlag hat zum Inhalt, daß der gesamte zulässige Fang nach Quoten unter den Staaten aufgeteilt wird, und zwar nicht wie früher auf der Grundlage der tatsächlichen Fangergebnisse vorausgehender Jahre, sondern auf der Grundlage einer biologischen Bewertung der Bestände der einzelnen Fischarten in den Fischereizonen der Küstenstaaten und der damit gegebenen Fangmöglichkeiten. Dieser Vorschlag, der von allen sozialistischen Ländern und von Schweden unterstützt wurde, stieß auf den Widerstand Dänemarks, der BRD und des Beobachters der EWG. Die Kommission hatte also wegen der erweiterten Fischereizonen gewisse Schwierigkeiten bei ihrer Arbeit. Diese Schwierigkeiten muß man zu überwinden suchen, ohne die Arbeit der Kommission zu gefährden, weil die multilaterale Zusammenarbeit angesichts der Gegebenheiten der Ostsee objektiv erforderlich ist. Weder einseitige noch bilaterale Anstrengungen der Anliegerstaaten können die Probleme einer sinnvollen Nutzung der lebenden Ressourcen der Ostsee in vollem Umfang lösen. Gegenwärtig sind die Positionen der BRD und Dänemarks das wesentliche Problem für die Vertragsstaaten der Ostsee-Konvention von 1973. Diese beiden Staaten bestehen darauf, daß ihr gemeinsamer zulässiger Fang in den Fischereizonen von der Kommission als ein einheitliches Ganzes betrachtet wird, weil sie eine einheitliche EWG-Fischereizone haben. Jedoch können sich alle Empfehlungen der Kommission, u. a. auch diejenigen über die zulässige Fangmenge, nur auf die Teilnehmerstaaten, d. h. jeweils getrennt auf die BRD und auf Dänemark, und nicht auf die EWG beziehen, da diese keine unmittelbaren Beziehungen zur Konvention hat[38a].

Diese Position der sozialistischen Länder wird konsequent auf allen Sitzungen der Kommission vertreten.

Die Zusammenarbeit der sozialistischen Staaten hatte von Anfang an einen äußerst positiven Einfluß auf die Tätigkeit der Kommission für die Fischerei in der Ostsee. Es besteht Grund zu der Annahme, daß diese letztendlich auch zur Überwindung der derzeitigen Schwierigkeiten, die durch die Veränderungen im Seerecht hervorgerufen wurden, beitragen wird und daß die Tätigkeit der Kommission diesen neuen Umständen angepaßt werden kann.

3. Zusammenarbeit der sozialistischen Staaten bei der Rettung auf See (Grundzüge)

Die Untersuchung der sozial-ökonomischen und rechtlichen Aspekte der Rettung menschlichen Lebens und Vermögens auf See zeigt, daß es eine gegenseitige Abhängigkeit zwischen dem wissenschaftlich-technischen Fortschritt und der fortschreitenden Entwicklung des Seevölkerrechts gibt[39]. Weil es eine der Bedingungen der Völkerrechtsentwicklung ist, daß es die Errungenschaften des wissenschaftlich-technischen Fortschritts widerspiegelt[40], ist die Schaffung neuer Normen und die Korrektur geltender Normen eine dringende Aufgabe von Theorie und Praxis des Völkerrechts.

Unter dem Einfluß der Errungenschaften von Wissenschaft und Technik erweiterten sich die Möglichkeiten einer zwischenstaatlichen Zusammenarbeit bei der Rettung auf See ganz beträchtlich. In Art. 98 Abs. 2 der VN-Seerechtskonvention von 1982 haben sich die Staaten zu einer solchen Zusammenarbeit verpflichtet. So wurde jetzt das „Internationale Zentrum für medizinische Hilfeleistung an Schiffsbesatzungen über Radio" mit Sitz in Italien gegründet, das mit Erfolg arbeitet. Ihm gehören internationale Organisationen an. Für die Reparatur von Havarieschäden an Radio- und Radargeräten sowie Geräten der Navigations- und Elektrotechnik wurde auf einer Konferenz von 22 Staaten die „Internationale Maritime Radioorganisation zur Technischen Hilfeleistung auf See" gegründet, die in 70 Ländern 400 Filialen hat.[41]

[38a] Anm. d. Übers.: Inzwischen ist die Europäische Wirtschaftsgemeinschaft unter gleichzeitigem Austritt der Bundesrepublik Deutschland und Dänemarks der Konvention beigetreten, vgl. Nr. 7 des Protokolls über die Konferenz der Vertreter der Vertragsschließenden Staaten der Konvention über die Fischerei und den Schutz der lebenden Ressourcen in der Ostsee und den Belten vom 11. November 1982, ABlEG Nr. L 237/10 v. 26.08.83 und L 237/4 v. 26.09.83.

[39] Siehe *M. I. Lazarev*, Techničeskij progress i sovremennoe meždunarodnoe pravo, Moskva 1963; *V. M. Čchikvadze*, Pravo i naučnotechničeskij progress, in: Sovetskoe gosudarstvo i pravo 1967, No. 8.

[40] *S. V. Borotov*, Vlijanie naučno-techničeskogo progressa na pravovoe regulirovanie, in: Sovetskoe gosudarstvo i pravo 1972, No. 10.

[41] *S. Cosovic*, Centro internationale. — Pomorstvo 1972, No. 5/6, S. 182-185.

Erfolgreich funktioniert das „Automatische System gegenseitiger Hilfe bei der Rettung von Schiffen“ als ein internationales System von 70 Radiostationen, die in allen Teilen der Welt liegen. Von den Schiffen, die sich zwischen 83° nördlicher Breite und 83° südlicher Breite auf See befinden, erhalten diese Stationen Mitteilungen über Namen, Geschwindigkeit, Kurs, Bestimmungsort, Koordinaten, Marschroute und Zeit des Eintreffens im Bestimmungshafen, die sie an die Zentrale (in New York) weitergeben. Diese Mitteilungen werden durch elektronische Datenverarbeitung ausgewertet, das Zentrum erhält so ein detailliertes Bild von der Position der Handelsschiffe (und der Verkehrsströme) auf dem Weltmeer. Erhält das Zentrum von einer Havarie Kenntnis, gibt es Empfehlungen an die Schiffe, die sich in der Nähe befinden (ihre Koordinaten, Rufzeichen, Namen und Flagge). Dadurch kann das havarierte Schiff in kürzester Frist Hilfe vom nächsten Schiff erhalten. Die UdSSR und die Länder des sozialistischen Lagers beteiligen sich nicht an diesem System, weil das Zentrum unter der Kontrolle der Coast Guard und des Verteidigungsministeriums der USA steht und diesen beiden Institutionen Informationen über die Dislozierung der Handelsflotte auf den Meeren und Ozeanen gibt. Zweifellos können diese Informationen vom Pentagon und den aggressiven Kräften der USA und der NATO genutzt werden. Die UdSSR und die sozialistischen Staaten beteiligen sich jedoch aktiv an der Schaffung des künftigen globalen Kommunikationssystems für Notfälle zur Gewährleistung der Sicherheit auf See, das in dem Internationalen Hamburg-Übereinkommen von 1979 über den Such- und Rettungsdienst auf See vorgesehen ist.[42] Den Fragen der Gewährleistung der Sicherheit der Seeschiffahrt und der Rettung auf See wird praktisch von allen internationalen maritimen Organisationen sowie auf Tagungen und Konferenzen der maritimen Staaten über Probleme der Handels- und Kriegsschiffahrt besondere Bedeutung beigemessen.[43]

Unter dem Einfluß des wissenschaftlich-technischen Fortschritts auf die Entwicklung von Rechtsformen der zwischenstaatlichen Zusammenarbeit zeigen sich zwei Grundtendenzen in der Zusammenarbeit der sozialistischen Länder bei der Rettung auf See: Erstens die Zusammenarbeit der Havarie- und Rettungsdienste der Staaten bei der Rettung menschlichen Lebens, sowie der Bergung von Schiffen, Flugzeugen und Gütern auf See; zweitens die Zusammenarbeit der sozialistischen Länder bei der Ausarbeitung spezifischer sozialistischer Rechtsformen zur Regelung der Rettung auf See. Die Zusammenarbeit auf

---

[42] *A. I. Balašov, I. S. Bronickij, B. P. Sokolov*, Optimizacija sistimy poiska i spasanija na more. — Tr. CNIIMF (morskoe pravo), 1982, No. 276, S. 32-40; *A. Loughton*, The AMVER System, Port London 1974, No. 586, S. 285-287.

[43] *N. S. Ivančenko, S. I. Kovalerov*, Rol' IMKO v meždunarodnom sotrudničestve po obespečeniju bezopasnosti moreplavanija, in: Ryb. choz. 1973, No. 6, S. 40-41; *G. Hansen-Stahl*, The Shipping Industry Today, in: Hansa 1969, No. 11, S. 947-950; *G. E. Earl, N. Peter*, Munro's Seamanship Primer: Containing the 1960 Collision Regulations, Life Saving Rules, Grain Rules and Many Official Notices, Glasgow 1973, S. 3-24.

dem erstgenannten Gebiet führten die Bemühungen der sozialistischen Länder zum Abschluß einer Reihe von bilateralen und multilateralen Abkommen über die Zusammenarbeit bei der Rettung menschlichen Lebens und die Hilfeleistung an Schiffe und Flugzeuge in bestimmten Gebieten, über die Aufrechterhaltung der Kommunikationsmöglichkeiten während der Rettung, über die Durchführung von Rettungs- und Schiffshebearbeiten in sowjetischen und ausländischen Küstenmeeren usw.[44] Dutzende solcher Abkommen wurden zwischen anderen Staaten abgeschlossen. Eine Errungenschaft der Abkommen zwischen den sozialistischen Ländern ist, daß sie nicht nur die Rettung menschlichen Lebens zum Ziel haben, sondern auch die Bergung von Schiffen, Flugzeugen und der auf ihnen befindlichen Ladung miteinbeziehen.[45] Das entspricht in vollem Umfange den Interessen der sozialistischen Staaten und berücksichtigt die organische Einheit dieser Prozesse (in der Mehrheit der Fälle).[46] Der Bereich der durch Abkommen geregelten Beziehungen ist jedoch etwas eingeschränkt, da er lediglich die gegenseitigen Beziehungen zwischen den Rettungsdiensten der Staaten, die Verpflichtung ihrer gegenseitigen Benachrichtigung, die Kommunikationsverbindungen, das Verfahren bei der Durchführung von Operationen in fremden Küstenmeeren, gemeinsame Übungen von Rettungsschiffen der sozialistischen Länder usw. umfaßt, d.h. Fragen der Organisation der Rettung. Alle anderen Probleme, die bei der Rettung von Schiffen und Flugzeugen auf See auftauchen, werden von den Normen des Internationalen Brüsseler Übereinkommens von 1910 zur einheitlichen Feststellung von Regeln über die Hilfeleistung und Bergung in Seenot erfaßt. Diese Normen fanden als wesentlicher Bestandteil Eingang in alle Abkommen über die Zusammenarbeit bei der Rettung auf See. Man muß jedoch berücksichtigen, daß das genannte Übereinkommen in einer Periode verabschiedet wurde, als es auf der ganzen Welt noch keinen einzigen sozialistischen Staat gab.

Die gegenwärtigen Beziehungen zwischen den Ländern des sozialistischen Lagers tragen einen prinzipiell anderen Charakter als die Beziehungen der kapitalistischen Staaten untereinander. Während jene von den Prinzipien des sozialistischen Internationalismus und des gegenseitigen Nutzens geleitet werden, sind diese dagegen vor allem auf das Streben nach Gewinn gegründet. Berücksichtigt man diesen Unterschied und die Tatsache, daß infolge des

---

[44] Zum Beispiel das Abkommen über die Zusammenarbeit bei der technischen Überwachung von Schiffen und ihrer Klassifikation, das von neun sozialistischen Ländern am 15. Dezember 1961 abgeschlossen wurde; siehe SP Pravitel'stva SSSR 1962, No. 4, S. 36.

[45] *D. N. Kolesnik*, Dogovory o spasanii na more, in: Sovetskij eżegodnik meždunarodnogo prava 1958, Moskva 1959, S. 454-462; *E. P. Andreev*, Soglašenija SSSR po regional'nomu sotrudničestvu v oblasti poiska i spasanija na more, in: Meždunarodnoe sotrudničestvo v oblasti morskogo sudochostva, Moskva 1974, No. 4, S. 3-10.

[46] In dem entsprechenden Abkommen der UdSSR mit Finnland ist ebenfalls die Rettung von Schiffen, Flugzeugen und Ladung und im Abkommen der UdSSR mit Schweden die Rettung von Passagierschiffen und Flugzeugen vorgesehen.

wissenschaftlich-technischen Fortschritts das spezifische Gewicht der „Hilfeleistungs"-Verträge unter der Gesamtzahl der Verträge mit havarierten Schiffen gewachsen ist, könnte man folgende „Besonderen Bedingungen" vorschlagen, auf deren Grundlage internationale regionale Konventionen der sozialistischen Länder über die Rettung auf See (in der Ostsee, im Schwarzen Meer, im Japanischen Meer und im Ochotskischen Meer) abgeschlossen werden könnten: 1) Auf die Rettung von Schiffen, Flugzeugen und Ladung, die unter den Flaggen der vertragschließenden Staaten fahren, sind nur die vorliegenden „Besonderen Bedingungen" anwendbar. 2) Auf die Bergung von Ladung, die nicht einem sozialistischen Staat oder einer sozialistischen Organisation gehört, finden die Bestimmungen des Internationalen Brüsseler Übereinkommens von 1910 zur einheitlichen Feststellung von Regeln über die Hilfeleistung und Bergung in Seenot Anwendung. 3) Die Einstellung einer bereits begonnenen Bergungsoperation ist nur mit Einverständnis aller Beteiligten möglich. 4) Die gegenseitige Hilfeleistung an Schiffe und Flugzeuge der vertragschließenden Parteien ist Pflicht, soweit dadurch keine ernsthafte Gefahr für das rettende Schiff, seine Besatzung und seine Passagiere entsteht. 5) Zum Schadensersatz für Beschädigungen des zu rettenden oder des rettenden Schiffes während der Operationen ist derjenige verpflichtet, der das Unglück schuldhaft verursacht hat; ist ein Verschulden nicht feststellbar, ist der Eigentümer des geretteten Schiffes zum Schadensersatz verpflichtet. 6) Der Eigentümer des geretteten Vermögens ist verpflichtet, alle tatsächlich entstandenen Auslagen des Retters zu erstatten. 7) Im Erfolgsfalle zahlt der Eigentümer des geretteten Vermögens neben der Erstattung der tatsächlich entstandenen Auslagen a) eine angemessene Belohnung an die Besatzung des rettenden Schiffes bis zur Höhe eines zweifachen Monatsgehalts, wobei die Höhe der Belohnung im Einvernehmen zwischen den Eigentümern des rettenden Schiffes und des geretteten Vermögens festgelegt wird; und b) eine angemessene Belohnung an den Eigentümer des rettenden Schiffes in Höhe von 100 - 200 % des Tagessatzes des planmäßigen Gewinns des rettenden Schiffes für die gesamte Dauer der Operation. 8) Bei der Festlegung der Höhe der Belohnung für Besatzung und Schiffseigentümer werden berücksichtigt: Grad der Gefahr für das gerettete Schiff (Flugzeug) sowie seiner Besatzung und Passagiere; Risiko für das rettende Schiff und seine Besatzung; Arbeit und Dienste der Retter; Auslagen und Schäden der Retter, einschließlich der materiellen Haftung gegenüber dritten Personen; Wert des geretteten Vermögens und Grad des Erfolges der Rettungsaktion. 9) Für alle Streitigkeiten aus der Rettung und Hilfeleistung sind maritime Schiedsgerichte des Flaggenstaates des rettenden Schiffes zuständig. Auf der Grundlage dieser „Besonderen Bedingungen" könnte man eine Reihe von Artikelentwürfen für einen Bergungsvertrag formulieren: 1) Der Retter übernimmt die Verpflichtung, alles in seiner Macht stehende für die Beseitigung der Gefahr zu tun. Er ist verpflichtet, das havarierte Schiff (Flugzeug, Ladung) zu einem von den Beteiligten vereinbarten Ort zu bringen. 2) Alle Beziehungen zwischen dem Retter und dem Geretteten richten sich ausschließlich nach dem vorliegenden

Vertrag. 3) Auf die Bergung der Ladung, die sich auf dem geretteten Schiff befindet und nicht einem sozialistischen Staat oder einer sozialistischen Organisation gehört, werden die Bestimmungen des Internationalen Brüsseler Übereinkommens von 1910 zur einheitlichen Feststellung von Regeln über die Hilfeleistung und Bergung in Seenot angewandt. 4) Der Retter darf ohne Einverständnis des Havaristen mit der Bergungsoperation nicht beginnen oder bereits begonnene Arbeiten nicht einstellen. Der Zeitpunkt der Beendigung der Bergungsoperation wird vom Kapitän des havarierten Schiffes bestimmt. Die Beendigung oder Einstellung der Rettungsoperationen wird durch einen zweiseitigen Akt förmlich festgestellt. 5) Alle Schäden, die an dem rettenden oder zu rettenden Schiff oder an den sich auf ihnen befindlichen Gegenständen entstehen, sowie alle Schäden der Besatzungsmitglieder müssen von dem Schuldigen ersetzt werden. Durch Zufall verursachte Schäden werden von dem Eigentümer des geborgenen Vermögens ersetzt. 6) Der Retter hat das Recht, in sachgemäßer Art und Weise alle technischen Mittel des havarierten Schiffes unentgeltlich zu benutzen. 7) Die Besatzung des havarierten Schiffes ist verpflichtet, mit allen Mitteln die Anstrengungen der Retter zu unterstützen. 8) Der Havarist ist verpflichtet, dem Eigentümer des rettenden Schiffes alle sachgerechten Aufwendungen für die Durchführung der Bergungsoperationen zu ersetzen. Diese Auslagenerstattung ist unabhängig vom Erfolg der Bergung oder der Hilfeleistung. 9) Im Falle eines Erfolges der Operationen ist der Havarist verpflichtet, über die in Ziff. 8 erwähnte Auslagenerstattung hinaus dem Eigentümer des rettenden Schiffes eine Belohnung in Höhe von 100 bis 200% des mittleren Tagessatzes des planmäßigen Gewinns des bergenden Schiffes für die gesamte Zeit der Operation zu zahlen. Die Höhe der Belohnung wird nach dem Ende der Operationen durch Übereinkunft zwischen Retter und Gerettetem oder im Streitfalle durch eine Entscheidung der maritimen Schiedsgerichte des Flaggenstaates des rettenden Schiffes festgelegt. 10) Im Falle eines Erfolges zahlt der Havarist der Mannschaft des rettenden Schiffes eine Belohnung in Höhe von nicht mehr als dem zweifachen Monatsverdienst. Diese Belohnung wird durch Übereinkunft zwischen den Eigentümern des rettenden und des geretteten Schiffes festgelegt. Streitigkeiten über die Höhe der Belohnung werden durch die maritime Schiedsgerichtsbarkeit des Flaggenstaates des rettenden Schiffes beigelegt. 11) Bei der Höhe der Belohnung berücksichtigen die Beteiligten oder das Schiedsgericht: Risiko für das rettende Schiff sowie seine Besatzung und Passagiere; Arbeiten und Dienste der Retter; Auslagen und Schäden der Retter; Haftung der Retter gegenüber dritten Personen sowie Wert des geretteten Vermögens und Grad des Erfolges der Rettungsoperation.

Berücksichtigt man, daß die Prinzipien des Brüsseler Übereinkommens von 1910 dem Kapitel XV. des Kodex für die Seehandelsschiffahrt (KTM) der UdSSR zugrunde liegen, könnten die „Besonderen Bedingungen" für eine Novellierung des KTM genutzt werden. Dabei würde der Verpflichtung zur Dienstleistung die Pflicht zur Erstattung der Aufwendungen (unabhängig von einem Erfolg) entsprechen. Es wäre zweckmäßig, einen Allunionsfonds für

Kompensation aus Beiträgen der Reeder zu bilden. Die Leitung des Fonds könnte einer speziellen Kommission aus Vertretern mehrerer Behörden anvertraut werden. Die an den Fonds abzuführenden Beträge könnten als Betriebsausgaben verrechnet und entsprechend eingeplant werden. Dadurch hätten die Reeder die Möglichkeit, sie gleichmäßig auf alle Schiffe zu verteilen und durch zusätzliche Reserven zu kompensieren. Gleichzeitig würden lästige einmalige Zahlungen hoher Entschädigungen vermieden. Der Anteil der Auslagen und der Belohnung, der auf die geborgene Ladung entfällt, würde durch den Fonds von dem entsprechenden Eigentümer der Ladung im Wege der Abtretung eingezogen werden.

Der Transfer der Kompensationssumme an den Schiffseigentümer und im Erfolgsfall die Auszahlung der Belohnung an die Besatzung und den Eigentümer des rettenden Schiffes könnten auf der Grundlage einer übereinstimmenden Erklärung der Eigentümer des rettenden und des geretteten Schiffes an den Fonds erfolgen, im Falle eines Streites zwischen ihnen auf Grund einer rechtskräftigen Entscheidung des Maritimen Schiedsgerichts. Dabei entfiele die Notwendigkeit, das Pfandrecht auszuüben und die Forderung im Prozeßwege durchzusetzen, d. h. den Güteraustausch künstlich zu stören und große Summen bereitzuhalten. Gleichzeitig würde vermieden, daß nicht einplanbare außerordentlich hohe Geldbeträge zwischen sozialistischen Unternehmen und Organisationen umverteilt werden müßten, was der Wirtschaftsplanung und der eigenverantwortlichen Wirtschaftsführung widerspräche.

4. Zusammenarbeit der hydrographischen Dienste der sozialistischen Staaten

Das Weltmeer erfordert als äußerst wichtiger und lebenssichernder Raum unseres Planeten eine globale Erforschung. Von der Entwicklung der wissenschaftlichen Meeresforschung und ihrer Effektivität hängt in erheblichem Maße ab, ob die Probleme der Sicherung einer vernünftigen Nutzung der Meeresressourcen, der Erhaltung des ökologischen Gleichgewichts und der Durchführung der vielgestaltigen und mannigfaltigen Tätigkeiten der Staaten gelöst werden können. Die Erforschung des Weltmeeres gewann in der zeitgenössischen Periode der sozialen und wissenschaftlich-technischen Revolution eine unermeßliche Bedeutung. Gegenwärtig gibt es praktisch keinen einzigen Bereich der Nutzung der Meere und Ozeane durch die Menschheit, in dem man ohne ständige wissenschaftlich begründete Informationen über das Weltmeer auskommen könnte. Immer genauere Daten werden z. B. für die Sicherheit der Schiffahrt, für Schiffsbauprogramme, hydrotechnische Arbeiten, Navigationseinrichtungen für den Seeverkehr und andere Arten der Tätigkeit von Staaten zur Nutzung der Meere und Ozeane benötigt. Wissenschaftliche Erkenntnisse über die Ozeane gehen etwa 200 Jahre zurück. Jedoch entstand erst Mitte des 20. Jahrhunderts eine komplexe Wissenschaft vom Weltmeer. Grundziel der

Erforschung des Ozeans in der Gegenwart ist es, allgemeine wissenschaftliche Erkenntnisse über die Meeresumwelt zu sammeln und ein zuverlässiges Bild von Strömungen, Wellengang, Temperaturen, Salzgehalt, Bodenreliefs, Magnet- und anderen geophysikalischen Feldern zu gewinnen. Die Ergebnisse der wissenschaftlichen Forschungen sind sowohl für die einzelnen Staaten als auch für die gesamte internationale Gemeinschaft zum Verständnis und zur Vorhersage der Prozesse, die sich sowohl im ozeanischen Umfeld als auch in der Atmosphäre darüber abspielen, unverzichtbar. In den letzten Jahren wurden die Erforschung der organischen und mineralischen Rohstoffressourcen, die Erschließung von Möglichkeiten ihrer rationellen Ausbeutung sowie die Ausarbeitung von Empfehlungen zur Erhaltung und zum Schutz der Meere und Ozeane vor Verschmutzung zu einem selbständigen Zweig der Meeresforschung. Auf allen diesen und anderen Gebieten der Erforschung des Ozeans arbeiteten die hydrographischen Dienste der Länder des sozialistischen Lagers im Rahmen des Prinzips der Freiheit der Hohen See und anderer Prinzipien des Seevölkerrechts aktiv zusammen.

Das Hauptorgan des Sowjetstaates, das ozeanographische Forschungen auf dem Weltmeer durchführt, die Amtshilfeersuchen der mit der Meeresumwelt befaßten Behörden erledigt und das auch enge internationale Verbindungen unterhält, ist das Hauptverwaltungsamt für Navigation und Ozeanographie des Verteidigungsministeriums der UdSSR (im folgenden: Hydrographischer Dienst der UdSSR). Auf der Grundlage seiner Forschungsarbeiten werden Seekarten für die Schiffahrt sowie Beschreibungen und Handbücher für die Sicherheit der Seeschiffahrt und anderer Tätigkeiten auf den Meeren und Ozeanen herausgegeben. Der 26. Parteitag der KPdSU zeigte, daß die Erfüllung der sozial-ökonomischen Aufgaben der Partei eng mit der Entwicklung der sowjetischen Wissenschaft verbunden ist. Zu den wichtigsten Aufgaben rechnete der Parteitag „das Studium der Struktur, der Zusammensetzung und der Evolution der Erde, der Biosphäre, des Klimas und des Weltmeeres einschließlich des Festlandsockels ...“[47] Um die Effektivität der ozeanographischen Forschungsarbeiten zu erhöhen, mußten die Anstrengungen vieler Staaten wegen der steigenden Meeresforschungsaktivitäten und der stärkeren Nutzung des ozeanischen Raumes durch den Menschen koordiniert werden. Diese Entwicklung wurde durch neue technische Vorrichtungen und wissenschaftliche Methoden vorangetrieben, die zur Erforschung des Meeresraumes, seiner Tiefen und seines Untergrundes eingesetzt werden. Neue Technik und neue Technologie machen eine Erweiterung der kollektiven Anstrengungen der Staaten zur Erforschung des Meeres erforderlich. Der Weltozean ist ein Gut der gesamten Menschheit, und nur durch gemeinsame Anstrengungen aller Völker und Länder ist es möglich, seine Geheimnisse zu erschließen. Die auf diesem Gebiet führenden Länder der Welt setzen immer aktiver und häufiger bei der Erforschung des Weltmeeres ozeanographische Schiffe, Unterwasser-For-

[47] Materialy XXVI s’ezda KPSS, Moskva, Politizdat 1981, S. 147.

schungsschiffe und Tieftauchapparate, speziell ausgerüstete Flugzeuge und Hubschrauber, künstliche Erdtrabanten, stationäre Plattformen und auf dem Meeresboden errichtete Systeme sowie verankerte und schwimmende Bojenstationen ein. Die UdSSR verfügt bekanntlich schon über bedeutende Erfahrungen beim Einsatz unterschiedlichster wissenschaftlich-technischer Systeme für die Erforschung des Weltmeeres einschließlich weltraumgestützter Systeme. Bemannte Orbitalstationen — nicht nur mit sowjetischen Kosmonauten, sondern auch mit internationalen Mannschaften an Bord (mit Kosmonauten Bulgariens, Ungarns, der DDR, Kubas, Polens, Rumäniens und der CSSR) —, die nach dem Programm „Interkosmos" arbeiten, wurden zu alltäglichen Erscheinungen der gesellschaftlich-politischen und wissenschaftlich-technischen Zusammenarbeit der sozialistischen Staaten. Die moderne Spannweite der wissenschaftlichen ozeanographischen Forschungsarbeiten auf dem Weltmeer und die Bedürfnisse der Praxis erfordern objektiv eine Vertiefung der internationalen Zusammenarbeit und der völkerrechtlichen Regelung der Meeresforschung. Nicht zufällig standen die völkerrechtlichen Probleme der Erforschung der Meere und Ozeane im Zentrum der Aufmerksamkeit einer der repräsentativsten internationalen Konferenzen, der 3. VN-Seerechtskonferenz.

Die Zusammenarbeit der sozialistischen Staaten bei der wissenschaftlichen Meeresforschung gründet sich auf die allgemein anerkannten Prinzipien der maritimen wissenschaftlichen Tätigkeit, nämlich:

— wissenschaftliche Meeresforschung ausschließlich zu friedlichen Zwecken;

— wissenschaftliche Meeresforschung mit anerkannten wissenschaftlichen Methoden und Mitteln;

— wissenschaftliche Meeresforschung ohne ungerechtfertigte Störungen anderer rechtmäßiger Aspekte der Meeresnutzung;

— wissenschaftliche Meeresforschung in Übereinstimmung mit der VN-Seerechtskonvention von 1982.

Diese Prinzipien sind aus den Prinzipien der friedlichen Koexistenz und der Erweiterung der Zusammenarbeit zwischen allen Staaten abgeleitet. Die VN-Seerechtskonvention von 1982 bestimmt, daß die Staaten und die zuständigen internationalen Organisationen untereinander durch den Abschluß bilateraler und multilateraler Übereinkünfte zusammenarbeiten, um günstige Bedingungen für die Durchführung der wissenschaftlichen Meeresforschung in der Meeresumwelt zu schaffen und die Bemühungen der Wissenschaftler bei der Untersuchung der Erscheinungen und Vorgänge in der Meeresumwelt und der Beziehungen zwischen ihnen zu integrieren (Art. 243). Die bis jetzt angesammelten vielseitigen Erfahrungen mit der Zusammenarbeit der sozialistischen Staaten beweisen überzeugend die Notwendigkeit, die wissenschaftlichen Beziehungen weiter zu vertiefen und zu intensivieren. In den letzten Jahren erweiterte sich der Erfahrungsaustausch auf dem Gebiet hydrographischer Arbeiten und wissenschaftlicher Daten über Meere und Ozeane zwischen den sozialistischen

Ländern ständig. Gegenseitige Besuche wurden immer häufiger, und immer öfter liefen hydrographische Schiffe in die Häfen anderer sozialistischer Länder ein. Besonders aktiv wurde die Tätigkeit dieser Länder in internationalen Organisationen.

Ein wichtiger Schritt zur Entwicklung der internationalen Zusammenarbeit auf dem Gebiet der ozeanographischen Forschung war die Gründung einer Zwischenstaatlichen Ozeanographischen Kommission bei der UNESCO (MOK UNESCO) im Jahre 1961. Unter ihrer Leitung und unter aktiver Beteiligung der hydrographischen Dienste der sozialistischen Staaten, insbesondere der UdSSR, wurden internationale Expeditionen zur Erforschung des tropischen Teils des Atlantischen Ozeans (1963 -1964), zur Erforschung der Meeresströmung Kuroschio (1969 - 1976), zur gemeinsamen Erforschung des Mittelmeeres (1969), der Karibik und angrenzender Meeresgebiete (1970 - 1975) durchgeführt. Eine der wirksamsten Etappen der komplexen Erforschung des Ozeans war die Verwirklichung des von der MOK verabschiedeten Zehnjahresprogramms (1971 - 1981) für ozeanographische Forschungen, das eine Fortführung des im Jahre 1969 verabschiedeten „Erweiterten Langzeitprogramms für ozeanographische Forschungen und Studien" darstellt.[48] Die Vertreter der UdSSR beteiligten sich gemeinsam mit den Delegationen der Volksrepublik Bulgarien, der Deutschen Demokratischen Republik, der Republik Kuba, der Polnischen Volksrepublik und der Sozialistischen Republik Rumäniens an der Entscheidung äußerst wichtiger Fragen der Tätigkeit dieser Organisation, u.a.: Juristische Aspekte ozeanographischer Forschungen auf dem Weltmeer; Ausarbeitung gemeinsamer Programme zur Durchführung von Forschungsarbeiten in einzelnen Bereichen der Meere und Ozeane; Verfahren beim Austausch ozeanographischer Informationen sowie wissenschaftlich-organisatorische Fragen. Sowjetische hydrographische Schiffe werden das Einheitliche Globale System Ozeanischer Stationen nutzen, das ein globales Netz verankerter und driftender automatischer Bojen bildet, die Informationen über den Zustand der Atmosphäre und des Ozeans aus bis zu einigen Hundert Metern Tiefe übermitteln. Die Daten werden an internationale und nationale Zentren der Informationsverarbeitung übermittelt, die hydrometeorologische Kurz- und Langzeitprognosen aufstellen. Die UdSSR beteiligt sich aktiv an den Arbeiten zur Erforschung der atmosphärischen Prozesse, die gemeinsam mit der Internationalen Meteorologischen Organisation durchgeführt werden, deren Mitglieder neben der UdSSR auch die anderen sozialistischen Staaten sind.

Der Hydrographische Dienst der UdSSR erweitert auch die Zusammenarbeit im Rahmen der Internationalen Organisation für Leuchtturm-Dienste, die sich mit der Entwicklung und Vereinheitlichung der Navigationseinrichtungen befaßt. Die Sowjetunion löst gemeinsam mit den Vertretern der Deutschen Demokratischen Republik und der Polnischen Volksrepublik Probleme, die bei der Vereinheitlichung der schwimmenden Markierungszeichen für die Schiff-

---

[48] Siehe dazu im einzelnen *S. G. Gorškov*, Morskaja mošč gosudarstva, Moskva 1979.

fahrt auftreten, die von einer Reihe sozialistischer Länder und anderer Länder Nordosteuropas durchgeführt wird. Gemeinsam werden alle technischen Fragen im Zusammenhang mit der Errichtung und Wartung der Hilfsmittel für die Navigation gelöst.

Seit 1977 ist der Hydrographische Dienst der UdSSR Mitglied der Internationalen Hydrographischen Organisation (IHO). Durch die gemeinsame Tätigkeit der Vertreter der UdSSR und der anderen sozialistischen Staaten werden die Arbeitskontakte weiter vertieft und die Kontakte zu anderen nationalen hydrographischen Diensten erweitert. Die sozialistischen Länder handeln auch hier nach den Prinzipien der Freundschaft und der Zusammenarbeit. Auf Vorschlag der Republik Kuba und der Polnischen Volksrepublik wurde die russische Sprache als Arbeitssprache der IHO-Konferenz akzeptiert. Die hydrographischen Dienste der UdSSR, der DDR und Polens arbeiten im Rahmen des Internationalen Rates für Meeresforschung (Zentrum in Kopenhagen) aktiv in Fragen der Erforschung der Ostsee zusammen. Gemeinsam werden Fragen der ozeanographischen Erforschung, des Wasseraustauschs in der Ostsee sowie des Kampfes gegen die Verschmutzung der Gewässer entschieden. Gemeinsam mit den Vertretern Bulgariens, der DDR und Polens beteiligen sich Juristen und technische Spezialisten der UdSSR aktiv an den Arbeiten der Internationalen Maritimen Beratenden Organisation zur Sicherheit der Seeschiffahrt (IMCO).[49] Der Hydrographische Dienst der UdSSR, der als einzige Organisation des Landes Seekarten für die Schiffahrt herstellt, organisierte einen intensiven und fruchtbaren internationalen Austausch von Seekarten. Darüber hinaus ist die Sowjetunion ein mit Autorität auftretendes Mitglied der Internationalen Kartographischen Organisation (IKO). Die Leistungen des Hydrographischen Dienstes der UdSSR auf dem Gebiet der Herstellung von Seekarten erfuhren Anerkennung durch die Entscheidung der IKO, die Sowjetunion mit der Herausgabe einer internationalen bathymetrischen Karte des Mittelmeeres (im Maßstab 1 : 1.000.000) zu betrauen. Auf die Erarbeitung dieser Karte hatten die USA Anspruch erhoben, sie waren jedoch negativ beschieden worden.[50]

Einen besonderen Platz in der Tätigkeit des Hydrographischen Dienstes der UdSSR nimmt die Erweiterung, Vertiefung und Festigung der unmittelbaren Beziehungen mit den hydrographischen Diensten der sozialistischen Länder ein. Diese Beziehungen werden durch systematische Kontakte zwischen den Leitern der hydrographischen Dienste und zwischen Juristen und Fachleuten für Hydrographie gefestigt. Ihre Bedeutung zeigt sich vor allem bei den Beziehungen zwischen den Vertretern der hydrographischen Dienste der Teilnehmerstaaten des Warschauer Paktes und den Vertretern der Mitgliedstaaten des Rates für Gegenseitige Wirtschaftshilfe. Der sowjetische Hydrographische Dienst, der

---

[49] Seit Mai 1982 die Internationale Maritime Organisation (IMO).

[50] Siehe Morskoj sbornik 1977, No. 9, S. 35.

eine vielseitige und reiche Erfahrung auf allen Gebieten der Erforschung des Weltmeeres besitzt, unterstützt ständig die hydrographischen Dienste der Seekriegsflotten Bulgariens, der DDR, Kubas, Polens und Rumäniens umfassend und vielseitig. Die Fachleute für Hydrographie der Länder des Sozialismus besuchen gegenseitig die kartographischen Unternehmen und entsprechende Produktionsstätten. Die Hydrographen der sozialistischen Staaten waren häufig zu Gast in der Hauptverwaltung für Navigation und Ozeanographie des Verteidigungsministeriums der UdSSR, unter deren Leitung der Hydrographische Dienst der Seekriegsflotte steht. Dabei unterrichteten sie sich gegenseitig über Arbeit und Erfahrungen, besuchten kartographische Produktionsstätten und Kartenfabriken und machten sich mit den Navigationsvorrichtungen sowie der Arbeit der ozeanographischen und hydrographischen Schiffe vertraut. Die Zusammenarbeit zwischen den hydrographischen Diensten der Flotten der sozialistischen Staaten schlägt sich am deutlichsten in der konkreten brüderlichen Hilfe nieder. So führten sowjetische Hydrographen auf Bitten und im Einvernehmen der Regierungen der UdSSR und der Republik Kubas von 1970 bis 1972 in großem Umfang hydrographische Arbeiten zur Erforschung der küstennahen Gewässer der Insel der Freiheit durch. Auf der Grundlage dieser Arbeiten veröffentlichte der kartographische Dienst der UdSSR Navigationskarten und Anleitungen für die Schiffahrt vor den Küsten Kubas.[51]

Die Beziehungen der Länder des Sozialismus auf dem Gebiet der Hydrographie werden zudem durch den Rat für Gegenseitige Wirtschaftshilfe erweitert und vertieft. Die Vertreter der hydrographischen Dienste arbeiten im wissenschaftlich-technischen Rat des RGW bei der Erforschung physikalischer, chemischer, biologischer und anderer Prozesse in wichtigen Bereichen des Weltmeeres und bei der Ausarbeitung technischer Mittel für eine effektive Erforschung und Aneignung seiner Ressourcen zusammen. Diese Zusammenarbeit soll die Möglichkeit eröffnen, ozeanographische Instrumente zu entwickeln, welche die Länder des RGW sodann voneinander kaufen. Im wissenschaftlich-technischen Rat wird gemeinsam daran gearbeitet, die Methodik hydrometeorologischer Prognosen zu verbessern, neue Apparate für Unterwasserbeobachtungen zu entwickeln und die Ergebnisse ihres Einsatzes auszuwerten. Die Länder des Sozialismus verwirklichen erfolgreich Abkommen über den gemeinsamen Entwurf und den gemeinsamen Bau genormter wissenschaftlicher Forschungsschiffe und hydrographischer Schiffe für die Sowjetunion und die anderen Staaten des sozialistischen Lagers. Polnische und deutsche Schiffbauer bauen mit Erfolg moderne Schiffe, die mit allen notwendigen Geräten, Instrumenten und sonstigen Vorrichtungen für die ozeanographische Arbeit ausgerüstet sind.

Einer der wichtigsten Faktoren für die weitere Festigung der Freundschaft und Zusammenarbeit zwischen den sozialistischen Staaten auf der Grundlage

---

[51] A.a.O.

des sozialistischen Internationalismus und für eine effektivere und qualitativ bessere Erforschung der Meere und Ozeane ist die Erweiterung des Austauschs von hydrographischen Informationen, von Erfahrungen bei ihrer Sammlung und Verarbeitung sowie von Errungenschaften auf anderen Gebieten der wissenschaftlichen Forschung und der Erfahrungen bei ihrer praktischen Nutzung. Diese Tätigkeit steht in voller Übereinstimmung mit der Schlußakte der Konferenz über Sicherheit und Zusammenarbeit in Europa, die am 1. August 1975 in Helsinki von den Staatenvertretern aus 33 europäischen Staaten sowie den USA und Kanadas unterzeichnet wurde. Die weitere Intensivierung der Beziehungen zwischen den hydrographischen Diensten der sozialistischen Staaten wird zur Verwirklichung der Bestimmungen der Moskauer Erklärung der Mitgliedsstaaten des Warschauer Paktes beitragen, die auf der Konferenz des Politischen Konsultativkomitees in Moskau am 23. November 1978 verabschiedet wurde. In dieser Erklärung wird insbesondere unterstrichen: Die Teilnehmerstaaten der Konferenz erklären ihr unerschütterliches Bestreben, die vielseitigen Beziehungen untereinander zu erweitern und zu vervollkommnen und die gegenseitige Unterstützung bei der Lösung internationaler Probleme, die von gemeinsamem Interesse sind, zu vertiefen. Sie drücken ebenfalls ihren Wunsch und den Willen aus, den Erfahrungsaustausch des sozialistischen und kommunistischen Aufbaus auf eine breitere Grundlage zu stellen und die Kontakte auf allen Ebenen zu vervielfältigen ...[52] Der wissenschaftlich-technische und der soziale Fortschritt erforderten den Beginn einer neuen Etappe, der Etappe einer komplexen und vom Völkerrecht geregelten Nutzung des Weltmeeres, seiner Umwelt und seiner Ressourcen durch die Menschheit im Interesse des Friedens und des sozialen Fortschritts. Unter den entstandenen, qualitativ neuen Bedingungen für die Tätigkeit der Staaten auf den Meeren und Ozeanen ist es besonders wichtig, auf wissenschaftlich begründeter, vernünftiger Grundlage gemeinsame Anstrengungen für die rationelle Nutzung seiner offenkundigen und verdeckten Möglichkeiten zu unternehmen. Die hydrographischen Dienste aller Länder, einschließlich der Länder des Sozialismus, sind vor neue verantwortungsvolle Aufgaben zur Erforschung der Meere und Ozeane gestellt, von deren Bewältigung der soziale Fortschritt der Menschheit und ihre Zukunft in beträchtlichem Maße abhängen.

---

[52] Pravda vom 24. November 1978.

Zweiter Teil

Internationale maritime Organisationen

1. Begriff der internationalen maritimen Organisation

Die sowjetische Völkerrechtsdoktrin definiert die internationale Organisation als eine Vereinigung von nicht weniger als drei souveränen Staaten, die über ständige Organe mit bestimmten Zuständigkeiten sowie eine Satzung verfügt. Eine solche Vereinigung beruht auf einem von den Staaten gemeinsam ausgearbeiteten Vertrag, der die Ziele und Prinzipien ihrer Zusammenarbeit bestimmt. Diese Ziele müssen in Übereinstimmung mit den allgemein anerkannten Prinzipien des Völkerrechts stehen, wie sie in der VN-Satzung niedergelegt sind. Diese Definition der internationalen Organisation ist jedoch nur auf zwischenstaatliche internationale Organisationen uneingeschränkt anwendbar, weil in nichtstaatlichen Organisationen auch gesellschaftliche Vereinigungen der unterschiedlichsten Art sowie juristische und natürliche Personen Mitglieder sein können. Die marxistisch-leninistische Konzeption der internationalen Organisation betont, daß charakteristisch für internationale Organisationen die enge Verflechtung von Elementen des Völkerrechts mit Elementen der internationalen Beziehungen ist, vor allem mit solchen, die mit der Außenpolitik der Staaten im Zusammenhang stehen. Die Theorie der internationalen Organisationen ist somit ein Brennpunkt vieler Probleme der modernen gesellschaftlichen Entwicklung, deren juristische Aspekte in den letzten Jahren die gespannte Aufmerksamkeit sowohl sowjetischer als auch ausländischer Völkerrechtler auf sich ziehen.[1] Internationale Organisationen stellen nicht nur eine besondere

---

[1] Siehe Kurs meždunarodnogo prava, Moskva 1969, Bd. V, S. 5-214; *G. I. Tunkin*, Teorija meždunarodnogo prava, Moskva 1970, S. 342-430; Meždunarodnye organizacii socialističeskich stran, verantwortl. Redakteur *V. I. Menžinskij*, Moskva 1971; *A. S. Bachov*, Organizacija Varšavskogo Dogovora, Moskva 1971; *E. A. Šibaeva*, Pravovoj status mežpravitel'stvennych organizacij, Moskva 1972; *B. V. Ganjuškin*, Diplomatičeskoe pravo meždunarodnych organizacij, Moskva 1972; *K. Kol'jar*, Meždunarodnye organizacii i učreždenija, Moskva 1972; OON i podderžanie mira, verantwortl. Redakteur *R. M. Timerbaev*, Moskva 1973; *G. I. Morozov*, Meždunarodnye organizacii: Nekotorye voprosy teorii, 2. erweiterte Auflage, Moskva 1974; *V. Moraveckij*, Funkcii meždunarodnoj organizacii, Moskva 1976; Voprosy meždunarodnogo prava, verantwortl. Redakteur *A. E. Lunev*, Moskva 1976, S. 30-73; *I. I. Kovalenko*, Meždunarodnye nepravitel'stvennye organizacii razvivajuščichsja stran, Moskva 1977; Sodružestvo stran-členov SEV, Moskva 1980; *E. A. Šibaeva*, Meždunarodnye organizacii v sisteme meždunarodno-pravovogo regulirovanija meždunarodnych otnošenii, in: Sovetskij ežegodnik meždunarodnogo prava 1978, Moskva 1980; *E. A. Šibaeva*, *M. N. Potočnaj*, Pravovye voprosy struktury i dejatel'nosti meždunarodnych organizacij, Moskva 1980; Aktual'nye pro-

Form der internationalen Beziehungen dar, sondern regeln auch den Mechanismus der Zusammenarbeit der Staaten[2], deshalb wächst ihre Rolle und ihre Bedeutung in den internationalen Beziehungen ständig. Die Tätigkeit der internationalen Organisationen durchdringt buchstäblich alle Bereiche der internationalen Zusammenarbeit, so daß moderne internationale Beziehungen ohne die aktive Teilnahme internationaler Organisationen nicht mehr vorstellbar sind.

Die Sowjetunion mißt der Beteiligung an der Arbeit internationaler Organisationen große Bedeutung bei, soweit diese Arbeit im Interesse einer friedlichen, gleichberechtigten und gegenseitig vorteilhaften Zusammenarbeit sowie der Entwicklung des wissenschaftlich-technischen und sozialen Fortschritts liegt. Bis Anfang 1971 war unser Land Mitglied von mehr als 430 internationalen Organisationen, und gegenwärtig beteiligt sich die UdSSR an der Arbeit von bereits mehr als 560 Organisationen, unter denen sich 340 wirtschaftliche und wissenschaftlich-technische Organisationen befinden.[3] Die von der Union Internationaler Assoziationen angeführten Tatsachen bestätigen die wachsende Rolle internationaler Organisationen. So stieg die Zahl der Konferenzen, Sitzungen und anderer Treffen auf internationaler Ebene, die von internationalen Organisationen durchgeführt wurden, von 1.720 in den Jahren 1935-1939 auf 4.515 in den Jahren 1950-1965. Der Bedeutungswandel der internationalen Organisationen in allen Bereichen der gegenseitigen Beziehungen und der Zusammenarbeit zwischen den Staaten zeigt sich vor allem daran, daß besonders viele derartiger Treffen in jüngster Zeit von internationalen Organisationen geleitet werden. Wurden im Jahre 1967 2.134 internationale Organisationen gezählt, so gab es 1972 bereits 2.750, darunter 280 zwischenstaatliche. Im Jahre 1980 erreichte die Gesamtzahl internationaler Organisationen 4.602, von denen 337 zwischenstaatliche Organisationen waren.[4] Unter Beibehaltung des derzeitigen Wachstumstempos ist im Jahre 1985 mit 4.650 nichtstaatlichen internationalen Organisationen und 450 zwischenstaatlichen Organisationen zu rechnen.

Zugleich mit dem Anwachsen der Zahl internationaler Organisationen erweitern sich ihre Aufgaben: der Kreis der in ihre Zuständigkeit fallenden Fragen wächst ständig, und ihre Befugnisse zur Entscheidung dieser Fragen

---

blemy dejatel'nosti meždunarodnych organizacij, verantwortl. Redakteur *G. I. Morozov*, Moskva 1982, *G. J. D. Kingham, D. M. McRae*, Competent International Organizations and the Law of the Sea, in: Marine Policy 1979, S. 106-132; *H. M. Waldock*, The International Court and the Law of the Sea, The Hague, T. M. C. Asser Institute, 1979; United Nations. Image and Reality, United Nations Department of Public Information 641 (1979).

[2] Siehe *G. I. Morozov* (Fn. 1), S. 55; *V. Moraveckij* (Fn. 1), S. 23.

[3] Aktualnye problemy dejatel'nosti meždunarodnych organizacij, S. 243.

[4] Vgl. für die angegebenen Zahlen: Yearbook of International Organizations, 15. Auflage, Brussels, Union of International Associations, 1974, Supplement S. 34-36; a.a.O., 19. Auflage 1981, tables.

werden größer. Objektive Gesetzmäßigkeiten der gesellschaftlichen Entwicklung bestimmen die Erweiterung von Aufgaben und Befugnissen internationaler Organisationen. Keine internationale Organisation besitzt überstaatlichen Charakter, da dies mit der Existenz souveräner Staaten und dem Vorhandensein zweier unterschiedlicher Gesellschaftssysteme unvereinbar wäre. Die Behauptung einiger bürgerlicher Juristen, es sei möglich, auf dem Wege über eine universelle internationale Organisation einen „Weltstaat" oder eine „Weltregierung" zu schaffen, kann deshalb nur als völlig abwegig bezeichnet werden.

Die schnell wachsende Bedeutung internationaler Organisationen in den internationalen Beziehungen macht es notwendig, eine Reihe völkerrechtlicher Probleme zu lösen, die mit ihrer Tätigkeit verbunden sind.[5] Eines der aktuellen Probleme auf diesem Gebiet ist die Kodifizierung des Rechts der Verträge, an denen internationale Organisationen beteiligt sind. Abkommen unter Beteiligung internationaler Organisationen machen gegenwärtig etwa 20% aller geltenden multilateralen Verträge aus. Dennoch erfaßt die Wiener Vertragsrechtskonvention von 1969 diese Abkommen nicht. Aus diesem Grund beschloß die VN-Völkerrechtskommission in Übereinstimmung mit der Resolution der VN-Generalversammlung No. 2501 (XXIV) vom 12. November 1969 auf ihrer 22. Sitzung im Jahre 1970, die Frage des Rechts der Verträge, an denen internationale Organisationen beteiligt sind, in ihr Arbeitsprogramm aufzunehmen und gründete dazu einen besonderen Unterausschuß. Äußerst schwierig ist auch die Frage der gegenseitigen Beziehungen zwischen Staaten und internationalen Organisationen. Die Völkerrechtskommission arbeitete entsprechend der Resolution der VN-Generalversammlung No. 2780 (XXVI) vom 3. Dezember 1971 einen Konventionsentwurf aus[6], der nach seiner Abstimmung mit den interessierten Staaten zur weiteren Erörterung an die VN-Konferenz über das Diplomatenrecht 1975 in Wien weitergeleitet wurde. Am 14. März 1975 wurde auf dieser Konferenz die Wiener Konvention über die Vertretung der Staaten in ihren Beziehungen mit internationalen Organisationen angenommen, die den gesamten Komplex der gegenseitigen Beziehungen zwischen drei Subjekten von Rechtsbeziehungen regelt: internationale Organisationen, Sitzstaat und Mitgliedstaaten der betreffenden Organisation.[7] Von bedeutendem theoretischen

---

[5] Siehe XX ežegodnoe sobranie Sovetskoj Associacii meždunarodnogo prava. Tez.dokl., Moskva 1977, S. 5; *E. A. Šibaeva*, K voprosu kodifikacii prava dogovorov s učastiem meždunarodnych organizacij, in: Sovetskij ežegodnik meždunarodnogo prava, 1974, Moskva 1976, S. 172.

[6] Oficial'nye otčety General'noj Assamblei OON. Komissija meždunarodnogo prava. Dvadcat' četvertaja sessija, VN-Dok. A/8410/Rev.1; Tridcataja sessija, VN-Dok. A/CN 4 (Report of the International Law Commission on the Work of the 23rd Session, in: Official Records of the General Assembly [GAOR] 26th Session, Suppl. 10; siehe auch UN-Doc. A/CONF.67/4, in: Official Records of the United Nations Conference on the Representation of States in their Relations with International Organisations, Vol. II).

[7] Siehe näher dazu *S. A. Kuznecov*, Predstaviteli gosudarstv v meždunarodnych organizacijach, Moskva 1980.

und praktischen Interesse ist die Frage der Rechtssubjektivität von Organisationen und das mit ihr zusammenhängende Problem der Teilnahme internationaler Organisationen an der Regelung der internationalen Beziehungen. Internationale Organisationen sind ein wichtiges Instrument der multilateralen Zusammenarbeit der Staaten, die den zeitgenössischen Zustand und die Entwicklungstendenzen der internationalen Beziehungen wiedergeben. Sie fördern nicht nur eine Vertiefung und Erweiterung der gegenseitigen Beziehungen zwischen den Staaten, sondern nehmen auch aktiv an der juristischen Regelung dieser Beziehungen teil, wobei — wie sowjetische Juristen anmerken — ihre Tätigkeit sogar partikulären Normen einen Systemcharakter geben kann, und haben große Bedeutung für die Regelung besonderer Arten der Zusammenarbeit.[8]

Auf dem Juniplenum 1983 des ZK der KPdSU wurde festgestellt, daß es nicht wenige schwierige Probleme gibt, die alle Länder der Welt betreffen und deren Bedeutung immer mehr zunimmt, z. B. die Erhaltung der Natur, die Eröffnung neuer Energiequellen, die Erschließung des Weltraumes und der Naturschätze des Weltmeeres.[9] Den internationalen Organisationen kommt bei der Untersuchung und Lösung dieser Probleme eine wichtige Rolle zu. Einer dieser Aspekte der Zusammenarbeit sind die gegenseitigen Beziehungen der Staaten auf dem Gebiet der Erschließung des Weltmeeres. Die Rolle internationaler Organisationen in diesem Bereich menschlicher Tätigkeit wuchs derart, daß es ohne sie unter den zeitgenössischen Bedingungen praktisch unmöglich wäre, eine zufriedenstellende Lösung der Fragen zu finden, die mit der Erarbeitung einer Rechtsordnung für das Weltmeer und der normativen Regelung aller Arten von Tätigkeiten der Staaten in den maritimen Räumen zusammenhängen, einschließlich der rationellen Nutzung ihrer Ressourcen und der Aufrechterhaltung des ökologischen Gleichgewichts. Von größtem Interesse ist hier die Tätigkeit internationaler Organisationen, die sich auf Fragen der Nutzung und Erforschung der Meeresräume und ihrer Naturschätze spezialisiert haben. Diese Organisationen erhielten die Bezeichnung internationale maritime Organisationen.

Der Rechenschaftsbericht an den XXVI. Parteitag der KPdSU erwähnt die nützliche Zusammenarbeit im Rahmen internationaler Organisationen in einer Reihe von Gebieten der zwischenstaatlichen Beziehungen. Als Beispiel dafür nannte der Bericht insbesondere den Wetterdienst.[10] Hier kommt den internationalen maritimen Organisationen bei der Koordinierung der Zusammenarbeit auf diesem Gebiet eine führende Rolle zu, weil die Prozesse, die sich auf dem Weltmeer abspielen, einen bestimmenden Einfluß auf die Klimabildung und das

---

[8] Siehe *I. I. Lukašuk*, Meždunarodno-pravovoe regulirovanie meždunarodnych otnošenij, Moskva 1975, S. 142.

[9] Siehe Materialy Plenuma Central'nogo Komiteta KPSS, 14-15 ijunja 1983 g., Moskva 1983, S. 24.

[10] Siehe Materialy XXVI s'ezda KPSS, Moskva 1981, S. 26.

Wetter unseres Planeten haben. Der Begriff der internationalen maritimen Organisationen umfaßt diejenigen Organisationen, die sich mit Fragen der Nutzung der Meeresräume und internationaler Flüsse befassen (z. B. internationale Schiffahrts-Organisation — IMO, Comité Maritime International — CMI, Donaukommission — DK), und die auf maritime Fragen spezialisierten Organe von Organisationen mit einer umfassenderen Zuständigkeit — falls die genannten Organe befugt sind, diese internationale Organisation auf dem genannten Gebiet zu vertreten. Hierzu gehören zum Beispiel der Schiffahrtsausschuß der UNCTAD und die Zwischenstaatliche Ozeanographische Kommission der UNESCO. Teilweise werden auch diejenigen internationalen Organisationen zur Kategorie der „maritimen" Organisationen gerechnet, die sich mit maritimen Fragen im Rahmen eines weitergreifenden Problems befassen, wie z. B. die Internationale Arbeitsorganisation (ILO). Es ist offenkundig, daß dies nur sehr bedingt und nur in den Fällen zulässig ist, in denen die maritimen Fragen im Vordergrund stehen. Neben den internationalen maritimen Organisationen befassen sich auch eine bedeutende Anzahl anderer internationaler Organisationen mit maritimen Fragen, wie z. B. die ILO, UNESCO, IAEA, Internationale Assoziation für Entwicklung, UNIDO, UNEP, UNITAR u. a. Die „maritime" Tätigkeit dieser Organisationen liegt jedoch jenseits des Rahmens der vorliegenden Arbeit und erfordert eine gesonderte Untersuchung.

Die Abtrennung der Kategorie der maritimen Organisationen erlaubt es, eine der umfassendsten Gruppen spezialisierter internationaler Organisationen sachbezogen und detailliert zu untersuchen. Diese Spezialorganisationen spielen eine wichtige Rolle in den Fragen, die mit dem Studium und der Erschließung des Weltmeeres sowie der Regelung der zwischenstaatlichen Beziehungen auf diesem Gebiet verbunden sind. Da internationale Organisationen Elemente der internationalen Beziehungen sind[11], ist es wichtig, alle internationale maritime Organisationen betreffenden Fragen in den Gesamtkomplex der Nutzung der Meeresräume einzubinden. Theoretisch ist die Hervorhebung internationaler maritimer Organisationen vor allem deshalb gerechtfertigt, weil die marxistische Rechtswissenschaft die internationalen Organisationen zu den bedeutenden Instituten des Völkerrechts zählt und die Verbindung der Prinzipien ihrer Tätigkeit und Struktur mit den grundlegenden Normen des Völkerrechts unterstreicht.[12] Gleichzeitig bekräftigt diese Heraushebung den Zusammenhang zwischen den Organisationen, die sich mit Fragen der Nutzung der Meeresräume und dem Seevölkerrecht befassen und bestätigt ihren Rechtscharakter. Durch die Orientierung der Tätigkeit internationaler maritimer Organisationen an den Grundnormen des Völkerrechts werden diese Organisationen — wie sich dies aus einer Reihe internationaler Dokumente ergibt — immer mehr zu einem integrierenden Bestandteil der Rechtsordnung des Weltmeeres.[13]

---

[11] Siehe *G. I. Morozov* (Fn. 1), S. 46.

[12] A.a.O., S. 47.

Sie nehmen nicht nur an der Ausarbeitung von Prinzipien und Normen des Völkerrechts, von Empfehlungen für deren Anwendung und eine möglichst zweckmäßige Nutzungsordnung der Meeresräume teil, sondern werden hier auch selbst initiativ tätig. Sie praktizieren, organisieren und kontrollieren alle Aktivitäten auf den Meeren und Ozeanen auf der Grundlage der genannten Prinzipien und Normen und setzen die grundlegenden Bestimmungen der Völkerrechtsordnung des Weltmeeres bei ihrer Arbeit um. Deshalb können internationale maritime Organisationen unter den derzeitigen Bedingungen als ein besonderer Mechanismus betrachtet werden, der im Rahmen der Rechtsordnung des Weltmeeres wirkt, der bei der modernen völkerrechtlichen Regelung der internationalen maritimen Beziehungen eine wesentliche Rolle spielt.

Die Verbindung zwischen den internationalen maritimen Organisationen und dem Seevölkerrecht geht in ihren Wurzeln weit in die Vergangenheit zurück. Die ersten internationalen maritimen Organisationen kamen mit der Entstehung des Seevölkerrechts auf. Schon im alten Griechenland begann man, internationale Vereinigungen für maritime Fragen zu gründen, so z. B. die im 5. und 4. Jahrhundert vor unserer Zeitrechnung existierende Athener Seeunion. Weithin bekannt wurden die altgriechische Seeschiedsgerichtsbarkeit und die gemischten Schlichtungskommissionen des alten Rom („Recuperatores"), die sich mit der Schlichtung von Streitigkeiten mit ausländischen Staaten befaßten.[14] Weil sich auch in der Folgezeit die Beziehungen mit ausländischen Staaten hauptsächlich auf Flüssen und Seewegen abspielten, waren Fragen des Seehandels und der Schiffahrt wesentlicher Bestandteil der Tätigkeit von Schiedsgerichten und Schiedskommissionen. So gab die Hanse vom 14. — 16. Jahrhundert Codices und Sammlungen von Gesetzen zur Regelung der Beziehungen auf dem Gebiet der Seeschiffahrt und des Handels heraus.[15] Die internationalen Organisationen im modernen Sinne dieses Begriffs bildeten sich mit der zwischenstaatlichen Zusammenarbeit auf der Grundlage ständiger Organisationen vor allem auf dem Gebiet des Transports heraus. Am Anfang dieser Beziehungen stand die Zusammenarbeit der Staaten bei der Schiffahrt auf internationalen Flüssen.[16] Zu den ersten internationalen Organisationen gehörten: die Europäische Donaukommission von 1856, die Internationale Meteorologische Organisation (1873), die Internationale Vereinigung der Seeversicherer (1874), das Comité Maritime International (1897), die Ständige Internationale Vereinigung der Schiffahrtskongresse (1894) und der Internationale Rat für Meeresforschung (1902). Sie alle können zur Kategorie der internationalen maritimen Organisationen gerechnet werden. Bis 1900 gab es drei internationale

[13] Siehe Resolution der VN-Generalversammlung 2749 (XXV) vom 17. Dezember 1970 (Deklaration von Prinzipien für den Boden der Meere und Ozeane jenseits der Grenzen nationaler Jurisdiktion); VN-Dok. A/CONF.62/L.78 vom 28. August 1981.

[14] Siehe *D. B. Levin*, Istorija meždunarodnogo prava, Moskva 1962, S. 14-18.

[15] Siehe *D. Colombos*, Meždunarodnoe morskoe pravo, Moskva 1975, S. 41-42.

[16] *G. I. Morozov* (Fn. 1), S. 12.

Schiffahrtsorganisationen, vor dem Zweiten Weltkrieg wurden fünf gegründet, in den 60er Jahren folgten fünf und in den 70er Jahren weitere acht Organisationen. Gegenwärtig gibt es mehr als 60 internationale Vereinigungen[17], deren Tätigkeit entweder direkt oder indirekt mit der Seeschiffahrt verbunden ist. Die ersten Fischereiorganisationen entstanden zu Beginn des 20. Jahrhunderts. Bis zum Zweiten Weltkrieg gab es zwei Organisationen, in den 60er Jahren wurden sieben weitere und in den 70er Jahren zwölf Organisationen gegründet. Sehr schnell wuchs die Zahl der internationalen maritimen Forschungsorganisationen. Bis zum Zweiten Weltkrieg wurden sieben derartige Organisationen gegründet, bis 1960 zehn und von 1960 bis 1970 weitere drei.[18]

Die internationalen maritimen Organisationen nahmen immer einen führenden Platz unter den internationalen Sonderorganisationen ein. Diese Rolle wuchs in den letzten Jahren wegen der Erweiterung der Zusammenarbeit der Staaten und der Erarbeitung einer neuen Rechtsordnung immer mehr. Hierdurch wurde es erforderlich, alle Fragen der Definition, Struktur, Klassifizierung und praktischen Tätigkeit solcher Organisationen detailliert und gründlich zu untersuchen. Im folgenden werden unter internationalen maritimen Organisationen diejenigen internationalen Organisationen oder Organe anderer internationaler Organisationen verstanden, die sich auf Fragen der verschiedenen Aspekte der Nutzung und Erforschung der Meeresräume und ihrer Ressourcen spezialisiert haben. Zu dieser Kategorie werden auch Organisationen gerechnet, die sich mit Fragen der Nutzung internationaler Flüsse befassen, weil diese ins Meer fließen.

2. Grundlegende Strukturen internationaler maritimer Organisationen. Bedeutung internationaler Organisationen für die Entwicklung der Zusammenarbeit der Staaten bei der Nutzung des Weltmeeres

Die Besonderheit internationaler maritimer Organisationen besteht darin, daß sie Institute des allgemeinen Völkerrechts bleiben, obwohl sie vor allem das Seevölkerrecht beeinflussen. Der hier vertretene Begriff der internationalen maritimen Organisation kann auch Organisationen einer umfassenden Spezialisierung einschließen, deren „maritimer“ Bezug sich aus Zuständigkeiten für Wirtschaft, Technologie, Transport, Kommunikationsmittel, Wissenschaft ergibt. Im allgemeinen sind deshalb den maritimen Organisationen alle grundlegenden Parameter eigen, durch die internationale Organisationen in der Völkerrechtstheorie dargestellt werden.[19] Jedoch wird ihr konkreter Inhalt vielfach durch die Rolle bestimmt, die diese Spezialorganisationen bei der

---

[17] *K. A. Bekjašev, V. V. Serebrjakov*, Meždunarodnye morskie organizacii, Moskva 1979, S. 5-13.

[18] A.a.O.

[19] Siehe *G. I. Tunkin* (Fn. 1), S. 362-412; *G. I. Morozov* (Fn. 1), S. 3-13, 258-276; *V. Moraveckij* (Fn. 1), S. 48-63, 84-91.

Zusammenarbeit der Staaten hinsichtlich der Nutzung des Weltmeeres spielen.[20] Dabei ist es nach Ansicht sowjetischer Wissenschaftler nicht ausgeschlossen, daß eine neue Untergliederung des Seevölkerrechts entsteht, nämlich des Rechts der internationalen maritimen Organisationen.[21] Diese Untergliederung des Seevölkerrechts kann auch als Untergliederung des allgemeineren Zweiges des Völkerrechts betrachtet werden, der unter der Bezeichnung „Recht der Internationalen Organisationen" bekannt ist.[22]

Grundlegende Parameter internationaler Organisationen sind ihre Rechtssubjektivität, ihre Zuständigkeiten, Befugnisse, Ziele, Aufgaben, Funktionen u.a. Die Rechtsnatur internationaler Organisationen wird wesentlich durch ihre *Rechtssubjektivität* bestimmt. Heute herrscht praktisch Einigkeit darüber, daß internationale Organisationen Subjekte des Völkerrechts sein können, jedoch gibt es scharfe Meinungsverschiedenheiten z.B. über Fragen des Umfangs der Rechtssubjektivität und der Autonomie ihres Willens. Nach Meinung vieler sowjetischer Wissenschaftler hat die Rechtssubjektivität internationaler Organisationen einen besonderen Charakter. Während die Rechtssubjektivität von Staaten eine unverrückbare und nicht von Bedingungen abhängige Eigenschaft ist, die keiner Bestätigung oder Anerkennung von seiten anderer Staaten bedarf (*erga omnes*), ist die Rechtssubjektivität einer internationalen Organistion von der Anzahl ihrer Mitgliedsstaaten und davon abhängig, inwieweit die grundlegenden Bestimmungen ihrer Satzung (eines Dokuments *res inter alia acta*, d.h. verbindlich nur für die Beteiligten) von allen anderen Staaten anerkannt werden.[23] In der Gegenwart bildet sich jedoch eine Tendenz heraus, die Rechtssubjektivität internationaler Organisationen vertraglich zu normieren. Dies zeigte sich insbesondere im Verlauf der 3. VN-Seerechtskonferenz, auf der die VN-Seerechtskonvention 1982 angenommen wurde. Diese Konvention sieht die Schaffung einer Meeresbodenbehörde für die Organisation und Überwachung der Tätigkeit auf dem Meeresboden jenseits der Grenzen des Festlandsockels vor und stellt ausdrücklich fest, daß „die Behörde internationale Rechtssubjektivität besitzt".[24]

Der Begriff der *Zuständigkeit* einer internationalen Organisation umschreibt diejenigen Vollmachten, die die Organisation zur Wahrnehmung der ihr übertragenen Aufgaben besitzt. Diese Kompetenz bedeutet die Gesamtheit der

---

[20] Siehe Okean, technika, pravo, Moskva 1972, S. 113-209; *A. L. Kolodkin*, Mirovoj okean, Moskva 1973, S. 3-53; *A. K. Žudro, Ju. Ch. Džavad*, Morskoe pravo, Moskva 1974, S. 89-90; *V. V. Sladkov*, Meždunarodnoe sotrudničestvo i izučenii Mirovogo okeana, Moskva 1974; *M. I. Lazarev*, Okean i buduščee, Moskva 1976.

[21] *M. I. Lazarev*, Teoretičeskie voprosy sovremennogo meždunarodnogo morskogo prava, Moskva 1983, S. 66.

[22] A.a.O.

[23] Siehe *G. I. Tunkin* (Fn. 1), S. 410.

[24] Dok. OON A/CONF.62/122 vom 7. Oktober 1982, S. 102 (UN-Doc. A/CONF.62/122, in: UNCLOS III OR, Vol. XVII).

Rechte und Pflichten, die vom Status der betreffenden Organisation bestimmt werden. Einige Autoren nehmen an, daß die Zuständigkeit einer internationalen Organisation durch die „Sphäre ihrer sachlichen Tätigkeit" dargestellt wird, d.h. durch die Probleme, mit denen sich zu befassen die Organisation oder ihre einzelnen Organe berechtigt oder verpflichtet sind.[25] Daneben gibt es die Konzeption der sogenannten „immanenten Kompetenz", derzufolge jede Organisation Handlungen vornehmen darf, die für die Erreichung der Ziele dieser Organisation notwendig sind, unabhängig davon, ob sie in ihrer Satzung festgelegt sind. Sowjetische Wissenschaftler haben überzeugend nachgewiesen, daß diese Ansichten unhaltbar sind. Ihre Untersuchungen weisen nach, daß im allgemeinen Völkerrecht ebenso wie in den Satzungen der universellen internationalen Organisationen Normen über eine „immanente Kompetenz" fehlen. Westliche Wissenschaftler versuchen dagegen, logische Verallgemeinerungen auf Grund einzelner Fakten als derartige Normen auszugeben. Das hat jedoch mit juristischen Normen nichts gemein.

Die *Befugnis* („Macht") einer internationalen Organisation ist die Fähigkeit ihrer Organe, Entscheidungen zu treffen, die für das Verhalten der Staaten oder anderer Subjekte juristisch oder politisch verbindlich sind oder die den Charakter von Expertenempfehlungen haben. Die Befugnisse einer internationalen Organisation können nicht über den Rahmen der ihr zugewiesenen speziellen Kompetenz hinausgehen oder überstaatlichen Charakter haben, d.h. sie dürfen unveräußerliche Prärogativen souveräner Staaten nicht berühren. Dies wäre aber z.B. der Fall, wenn der Vorschlag einiger Autoren, eine „bewaffnete maritime Schutztruppe" einzurichten, die polizeiliche Aufgaben gegenüber den Staaten und ihren Organen wahrnehmen soll, verwirklicht würde.[26] Eine internationale Organisation darf auch nicht befugt sein, in den Zuständigkeitsbereich anderer internationaler Organisationen einzudringen. Gerade einen derartigen Charakter tragen aber die Vorschläge einiger Wissenschaftler, die Meeresbodenbehörde für die Überwachung der Einhaltung von Abrüstungsverträgen[27] oder der wissenschaftlichen Meeresforschung einzusetzen, die sich nicht nur auf die Erforschung des Tiefseebodens beschränkt.

Die *Ziele* einer internationalen Organisation werden durch die grundlegende und ganz allgemeine Ausrichtung ihrer Tätigkeit dargestellt. Einige Autoren definieren die Ziele als die ganz allgemeinen Absichten der Organisation für die Schaffung eines Zuständigkeitsbereichs. Ziele einer internationalen Organisation können z. B. die Erhaltung des Friedens und der internationalen Sicherheit, die internationale Zusammenarbeit auf dem Gebiet der Entwicklung der Wirtschaft, der Kultur usw. sein. Ziel der internationalen maritimen Organisationen ist es, die Staaten bei folgenden Aufgaben zu unterstützen: Beim

---

25 *V. Moraveckij* (Fn. 1), S. 88.

26 Pacem in Maribus, New York 1972, S. 257-258.

27 A.a.O., S. 285.

Zustandekommen und der Weiterentwicklung der Zusammenarbeit sowie bei der Regelung der verschiedenen Nutzungen der Meeresräume, wie z.B. Schiffahrt, Fischfang, Seehandel, Erforschung und Ausbeutung der Naturschätze des Meeresbodens, wissenschaftliche Meeresforschung, und ferner bei der Ausarbeitung und Erhaltung einer adäquaten Rechtsordnung auf den Meeren.

Als *Aufgaben* werden die konkreten Fragen bezeichnet, mit deren Lösung sich die betreffende Organisation gemäß ihren Hauptzielen befaßt. Sie bestimmen vielfach den Umfang und Charakter der Rechte, Pflichten und Verantwortlichkeiten der Organisation bei ihrer Tätigkeit; insbesondere die Aufgaben der internationalen maritimen Organisationen haben häufig einen komplexen und vielschichtigen Charakter. So kann ganz allgemein eine Organisation für die Entwicklung und Regelung der internationalen Schiffahrt und des Seehandels die folgenden Aufgaben haben: Harmonisierung der Schiffahrtspolitik der Regierungen und regionaler Staatengruppen; Gewährleistung der Sicherheit der Seeschiffahrt; Förderung der Vereinheitlichung des Seevölkerrechts und des internationalen Handelsrechts; Bewahrung des Prinzips der Schiffahrtsfreiheit und Entwicklung der Seehandelsflotten; sinnvolle Nutzung von Schiffen und von Be- und Entladevorrichtungen; Verbesserung der Technologie bei der Güterbeförderung; Schutz der Interessen von Reedern und Seeversicherern; Verbesserung der Zusammenarbeit zwischen Fracht- und Reederorganisationen in den verschiedenen Staaten; Zusammenarbeit auf dem Gebiet des Seetransports; Erarbeitung von Maßnahmen, durch welche die internationale Schiffahrt am wirksamsten die Entwicklung des Welthandels unterstützen könnte usw.

Unter der *Funktion* der internationalen Organisation wird der Prozeß ihrer Tätigkeit verstanden, der auf die Erfüllung der ihr gestellten Aufgaben gerichtet ist. Je nach Art der Tätigkeit, d.h. der Methoden und Mittel, die die Organisation für die Durchführung der ihr gestellten Aufgaben einsetzt, kann man folgende Funktionsbereiche unterscheiden: Regelung (Erlaß von Normen und Ausarbeitung von Richtlinien für das Auftreten von Teilnehmern an den internationalen Beziehungen), Kontrolle (Aufzeigen des tatsächlichen Zustands der Dinge und Vergleich mit dem Inhalt der Normen und Richtlinien zu dem Zweck, die erforderliche Übereinstimmung herbeizuführen) und Handeln (unmittelbar praktische Tätigkeit der Organisation zur Ausführung ihrer eigenen Entscheidungen unter Einsatz des ihr zur Verfügung stehenden Personals und der Sachmittel).[28]

Eines der wesentlichen Merkmale der untersuchten Parameter ist die enge gegenseitige Verflechtung und wechselseitige Abhängigkeit sowie ihre vollständige Übereinstimmung mit der Zweckbestimmung der betreffenden Organisation. So dürfen z.B. die Funktionen einer internationalen Organisation nur im Rahmen ihrer Zuständigkeit ausgeübt werden, und letztere muß genau mit den

[28] Siehe *V. Moraveckij* (Fn. 1), S. 90-91.

Befugnissen übereinstimmen usw. Die Teilnahme internationaler Organisationen am Normschöpfungsprozeß, an der Schaffung von Normen, die für ihre Mitgliedstaaten verbindlich sind, wirkt sich gewöhnlich in drei hauptsächlichen Verfahren aus: bei Satzungsänderungen, in „äußeren Reglements" (Bestimmungen, welche die Verhaltensregeln der Mitgliedstaaten außerhalb der Organisation festlegen) sowie im „inneren Recht" der internationalen Organisation (Normen, die ihr inneres Funktionieren betreffen).

Diese dargestellten Charakteristika internationaler maritimer Organisationen spielen eine Rolle bei den Fragen, die mit Wesen, Tätigkeit, Entwicklung und Rolle der genannten Organisationen in den modernen internationalen Beziehungen zusammenhängen. Die Mehrheit der Wissenschaftler nennt an erster Stelle als Ursache für die Entwicklung der internationalen Zusammenarbeit den großen Anteil, den internationale Organisationen in den modernen internationalen Beziehungen haben, ihre stetige Verbesserung in Aufbau und Arbeit und ihren großen zahlenmäßigen Anstieg. Dieser Prozeß ist besonders charakteristisch für diejenigen Bereiche der internationalen Beziehungen, die lebenswichtige Interessen der Staaten und der gesamten internationalen Gemeinschaft berühren. Neu auftauchende Probleme internationaler Angelegenheiten ziehen in der Regel unverzüglich die Aufmerksamkeit internationaler Organisationen auf sich. Hierdurch kann entweder die Arbeit schon bestehender internationaler Organisationen intensiviert, ihre Organisationsstruktur verbessert oder ein neues, den Aufgaben angemessenes Organ dieser Organisation gebildet werden oder es können sogar neue Organisationen entstehen, die sich auf die betreffenden Probleme spezialisieren. Diese spezialisierten internationalen Organisationen können deshalb nicht nur mit einem Barometer, das den Zustand der internationalen Atmosphäre anzeigt, sondern auch mit einem spezifischen Regulator des Mikroklimas in den verschiedenen Bereichen der internationalen Zusammenarbeit verglichen werden.

Bezeichnend ist vor allem der stark gestiegene Anteil internationaler Organisationen auf dem Gebiet der maritimen Beziehungen der Staaten. Dies erklärt sich vor allem durch das wachsende Interesse praktisch aller Staaten der Welt an der Nutzung der Ozeane und Meere und ihrer Reichtümer und durch den Willen der Staaten, das existierende Seevölkerrecht zu überprüfen sowie eine neue, umfassende Rechtsordnung für das Weltmeer auszuarbeiten. Entscheidend sind für diese Prozesse in erster Linie der soziale und wissenschaftlich-technische Fortschritt, das schnelle Anwachsen der Erdbevölkerung, das Fehlen oder die Unvollständigkeit der juristischen Regelung einer Reihe von Problemen u. a. Als Folge dieser Entwicklungen veränderten sich traditionelle Nutzungsformen der Meere und Ozeane in qualitativer Hinsicht, und es tauchten neue Arten der Nutzung auf. Dadurch wurde die Möglichkeit eröffnet, das wirtschaftliche Potential der Staaten zu vergrößern. Gleichzeitig wuchs die Anzahl der Staaten beträchtlich, die als Völkerrechtssubjekte juristische Grundlagen schaffen wollen, durch die ihre Interessen und ihre Beteiligung an diesem Prozeß in größtmöglichem Umfange gewährleistet werden können. Die Gefahr einer Erschöpfung vieler Arten von Ressourcen auf dem Festland, der lebenden Naturschätze des Meeres, einer Verschmutzung der Meeresumwelt sowie gewisse Probleme im geltenden Völkerrecht warfen mit aller Schärfe die Frage auf, wie alle Aspekte der staatlichen Tätigkeit zur Nutzung der Meeresräume rechtlich klar geregelt werden können und wie auf dieser Grundlage eine umfassende Völkerrechtsordnung des Weltmeeres geschaffen werden kann, die den Interessen einer Erweiterung der Zusammenarbeit zwischen den Staaten und der Festigung des Friedens und der internationalen Sicherheit entspricht.

Die erwähnten Probleme sowie Fragen im Zusammenhang mit der Abgrenzung und der Rechtsordnung maritimer Räume machten es erforderlich, durch die Ausarbeitung einer einheitlichen Seerechtskonvention eine neue Rechtsordnung des Weltmeeres zu schaffen. Die Lage spitzte sich infolge der seit Anfang der 70er Jahre verstärkten Gefahr einer Okkupation riesiger Bereiche der Hohen See durch einzelne Staaten und einer Monopolisierung des Meeresbodens durch imperialistische Gesellschaften zu. Die mit der Nutzung der Meeresräume und ihrer Rechtsordnung zusammenhängenden Fragen verwandelten sich im Ergebnis in eine Quelle internationaler Meinungsverschiedenheiten und Widersprüche. Die Aufgabe, eine neue Rechtsordnung für das Weltmeer auszuarbeiten, erwies sich als so vielschichtig und kompliziert, daß keine der existierenden internationalen maritimen Organisationen in der Lage war, sie zu lösen. Deshalb befaßte sich die Organisation der Vereinten Nationen unmittelbar mit den Problemen einer Rechtsordnung für den Meeresboden und setzte zu diesem Zweck besondere Organe für einen befristeten Zeitraum ein. Zunächst wurde im Jahre 1967 gemäß Resolution No. 2340 (XXII) der VN-Generalversammlung ein Sonderausschuß von 35 Staaten geschaffen, dem in der Folgezeit (nach seiner Erweiterung) zugleich die Funktionen eines Organs zur Vorbereitung der 3. VN-Seerechtskonferenz übertragen wurden. Der Ausschuß hielt 6 Sitzungen ab; danach übergab er die von ihm vorbereiteten Materialien zur weiteren Prüfung an die im Dezember 1973 eröffnete 3. VN-Seerechtskonferenz und löste sich auf.[29] Die gestellte Aufgabe war so umfassend, daß sie den Kompetenzbereich einer einzelnen oder auch mehrerer internationaler Organisationen zusammen überschritt. An den Vorbereitungsarbeiten und an der Konferenz selbst nahmen deshalb Dutzende internationaler Organisationen teil. Auf jeder der Konferenzsitzungen waren im Durchschnitt etwa 50 internationale Organisationen vertreten, und insgesamt beteiligten sich an ihrer Arbeit ungefähr 90 internationale Organisationen, von denen mehr als 30 zwischenstaatliche Organisationen waren.[30]

Die Tätigkeit der Vertreter internationaler Organisationen auf der 3. VN-Seerechtskonferenz war äußerst vielseitig. Sie nahmen an allgemeinen Diskus-

---

[29] VN-Dok. A/CONF.62/L.8 vom 27. August 1974.

[30] VN-Dok. A/CONF.62/INF. 3-7, 1974-1977; Press Release SEA/217 vom 28. Juli 1976, S. 21; A/CONF.62/121 vom 27. Oktober 1982.

sionen teil und gaben Gutachten zu Einzelvorschlägen ab. So bereitete die Internationale Schiffahrtskammer den Vorschlag der USA und Kanadas vor, der die Erstreckung der internationalen Jurisdiktion des Küstenstaates auf die Konstruktion und Ausrüstung ausländischer Schiffe zum Gegenstand hatte. Internationale Organisationen können die verschiedenen Konzeptionen erläutern und begutachten, wie dies in dem Arbeitsdokument geschehen ist, das von der Organisation „Weltfrieden durch Recht" auf der Genfer Sitzung im Jahre 1975 vorgelegt wurde. Auf der 3. VN-Seerechtskonferenz wurde von internationalen Organisationen eine bedeutende Anzahl von Dokumenten verteilt, insbesondere Unterlagen über die Tätigkeit der (betreffenden) Organisationen selbst. Derartige Dokumente wurden von der IAEA, IMO, IOC (UNESCO), dem Internationalen Marineforum der Ölgesellschaften u.a. erarbeitet. Zu diesen Dokumenten gehörten eine Auflistung der Tätigkeit der IMO, ein annotiertes Nachschlagewerk über die zwischenstaatlichen Organisationen, die sich u.a. mit Fragen des Weltmeeres befassen.[31] Derartige Dokumente zu bestimmten Problemen wurden manchmal auf Ersuchen der Konferenz vom Sekretariat vorbereitet.[32] Einige Organisationen wandten sich auch mit Erklärungen an die Konferenz, wie dies z.B. das Internationale Ozeanische Institut tat. Die zwischenstaatliche ozeanographische Kommission (IOC) der UNESCO leistete einen wichtigen Beitrag, indem sie eine Karte rezensierte, welche die verschiedenen Vorschläge zur Festlegung der seewärtigen Grenze des Festlandsockels illustrierte. Diese Karte war für die Konferenz von dem Geologischen Observatorium Lamont in den USA ausgearbeitet worden.[33] Ergebnis dieser Arbeit war ein Dokument[34], das nachweist, daß die genannte Karte eine Reihe von Fehlern und Versehen enthält. Deshalb war es möglich, die betreffenden Angaben objektiver zu bewerten. Später wurde die IOC der UNESCO zusammen mit der Internationalen Hydrographischen Organisation (IHO) beauftragt, auf einer Karte den Vorschlag der UdSSR zur Grenze des Festlandsockels darzustellen sowie die Möglichkeit und die Folgen der Anfertigung von Karten in großem Maßstab zu untersuchen, auf denen die Grenzen des Festlandsockels nach den drei grundlegenden Vorschlägen zu dieser Frage erläutert werden.[35] Die Empfehlung, die von den genannten Organisationen vorbereitet wurde[36], leistete ebenfalls einen Beitrag zur Erarbeitung einer allseitig annehmbaren Lösung des vorliegenden Problems.

Die internationalen Organisationen wachten aufmerksam darüber, daß alle Fragen, die in ihre Zuständigkeit fielen, auf der Konferenz in Übereinstimmung

---

[31] VN-Dok. A/CONF.62/27 vom 13. Juni 1974; A/CONF.62/L.14 vom 10. August 1976.

[32] Siehe z.B. VN-Dok. A/CONF.62/41 vom 24. März 1975.

[33] VN-Dok. A/CONF.62/C.2/L.98/Add.1 vom 18. April 1978.

[34] VN-Dok. A/CONF.62/C.2/L.98/Add.3 vom 28. August 1978.

[35] VN-Dok. EC-X.8 vom 26. April 1978.

[36] VN-Dok. A/CONF.62/C.2/L.99 vom 9. April 1979.

mit dem geltenden Völkerrecht und der Staatenpraxis gelöst wurden. So forderte die Weltorganisation für Meteorologie (WMO) die Konferenz auf, durch die Bestimmungen über die wissenschaftliche Meeresforschung keine Beschränkungen für meteorologische und entsprechende ozeanographische Beobachtungen zu schaffen, die in Übereinstimmung mit internationalen Programmen durchgeführt werden, wie z. B. „Welt-Wetter" und „Globales System ozeanographischer Stationen".[37] Die Internationale Arbeitsorganisation bot in einer besonderen Note ihre Hilfe bei der Ausarbeitung einschlägiger Bestimmungen an[38], nachdem sie aufgezeigt hatte, daß im Entwurf der VN-Seerechtskonvention Vorschriften über die sozialen Bedingungen und Sicherheitsstandards für das Personal auf Schiffen, Transportmitteln, Stationen sowie in Unternehmen der Meeresbodenbehörde fehlten. Der Rat für Handel und Entwicklung der UNCTAD rief in zwei Resolutionen[39] alle Staaten auf, bis zur Erarbeitung einer internationalen Rechtsordnung davon abzusehen, Gesetze oder andere Maßnahmen für die Ausbeutung der Naturschätze des Tiefseebodens zu verkünden. In den Resolutionen wurde unterstrichen, daß derartige Handlungen als ungültig angesehen werden und Staaten, die derartige Gesetze verabschiedeten, für die sich daraus ergebenden Folgen haften würden.

Die Internationale Seeschiffahrtsorganisation (IMO) erwies der Konferenz bei der Bewältigung der ihr gestellten Aufgaben bedeutsame Hilfe. Es gelang auf der Konferenz lange Zeit nicht, eine befriedigende Lösung für die Frage zu finden, ob und wie die Besonderheiten seichter Meerengen berücksichtigt werden sollen, weil die Aufnahme derartiger Bestimmungen in den Entwurf der Seerechtskonvention eine Reihe zusätzlicher Schwierigkeiten bereiten könnte. Der Ausweg aus dieser Situation wurde mit Hilfe der IMO gefunden, die Regeln für die Schiffahrt in den Meerengen in Malakka und Singapur ausgearbeitet hatte.[40] Diese Regeln sehen Maßnahmen zur Erhöhung der Sicherheit der Schiffahrt vor, einschließlich der Festsetzung einer Unter-Kiel-Freiheit (Wassertiefe unter dem Kiel) für Schiffe großer Tonnage bei der Passage durch die genannten Meerengen. Die Arbeit der IMO beseitigte die Widerstände gegen die Artikel über internationale Meerengen der betroffenen Staaten wie z. B. Malaysia und Indonesien. Dadurch konnte eine allseits annehmbare Lösung für dieses wichtige Problem des Seerechts gefunden werden.

Internationale Organisationen arbeiten auch außerhalb der genannten Konferenz bei ihrer tagtäglichen Arbeit intensiv in maritimen Fragen zusammen. Eine Organisation wie die IOC der UNESCO arbeitet ständig mit mehr als 40 internationalen Organisationen zusammen. Allein an den Sitzungen der IOC-Versammlungen nehmen die Vertreter von durchschnittlich 30 internationalen

---

[37] VN-Dok. A/CONF.62/80 vom 9. August 1979.

[38] VN-Dok. A/CONF.62/83 vom 20. August 1979.

[39] VN-Dok. A/CONF.62/71 vom 14. März 1979; A/CONF.62/79 vom 26. Juli 1979.

[40] Resolution IMCO A.375/X vom 14. November 1977.

Organisationen teil. Die Notwendigkeit einer solchen umfassenden Zusammenarbeit ergibt sich aus der sich ständig erweiternden Thematik der Arbeit dieser Organisation. Eine nicht weniger intensive Zusammenarbeit pflegt auch die IMO, die mit vielen internationalen Organisationen Abkommen über eine Zusammenarbeit hat. So nahmen an der Konferenz zur Verhütung einer Verschmutzung der See durch Schiffe, die im Oktober / November 1973 von der IMO einberufen wurde, 20 internationale Organisationen teil, darunter FAO, UNESCO, IAEA, die Internationale Schiffahrtskammer und die Internationale Vereinigung von Reedern. Man kann sagen, daß dieselben Faktoren, welche die unverzügliche Ausarbeitung einer allgemein annehmbaren Völkerrechtsordnung für das Weltmeer notwendig machten, auch die Rolle und Bedeutung der internationalen maritimen Organisationen erhöhten. Ein immer größeres Gewicht erlangen die internationalen maritimen Organisationen bei der Durchführung komplexer Vorhaben der wissenschaftlichen Meeresforschung. Dadurch werden ihnen angesichts der vergleichsweise geringen Erkenntnisse über das Weltmeer große Perspektiven eröffnet. Wie sowjetische und ausländische Wissenschaftler feststellen, muß man ungeachtet der Tatsache, daß der Ozean schon mehr als 100 Jahre systematisch erforscht wird, zugeben, daß die Erkenntnisse noch völlig unzureichend sind. So ist in den Weltzentren der Umfang der Kenntnisse über die Ozeane etwa tausendfach geringer als die Kenntnisse über die Atmosphäre. Nach Angaben der Internationalen Hydrographischen Organisation sind nur 16% des Meeresbodens genauer, 22% nur schwach und 62% überhaupt nicht erforscht.[41]

Die Notwendigkeit, die Probleme der „Hydrosphäre" unverzüglich zu lösen, erhöht die Bedeutung der internationalen Organisationen, die sich mit Fragen der Nutzung des Weltmeeres befassen, beachtlich. Angesichts des Fehlens einer adäquaten und umfassenden Rechtsordnung des Weltmeeres nehmen sie aktiv an der Ausarbeitung der neuen Rechtsordnung für die Meeresräume teil. Durch internationale Organisationen werden die äußerst wichtigen Fragen gelöst, die in den gegenseitigen Beziehungen der Staaten auftauchen, und es wird die Tätigkeit der Staaten in dem genannten Bereich unter sämtlichen grundlegenden Aspekten besonders abgesichert. Mit Inkrafttreten der neuen VN-Seerechtskonvention werden die internationalen Organisationen als Mechanismus dienen, der alle Bestandteile der in ihr vorgesehenen Rechtsordnung des Weltmeeres zur Geltung bringt. Die internationalen Organisationen sind ein äußerst spezifisches, komplexes und dynamisches Element der internationalen Beziehungen, das nicht nur Auftauchen, Entstehen und Entwicklung dieser Beziehungen in den unterschiedlichen Bereichen des internationalen Lebens begünstigt, sondern auch ihre gegenseitige Harmonisierung, Rationalisierung und normative Regelung. Was die internationalen maritimen Organisationen angeht, so erreichen sie ihre Ziele sowohl durch die Lösung konkreter, spezieller Aufgaben im Rahmen ihres Zuständigkeitsbereichs als auch auf dem Wege über die Ausführung einer

[41] Marine Policy, 1977, Heft 1.

Reihe von Funktionen, die praktisch allen internationalen Organisationen eigen sind. Aus der Zahl solcher Funktionen kann man nennen: Teilnahme am normschöpferischen Prozeß im Verlauf internationaler Konferenzen und Tagungen; Beteiligung ihrer Vertreter an vergleichbaren Maßnahmen anderer Organisationen; Zusammenarbeit mit anderen internationalen Organisationen; Koordinierung, Stimulierung und Rationalisierung der verschiedenen Arten der Nutzung der Meeresräume; Organisation und Leitung einiger Arten von Tätigkeiten auf dem Weltmeer oder unmittelbare Ausführung einer solchen Tätigkeit; Ausarbeitung von Empfehlungen zur Anwendung von Rechtsnormen und die Kontrolle ihrer Einhaltung usw. Die alltägliche Arbeit der internationalen maritimen Organisationen ist auf die allseitige Sicherung der Seeschiffahrt, die Entwicklung der wissenschaftlichen Meeresforschung, die Regelung der Nutzung der Ressourcen des Weltmeeres, den Schutz der Meeresumwelt usw. gerichtet.

Mit Fragen des Seevölkerrechts befassen sich auch viele Regionalorganisationen allgemeinpolitischen Charakters und ihre Organe, z. B. die Internationale Juristische Kommission für Fragen des Seerechts der Organisation Amerikanischer Staaten, die Konferenz der Außenminister der Länder des Karibischen Beckens, das Afro-Asiatische Juristische Konsultativkomitee u. a. Die Zusammenarbeit der sozialistischen Länder in Fragen der Seeschiffahrt erfolgt im Rahmen der Ständigen RGW-Kommission für Transport und durch die Internationale Vereinigung von Reedern (MAS, INSA). Das Abkommen zur Gründung der MAS (Internationale Vereinigung von Reedern) wurde von den Vertretern der Schiffahrtsunternehmen Bulgariens, Rumäniens, der DDR, Polens, der UdSSR, der CSSR und Jugoslawiens am 27. Juni 1970 unterzeichnet. Im Dezember 1971 nahmen sie in Budapest die MAS-Satzung an. Im Jahre 1972 trat Kuba, 1974 Indien der MAS bei. Vertreter der UdSSR arbeiten im Schiffahrtsausschuß der UNCTAD, in der IMO und in vielen anderen Organisationen mit. Zahlreiche sowjetische Schiffahrtsunternehmen beteiligen sich an den Linienkonferenzen der Reedereien für Güter- und Passagierbeförderung, an der Baltischen und Internationalen Schiffahrtskonferenz (BIMKO), an den Australischen und Neuseeländischen Konferenzen, an der Konferenz Kanada — Mittelmeer u. a.

Die Rolle internationaler Organisationen bei der Erforschung und Nutzung des Weltmeeres wurde augenfällig auf der internationalen Ausstellung „EXPO-75", die dem Weltmeer gewidmet war und auf der eine Reihe solcher Organisationen vertreten war. Das größte Interesse fand der Pavillon der VN mit seiner Ausstellung „Ozean und Vereinte Nationen". Von den anderen Aufgaben internationaler Organisationen ist die Ausarbeitung von Empfehlungen der verschiedensten Art durch internationale maritime Organisationen zur Nutzung der Meeresräume von allergrößtem Interesse. Empfehlungen helfen bei der richtigen Auslegung und einheitlichen Anwendung von Rechtsnormen. In Einzelfällen, insbesondere wenn die Empfehlungen Fragen der Sicherheit der

Seeschiffahrt betreffen, die nicht durch konkrete Rechtsnormen geregelt sind, können solche Empfehlungen bindenden Charakter haben. So kann z. B. von allen internationalen Organisationen nur die IMO auf internationaler Ebene Maßnahmen ergreifen, die Schiffahrtswege und Verkehrstrennungsgebiete betreffen, und Gebiete festsetzen, die für Schiffe eines bestimmten Typs verboten sind. In Übereinstimmung mit den IMO-Regeln soll mit der Festlegung von Seewegen oder „Schiffahrtswegen" eine Verringerung der Gefahr von Navigationshavarien auf den Seewegen erreicht werden. Zu dem diesbezüglichen Maßnahmenkomplex gehören Verkehrstrennungsgebiete, empfohlene Seewege (Schiffahrtswege), Fahrwasser und Wege für Schiffe mit großem Tiefgang sowie Gebiete, die von Schiffen eines bestimmten Typs gemieden werden müssen. Diese Maßnahmen werden Empfehlungen genannt. In der Praxis haben sie jedoch die Kraft völkerrechtlicher Normen, weil sie faktisch eine Konkretisierung von Normen und Prinzipien des Seerechts für einen bestimmten Teil der Seefahrt darstellen, die in bestimmten Bereichen des Weltmeeres die Benutzung bestimmter Schiffahrtswege vorschreiben. Derartige Normen und Prinzipien sind z. B. in dem Internationalen Übereinkommen zum Schutz menschlichen Lebens auf See von 1960 niedergelegt (Vertragsstaaten dieses Übereinkommens sind etwa 80 Staaten). Die von der IMO ausgearbeiteten Prinzipien für die Einrichtung und Nutzung von Seewegen und Verkehrstrennungsgebieten wurden von der Generalversammlung der IMO in die überarbeitete Regel 8 des Kapitels V dieses Übereinkommens aufgenommen. Die genannten Prinzipien und Normen sind auch in den 1972 verabschiedeten Internationalen Regeln zur Verhütung von Zusammenstößen auf See bestätigt worden. In Regel 10 heißt es unter der Überschrift „Verkehrstrennungsgebiete": „Küstenverkehrszonen dürfen vom Durchgangsverkehr, der den entsprechenden Einbahnweg des angrenzenden Verkehrstrennungsgebiets sicher befahren kann, in der Regel nicht benutzt werden".[42] Bis heute hat die IMO etwa 100 Verkehrstrennungsgebiete für den Schiffsverkehr eingeführt und den Regierungen zur Beachtung empfohlen. Dutzende von Staaten haben auf der Grundlage von Empfehlungen der IMO in Übereinstimmung mit Art. 17 des Genfer Abkommens über das Küstenmeer und die Anschlußzone von 1958 Gesetze und Verordnungen über Schiffahrtswege und Verkehrstrennungsgebiete verabschiedet. Außerdem erlassen viele Staaten gemäß der Entscheidung der Generalversammlung der IMO nationale Gesetze, welche die von der IMO ausgearbeiteten Bestimmungen für die Kapitäne ihrer Schiffe verbindlich machen.

Die aufgezeigte internationale Praxis fand Ausdruck in der VN-Seerechtskonvention von 1982. Entsprechende Bestimmungen, z. B. über internationale Meerengen, befinden sich in Art. 41 des genannten Dokuments. In diesem Artikel heißt es insbesondere, daß Meerengenstaaten Schiffahrtswege bestimmen und Verkehrstrennungsgebiete für die Schiffahrt vorschreiben können, die vorher von der zuständigen internationalen Organisation angenommen worden

---

[42] *A. P. Jaskevič, Ju. G. Zubatov*, Novye MPPSS, 1979, S. 148.

sind. Dabei wird hervorgehoben, daß Schiffe in der Transitdurchfahrt die festgelegten Schiffahrtswege und Verkehrstrennungsgebiete zu beachten haben (Abs. 7). Mit Inkrafttreten der Konvention wird also die allgemein anerkannte internationale Praxis formal bestätigt, nach der Meerengenstaaten mit Billigung der IMO an internationalen Meerengen Schiffahrtswege bestimmen und Verkehrstrennungsgebiete vorschreiben können. Schon jetzt sind Empfehlungen der IMO konkret in eine Reihe von internationalen und nationalen Normen eingeflossen, die sich auf Fragen der Sicherheit der Schiffahrt beziehen und die deshalb verpflichtende Kraft besitzen. Gesetze und Verordnungen der Küstenstaaten über Schiffahrtswege, die von der IMO festgelegt wurden, werden in den Nachrichten für Seefahrer zur allgemeinen Beachtung bekanntgemacht. Für die Kapitäne der Schiffe hat eine Verletzung der IMO-Empfehlungen dieselben juristischen Folgen wie die Verletzung einer internationalen Norm. Auch die Seeschiedskommissionen betrachten die Verletzung der genannten IMO-Empfehlungen faktisch als eine Verletzung internationaler Normen. Die Staaten wenden auch andere Sanktionen an, die gewöhnlich in den zwischenstaatlichen Beziehungen praktiziert werden. Es ist z. B. bekannt, daß die Regierungen Frankreichs und der BRD bei ausländischen Staaten wegen Verletzungen der auf Empfehlungen der IMO beruhenden Verkehrsführungsregelung in der Nähe ihrer Küsten vorstellig wurden.

In der VN-Seerechtskonvention von 1982 wird den internationalen maritimen Organisationen, die als eines der Instrumente zur Gewährleistung der Einhaltung ihrer Bestimmungen (einschließlich der Streitbeilegung), d. h. der Normen des Völkerrechts, angesehen werden, ein bedeutender Platz eingeräumt. Es mag ausreichen zu erwähnen, daß sich etwa 90 der 320 Artikel dieses Dokuments und sechs von zehn Anhängen mit internationalen Organisationen oder Organen befassen. In ihnen wird nicht nur die Rolle der genannten Organisationen und Organe bei der Aufrechterhaltung der durch die entsprechenden Teile der Konvention errichteten Rechtsordnung des Weltmeeres, bei der Beteiligung an den verschiedenen Arten der Nutzung der Meeresräume sowie bei der rechtlichen Regelung der genannten Tätigkeiten klar definiert, sondern auch der Rechtsstatus einer Reihe von internationalen Organisationen (Organen) bestimmt. Zu ihnen gehören z. B. die Internationale Meeresbodenbehörde, der Seerechtsgerichtshof, das Schiedsgericht und das Besondere Schiedsgericht. Nach den Empfehlungen des Redaktionsausschusses bezeichnet der in der Konvention verwandte Begriff „internationale Organisation“ zwischenstaatliche Organisationen. Im Unterschied zu den Genfer Abkommen von 1958 beziehen sich viele Bestimmungen der Konvention unmittelbar auf internationale Organisationen, einschließlich der VN. So werden beim VN-Generalsekretär die Seekarten und Listen geographischer Koordinaten für die Basislinien zur Messung der Breite des Küstenmeeres, die Seekarten mit den Angaben der äußeren Grenzlinie der ausschließlichen Wirtschaftszone und des Festlandsockels und die Listen der Koordinaten für die Festlegung dieser Grenzlinien hinterlegt (Art. 16, 47, 75, 84). Im Unterschied zu Art. 7 des Genfer Abkommens über die Hohe See von 1958, demzufolge das Recht auf Flaggenführung Schiffen gewährt wird, die im offiziellen Dienst einer zwischenstaatlichen Organisation stehen, wird in der Konvention (Art. 93) nur von den VN, ihren Sonderorganisationen und der IAEA gesprochen. Dies erklärt sich offenkundig durch die große Anzahl zwischenstaatlicher internationaler Organisationen, von denen es schon jetzt doppelt so viele wie souveräne Staaten gibt und die sich mit hoher Geschwindigkeit ständig erhöht. Dadurch war es erforderlich, die Gewährung des Rechts zur Flaggenführung auf die führenden Organisationen des VN-Systems zu beschränken.

Eine wichtige Rolle wird in der Konvention von 1982 den internationalen maritimen Organisationen vorbehalten, die hier „zuständige“ Organisationen genannt werden. Im Kontext der Konvention muß dies offensichtlich in dem Sinne verstanden werden, daß die betreffende Organisation sich auf Fragen spezialisiert, denen der entsprechende Teil der Konvention gewidmet ist. Die genannten Organisationen für Fragen der Errichtung von Verkehrswegen und Verkehrstrennungsgebieten geben den Küstenstaaten Empfehlungen, soweit es sich um das Küstenmeer handelt (Art. 22), oder bestätigen Verkehrswege und Trennungsgebiete, die in internationalen Meerengen oder Archipelgewässern eingerichtet werden sollen (Art. 41, 53). Entsprechende Aufgaben werden den internationalen Organisationen in Fragen der Nutzung der lebenden Ressourcen übertragen. Insbesondere wird den Küstenstaaten und internationalen Organisationen zur Pflicht gemacht, zum Zwecke der Verhinderung einer übermäßigen Ausbeutung der lebenden Ressourcen in der Wirtschaftszone (Art. 61) und auf der Hohen See (Art. 117-119) zusammenzuarbeiten. Internationale Organisationen können benachbarten Küstenstaaten helfen, Einvernehmen zu erzielen über Maßnahmen zur Erhaltung der Fischbestände, die innerhalb der Wirtschaftszone von zwei oder mehr Küstenstaaten oder in der Wirtschaftszone und einem seewärts an sie angrenzenden Gebiet vorkommen (Art. 63). Internationale Organisationen beteiligen sich an der Regelung der gegenseitigen Beziehungen des Küstenstaates mit anderen Staaten, die weit wandernde Fischarten fangen (Art. 64). Sie haben das Recht, den Fang von Meeressäugetieren zu verbieten oder strenger zu reglementieren, als dies in den Artikeln über die Wirtschaftszone (Art. 65) vorgesehen ist. Der Ursprungstaat anadromer Fischarten und andere Staaten schließen Vereinbarungen im Rahmen regionaler Organisationen bezüglich des Fangs dieser Arten ab (Art. 66). Durch internationale Organisationen werden wissenschaftliche Informationen sowie statistische und andere Daten über die Erhaltung der Fischbestände in der Wirtschaftszone und auf Hoher See übermittelt (Art. 61, 119).

Bekanntlich haben internationale Organisationen, insbesondere die IMO, erst vor kurzem begonnen, sich mit Fragen der Verhütung einer Verschmutzung der Meeresumwelt zu befassen. Um so größeren Wert erlangen daher die Bestimmungen über internationale Organisationen, die im Teil XII „Schutz und Bewahrung der Meeresumwelt“ enthalten sind. Diese Bestimmungen sehen vor, daß die Staaten direkt oder in zuständigen globalen oder regionalen internationalen Organisationen (auf der Grundlage der Bestimmungen der Konvention) bei der Ausarbeitung internationaler Normen, Standards und empfohlener Praktiken und Verfahren zur Verhütung der Meeresverschmutzung sowie bei der Aufstellung wissenschaftlicher Kriterien für diesen Zweck zusammenarbeiten können. Internationale Organisationen fördern die Durchführung wissenschaftlicher Forschungsarbeiten und regen den Austausch von Informationen über die Verschmutzung der Meeresumwelt an. Ihnen und den interessierten Staaten muß ein bevorstehender oder eingetretener Verschmutzungsschaden notifiziert werden. Sie müssen alle möglichen Maßnahmen ergreifen, um die Folgen einer Verschmutzung zu beseitigen und Schäden zu verhüten oder auf ein Mindestmaß zu beschränken. Internationale Organisationen nehmen an Hilfsprogrammen für Entwicklungsländer in Fragen einer Verhütung der Meeresverschmutzung teil, ergreifen Maßnahmen, um die Folgen schwerer Verschmutzungsfälle auf ein Mindestmaß zu beschränken, unterstützen die Staaten bei der Erstellung ökologischer Analysen und untersuchen Folgen und Einfluß einer jeden Tätigkeit auf den Zustand der Meeresumwelt (Art. 197-223). Eine bedeutsame Rolle wird den internationalen Organisationen bei der Festlegung „besonderer Gebiete“ zur Verhütung einer Verschmutzung des Meeres durch Schiffe vorbehalten. Der Küstenstaat, der die Absicht hat, ein solches Gebiet einzurichten, muß nach angemessenen, über die zuständige internationale Organisation mit anderen betroffenen Staaten geführten Konsultationen eine Mitteilung mit den notwendigen Unterlagen an die betreffende Organisation richten. Binnen 12 Monaten nach Eingang der genannten Materialien entscheidet die Organisation in dieser Frage (Art. 211).

Nach Art. 238 haben internationale Organisationen gleichermaßen wie alle Staaten das Recht, unter Beachtung der in der Konvention vorgesehenen Rechte und Pflichten anderer Staaten wissenschaftliche Meeresforschung zu betreiben. Die internationalen Organisationen fördern und erleichtern nach den Bestimmungen der Konvention die Entwicklung und Durchführung wissenschaftlicher Meeresforschung, koordinieren diese Tätigkeit und arbeiten bei der Schaffung günstiger Bedingungen für die Durchführung wissenschaftlicher Meeresforschung zu friedlichen Zwecken zusammen. Dazu werden besondere Maßnahmen wie die Einrichtung regionaler Zentren zur Stimulierung und Verbesserung der wissenschaftlichen Meeresforschung und zur Hilfeleistung für wissenschaftliche Forschungsschiffe vorgesehen sowie eine aktive Unterstützung von seiten internationaler Organisationen bei der Verbreitung wissenschaftlicher Daten und Informationen für die wissenschaftliche Meeresforschung sowie die Förderung der Entwicklung und Weitergabe von Meereswissenschaft und Meerestechnologie an Entwicklungsländer (Art. 238-244, 266-276). Es wird ein präzises Regime für die Durchführung der wissenschaftlichen Meeresforschung in den verschiedenen maritimen Bereichen errichtet (Art. 245-257), wobei den internationalen Organisationen die Pflicht auferlegt wird, die Festlegung allgemeiner Kriterien und Leitprinzipien für Hilfeleistungen an Staaten bei der

Bestimmung der Natur und der Folgen der wissenschaftlichen Meeresforschung zu fördern. Die internationalen Organisationen beteiligen sich seit langer Zeit aktiv an der wissenschaftlichen Meeresforschung. Internationale Organisationen, die sich auf diese Fragen spezialisiert haben, erhielten die Bezeichnung „maritime wissenschaftliche Forschungsorganisationen". Jedoch war bis heute die Frage der Teilnahme internationaler Organisationen an der wissenschaftlichen Meeresforschung, wie auch dieser Aspekt der Tätigkeit auf dem Weltmeer selbst, nicht vertraglich geregelt. Die VN-Seerechtskonvention hat diese Lücke geschlossen.

In der Konvention ist die Schaffung einer neuen internationalen Organisation vorgesehen, der Internationalen Meeresbodenbehörde (im folgenden Meeresbodenbehörde oder Behörde). Die Regelungen des Teils XI und der Anhänge III und IV der Konvention bestimmen in ihrer Gesamtheit den Status dieser Organisation und ihres Unternehmens. Die Vorschriften dieses Teils gehen davon aus, daß der Bereich des Meeresbodens jenseits der Grenzen des Festlandsockels (als „Gebiet" bezeichnet) und seine Naturschätze gemeinsames Erbe der Menschheit sind, wobei alle Rechte auf die Ressourcen des Gebietes der gesamten Menschheit gehören, in deren Namen die Behörde handelt (Art. 136, 137). Die Rechte der Menschheit werden durch die souveränen Staaten realisiert. Alle Vertragsstaaten der neuen Seerechtskonvention sind Mitglieder der Behörde. Die Behörde ist die Organisation, durch welche die Vertragsstaaten die Tätigkeit in dem Gebiet durchführen und überwachen (Art. 156, 157). Nach ihrem Rechtsstatus (Art. 176) besitzt die Behörde Völkerrechtssubjektivität und die zur Wahrnehmung ihrer Aufgaben und zur Erreichung ihrer Ziele notwendige Rechtsfähigkeit. Sie hat das Recht, sich an jedem Organ, an jeder Maßnahme und an jedem Abkommen zu Fragen der Gewinnung der Ressourcen in dem Gebiet zu beteiligen. Die Fragen der Rechtsfähigkeit und der Funktionen der Behörde werden in Art. 152 (Wahrnehmung der Befugnisse) und in Art. 153 (System der Erforschung und Ausbeutung) konkretisiert. In Art. 157-168 und Art. 170 sind die Art und die Prinzipien der Tätigkeit sowie die Struktur der Behörde mit genauer Festlegung der Aufgaben und Zuständigkeiten eines jeden Organs dieser Organisation normiert. Nach Art. 169 soll die Behörde mit internationalen und nichtstaatlichen Organisationen Konsultationen durchführen und zusammenarbeiten.

Gemäß den Bestimmungen des Teils XV „Beilegung von Streitigkeiten" kann ein Vertragsstaat durch schriftliche Erklärung eines oder mehrere der folgenden Mittel zur Beilegung von Streitigkeiten wählen: Internationaler Gerichtshof, Internationaler Seegerichtshof, Schiedsgericht und Besonderes Schiedsgericht. Diese Organe werden nach dem Vorbild anderer internationaler Gerichte und Schiedsgerichte eingerichtet und arbeiten auch entsprechend. Jedoch sind sie (mit Ausnahme des Internationalen Gerichtshofs) nur für die Beilegung von Streitigkeiten in maritimen Fragen zuständig und können deshalb nur zu den internationalen maritimen Organisationen gerechnet werden. Erstmals im

Seevölkerrecht werden alle Fragen der Struktur, des Rechtsstatus und der Geschäftsordnung einer Reihe internationaler Organisationen in einer umfassenden Seerechtskonvention und nicht in einem Dokument niederlegt, das von der internationalen Organisation selbst (Satzung, Statut usw.) ausgearbeitet und verabschiedet wurde. Dies gilt für die Meeresbodenbehörde und ihr Unternehmen (Teil XI und Anhang IV der Konvention), die Kommission zur Begrenzung des Festlandsockels (Anhang II), den Internationalen Seegerichtshof (Anhang VI), das Schiedsgericht (Anhang VII) und das Besondere Schiedsgericht (Anhang VIII).

Präzedenzlos im Seerecht ist auch die Aufnahme besonderer Bestimmungen für den Beitritt internationaler Organisationen zur Seerechtskonvention von 1982. Es handelt sich um Anhang IX, der aus acht Artikeln besteht. Im Art. 1 heißt es, daß für Zwecke der Unterzeichnung und des Beitritts zur Konvention durch internationale Organisationen unter dem Begriff „internationale Organisation" die von Staaten gegründeten internationalen zwischenstaatlichen Organisationen zu verstehen sind, denen die Mitgliedstaaten Zuständigkeiten in den unter diese Konvention fallenden Angelegenheiten übertragen haben. Nach Art. 2 hat eine internationale Organisation das Recht, die Konvention zu unterzeichnen, wenn die Mehrheit ihrer Mitgliedstaaten sie bereits unterschrieben hat. Bei der Unterzeichnung gibt die internationale Organisation eine Erklärung ab, in der sie die unter die Konvention fallenden Angelegenheiten, für die ihre Mitgliedstaaten ihr Zuständigkeiten übertragen haben, sowie Art und Umfang der Zuständigkeiten im einzelnen aufführt. In Art. 3 wird das Verfahren der Hinterlegung der förmlichen Bestätigungsurkunde oder der Beitrittsurkunde geregelt. In Art. 4 werden Umfang der Teilnahme sowie Rechte und Pflichten der internationalen Organisation definiert. Insbesondere wird festgestellt, daß sie in dem Umfang Vertragspartei der Konvention wird, in dem sie nach Maßgabe der Erklärungen, Mitteilungen oder Notifikationen zuständig ist. In Art. 5 werden Inhalt und Wesen dieser Dokumente dargelegt. Gemäß Art. 6 wird durch die Nichterfüllung von Verpflichtungen und sonstige Verletzungen der Konvention eine Verantwortlichkeit begründet. Art. 7 legt das Verfahren zur Beilegung von Streitigkeiten fest, und Art. 8 beschreibt die Besonderheiten bei der Anwendung des Teils XVII (Schlußbestimmungen) auf internationale Organisationen.

Die theoretischen Untersuchungen und die normschöpferische Tätigkeit bezüglich internationaler maritimer Organisationen sind von höchstem Interesse. So tauchten im Verlauf der Vorbereitungsarbeiten für die 3. Seerechtskonferenz Bestrebungen auf, eine internationale Organisation für die Nutzung und Erforschung des Weltmeeres zu schaffen. Dies fand z. B. in den Vorschlägen Ausdruck, eine internationale Organisation für die Probleme des Meeresraumes zu schaffen, die schon von Malta im VN-Meeresbodenausschuß vorgetragen worden waren.[43] Nach dem Entwurf sollte diese Organisation befugt sein,

---

[43] VN-Dok. A/AC.138/53 vom 23. August 1971.

praktisch alle Fragen, die mit der Nutzung der Meeresräume im Zusammenhang stehen, für die Staaten zu reglementieren. Die Staaten hätten sich im Falle der Ablehnung der Entscheidungen dieser Organisation mit der Bitte um Unterstützung an einen besonderen internationalen Gerichtshof wenden können. In der Folgezeit wurden Ideen geäußert, die darauf hinausliefen, die Meeresbodenbehörde an die genannte, faktisch überstaatliche Organisation zu assimilieren. Ebenso wie dieser wurden auch andere Vorschläge, die Meeresbodenbehörde mit extrem weitgehenden Zuständigkeiten und Vollmachten auszustatten, von der Konferenz verworfen. Sie entsprachen weder dem modernen Völkerrecht noch der Tätigkeit internationaler Organisationen in der Praxis und hätten die Zusammenarbeit der Staaten bei der Nutzung der Meeresräume und ihrer Naturschätze ernsthaft erschwert.

Im Verlauf der 3. VN-Seerechtskonferenz versuchten die Vertreter einiger nichtstaatlicher internationaler Organisationen und die Delegationen einzelner Staaten wiederholt, der Konferenz die Frage einer grundsätzlichen Umstrukturierung des gesamten Systems internationaler maritimer Organisationen aufzuzwingen. Derartige Vorschläge waren z. B. in der Deklaration der IV. Konferenz „Pacem in maribus", die im Jahre 1973 unter der Schirmherrschaft des Internationalen Ozeanischen Instituts (IOI) stattfand, sowie in den „Empfehlungen" enthalten, die von dem IOI auf der Caracas-Sitzung der 3. VN-Seerechtskonferenz im Jahre 1974 verteilt wurden.[44] Auch in einigen anderen internationalen wissenschaftlichen Organisationen wurden derartige Vorschläge theoretisch erarbeitet. Die „radikalsten" Entwürfe zu dieser Frage sehen im Ergebnis vor, die Mehrzahl der bestehenden internationalen Organisationen abzuschaffen und statt dessen globale Organisationen mit praktisch überstaatlichen Vollmachten zu gründen. Ihre Aufgabe würde darin bestehen, nicht nur alle Aspekte der Tätigkeit der Staaten auf dem Weltmeer zu „regeln", sondern auch Lizenzen für die internationale Schiffahrt und wissenschaftliche Meeresforschung zu erteilen, den Technologietransfer zu regeln, den Staaten eine Abgabe für maritime Tätigkeiten aufzuerlegen, internationale Streitigkeiten in ihrem Zuständigkeitsbereich zu lösen usw. Genau auf dieser Grundlage wurde auf der VI. Sitzung der wissenschaftlichen Konferenz „Pacem in maribus" 1975 in Okinawa versucht, die Fragen einer strukturellen Veränderung der IOC der UNESCO zu erörtern.[45] Die sowjetische Delegation, die an dieser Sitzung teilnahm, kämpfte gegen derartige Vorschläge. Dennoch tauchte die genannte Tendenz auf der folgenden VII. Konferenz „Pacem in maribus" im Oktober 1976 in Algier erneut auf.

Auch der sogenannte Club von Rom befaßte sich auf seiner Konferenz über eine Neue Weltwirtschaftsordnung mit diesem Thema. Im Entwurf des Clubs

---

[44] Proceedings „Pacem in Maribus — V", Bd. II. Extract-Recommendations. Malta vom 9. — 13. September 1974, S. 114-116, 120.

[45] Pacem in Maribus — VI. International Ocean Symposium, Okinava 30. September — 4. Oktober 1975, S. 4.

von Rom mit der Überschrift „Veränderung der internationalen Ordnung" wird diese Frage mit dem Konzept einer Neuen Weltwirtschaftsordnung verbunden. Danach soll eine internationale Organisation für die Verwaltung der Ressourcen unseres gesamten Planeten gegründet werden. Endziel soll eine „Veränderung der Weltordnung", insbesondere die Schaffung eines neuen internationalen Systems von Organisationen zur Überwachung der Tätigkeiten im maritimen Bereich sein. Besonderes Gewicht wurde in diesem Zusammenhang darauf gelegt, einen internationalen Mechanismus bei den VN zu schaffen, mit dem die Einhaltung der Bestimmungen der neuen Seerechtskonvention überwacht werden kann, ein internationales Unternehmen zur Regelung der Fischerei ähnlich dem Unternehmen der Meeresbodenbehörde einzurichten und die Struktur sowie die Funktionen der äußerst wichtigen internationalen maritimen Organisationen IMO und IOC (UNESCO) zu verändern. Es wurde insbesondere vorgeschlagen, die IMO zu bevollmächtigen, die internationale Schiffahrt auf der Grundlage der Bestimmungen der neuen Konvention zu lenken, die „Schiffahrtskartelle und Linienkonferenzen" ihrer Kontrolle zu unterwerfen, wobei sie in ihrem Rahmen ein besonderes Verfahren für die Beilegung von Streitigkeiten auf dem Gebiet der Seeschiffahrt vorsehen sollte, mit Hilfe der IMO ein Lizenzsystem für die internationale Handelsschiffahrt zu organisieren und als neues Organ einen „Internationalen Maritimen Dienst" für die Förderung der Entwicklung der verschiedenen Aspekte der Nutzung der Meeresräume, den Schutz und die Erhaltung der Meeresumwelt sowie für schnelle Hilfeleistung in Unglücksfällen auf See einzurichten. Weiter wurde vorgeschlagen, die IOC von der UNESCO zu trennen und ihr die Aufgabe zu übertragen, regionale meereswissenschaftliche und technische Zentren zu organisieren und deren Tätigkeit auf der Grundlage der Bestimmungen der Seerechtskonvention von 1982 zu koordinieren. Dazu sollte die IOC die Verantwortung für die Registrierung und Lizenzierung aller internationalen wissenschaftlichen Programme und Projekte übernehmen.[46]

In den letzten Jahrzehnten wurden eine Reihe praktischer Schritte für eine Zentralisierung der Tätigkeit internationaler maritimer Organisationen unternommen. Dies fand z. B. in der Einsetzung eines Koordinationsmechanismus im VN-System Ausdruck, der Organe wie den Unterausschuß des Verwaltungsausschusses für die Koordinierung der Meereswissenschaft und ihrer Anwendung, den Gemischten Sekretariatsausschuß für wissenschaftliche Programme auf dem Gebiet der Ozeanographie, die Vereinigte Expertengruppe für wissenschaftliche Aspekte der Verschmutzung der Meeresumwelt und einige andere umfaßt. Diese Maßnahmen, die darauf gerichtet sind, die bestehenden internationalen Organisationen zu vervollkommnen und die Koordinierung ihrer Tätigkeit zu verbessern, haben jedoch nichts gemein mit den vorerwähnten gekünstelten und unrealistischen Vorschlägen, das gesamte System der interna-

---

[46] Siehe dazu im einzelnen Aktual'nye problemy morskogo prava, Moskva 1978, S. 29-33.

tionalen maritimen Organisationen auf Kosten einer Schmälerung der Souveränität der Staaten umzustrukturieren und ein überstaatliches Diktat der internationalen Organisationen zu errichten, in denen Bankiers und Monopolisten hoffen, das Kommando führen zu können. IMO, IOC (UNESCO) und andere internationale maritime Organisationen haben der internationalen Gemeinschaft bereits großen Nutzen gebracht, und sie besitzen alle Voraussetzungen, um auf dem Gebiet der Sicherung der Seevölkerrechtsordnung durch Koordinierung, nicht aber durch Subordinierung der Staaten noch mehr zu leisten. Die Lebensfähigkeit der genannten internationalen Organisationen wurde durch vieljährige Praxis und Tätigkeit verstärkt. Es wäre nicht gerechtfertigt, sich modischen Konzeptionen zuliebe mit einer Umstrukturierung der bestehenden internationalen maritimen Organisationen zu befassen, welche die ihnen übertragenen Aufgaben im Rahmen ihrer Zuständigkeiten mit Erfolg bewältigen. Es ist kein Zufall, daß die IOC der UNESCO in einem für die 3. VN-Seerechtskonferenz erstellten besonderen Dokument auf die Möglichkeiten dieser Organisation hinwies, verschiedene Anforderungen auf dem Gebiet der Erforschung der Meeresumwelt zu befriedigen. Sie unterstrich, daß die Gründung eines neuen Organs für diese Fragen zu einer Duplizierung, einem Durcheinander in den existierenden Strukturen und damit zu unnötiger Verzögerung von Maßnahmen zur wissenschaftlichen Erforschung der Meeresumwelt führen würde.[47]

Die Verfechter gemäßigter Projekte halten es für notwendig, universelle („globale") internationale Organisationen zu schaffen, von denen jede für mindestens eine der Hauptrichtungen der Tätigkeit des Menschen auf dem Weltmeer zuständig ist (Schiffahrt, Fischfang, Erforschung und Ausbeutung der Naturschätze des Meeresbodens, wissenschaftliche Forschung u.a.). Es wird vorgeschlagen, eine Reihe neuer globaler internationaler Organisationen auf der Basis schon bestehender Organisationen einzurichten. Dabei kann als gemeinsame Grundlage die IMO, für die Fischerei der Fischereiausschuß der FAO und für wissenschaftliche Forschung die IOC der UNESCO benutzt werden. Die auf diese Weise neu gebildeten Organisationen sollen in einen koordinierenden Mechanismus des VN-Systems für Meeresfragen eingebunden werden, der zu diesem Zweck unter einer Reihe von Aspekten verändert werden soll. Das wesentliche an diesen Vorschlägen ist, daß die wichtige Rolle der genannten internationalen maritimen Organisationen anerkannt wird. Die Seerechtskonvention von 1982 (Anhang VIII) erkennt ihnen besondere Rechte zu. Insbesondere haben nur Organisationen wie die IMO (in Schiffahrtsfragen), die IOC der UNESCO (wissenschaftliche Meeresforschung), die FAO (Fischfang) und das VN-Umweltprogramm (Schutz der Meeresumwelt) das Recht, Verzeichnisse von Experten zu erstellen.[48] Auf der siebenten Sitzung der 3. VN-Seerechtskonferenz wurde von der Delegation Perus vorgeschlagen, eine Internationale

---

[47] VN-Dok. IOC/INF.241 II., 25. Februar 1975.

[48] VN-Dok. A/CONF.62/122 vom 7. Oktober 1982.

Seevölkerrechtskommission zu gründen. Sie sollte als zwischenstaatliches Organ die Aufgabe haben, die Probleme zu studieren, die sich durch die Verabschiedung der neuen Konvention oder aus Situationen ergeben könnten, die nicht in ihr geregelt sind.[49] Insbesondere würden ihr Fragen einer Harmonisierung der Konvention mit anderen internationalen Dokumenten und Normen des Völkerrechts und mit der gegebenenfalls notwendig werdenden Hilfeleistung an Vertragsstaaten und an internationale Organisationen bei der Ausarbeitung einer Seerechtspolitik und von Programmen auf dem Gebiet des Seerechts usw. aufgetragen werden. Da der peruanische Vorschlag jedoch die Verdoppelung der Funktionen einer Reihe von internationalen Organisationen durch die Kommission vorsah, erhielt er keine Unterstützung.

Sowjetische Wissenschaftler widmeten und widmen dem Studium der theoretischen Grundlagen internationaler Organisationen, die sich mit Fragen der Nutzung der Meeresräume befassen, große Aufmerksamkeit. So wies das korrespondierende Mitglied der Akademie der Wissenschaften der UdSSR, *G. I. Tunkin*, auf die wachsende Bedeutung der Probleme einer Nutzung der Ressourcen des Weltmeeres und der Umwelt sowie auf die Notwendigkeit hin, die Anstrengungen der Völkerrechtler auf die Untersuchung der völkerrechtlichen Aspekte dieser Probleme zu konzentrieren. Er betonte auch die schnell wachsende Rolle internationaler Organisationen in den internationalen Beziehungen und regte eine weitere Untersuchung der völkerrechtlichen Probleme an, die mit dem Funktionieren, den Entwicklungstendenzen, mit verschiedenen Aspekten der Tätigkeit, der juristischen Natur usw. dieser Organisationen verbunden sind.[50] Professor *M. I. Lazarev* lenkte besondere Aufmerksamkeit auf das schnelle Anwachsen der Anzahl internationaler Sonderorganisationen und deren Vielschichtigkeit.[51] Er untersuchte ebenfalls das Projekt des Einsatzes wissenschaftlicher Forschungsschiffe unter der Flagge internationaler Organisationen und analysiert in diesem Zusammenhang insbesondere das Für und Wider eines solchen Vorhabens.[52] *M. I. Lazarev* äußerte die Meinung, ein Recht der internationalen maritimen Organisationen könne geschaffen werden. Darüber hinaus erläuterte er die wechselseitige Abhängigkeit des Regimes der Tätigkeit internationaler maritimer Organisationen mit anderen Rechtsnormen und zeigte die Rolle internationaler Organisationen als Subjekt der Seevölkerrechtsordnung und der öffentlich-rechtlichen Seerechtsbeziehungen auf.[53] Nach Meinung des Mitglieds der Akademie der Wissenschaften, *L. M. Brechovskich*, sei zu erwarten, daß internationale Organisationen, die sich mit der Erforschung

---

[49] VN-Dok. A/CONF.62/L.22 vom 10. April 1978.

[50] XX Ežegodnoe sobranie sovetskoj Associacii meždunarodnogo prava, Tez. dokl. Moskva 1977, S. 5.

[51] A.a.O., S. 13.

[52] *M. I. Lazarev*, Okean i buduščee, Moskva 1976, S. 29-34.

[53] *M. I. Lazarev*, Teoretičeskie voprosy sovremennogo meždunarodnogo morskogo prava, S. 66-68, 129-130.

und Nutzung des Weltmeeres befassen, in naher Zukunft in den internationalen Beziehungen eine noch wichtigere Rolle spielen werden. Die Bedeutung dieser Organisationen und ihr Beitrag zur Erforschung und Erschließung des Weltmeeres sei unterschiedlich. Er forderte, daß deshalb diese Frage gesondert untersucht werden müsse, besonders im Lichte der Entwicklung verschiedener wissenschaftlicher Richtungen.[54] Fragen der Tätigkeit internationaler maritimer Organisationen werden auch von westlichen Wissenschaftlern analysiert. Das Studium dieser und anderer Probleme internationaler maritimer Organisationen begünstigt eine weitere Vergrößerung der Rolle und Bedeutung der genannten Organisationen sowie ihren effektiveren Einsatz bei der Entwicklung der Zusammenarbeit der Staaten auf dem Gebiet der Nutzung des Weltmeeres.

3. Klassifizierung der internationalen maritimen Organisationen

Sowjetische ebenso wie ausländische Völkerrechtler weisen auf die Schwierigkeit der Klassifizierung internationaler Organisationen hin.[55] Ungeachtet der Tatsache, daß diese Frage praktisch von allen Wissenschaftlern, die sich mit Untersuchungen im Bereich der internationalen Organisationen befassen, mehr oder weniger ausführlich berührt wird, gelang es bisher nicht, eine einheitliche Klassifizierung der internationalen Organisationen einzuführen. Nichtsdestoweniger wurden in der sowjetischen Völkerrechtsdoktrin die Grundlagen für eine solche Klassifizierung erarbeitet[56] und eine Reihe präziser Prinzipien und Kriterien sowohl für den Aufbau eines allgemeinen Klassifizierungsschemas als auch für die Heraushebung spezifischer Kategorien internationaler Organisationen und ihre weitere Unterteilung nach Zweigen, Systemen, Gruppen und Untergruppen erstellt. Die internationalen Organisationen werden mittels einer Gruppierung nach den ihnen eigenen allgemeinen und charakteristischen Merkmalen klassifiziert. Zu diesen Merkmalen, die als Kriterien für die Heraushebung von Gruppen internationaler Organisationen und ihre Einfügung in ein einheitliches Klassifizierungssystem dienen, gehören Mitgliedschaft, gesellschaftspolitisches Wesen, Existenzdauer, Verfahrensordnung, Zuständigkeitsbereich (Objekt der Tätigkeit), geographischer Rahmen der Tätigkeit, Verbindung mit anderen Organisationen u.a. Eine wesentliche Rolle spielen auch die Zusammensetzung der Mitglieder der internationalen Organisation, ihre Ziele, Aufgaben, Rolle, Bedeutung und ihr Platz im System der internationalen Organisationen sowie die Beziehungen zu anderen Organisationen usw.

Auf der Grundlage des *Kriteriums der Mitgliedschaft*, d.h. abhängig davon, ob Mitglieder der betreffenden Organisation Regierungen von Staaten oder

---

[54] *L. M. Brechovskich*, Vvedenie, in: *K. A. Bekjašev, V. V. Serebrjakov*, Meždunarodnye morskie organizacii, Leningrad 1979, S. 18.

[55] Siehe *G. I. Morozov* (Fn. 1), S. 57.

[56] Siehe z.B. Kurs meždunarodnogo prava, Moskva 1969, Bd. 5, S. 27-36; *G. I. Morozov* (Fn. 1), S. 56-58.

gesellschaftliche Organisationen (juristische und natürliche Personen) sind, werden alle internationalen Organisationen in zwei große Gruppen eingeteilt. Zur ersten gehören die Organisationen von Staaten (z. B. die VN) und die Organisationen von Regierungen (z. B. die IMO), zur zweiten die nichtstaatlichen Organisationen (z. B. das Comité Maritime International und die Welthandelsföderation). Es gibt auch Organisationen mit gemischter Mitgliedschaft, zu denen neben Staaten oder Regierungen auch gesellschaftliche Organisationen und manchmal auch Einzelpersonen gehören (z. B. die Internationale Hydrographische Organisation, die Meeresbodenbehörde u. a.).

Nach *gesellschaftspolitischen* Kriterien unterscheidet man internationale Organisationen der sozialistischen Staaten (z. B. die Organe für Schiffahrtsfragen des RGW), der Entwicklungsländer (Organe für Schiffahrtsfragen der VN-Wirtschaftskommission für Afrika, das Afro-Asiatische Juristische Konsultativkomitee u. a.), der kapitalistischen Staaten (z. B. der Ausschuß Europäischer Nationaler Reedervereinigungen) und Organisationen, zu denen Staaten aller gesellschaftspolitischen Systeme gehören wie IMO, IOC der UNESCO, der Schiffahrtsausschuß der UNCTAD u. a.

Je nach der *Zeit (Dauer) des Bestehens*, die von der grundlegenden Zielsetzung der internationalen Organisation und der Art und Weise der Erledigung der ihr gestellten Aufgaben abhängt, werden die internationalen Organisationen in befristete und ständige Organisationen eingeteilt. Einige Autoren nehmen an, daß das Kriterium für eine solche Aufteilung den Charakter der internationalen Organisation prägt.[57] Die befristete internationale Organisation ist eine besondere Form der Zusammenarbeit der Staaten für einen verhältnismäßig kurzen Zeitraum (meist nur für einige Jahre). Die Dauer der Existenz einer solchen Organisation hängt gewöhnlich von den ihr übertragenen konkreten Aufgaben ab. Zu den befristeten Organisationen kann man z. B. den VN-Ausschuß für die friedliche Nutzung des Bodens der Meere und Ozeane jenseits der Grenzen nationaler Jurisdiktion, der sechs Jahre bestand, und einige internationale Konferenzen rechnen. Der Organisationscharakter setzt jedoch voraus, daß wenigstens zwei Sitzungen durchgeführt und die Leitungs- und Arbeitsorgane in der Zeit zwischen den Sitzungen aufrechterhalten bleiben. Als Beispiel für eine solche befristete internationale Organisation kann die 3. VN-Seerechtskonferenz dienen, die zwischen Dezember 1973 und Dezember 1982 elf Sitzungen von bis zu zwei und mehr Monaten Dauer durchführte. In anderen Fällen werden internationale Konferenzen, die von internationalen Organisationen oder unter ihrer Schirmherrschaft durchgeführt werden, als Teil der Tätigkeit solcher Organisationen betrachtet. Ständige internationale Organisationen haben in der Regel eine vorgesehene Existenzdauer, wobei die Festsetzung dieses Zeitraums mit der Möglichkeit einer Verlängerung verbunden wird.

---

[57] Siehe *G. I. Morozov* (Fn. 1), S. 63.

Vom Standpunkt des *Zuständigkeitsbereichs* (Objekts der Tätigkeit) aus werden die internationalen Organisationen gewöhnlich in Organisationen allgemeinen Charakters (mit allgemeiner oder universeller Kompetenz), die sich mit Fragen der politischen, wirtschaftlichen und sozialen Zusammenarbeit befassen, und Sonderorganisationen unterteilt, deren Kompetenz auf bestimmte Gebiete oder Zweige begrenzt ist (besondere Kompetenzen). In einigen Quellen wird eine solche Unterteilung auf der Grundlage funktionaler Merkmale vorgenommen: Es werden die Organisationen für Fragen der Aufrechterhaltung des Friedens und der Sicherheit sowie spezialisierte internationale Organisationen unterschieden.[58] Die internationalen Sonderorganisationen können in Organisationen mit weiten und engen Kompetenzen unterteilt werden. Erstere spezialisieren sich auf Fragen in grundlegenden Bereichen der gegenseitigen Beziehungen der Staaten, wie Transport, Kommunikation, Wissenschaft, Technik, Energie usw. Zu diesen Organisationen können z. B. der Internationale Rat wissenschaftlicher Vereinigungen (ICSU), die Internationale Atomenergie-Organisation (IAEA), die Abteilung für Ressourcen und Transport des Wirtschafts- und Sozialausschusses der VN (ECOSOC) und die Internationale Fernmeldeunion gerechnet werden. In der vorliegenden Arbeit werden hauptsächlich Sonderorganisationen mit enger Kompetenz untersucht, d. h. Organisationen, die sich mit spezifischen maritimen Fragen (z. B. Fischerei, Ausbeutung des Meeresbodens, Forschungsvorhaben über Eisdrift usw.) und mit den maritimen Aspekten von allgemeinen Problemen aus dem weiteren Zuständigkeitsbereich von Sonderorganisationen befassen (Seefunkverbindungen, Verhütung einer Verschmutzung der Meeresumwelt, wissenschaftliche Meeresforschung, Seeversicherung usw.). Die Zusammenfassung aller Organisationen, die sich mit spezifischen maritimen Fragen und maritimen Aspekten umfangreicherer Probleme (durch interdisziplinäre Behandlung dieser Probleme) befassen, erlaubt es, eine Kategorie internationaler maritimer Organisationen herauszuheben, deren gesamter Zuständigkeitsbereich dem Bereich gegenseitiger Beziehungen der Staaten entspricht, der die Nutzung der Meeresräume zum Gegenstand hat. Innerhalb dieser Kategorie können weitere Untergliederungen vorgenommen sowie Gruppen und Untergruppen nach einer Reihe von Merkmalen gebildet werden, vor allem nach dem Gegenstand ihrer Tätigkeit (Schiffahrt, wissenschaftliche Forschung, Fischerei usw.). Nach diesem Modell, d. h. nach dem räumlichen Bereich der gegenseitigen Beziehungen der Staaten, könnte man z. B. auch internationale Luftfahrt- und internationale Weltraumorganisationen zusammenfassen.

Nach dem Merkmal der Beteiligung von Staaten unterschiedlicher geographischer Bereiche (Teilnehmerkreis) werden die internationalen Organisationen in weltweite („globale", „universelle"), denen die überwältigende Mehrheit der Staaten angehört (VN, IMO u. a.), und regionale (lokale) Organisationen unterteilt, zu denen Staaten eines bestimmten geographischen Gebiets gehören

---

[58] Diplomatičeskij slovar, Moskva 1971, Bd. 2, S. 279.

(z. B. Internationale Kommission für die Erforschung des Mittelmeeres). In der VN-Seerechtskonvention von 1982 werden die internationalen Organisationen in subregionale, regionale und weltweite unterteilt.

Nach der Art der Durchführung der gegenseitigen Beziehungen und der gegenseitigen Zusammenarbeit kann man z. B. die Organisationen des VN-Systems, die Organisationen des Systems des Internationalen Rates Wissenschaftlicher Vereinigungen und Organisationen, die nicht zu irgendeinem System gehören, unterscheiden. Einen besonderen Platz unter den internationalen Organisationen nehmen die VN mit ihrem System internationaler Organisationen ein. Vor allem die Systemverbindungen derjenigen Organisationen haben große Bedeutung, die insbesondere ihre Wechselbeziehungen mit den VN widerspiegeln (z. B. die Sonderorganisationen und eine Reihe nichtstaatlicher Organisationen, die einen Konsultativstatus bei den VN haben). Die Organisationen des VN-Systems ihrerseits werden unterteilt in Organisationen, die unmittelbar den Leitungsorganen der VN untergeordnet sind (UNCTAD, Völkerrechtskommission u. a.), und Organisationen des Untersystems ECOSOC (VN-Entwicklungsprogramm, Konsultativausschuß für die Anwendung von Wissenschaft und Technik für Entwicklungszwecke u. a.). Gewöhnlich werden auch die Sonderorganisationen der VN (IMO, WMO, ICAO u. a.) von den regionalen Strukturen des VN-Systems (regionale Wirtschaftskommissionen der VN u. a.) unterschieden. Viele der Organisationen des VN-Systems wie die FAO, UNESCO u. a. vereinigen ihrerseits eine Reihe von Organisationen oder Organen, die in der Regel eine noch engere Spezialisierung aufweisen.

Nach ihren funktionell-strukturellen Besonderheiten können die internationalen Organisationen in zwei große Gruppen eingeteilt werden. Zur ersten Gruppe gehören diejenigen Organisationen, die nur die Zusammenarbeit und Koordinierung der Tätigkeit der Staaten und ihrer Organe, gesellschaftlichen Organisationen und Einrichtungen auf irgendeinem Gebiet der Nutzung der Meeresräume zur Aufgabe haben (z. B. Comité Maritime International u. a.). Zur zweiten Gruppe können die internationalen Organisationen gerechnet werden, die sich darüber hinaus im Namen ihrer Mitglieder unmittelbar an der Nutzung der Meeresräume in ihren verschiedenen Formen beteiligen. Diese internationalen Organisationen unterliegen denselben Bestimmungen des Völkerrechts wie die Staaten, weil dies in den entsprechenden internationalen Abkommen vorgesehen ist. Sie können in einigen Fällen sogar selbst Vertragspartner solcher Abkommen sein. Voraussetzung dafür ist normalerweise, daß die Mitgliedstaaten ihre Kompetenzen in den entsprechenden Fragen der betreffenden Organisation übertragen haben. Zu solchen Organisationen kann man die IOC (UNESCO), die Meeresbodenbehörde u. a. rechnen.

Aus den Internationalen maritimen Organisationen heraus entstehen nicht selten entsprechende staatliche und gesellschaftliche Organisationen. Hier kann man unterscheiden z. B. internationale Branchenvereinigungen (Internationale Reedereiföderation u. a.), Institute (Internationales Ozeanisches Institut u. a.),

Vereinigungen von Spezialisten (Kongreß der Ozeanologen des Ostseeraumes u. a.), Gerichts- und Schiedsgerichtsorgane (Internationaler Seegerichtshof und Seeschiedsgericht), Organe für die Leitung oder Durchführung verschiedener Tätigkeiten auf dem Weltmeer (Meeresbodenbehörde und ihr Unternehmen, IOC der UNESCO, Donaukommission), Zentren für die Sammlung und Aufbereitung von Daten (z. B. Internationales Thunfisch-Informationszentrum), Finanz- und Versicherungsorganisationen (z. B. Internationale Vereinigung der Seeversicherer) u. a. Es gibt auch internationale Organisationen, die keine Entsprechung unter den staatlichen und gesellschaftlichen Organisationen einzelner Länder haben. Dies sind verschiedene allgemeinpolitische, wirtschaftliche und sonstige internationale Organisationen (einschließlich der VN), einige Hauptorgane der VN (z. B. der Sicherheitsrat) und Organisationen wie die UNIDO, das VN-Umweltprogramm usw. Hierzu kann man auch einige Organe zur Überwachung der Einhaltung internationaler Übereinkommen (z. B. den Schiffahrtsausschuß der UNCTAD) und verschiedene Regionalorganisationen wie die Baltische und Internationale Maritime Konferenz, die Schiffahrtskommission für das Kaspische Meer usw. rechnen. Die aufgezeigten Untergliederungen erlauben es, von einer spezifischen Struktur internationaler Organisationen zu sprechen.

Die Frage der Klassifizierung internationaler Organisationen, insbesondere der oben berührte Aspekt der Klassifizierungskriterien hat eine große Bedeutung nicht nur für die Theorie, sondern auch für die praktische Anwendung. Auf der Grundlage dieser Kriterien wird z. B. die Kategorie der internationalen maritimen Organisationen herausgehoben, es werden Klassifikationsübersichten der genannten Organisationen ausgearbeitet, und es werden die verschiedenen Aspekte des Problems, des Charakters und der Tätigkeit derartiger Organisationen erforscht. Damit können die Kenntnisse über internationale maritime Organisationen gesammelt und systematisiert, diese Organisationen komplex erforscht und die Beziehungen innerhalb der Organisationen und ihre Tätigkeit geregelt werden. Gegenwärtig gibt es in Handbüchern, sonstigen Anleitungen und Lehrmaterialien keinerlei Methodik über Ordnung und Verwendung der aufgeführten Kriterien. Praktisch kann jedes Kriterium als leitendes Prinzip für die Herausarbeitung einer eigenen Kategorie internationaler Organisationen genommen werden. Es gibt Handbücher, in denen das Kriterium der Mitgliedschaft (zwischenstaatliche und nichtstaatliche Organisationen) als Leitprinzip vorangestellt wird.[59] Meistens dient dieses Kriterium jedoch als Klassifikationsmerkmal für eine interne Unterteilung einer Kategorie internationaler Organisationen, die nach ihrer Spezialisierung (Wirtschaft, Transport, Kommunikation, Wissenschaft, Schiffahrt u. ä.) definiert wird.[60] Die einzige Veröffentlichung, in der Informationen praktisch über alle interna-

---

[59] Siehe z. B. Meždunarodnye nepravitel'stvennye organizacii: Spravočnik, Moskva 1967.

[60] Siehe Meždunarodnye naučnye juridičeskie organizacii, Moskva 1977.

tionalen maritimen Organisationen enthalten sind, ist das jährlich von der Vereinigung Internationaler Assoziationen herausgegebene „Jahrbuch Internationaler Organisationen“.[61] Die Benutzung dieses umfangreichen Werkes, das mehr als 1.200 Seiten hat, bereitet jedoch gewisse Schwierigkeiten. Die Informationen über internationale maritime Organisationen sind in äußerst unterschiedlichen Teilen der Klassifikationsübersicht enthalten (z. B. unter Politik, Gemeinwohl, Wirtschaft und Finanzen, Technologie, Wissenschaft usw.). Sie sind oft sehr kurz gehalten und können deshalb die Fachleute nicht immer befriedigen. Eine bedeutende Anzahl internationaler maritimer Organisationen wird in Handbüchern und anderen Leitfäden erwähnt, die internationale Organisationen nach den grundlegenden Bereichen des gesellschaftlichen Lebens einteilen.[62] Von besonderem Interesse sind Handbücher über internationale Organisationen, die sich mit Fragen der Schiffahrt befassen, da diese Organisationen den Grundstock der internationalen maritimen Organisationen bilden.

Schon in den 40er Jahren wurden Versuche unternommen, das Wissen über einige maritime Organisationen im Kontext des völkerrechtlichen Regimes des internationalen Seetransports zu systematisieren. Das diesen Fragen gewidmete Werk der Universität Oxford[63] enthält kurze Angaben über neun solcher Organisationen, darunter der Völkerbund für Fragen des Transits, das Comité Maritime International, die Panamerikanische Union für Schiffahrtsfragen, die Internationale Ostseekonferenz u. a. Jedoch kann man diesen Versuch wohl kaum als erfolgreich ansehen, weil in dem genannten Werk äußerst unterschiedliche Angaben über eine verhältnismäßig kleine Anzahl internationaler Organisationen enthalten sind. Ein bedeutender Schritt vorwärts war das in der UdSSR herausgegebene Handbuch über mehr als zwanzig internationale Schiffahrtsorganisationen.[64] In jüngster Zeit werden wegen der stürmischen Entwicklung aller Aspekte der menschlichen Tätigkeit zur Ausbeutung und Erforschung des Weltmeeres nicht selten Sammeldarstellungen über die internationalen Organisationen veröffentlicht, die irgendeinen Bezug zu den genannten Fragen haben. Beachtung verdient die Untersuchung von *V. V. Sladkov* auf diesem Gebiet.[65] In seiner Arbeit werden diejenigen internationalen Organisationen aufgezählt, die sich mit Problemen der Erforschung und Erschließung des Weltmeeres befassen. Das Werk führt 91 internationale Organisationen auf und enthält eine Schilderung der Struktur und Tätigkeit von etwa 20 dieser

---

[61] Siehe z. B. Yearbook of International Organizations (Fn. 4), Brussels 1981.

[62] Siehe Meždunarodnye ekonomičeskie organizacii, Moskva 1962; Meždunarodnye političeskie, ekonomičeskie i obščestvennye organizacii, Moskva 1966; Meždunarodnye ekonomičeskie i naučno-techničeskie organizacii socialističeskich stran, Moskva 1966.

[63] *O. Mance*, International Sea Transport, London 1945, S. 1 - 10.

[64] Meždunarodnye sudochodnye organizacii, Moskva 1972.

[65] *V. V. Sladkov*, Meždunarodnoe sotrudničestvo v izučenii Mirovogo okeana, Moskva 1974.

Organisationen. Nach dem von ihm verwandten Klassifizierungsschema gehören letztere zu den Organisationen des VN-Systems, zu denen der Autor 38 Organisationen rechnet. 33 von ihnen sind Bestandteil des Untersystems des Wirtschafts- und Sozialrates, 5 gehören unmittelbar zu den VN. Einzelne Gruppen dieser Klassifikation stellen die Organisationen des Systems des Internationalen Rates von Wissenschaftsvereinigungen (16 Organisationen), die Regionalorganisationen (18 Organisationen) und die Sonderorganisationen (15 Organisationen) dar, zu denen das Comité Maritime International, die Internationale Hydrographische Organisation, die Internationale Schiffahrtskammer, die Internationale Walfangkommission u. a. gerechnet werden. Es wäre notwendig, in der angeführten Klassifikation die Sonderorganisationen der VN in einer besonderen Untergruppe herauszuheben. Zweifelhaft dagegen ist, ob in das Schema auch Organisationen und ihre Organe aufgenommen werden müssen, wenn sich diese Organisationen selbst auf maritime Fragen spezialisiert haben (z. B. IMO und ihr Ausschuß für die Sicherheit der Seeschiffahrt), und ob man zu den Organisationen für Probleme der Erforschung und Erschließung des Weltmeeres auch die Internationale Zivilluftfahrt-Organisation, die Internationale Fernmeldeunion, die Internationale Vereinigung der Seeversicherer, die Internationale Bank für Wiederaufbau und Entwicklung usw. rechnen muß. Ihre Tätigkeit hat hauptsächlich praktische Ausrichtung, und die Fragen, die ihren Zuständigkeitsbereich ausmachen, haben nicht immer spezifisch „maritime“ Aspekte. Jedoch ist insgesamt das in der genannten Arbeit eingeführte Klassifizierungsschema von großem Interesse. Das in ihr benutzte strukturelle Organisationsprinzip erlaubt es nicht nur, die Zugehörigkeit einer Organisation zu einer bestimmten Gruppe oder zu einem System zu bestimmen, sondern auch ihre internen und externen Beziehungen sowie die Wechselbeziehungen zwischen den Organisationen zu studieren, die in der Administration, in der gegenseitigen Einflußnahme und in anderen Aspekten der Zusammenarbeit zum Ausdruck kommen. Die genannte Klassifikation vermittelt eine anschauliche Vorstellung von einem System mit Problemen der Erforschung und Erschließung des Weltmeeres befaßter internationaler Organisationen und wird zweifellos das Interesse der Fachwelt auf sich ziehen.

In jüngster Zeit erfahren Handbücher und Untersuchungen über einzelne internationale maritime Organisationen eine immer größere Verbreitung.[66] Dabei werden nach der Völkerrechtstheorie[67] viele internationale maritime Organisationen im Rahmen der Organisationen des VN-Systems, vor allem ihrer Sonderorganisationen, erörtert.[68] In dieser Beziehung ist das von dem VN-

[66] Siehe Dejatel'nost IMKO v oblasti sudochodstva i otnosjaščiesja k nemu morskich voprosov, VN-Dok. A/CONF.62/27 vom 13. Juni 1974; V fokuse okeanografičeskich issledovanij. MOK — istorija, funkcii, dostiženija, UNESCO 1979; *K. A. Bekjašev*, FAO i pravovye voprosy ochrany resursov otkrytogo morja, Moskva 1976.

[67] Siehe Kurs meždunarodnogo prava, Bd. 5, S. 36-154.

[68] Siehe OON. Kratkij spravočnik, 2. Auflage, Moskva 1975; Osnovnye svedenija ob OON, New York, VN 1977.

Generalsekretär erarbeitete annotierte Handbuch der Internationalen Organisationen, die sich mit Fragen des Weltmeeres befassen, von besonderem Interesse.[69] In diesem Handbuch ist eine kurze Beschreibung des Koordinationsmechanismus des VN-Systems enthalten, nach dem sowohl die Sonderorganisationen mit weiten Kompetenzen als auch allgemeine internationale Organisationen dem Bereich der Nutzung und Erforschung des Weltmeeres zugerechnet werden können. Zu diesem Mechanismus gehören: der Unterausschuß für Meereswissenschaften und ihre Anwendung, der Verwaltungsausschuß für Koordinierung sowie der Unterausschuß dieses Organs, der interdisziplinäre Ausschuß für Wissenschaftsprogramme auf dem Gebiet der Ozeanographie, die Vereinigte Expertengruppe für wissenschaftliche Aspekte der Verschmutzung der Meeresumwelt und der Rat für die Koordinierung der Tätigkeit auf dem Gebiet der Umwelt des VN-Umweltprogramms (UNEP-Rat). Alle Organisationen werden in diesem Handbuch je nach ihrer Rolle und ihrem Platz im VN-System wie folgt klassifiziert: 1. VN-Sonderorganisationen und IAEA; 2. andere zwischenstaatliche Organe des VN-Systems (UNCTAD, UNEP, UNIDO, UNITAR, UNDF); 3. regionale Strukturen des VN-Systems im Rahmen der regionalen Wirtschaftskommissionen sowie spezialisierte Organisationen und die IAEA; 4. zwischenstaatliche Organisationen, die mit den Organisationen des VN-Systems Abkommen über eine Zusammenarbeit abgeschlossen haben: regionale Organe für die Fischerei (es werden zu 22 derartiger Organe Angaben gemacht), Wissenschaftsorganisationen (ICSEM, ICES), andere Organisationen, zu denen 16 Organisationen gehören, darunter RGW, EWG, OAS, OAU, OPEC, IHO u.a. Unbeschadet der Tatsache, daß die in dem erwähnten Handbuch benutzten Klassifizierungsmethoden gewisse Vorzüge bieten, erlaubt es doch praktisch keine dieser Methoden, sich ein ausreichend vollständiges Bild von allen oder wenigstens von der Mehrzahl der internationalen Organisationen zu verschaffen, die sich mit Fragen der Nutzung und Erforschung der Meeresräume befassen, von der Aufgabenteilung zwischen ihnen und ihrer Spezialisierung nach Bereichen der gegenseitigen Beziehungen, wie z.B. Wirtschaft, Technik, Wissenschaft usw. Oftmals findet man ein und dieselbe internationale Organisation unter sehr verschiedenen Rubriken. Die IMO gehört sowohl zu den wirtschaftlichen Organisationen als auch zu den Organisationen auf dem Gebiet des Transports und der Kommunikation sowie zu den internationalen Schiffahrtsorganisationen. Gleichzeitig bleiben viele wichtige internationale Organisationen, die sich mit maritimen Fragen befassen, unerwähnt. Z.B. gibt es in keinem der untersuchten Handbücher irgendwelche Angaben über das Comité Maritime International, eine sehr wichtige internationale Organisation.

Von großem Interesse ist das von dem Verlag „Hydrometeo“ herausgegebene Handbuch „Internationale Maritime Organisationen“ (Autoren: *K. A. Bekjašev* und *V. V. Serebrjakov*). Diesem Werk ist eine Einführung von dem Mitglied der

---

[69] VN-Dok. A/CONF.62/L.14 vom 10. August 1976.

Akademie der Wissenschaften der UdSSR, *L. M. Brechovskich*, vorangestellt. In dieser Einführung wird insbesondere auf den Versuch hingewiesen, die internationalen maritimen Organisationen zu gruppieren, ihre Struktur zu erläutern und ihre Tätigkeit darzulegen. Es wird betont, daß erstmals eine derart komplexe Arbeit über internationale maritime Organisationen in der Sowjetunion erscheint und daß sie zweifellos den Bedürfnissen der immer stärker wachsenden wissenschaftlich-technischen und wirtschaftlichen internationalen Zusammenarbeit der UdSSR auf dem Gebiet der Erforschung und Nutzung des Weltmeeres gerecht wird. Die internationalen maritimen Organisationen werden in dieser Arbeit in drei Gruppen eingeteilt: Seeschiffahrt, Seefischerei sowie Erforschung und Erschließung des Weltmeeres. Eine solche Klassifizierung entspricht nach Meinung der Autoren den Grundrichtungen der Tätigkeit der sowjetischen staatlichen und wissenschaftlichen Organisationen bei den internationalen Beziehungen im Hinblick auf aktuelle Probleme der Erforschung und Erschließung des Weltmeeres.[70] Ohne Zweifel ist die in dem genannten Handbuch benutzte Klassifikation den praktischen Zielen angemessen. Es zeigt sich jedoch, daß es zweckmäßig ist, eine detailliertere Klassifizierung der internationalen maritimen Organisationen unter Berücksichtigung der sich abzeichnenden Entwicklungs- und Spezialisierungstendenzen durchzuführen.

Die Anwendung der hier untersuchten Klassifikationsprinzipien auf die Kategorie der internationalen maritimen Organisationen ermöglicht die nachstehende zusammenfassende Übersicht über die internationalen maritimen Organisationen, die in erster Linie auf einer funktional-gegenständlichen Aufteilung basiert. Es dürfte zweckmäßig sein, die genannten Organisationen nicht nach dem Kriterium des Kreises ihrer Mitglieder noch weiter zu unterteilen. Dabei wird berücksichtigt, daß eine Unterteilung der Organisationen nach diesem Kriterium als solche keinen Einfluß auf ihre Rolle oder auf ihre Rechtslage hat. Auf Grund der Ergebnisse unserer Untersuchung der vorliegenden Frage erscheint es zweckmäßig, den Spezialisten das folgende Modell einer auf Qualifikationsmerkmalen beruhenden Einteilung internationaler maritimer Organisationen zu empfehlen.

Modell einer auf Qualifikationsmerkmalen beruhenden Übersicht über internationale maritime Organisationen

I. Organisationen, die sich mit politischen und juristischen Fragen der Nutzung der Meeresräume befassen

— Comité Maritime International (N)[71]

— Internationales Ozeanisches Institut (N)

— Internationales Institut für die Vereinheitlichung des Privatrechts

---

[70] Siehe *K. A. Bekjašev, V. V. Serebrjakov* (Fn. 17), S. 100.

[71] Der Buchstabe N bedeutet, daß es sich um eine nichtstaatliche internationale Organisation handelt.

II. Internationale Schiffahrtsorganisationen

— Internationale Seeschiffahrts-Organisation

— Ausschuß für Seetransport der VN-Konferenz für Handel und Entwicklung

— Donaukommission

— Ausschuß für Seetransport der Organisation für wirtschaftliche Zusammenarbeit und Entwicklung

— Organe für Schiffahrtsfragen des RGW (Sektion für Wassertransport der Ständigen RGW-Kommission für Transport u.a.)

— Internationale Reedervereinigung (N)

— Vereinigung lateinamerikanischer Reeder (N)

— Komitee Europäischer Nationaler Reedervereinigungen (N)

— Internationale Schiffahrtskammer (N)

— Baltische und Internationale Maritime Konferenz (N)

— Ständige Internationale Vereinigung von Schiffahrtskongressen

III. Organisationen, die verschiedene Aspekte der Tätigkeit zur Nutzung der Meeresräume sichern

— Weltorganisation für Meteorologie

— Internationale Hydrographische Organisation

— Internationale Seefunksatelliten-Organisation

— Umweltprogramm der Vereinten Nationen

— Internationale Kartographische Vereinigung (N)

— Internationale Vereinigung von Leuchtturmdiensten (N)

— Internationale Vereinigung für Seefunkverbindungen (N)

— Weltkonferenz für Unterwassertätigkeiten (N)

— Weltvereinigung der Seelotsen (N)

— Internationale Vereinigung Unabhängiger Tankerreeder (N)

— Internationale Vereinigung von Seehäfen (N)

— Internationale Föderation der Vereinigungen von Seekapitänen (N)

— Internationale Union der Seeversicherungen (N)

— Hydrographische Kommission für das Nordmeer (N)

— Internationale Vereinigung für Schiffsausrüstung (N)

— Internationale Vereinigung von Klassifikationsgesellschaften (N)

— Internationale Union für Elektronische Schiffsausrüstung (N)

— Internationale Vereinigung für die Verbesserung der Transportverladeoperationen (N)

— Internationales Containerbüro (N)

IV. Organisationen für die mineralischen Naturschätze des Meeres

— Meeresbodenbehörde

— Internationales Forum maritimer Ölgesellschaften (N)

— Ingenieurausschuß für Meeresressourcen (N)

V. Organisationen für die lebenden Meeresressourcen

— Rat der FAO für die Fischerei im Indischen und Stillen Ozean

— Internationale Walfangkommission

— Generalrat der FAO für Fischerei im Mittelmeer

— Indopazifische Fischereikommission

— Kommission für die Bärenrobben im Nördlichen Teil des Stillen Ozeans

— Kommission für die Fischerei im Nordostatlantik

— Internationale Kommission für die Fischerei im Südostatlantik

— Internationale Kommission für die Erhaltung der Thunfischarten des Atlantiks

— Internationale Kommission für die Fischerei in der Ostsee und in den Belten

— Gemischte Kommission für die Fischerei im Schwarzen Meer

VI. Gerichts- und Schiedsgerichtsorgane für Seefragen

— Seerechtsgerichtshof

— Internationales Schiedsgericht für Maritime Fragen

— Besondere Schiedskommissionen für Maritime Fragen

VII. Organisationen, die sich mit Wissenschaftlicher Meeresforschung befassen

— Wissenschaftliche Vereinigung für den Stillen Ozean (N)

— Internationale Vereinigung für Naturwissenschaften über den Ozean (N)

— Internationale Union Geologischer Wissenschaften (N)

— Internationale Geodätische und Geophysische Union (N)

— Zwischenstaatliche Ozeanographische Kommission (IOC) der UNESCO

— Internationaler Rat für Meeresforschung

— Internationale Kommission für die wissenschaftliche Erforschung des Mittelmeeres

— Kommission für Meeresmeteorologie
— Weltzentren für (ozeanographische) Daten
— Wissenschaftliches Komitee für Ozeanische Forschungen (N)
— Wissenschaftliches Komitee für Antarktische Forschungen (N)
— Internationale Vereinigung für Biologische Ozeanographie (N)

4. Internationale Meeresbodenbehörde

Bereits an der Wende vom 19. zum 20. Jahrhundert, als man lediglich versuchte, die küstennahen Ressourcen auszubeuten, strebten die Staaten die Einrichtung einer besonderen internationalen Behörde an, die für maritime Angelegenheiten zuständig sein sollte.[72] Später tauchten sehr unterschiedliche Überlegungen und Konzeptionen zur Schaffung einer internationalen Behörde auf. Allen von bürgerlichen Juristen und Politikern entwickelten Konzeptionen war gemein, daß sie die Methoden der kapitalistischen Wirtschaftsführung auf die Tätigkeit der Staaten auf dem Meeresboden übertrugen. Es wurden verschiedene Formen einer internationalen Behörde vorgeschlagen, von einer organisatorisch in Analogie zu VN-Sonderorganisationen gebildeten bis hin zu einer völlig selbständigen Organisation; von einer Behörde, die nur Anmeldungen von Projekten zur Erforschung und Ausbeutung der mineralischen Ressourcen des Meeresbodens registrieren soll, bis zu einer Organisation mit dem ausschließlichen Ausbeutungsrecht. Noch am 26. Mai 1970 wurde in einem Bericht des VN-Generalsekretärs ausgeführt, daß bei einem reinen Registrierungssystem die Möglichkeiten der Staaten größer wären, ihre Rechte auf Ausbeutung der Ressourcen in einem bestimmten Feld zu bekräftigen, weil sie dort ausschließliche Ausbeutungsrechte besäßen. Allerdings bliebe auch im Falle der Untätigkeit der für die Registrierung zuständigen Behörde die Ausgabe von Lizenzen völlig vom internationalen Apparat abhängig, der die Befugnis besäße, die Durchführung der Arbeiten von Bedingungen abhängig zu machen.

Eine Analyse der Konzeptionen des Status, der Formen und Befugnisse der internationalen Behörde zeigte, daß sie sehr vielartig waren und daß ein einheitlicher Standpunkt fehlte. Einige Autoren schlugen vor, eine internationale Behörde mit Berechtigung zur Lizenzausgabe zu schaffen (Professor *Andrassy*)[73], andere hielten die Übertragung der Zuständigkeit für diese Vollmachten auf die VN für zweckmäßiger (Professor *A. de la Pradelle*). Wieder andere regten an, die Tätigkeit der internationalen Behörde auf Beobachtung

[72] Auf der Stockholmer internationalen Konferenz von 1899, auf der Konferenz in Oslo im Jahre 1901 und auf der Kopenhagener Konferenz von 1902 wurden Versuche unternommen, einen Ständigen Internationalen Rat für Maritime Forschung zu gründen.

[73] *J. Andrassy*, International Law and the Resources of the Sea, New York, London 1970.

und auf die Durchführung von Konsultationen zu beschränken.[74] Die einen bestanden darauf, daß die Vorschriften zur Regelung der Tätigkeit der Staaten auf dem Weltmeer „flexibel" sein müßten, andere bevorzugten strenge Regeln, von denen sich die internationale Organisation unter der Schirmherrschaft der VN, die VN selbst oder besondere Organe der VN leiten lassen müssen. Noch im Jahre 1969 konnte man auf Überlegungen stoßen, die es für notwendig erachteten, eine internationale Meeresbodenbehörde zu schaffen, deren Vollmachten durch eine Resolution der VN-Generalversammlung festgelegt werden sollten. Die Agentur sollte nach diesen Erwägungen nur mit den Regierungen der Länder zu tun haben, wobei die Regierungen Lizenzen erhalten und ihrerseits Sublizenzen ausgeben konnten.[75] In der sowjetischen Literatur wurde wiederholt betont, daß die Formel, die Ressourcen im internationalen Gebiet könnten ausschließlich von einer internationalen Behörde ausgebeutet werden, das Einverständnis mit der Schaffung einer internationalen Behörde der gigantischen transnationalen Korporationen mit überstaatlichen Befugnissen bedeuten würde.[76]

Es wurden auch von Staaten offizielle Entwürfe zur Schaffung einer Meeresbodenbehörde vorgelegt. Fast alle diese Entwürfe sahen eine ausschließliche Jurisdiktion dieser Behörden über das internationale Gebiet des Meeresbodens vor. Die Entwicklungsländer sahen darin einen Schutz ihrer Interessen. Jedoch wäre die Schaffung einer überstaatlichen Organisation, die den Staaten eine bestimmte Politik sowie Pflichten und Rechte bei der Erschließung des Weltmeeres hätte vorschreiben können, ein Anschlag auf ihre souveränen Rechte gewesen. Bei falscher Organisation des zwischenstaatlichen Mechanismus hätte letzterer ein Mittel zur Einmischung in die inneren Angelegenheiten der Staaten und, falls in ihm bestimmte Staatengruppen oder Monopole das Übergewicht hätten, eine Waffe zur Zerstörung des Prinzips der Gleichheit der Staaten werden können. Eine Analyse der (bis zur Ausarbeitung des „Informellen Zusammengesetzten Verhandlungstextes" von 1977 auf der 3. VN-Seerechtskonferenz[77]) vorgelegten Entwürfe bestätigte diese Gefahren. Hier einige Beispiele:

— Der von den USA vorgelegte Entwurf einer VN-Konvention über das internationale Gebiet des Meeresbodens behandelte die Frage der Schaffung einer internationalen Ressourcenbehörde für den Meeresboden wie folgt: Hauptorgane sollten die Versammlung, der Rat und ein Gerichtshof sein.

---

[74] A.a.O.

[75] *W. Langeraar*, Thoughts on an International Regime and Administrative Agency for the Sea-bed and the Ocean Floor beyond the Limits of National Jurisdiction, in: Journal of Maritime Law and Commerce, Bd. 1 (1969), S. 121 ff.

[76] Meždunarodnyj rajon dna mirovogo okeana, Moskva 1980; *V. D. Pisarev*, SŠA i Mirovoj okean: Ekonomiko-političeskie tendencii osvoenija, Moskva 1977; *I. Jakovlev*, Mirovoj okean i meždunarodnoe sotrudničestvo, in: Meždunarodnaja žizn 1978, Heft 5; *T. M. Staržina-Bisti*, Kladovye dna Mirovogo okeana, Moskva 1980.

[77] VN-Dok. A/CONF.62/WP.10 vom 15. Juli 1977.

Rechtsfähigkeit, Privilegien und Immunitäten wurden den Privilegien und Immunitäten der VN-Sonderorganisationen angeglichen.[78]

— Im kanadischen Entwurf wurde mit Besorgnis gefragt, ob es zweckmäßig sei, dem internationalen Mechanismus administrative und finanzielle Befugnisse für die faktische Ausbeutung der Ressourcen des Meeresbodens zu übertragen. Es wurde festgestellt, daß es zu Kollisionen bei den Aufgaben des internationalen Mechanismus als regelnder Behörde einerseits und als operatives Organ andererseits kommen könne. Aber dennoch hieß es in dem Entwurf, daß es nützlich sei, der Meeresbodenbehörde das Recht zur Ausbeutung der Ressourcen zu geben, falls dies die volle Beteiligung der Entwicklungsländer durch gemeinschaftliche Unternehmen mit dem internationalen Mechanismus begünstige. Der Mechanismus selbst, so wurde vorgeschlagen, sollte als völlig neue Organisation geschaffen werden, als eine juristische Person, die gleichsam einem Unternehmen ähnlicher sei als einer gewöhnlichen Organisation der VN.

— Der Entwurf Japans enthielt den Vorschlag, eine Pflicht zur periodischen Rechnungslegung der Meeresbodenbehörde gegenüber den entsprechenden Organisationen der VN einzuführen. Falls bei ihrer Tätigkeit Fragen auftauchen sollten, die in die Zuständigkeit des VN-Sicherheitsrates fallen, könnte die Meeresbodenbehörde jegliche Fragen durch den VN-Generalsekretär dem Sicherheitsrat unterbreiten. Japan vertrat folgende Position: Die Meeresbodenbehörde muß das Recht haben, den Vertragsparteien Lizenzen für die Erforschung und Ausbeutung der Naturschätze des Meeresbodens zu erteilen, besondere Regeln für diese Tätigkeit aufzustellen und eine gerechte Verteilung der Gewinne zu gewährleisten, wobei besondere Aufmerksamkeit der Notwendigkeit gewidmet werden sollte, die Weiterentwicklung der Entwicklungsländer zu fördern und zur Leistung technischer Hilfe an diese Länder anzuspornen.[79]

Die verschiedenen, ihrem Charakter nach manchmal gegensätzlichen Vorschläge und der unterschiedliche Ansatz der Staatenentwürfe bei der Frage der Schaffung einer internationalen Meeresbodenbehörde verhinderten dennoch nicht einen Kompromiß. Es wurde ein Text ausgearbeitet, in den die Ansichten und Einstellungen der verschiedenen Staatengruppen einflossen. Bis 1977 wurde nach erheblichen Änderungen der „Informelle Zusammengesetzte Verhandlungstext" erarbeitet. Nach diesem Dokument sollte eine Meeresbodenbehörde gegründet werden, deren Mitglieder *ipso facto* alle Mitgliedstaaten der Konferenz waren. Die Behörde sollte sowohl regionale Zentren als auch Abteilungen einrichten können. Notwendig ist eine Organisation, durch welche die Mitgliedstaaten die Tätigkeit im internationalen Gebiet organisieren und kontrollieren können. Der Tätigkeit der Behörde muß das Prinzip der souveränen Gleichheit aller Mitglieder zugrunde liegen. Folgende Struktur der Behörde wurde vorgeschlagen: Hauptorgane sind die Versammlung, der Rat und das Sekreta-

[78] VN-Dok. A/AC.138/25 vom 3. August 1970.

[79] VN-Dok. A/AC.138/63 vom 23. November 1971.

riat. Die Tätigkeit im Gebiet muß von dem Unternehmen der Behörde durchgeführt werden. Es können auch Hilfsorgane eingerichtet werden.

Für die Versammlung als oberstes Organ der Behörde sind folgende Punkte wesentlich: Die Versammlung muß aus allen Mitgliedern der Behörde bestehen und jährlich zu ordentlichen Sitzungen zusammentreten. Es können auch auf Wunsch der Versammlung selbst, des Generalsekretärs, des Rates oder der Mehrheit der Mitglieder der Versammlung Sondersitzungen einberufen werden. Auf den Sitzungen hat jedes Mitglied einen Sprecher, der von Vertretern und Beratern begleitet werden kann. Jede ordentliche Sitzung der Versammlung wählt einen Vorsitzenden und das Funktionspersonal. Jedes Mitglied der Versammlung hat eine Stimme. Alle Entscheidungen über Sachfragen werden mit einer Zweidrittelmehrheit der anwesenden und abstimmenden Mitglieder angenommen, vorausgesetzt, daß diese Mehrheit die Mehrheit der Mitglieder, die an der betreffenden Sitzung der Versammlung teilnehmen, einschließt. Entscheidungen über Verfahrensfragen werden mit einfacher Mehrheit der Stimmen der anwesenden und abstimmenden Vertreter angenommen. Die Versammlung ist beschlußfähig, wenn die Mehrheit der Mitglieder anwesend ist. Liegt dem Präsidenten ein von mindestens einem Viertel der Mitglieder der Behörde unterstützter Antrag auf Einholung eines Gutachtens darüber vor, ob ein der Versammlung in einer Angelegenheit vorliegender Vorschlag mit der Konvention vereinbar ist, so wird die Abstimmung über diesen Vorschlag zurückgestellt, bis das Gutachten eines besonderen Organs, der Kammer für Meeresbodenstreitigkeiten, vorliegt. Geht das Gutachten nicht vor der letzten Woche der Sitzung ein, in deren Verlauf es angefordert wurde, so trifft die Versammlung eine Entscheidung. Die Versammlung als oberstes Organ der Behörde legt die allgemeine Politik bezüglich aller Fragen und Probleme fest, die in den Zuständigkeitsbereich der Behörde fallen. Die Versammlung bestimmt, welches Organ sich mit den betreffenden Fragen befassen muß. Zur Zuständigkeit der Versammlung gehört auch die Wahl der Mitglieder des Rates sowie die Wahl des Generalsekretärs aus den vom Rat vorgeschlagenen Kandidaten, die Wahl der elf Mitglieder der Meeresbodenstreitkammer aus den Mitgliedern des Seerechtsgerichtshofs sowie auf Empfehlungen des Rates die Ernennung der Mitglieder der Unternehmensleitung und des Generaldirektors des Unternehmens. Die Versammlung setzt die Beiträge der Mitgliedstaaten zum Verwaltungshaushalt der Behörde fest, bis die Behörde über ausreichende Einnahmen zur Bestreitung ihrer Verwaltungskosten verfügt. Außerdem überwacht sie die finanzielle Situation der Behörde, einschließlich der Aufnahme von Darlehen nach Empfehlungen des Rates; sie prüft den vom Rat vorgelegten Haushaltsplan und genehmigt ihn. Auf den Sitzungen der Versammlung werden regelmäßig Berichte des Rates und des Unternehmens erstattet sowie vom Rat oder von einem anderen Organ der Behörde angeforderte Sonderberichte.

Die Versammlung führt zur Förderung der internationalen Zusammenarbeit bei der Tätigkeit im internationalen Gebiet (im folgenden: Gebiet) Untersuchungen durch und gibt Empfehlungen. Sie verabschiedet Regeln, Vorschriften und Verfahren zum Zwecke der gerechten Verteilung der finanziellen und sonstigen wirtschaftlichen Gewinne und legt dabei besonderes Gewicht auf die Interessen und Bedürfnisse der Entwicklungsländer. Die Versammlung befaßt sich auf den Sitzungen mit der Erörterung von Problemen allgemeiner Art, die sich im Zusammenhang mit der Tätigkeit in dem Gebiet ergeben, insbesondere für Entwicklungsländer und geographisch benachteiligte Staaten einschließlich der Binnenländer. Auf Grund einer auf ein Gutachten der Kommission für wirtschaftliche Planung gestützten Empfehlung des Rates richtet die Versammlung ein System von Ausgleichszahlungen ein; sie kann auch die Empfänger derartiger Zahlungen festlegen.

Auf der Sitzung der Versammlung wird der Rat gewählt, der aus 36 Mitgliedern der Behörde besteht. Die Zusammensetzung des Rates bestimmt sich wie folgt: vier Mitglieder aus den Staaten, die den größten Beitrag zur Erforschung und Ausbeutung der Ressourcen des Gebietes geleistet haben, darunter mindestens ein Staat aus der osteuropäischen Region; vier Mitglieder aus den Vertragsstaaten, welche die größten Importeure der Kategorien von Rohstoffen sind, die aus dem Gebiet gewonnen werden, darunter mindestens ein Staat aus der osteuropäischen Region; vier Mitglieder aus Vertragsstaaten, welche die größten Exporteure der Kategorien von Rohstoffen sind, die aus dem Gebiet gewonnen werden, darunter mindestens zwei Entwicklungsländer; sechs Mitglieder aus der Zahl der Entwicklungsländer, die besondere Interessen vertreten; die übrigen Mitglieder, die nach dem Prinzip der gerechten geographischen Verteilung der Sitze im Rat als Ganzem gewählt werden. Jedes Ratsmitglied wird für die Dauer von vier Jahren gewählt. Bei der ersten Wahl beträgt jedoch die Amtszeit der Hälfte der Mitglieder aus jeder Kategorie nur zwei Jahre. Die Mitglieder des Rates können wiedergewählt werden. Der Rat tritt mindestens dreimal im Jahr zusammen. Jedes Ratsmitglied hat eine Stimme. Entscheidungen über Sachfragen werden mit einer Dreiviertelmehrheit der anwesenden und abstimmenden Mitglieder angenommen. Verfahrensfragen bedürfen der Mehrheit der anwesenden und abstimmenden Mitglieder. Der Rat ist das ausführende Organ der Behörde. Er ist befugt, die konkrete Politik im Einklang mit den Vorschriften der Konvention und der von der Versammlung festgelegten allgemeinen Politik zu bestimmen. Der Rat macht die Versammlung auf Fälle der Nichteinhaltung der Konventionsbestimmungen aufmerksam. Auf Empfehlung des Rates werden der Generalsekretär der Behörde, die Mitglieder des Verwaltungsrates des Unternehmens und der Generaldirektor des Unternehmens gewählt. Außerdem setzt er Nebenorgane ein, die er für die Wahrnehmung seiner Aufgaben für notwendig hält, und verabschiedet Verfahrensregeln. Der Rat kann für die Behörde Übereinkommen mit den VN oder anderen internationalen Organisationen abschließen. Jedoch bedürfen diese Übereinkommen der Zustimmung der Versammlung. Außerdem gibt der Rat Empfehlungen zu den Berichten des Unternehmens. Er selbst legt der Versammlung Berichte vor, erläßt Richtlinien für das Unternehmen und übt die Kontrolle über dessen Tätigkeit aus. Nach Prüfung durch die Technische Kommission genehmigt er die Arbeitspläne für die Tätigkeit in dem Gebiet. Ein Arbeitsplan gilt als genehmigt, wenn die Technische Kommission ihn nicht innerhalb von 60 Tagen nach Antragstellung ablehnt. Auf der Grundlage von Empfehlungen der Kommission für wirtschaftliche Planung führt der Rat die Entscheidungen der Versammlung für ein System von Ausgleichszahlungen aus. Der Rat überwacht alle Zahlungen, die geleistet werden oder von der Behörde im Zusammenhang mit einer Tätigkeit im Gebiet eingezogen werden müssen. Er unterrichtet die Versammlung über die finanzielle Lage der Behörde, einschließlich der Regeln für die Aufnahme von Darlehen, und legt der Versammlung den Haushaltsplan der Behörde vor. Der Rat führt auch die auf Grund von Entscheidungen der Kammer für Meeresbodenstreitigkeiten ergangenen Empfehlungen der Versammlung über den zeitweiligen Entzug von Privilegien und Rechten aus der Mitgliedschaft wegen schwerer und systematischer Verletzungen der Bestimmungen der Konvention aus.

Organe des Rates sind nach dem Text von 1977 eine Kommission für wirtschaftliche Planung sowie eine Technische Kommission und eine Kommission für Normen und Regeln. Die Mitglieder der Kommissionen können für eine weitere Amtszeit wiedergewählt werden. Jede Kommission bestimmt ihren Vorsitzenden und zwei Vertreter, die ein Jahr lang im Amt bleiben. Die Entscheidungen der Kommissionen werden mit Zweidrittelmehrheit der anwesenden und abstimmenden Mitglieder gefaßt. Auf Empfehlung der Mitgliedstaaten werden vom Rat die 18 Experten der Kommission für wirtschaftliche Planung ernannt. Bei der Zusammensetzung dieser Kommission wird das Prinzip einer gerechten geographischen Verteilung berücksichtigt sowie auf die zahlenmäßige und gerechte Ausgewogenheit der Experten geachtet, die von Export- und von Importländern der im Gebiet gewonnenen Rohstoffe benannt worden sind. Die Empfehlungen der Kommission für wirtschaftliche Planung werden dem Rat unterbreitet, wenn zwei Drittel der anwesenden und abstimmenden Kommissionsmitglieder dafür gestimmt haben. Falls derartige Empfehlungen im Konsens abgelehnt werden, können dem Rat Sondervoten unterbreitet werden. Zu den Aufgaben der Kommission für wirtschaftliche Planung gehört das Studium der Entwicklung von Angebot, Nachfrage und Preisen sowie der sie beeinflussenden Faktoren für die im Gebiet geförderten Rohstoffe unter Berücksichtigung der Interessen der Export- und Importländer, insbesondere der Entwicklungsländer unter ihnen. Die Kommission kann jedes zuständige Organ der VN, ihre Sonderorganisationen und jede andere zwischenstaatliche Organisation konsultieren. Die Kommission schlägt dem Rat zur Vorlage an die Versammlung ein System von Ausgleichszahlungen zugunsten der Entwicklungsländer vor. Nach Genehmigung des Systems von Ausgleichszahlungen durch die Versammlung richtet die Kommission für wirtschaftliche Planung Empfehlungen für die Anwendung dieses Systems in konkreten Fällen an den Rat.

Die Technische Kommission des Rates hat 15 Mitglieder. Zu ihren Kompetenzen gehört das Recht, dem Rat Empfehlungen bezüglich der Durchführung wissenschaftlicher Forschung und des Technologietransfers zu unterbreiten, und die Verpflichtung, auf Ersuchen des Rates spezielle Untersuchungen durchzuführen und Sonderberichte vorzulegen. Die Technische Kommission berät die Kommission für Normen und Regeln bezüglich aller technischen Aspekte ihrer Arbeit und erstellt Analysen der ökologischen Folgen der Tätigkeit im Gebiet. Die Technische Kommission regt im Namen der Behörde Verfahren vor der Kammer für Meeresbodenstreitigkeiten an. Nach einer Entscheidung dieser Kammer unterrichtet sie den Rat und unterbreitet Empfehlungen über die zu treffenden Maßnahmen. Zu den Aufgaben der Technischen Kommission gehören die Inspektion und Revision aller Bücher, Aufzeichnungen und Rechnungen, die mit den finanziellen Verpflichtungen gegenüber der Behörde sowie der Einziehung von Zahlungen an die Behörde zusammenhängen. Die Technische Kommission berät den Rat, die Kommission für wirtschaftliche Planung und die Kommission für Normen und Regeln zu allen finanziellen Aspekten der Arbeit der genannten Organe. Außerdem leitet und beobachtet die Kommission die Arbeit der Inspektoren, die alle Tätigkeiten in dem Gebiet überwachen, und kontrolliert, ob die Bestimmungen der Konvention und die Normen, Regeln und Verfahren sowie die Bedingungen der Verträge mit der Behörde eingehalten werden. Zur Zuständigkeit der Technischen Kommission gehört das Recht, einstweilige Anordnungen zum Schutze der Meeresumwelt vor ernsthaften Schäden zu erlassen. Sie kann dazu auch Operationen einstweilig suspendieren. Die Kommission kann die Zuteilung von Feldern zur Ausbeutung durch Inhaber von Verträgen oder durch das Unternehmen ablehnen, wenn Beweise für die Gefahr eines irreparablen Schadens für eine einzigartige Umwelt vorliegen.

Ein anderes Organ des Rates ist die Kommission für Normen und Regeln, die aus 15 Mitgliedern besteht. Diese formuliert und unterbreitet dem Rat unter Berücksichtigung aller Umstände, die sich auf die gegebenen Fragen beziehen, einschließlich einer Analyse der ökologischen Folgen der Tätigkeit in dem Gebiet, Entwürfe für Normen, Regeln und Verfahren. Bei der ständigen Überprüfung der Normen empfiehlt die Kommission, soweit erforderlich, dem Rat periodisch Änderungen. Der Rat hat ein Sekretariat, das aus dem Generalsekretär und dem Personal besteht. Der Generalsekretär wird von der Versammlung auf Empfehlung des Rates bestellt und ist der oberste Verwaltungsbeamte der Behörde. Er unterbreitet der Versammlung einen Jahresbericht über die Arbeit der Organisation. Das Personal des Sekretariats wird vom Generalsekretär ernannt. Der Generalsekretär der Behörde und das Personal des Sekretariats sind nur der Behörde verantwortlich. Der Generalsekretär kann mit Billigung des Rates im Namen der Behörde Abkommen über Konsultationen und Zusammenarbeit mit nichtstaatlichen Organisationen abschließen.

Das Organ, das unmittelbar im Gebiet tätig ist, ist das Unternehmen. Es unterliegt der Kontrolle des Rates. Das Unternehmen hat eine Satzung, die seine

Rechtsfähigkeit und seine Funktionen im Rahmen der internationalen Rechtssubjektivität der Behörde festlegt. Das Unternehmen hat einen Verwaltungsrat, einen Generaldirektor und Bedienstete. Der Verwaltungsrat besteht aus 15 von der Versammlung nach dem Prinzip der gerechten geographischen Verteilung unter Berücksichtigung besonderer Interessen gewählten Mitgliedern. Die Mitglieder des Verwaltungsrates werden für vier Jahre gewählt, jedes Mitglied hat eine Stimme. Entscheidungen in allen Fragen, mit denen sich der Verwaltungsrat befaßt, werden mit der Mehrheit der abgegebenen Stimmen getroffen. Der Verwaltungsrat ist beschlußfähig, wenn zwei Drittel seiner Mitglieder anwesend sind. Auf Empfehlung des Rates wählt die Versammlung den Generaldirektor, der auf den Sitzungen des Verwaltungsrates kein Stimmrecht hat. Der Generaldirektor ist der Vorgesetzte des operativen Personals des Unternehmens. Das Unternehmen legt spätestens drei Monate nach Ablauf eines jeden Rechnungsjahres dem Rat einen Jahresbericht und eine Gewinn- und Verlustrechnung über die Ergebnisse seiner Operationen vor. Die Mittel des Unternehmens bestehen aus Zuweisungen aus einem Spezialfonds, der von der Versammlung eingerichtet wird, aus freiwilligen Beiträgen der Vertragsstaaten der Konvention, aus Darlehen, Einnahmen aus Verträgen, aus dem Reingewinn des Unternehmens sowie aus sonstigen Einkünften. Das Unternehmen hat Eigentumsrechte an allen von ihm geförderten Bodenschätzen und an den von ihm produzierten, verarbeiteten Substanzen. Es verkauft seine Produktion zu Preisen, die nicht unter dem Weltmarktpreis liegen. Das Unternehmen ist berechtigt, Verträge, Vereinbarungen und Abkommen zu schließen, unbewegliches und bewegliches Vermögen zu erwerben, zu mieten oder zu pachten, zu besitzen und zu veräußern sowie als Partei vor Gericht aufzutreten.

Im weiteren Verlaufe der Beratungen auf der 3. VN-Seerechtskonferenz über die Schaffung einer Meeresbodenbehörde wurden die oben analysierten Bestimmungen erheblich geändert. So wurden im Jahre 1978 Zusätze zu Art. 161 bezüglich der Organe des Rates eingearbeitet[80], die vorsehen, eine juristische und technische Kommission einzurichten. Darüber hinaus soll der Rat notfalls Entscheidungen über eine Erhöhung der Zahl der Angehörigen einer jeden Kommission treffen können. Die Ergänzungen und Änderungen wurden in den Kompromißvorschlägen des Vorsitzenden der „3. Verhandlungsgruppe“ über die Hilfsorgane des Rates zusammengefaßt.[81] Eine besondere „Verhandlungsgruppe“ für Probleme der Zusammensetzung des Rates, des Abstimmungsverfahrens und der gegenseitigen Beziehungen zwischen Versammlung und Rat nahm die Arbeit auf und legte im Mai 1978 ein Dokument des Ersten Ausschusses vor. Änderungsvorschläge zum „Informellen Zusammengesetzten Verhandlungstext“ wurden praktisch auf jeder Sitzung der 3. VN-Seerechtskonferenz eingebracht. Im Jahre 1981 wurde der Entwurf der Seerechtskonvention

[80] VN-Dok. NG 3/4 vom 13. September 1978.

[81] A.a.O.

formuliert[82], der die grundlegenden Tendenzen und Vorschläge der verschiedenen Staatengruppen widerspiegelte und eine Kompromißvariante eigener Art aus vielzähligen Entwürfen und Vorschlägen darstellte. Dieses Dokument brachte keine prinzipiellen Veränderungen in dem Teil, welcher der internationalen Meeresbodenbehörde gewidmet ist. Wie auch in den vorhergehenden Texten des Konventionsentwurfs wurden als Hauptorgane Versammlung, Rat und ein Sekretariat vorgesehen. Der Rat sollte wie bisher 36 Mitglieder haben. Der Abstimmungsmechanismus im Rat, der prinzipiell eine Mehrheit von drei Vierteln, von zwei Dritteln und das Konsensprinzip vorsah, wurde detailliert ausgearbeitet. Entscheidungen über Sachfragen sollten in folgenden Fällen mit Zweidrittelmehrheit der anwesenden und abstimmenden Mitglieder gefällt werden, vorausgesetzt, daß diese Mehrheit die einfache Mehrheit aller Mitglieder des Rates umfaßt:

— Abschluß von Übereinkommen der Meeresbodenbehörde mit den VN oder anderen internationalen Organisationen, falls das Übereinkommen der Zustimmung der Versammlung bedarf;

— Annahme einer Empfehlung über die Berichte des Unternehmens;

— Vorlage von Jahresberichten oder Sonderberichten an die Versammlung;

— Erlaß von Richtlinien für das Unternehmen;

— Empfehlungen an die Versammlung aufgrund von Vorschlägen der Kommission für wirtschaftliche Planung über ein System von Ausgleichszahlungen;

— Überprüfung aller Zahlungen durch oder an die Behörde;

— Empfehlung von Maßnahmen zur Ausführung von Entscheidungen der Kammer für Meeresbodenstreitigkeiten;

— alle Angelegenheiten bezüglich der Gutachten der Kammer für Meeresbodenstreitigkeiten und des Seegerichtshofes, die auf Verlangen der Versammlung oder des Rates erstattet wurden.

Entscheidungen über Sachfragen bedürfen in folgenden Fällen einer Dreiviertelmehrheit der anwesenden und abstimmenden Mitglieder, wobei diese Mehrheit eine Mehrheit der Ratsmitglieder umfassen muß:

— Festlegung der von der Behörde zu verfolgenden Politik in bezug auf alle Fragen oder Angelegenheiten im Zuständigkeitsbereich der Behörde;

— Überwachung und Koordinierung der Durchführung der Bestimmungen der Konvention im Zuständigkeitsbereich der Behörde;

— Vorlage der Kandidatenliste für die Wahl des Generalsekretärs;

— Empfehlung von Bewerbern an die Versammlung für die Wahlen zum Verwaltungsrat und zum Generaldirektor des Unternehmens;

---

[82] VN-Dok. A/CONF.62/L.78 vom 28. August 1981.

— Einsetzung von Nebenorganen und ihre Zusammensetzung;

— Annahme einer Geschäftsordnung, in der auch das Verfahren für die Wahl des Vorsitzenden festgelegt wird;

— Ausübung der Kontrolle über die Tätigkeiten im internationalen Gebiet;

— Auswahl (aus der Zahl der Antragsteller für eine Produktionsgenehmigung) für die Erteilung von Genehmigungen;

— Vorlage des Haushaltsplanes an die Versammlung zur Genehmigung;

— Empfehlungen an die Versammlung zur Politik, die hinsichtlich einer in den Zuständigkeitsbereich der Behörde fallenden Frage zu verfolgen ist;

— Empfehlungen an die Versammlung auf Grund von Entscheidungen der Kammer für Meeresbodenstreitigkeiten über die zeitweilige Suspendierung von Privilegien und Rechten aus der Mitgliedschaft für schwere und systematische Verletzungen der Bestimmungen der Konvention;

— Erlaß von Anordnungen für Notfälle, worunter auch die Suspendierung oder Änderung von Arbeiten bei Gefahr schwerer Schäden für die Meeresumwelt durch Tätigkeit in dem Gebiet fallen kann;

— Ablehnung der Wahl eines zur Ausbeutung durch Vertragsnehmer oder durch das Unternehmen vorgesehenen Feldes in Fällen, in denen schwere Schäden für die Meeresumwelt drohen;

— Einsetzung eines Nebenorgans für die Ausarbeitung eines Entwurfs von Finanzregeln;

— Einrichtung eines geeigneten Mechanismus zur Leitung und Überwachung des Inspektorenstabes;

— Entscheidungen des Rates über die Vergrößerung einer Kommission;

— Entscheidung von Fragen über die Aufnahme von Darlehen durch die Behörde.

Beschlüsse über Sachfragen müssen in den folgenden Fällen im Konsens gefaßt werden:

— Annahme von Maßnahmen auf Empfehlung der Kommission für wirtschaftliche Planung zum Schutz von Entwicklungsländern gegen nachteilige Folgen für ihre Wirtschaft oder ihre Exporterlöse als Folge eines Preisrückgangs bei betroffenen Mineralien, soweit ein solcher Rückgang auf Tätigkeiten im Gebiet zurückzuführen ist;

— Empfehlung an die Versammlung von Regeln, Vorschriften und Verfahren für die gerechte Verteilung der finanziellen und sonstigen wirtschaftlichen Gewinne, die aus Tätigkeiten in dem Gebiet stammen, sowie für Zahlungen und Leistungen.

Einer der Anhänge der VN-Seerechtskonvention von 1982 (Anhang IV) ist speziell der Regelung der Tätigkeit des Unternehmens der Meeresbodenbehörde gewidmet. Das Unternehmen handelt im Einklang mit der allgemeinen Politik der Versammlung und den Richtlinien des Rates. Das Unternehmen finanziert sich aus Mitteln, die es von der Behörde erhält, aus freiwilligen Beiträgen der Vertragsstaaten zur Finanzierung der Tätigkeit des Unternehmens, aus von dem Unternehmen aufgenommenen Darlehen und aus anderen Mitteln, die dem Unternehmen zufließen. Das Unternehmen muß die Finanzmittel erhalten, die für die Erforschung und Ausbeutung eines Feldes, für Transport, Verarbeitung und Verkauf des gewonnenen Nickels, Kupfers, Kobalts und Mangans sowie zur Deckung seiner anfänglichen Verwaltungskosten notwendig sind. Ist die Summe der finanziellen Beiträge der Vertragsstaaten der Konvention geringer als der Finanzbedarf des Unternehmens, so prüft die Versammlung die Höhe des Fehlbetrages und trifft einstimmig Maßnahmen zur Deckung des Fehlbetrages.

Die VN-Seerechtskonvention von 1982 sieht die Einrichtung eines Seegerichtshofes und einer Kammer für Meeresbodenstreitigkeiten vor. Der Gerichtshof besteht aus einem Kollegium von 21 unabhängigen Mitgliedern. Dadurch wird die Vertretung der hauptsächlichen Rechtssysteme der Welt und eine gerechte geographische Verteilung gewährleistet. Die Kammer für Meeresbodenstreitigkeiten besteht aus 11 Mitgliedern, die von der Versammlung der Behörde mit Stimmenmehrheit aus den Mitgliedern des Gerichtshofs gewählt werden. Die Konvention legt klar und konkret die Zuständigkeiten sowohl des Gerichtshofs als auch der Kammer fest. So ist die Kammer z. B. zuständig für Streitigkeiten über die Auslegung und Anwendung der Konvention zwischen Vertragsstaaten sowie zwischen einem Vertragsstaat und der Behörde wegen Mißbrauchs ihrer Befugnisse. Zur Zuständigkeit der Kammer gehören auch Streitigkeiten zwischen den Parteien eines Vertrages, zwischen der Behörde und dem Unternehmen (falls sie Parteien eines Vertrages sind), zwischen Staaten und natürlichen oder juristischen Personen über die Auslegung oder Anwendung eines Vertrages oder Arbeitsplanes und über Handlungen oder Unterlassungen von Parteien eines Vertrages.[83]

Außer der VN-Seerechtskonvention von 1982 wurden in Montego Bay auf Jamaika Resolutionen verabschiedet. Eine von ihnen (die erste) sieht die Gründung einer Vorbereitungskommission für die Meeresbodenbehörde und für den Internationalen Seegerichtshof vor.[84] Nach der genannten Resolution wird die Vorbereitungskommission vom VN-Generalsekretär nach Unterzeichnung der Konvention durch 50 Staaten einberufen (schon am ersten Tag der Auflegung der Konvention zur Zeichnung wurde sie von 119 Staaten unterschrieben). Die Verfahrensregeln der 3. VN-Seerechtskonvention werden *mutatis mutandis* auf die Annahme von Verfahrensregeln der Kommission angewendet. Zweck der Einrichtung dieser Kommission ist es, alle möglichen Maßnah-

---

[83] Siehe dazu im einzelnen *T. M. Staržina*, Novelly morskogo prava: Tribunal po morskomu pravu i Kamera po sporam, kasajuščimsja morskogo dna, in: Dejatel'nost gosudarstv v Mirovom okeane, Moskva 1983.

[84] VN-Dok. A/CONF.62/C.1/L.30 vom 29. März 1982.

men für die schnellstmögliche Aufnahme der Tätigkeit von Behörde und Gerichtshof zu ergreifen. Außerdem muß die Kommission eine vorläufige Tagesordnung für die erste Sitzung der Versammlung und des Rates vorbereiten sowie erforderlichenfalls Empfehlungen für die Tagesordnung unterbreiten. Die Kommission erarbeitet Entwürfe von Verfahrensordnungen für die Versammlung und den Rat und Empfehlungen für den Haushaltsplan der ersten Finanzperiode der Behörde. Darüber hinaus muß sie Empfehlungen zu den Beziehungen der Behörde mit den VN und mit anderen internationalen Organisationen ausarbeiten. Die Kommission bereitet einen Entwurf von Bestimmungen über das Finanzgebaren und die innere Ordnung der Behörde vor. Außerdem muß sie Probleme untersuchen, die mit der Schaffung eines Fonds für Ausgleichsleistungen verbunden sind, und der Behörde in dieser Frage Empfehlungen unterbreiten. Die Vorbereitungskommission wird auch eine Sonderkommission für das Unternehmen mit dem Ziel einrichten, den Beginn seiner Tätigkeit zu beschleunigen. Es ist vorgesehen, daß die Vorbereitungskommission bis zum Abschluß der ersten Sitzung der Versammlung existiert. Die Auslagen der Kommission werden aus dem VN-Haushalt gedeckt.

Im Jahre 1985 begann die Vorbereitungskommission ihre Tätigkeit. Auf der ersten Sitzung vom 15. März bis 8. April 1983 in Kingston (Jamaika) wurde die Erklärung des amtierenden Vorsitzenden der Vorbereitungskommission über die Struktur der Vorbereitungskommission, die Zusammensetzung ihres Generalausschusses und des Sekretariats aller ihrer Organe, über die Aufteilung der Zuständigkeiten unter ihre Organe sowie die Verteilung der Stellen des Sekretariats und über den Mechanismus der Entscheidungsfindung erörtert. Diese Erklärung wurde im Konsens gebilligt.[85] Nach diesem Dokument besteht der Vorbereitungsausschuß aus dem Plenum als dem Hauptorgan und besonderen Ausschüssen. Die besonderen Ausschüsse müssen dem Plenum Berichte vorlegen. Der Generalausschuß wird aus dem Präsidenten der Vorbereitungskommission und den anderen Mitgliedern des Büros des Plenums sowie allen Mitgliedern des Sekretariats der besonderen Ausschüsse bestehen, die nach dem Prinzip der gerechten geographischen Verteilung gewählt werden. Die besonderen Ausschüsse und das Plenum werden sich mit folgenden Fragen beschäftigen: Normen, Regeln und Verfahren zu administrativen, finanziellen und Haushaltsfragen; Maßnahmen mit dem Ziel eines baldigen Beginns der effektiven Tätigkeit des Unternehmens; Probleme der Entwicklungsländer, die auf dem Festland Produzenten derjenigen Mineralien sind, die im internationalen Gebiet des Meeresbodens gefördert werden; Normen, Regeln und Verfahren zur Erforschung und Ausbeutung des internationalen Gebietes; Probleme vorläufiger Kapitalinvestitionen für die Anfangstätigkeit zur Ausbeutung der polymetallischen Knollen; praktische Maßnahmen zur Errichtung des Internationalen Seegerichtshofes.

---

[85] VN-Dok. LOS/PCN/3 vom 8. April 1983.

Man muß besonders erwähnen, daß die so detailliert ausgearbeitete Seerechtskonvention, die Empfehlungen und die Schlußakte von der Regierung der USA abgelehnt wurden, die im Interesse der großen Monopole handelte. Die USA behandeln die Fragen, die in der internationalen Konvention geregelt werden, wie Fragen ihrer Innenpolitik. Um die Weigerung der USA, die VN-Seerechtskonvention von 1982 zu unterzeichnen, ging es in der Erklärung des Präsidenten der USA vom 10. März 1983. In dieser Erklärung bringen die USA klar zum Ausdruck, daß die Bestimmungen der Konvention über die Förderung der Mineralien vom Boden der Meere und Ozeane den Interessen der Industrieländer widersprechen. Die USA und eine Reihe anderer Staaten beschritten den Weg separater Abkommen über die Ausbeutung der Ressourcen des Meeresbodens im internationalen Gebiet. Es handelt sich also um den Versuch einer imperialistischen Aufteilung des Bodens des Weltmeeres und eine völlige Mißachtung der internationalen Gemeinschaft sowie ihrer Anstrengungen, eine gerechte und für alle Staaten annehmbare Rechtsordnung für das Weltmeer zu schaffen.

5. Internationale Seefunksatelliten-Organisation (INMARSAT)

Die ständige Ausdehnung der Handelsbeziehungen sowie die Erweiterung traditioneller und die Entwicklung neuer Nutzungsarten der Räume und natürlichen Ressourcen des Weltmeeres führen zu einer zahlenmäßigen Vergrößerung der Seeflotte und einer Intensivierung des Verkehrs auf den Schiffahrtswegen. Es wächst auch die Häufigkeit von Schiffshavarien, die sich äußerst negativ auf die Rentabilität und Konkurrenzfähigkeit der Flotte auswirken und die Arbeit von Schiffsführern sowie Behörden ernsthaft erschweren, die den Seetransport verwalten und seine Durchführung gewährleisten. Dadurch werden bedeutend strengere Anforderungen an die Sicherheit der Schiffahrt zu stellen sein. Die Lösung dieses Problems ist unmittelbar davon abhängig, wie vollkommen die Seefunkverbindungen sind, über die die Flotte verfügt. Die bisher vorhandenen Funkverbindungen reichen aus technischen Gründen bereits nicht mehr aus, die gestellten Aufgaben erfolgreich zu bewältigen. Zu diesen technischen Gründen gehören die Überlastung der Frequenzbereiche, die unzulängliche Kapazität der Kabel- und Relaisverbindungen sowie die Anfälligkeit des Radiofunks für industrielle, atmosphärische und sonstige Störungen. Hinzurechnen muß man die Zeitdauer, die für die Herstellung eines Kontakts zwischen Teilnehmern notwendig ist, und die hohen Kosten der Dienstleistungen auf dem Gebiet des Seefunks.[86]

Künstliche Erdtrabanten für die Funkübertragung ermöglichen es, allen Schiffen unabhängig von ihrer Entfernung von der Küste einen zuverlässigen, umfassenden, schnellen und bedeutend billigeren Seefunk zugänglich zu ma-

---

[86] Siehe *L. N. Korsunskij*, Rasprostranenie radiovoli pri svjazi s iskusstvennymi sputnikami Zemli, Moskva 1971.

chen. Mit der Reorganisation der Funkverbindungen auf der Grundlage künstlicher Erdsatelliten kann die Lenkung der Flotte verbessert und dadurch die Geschwindigkeit der Seebeförderung erhöht werden. Darüber hinaus können die riesigen Kapitalinvestitionen im Seetransport und in den mit ihm verbundenen Wirtschaftszweigen beschleunigt amortisiert werden.[87] Dies wirkt sich besonders bei der Gewährleistung der Sicherheit der Seeschiffahrt und beim Schutz menschlichen Lebens auf See aus. Auf diesem Gebiet ist die Reorganisation unentbehrlich bei der Verhütung maritimer Zwischenfälle, bei der Suche nach Schiffen in Seenot und bei der Durchführung der Rettungsaktion.[88] Da alle Schiffe die Möglichkeit haben, vom Küstendienst Angaben zur Kurskorrektur aufgrund der Wetterbedingungen zu erhalten, kann die Wahrscheinlichkeit einer Havarie und dadurch bedingter Schäden um mindestens 10% gesenkt werden.[89] Schließlich erhöht der Satellitenfunk die Qualität der Bedienung der Passagiere, verbessert die Arbeitsbedingungen der Seeleute und begünstigt eine Lösung der für alle maritimen Staaten schwierigen Probleme der Fluktuation der Kader des fahrenden Personals der Flotte.[90] Jedoch verursacht der Einsatz künstlicher Erdsatelliten für Zwecke des Seefunks im globalen Maßstab eine Vielzahl von Problemen nicht nur technischer, sondern auch politischer und juristischer Art, vor allem im Bereich der Ausarbeitung entsprechender Organisationsformen für die praktische Anwendung der Satellitentechnik.[91] Dieses Problem kann in vollem Umfang nicht ohne einen speziellen internationalen Mechanismus, der über ausreichende Mittel und Vollmachten verfügt, gelöst werden. Die Einrichtung eines solchen Apparates setzt voraus, daß viele Staaten ihre Anstrengungen sowie ihr technisches und finanzielles Potential vereinigen und die allgemeine Richtung sowie konkrete Aspekte der rechtlichen Regelung in dem gegebenen Bereich gemeinsam festlegen.[92] Dies beinhaltet

---

[87] Die Fachleute nehmen an, daß allein durch die Verbesserung der operativen Leitung der Flotte über den Einsatz von Satellitenfunkverbindungen die Fahrzeit der Schiffe um 3% jährlich verkürzt werden kann und daß durch die rechtzeitige Übermittlung von Informationen kommerziellen Charakters an die Schiffe finanzielle Einsparungen von mehr als 20.000 Dollar pro Schiff jährlich möglich sind. Siehe Study to Improve Marine Transportation through Aerospace Electronics, Marine Data Center System, Final Report, Washington, U. S. Maritime Administration, 1971, Bd. III (im weiteren: Final Report of MDCS).

[88] *V. F. Sidorčenko*, Suda-spasateli i ich služba. Morskie avarii: techničeskie i pravovye problemy, Kiev 1983, S. 11, 63, 73-75.

[89] Final Report of MDCS (Fn. 87), S. 10. Zu den wirtschaftlichen Vorteilen der Satellitenfunkverbindungen siehe auch *Ju. S. Acerov*, Radiosvjaz' na more, in: Morskij flot, 1976, No. 2, S. 29; *Ju. S. Acerov, A. L. Kolodkin*, Meždunarodnaja sistema morskoj sputnikovoj svjazi, in: Morskoj flot 1977, No. 5, S. 29, 30.

[90] *Ph. J. Klass*, Maritime Satellite Economics Studies, in: Aviation Week and Space Technology 1972, S. 52 f.

[91] *V. D. Bordunov, V. N. Markov*, Kosmos. Zemlja. Pravo, Moskva 1978, S. 3.

[92] *M. E. Volosov, A. L. Kolodkin, N. D. Smirnov*, IMKO i nekotorye pravovye voprosy sozdanija meždunarodnoj služby morskoj sputnikovoj svjazi, in: Materialy po morskomu pravu i torgovomu moreplavaniju, Moskva 1974, vyp. 6, S. 24-25.

auch die Berücksichtigung der allgemein anerkannten Prinzipien und Normen des Völkerrechts, einschließlich der speziellen Normen des Seevölkerrechts, des Weltraumrechts, des Rechts der internationalen Organisationen usw.

Die Klärung entsprechender Fragen völkerrechtlicher und organisatorischer Art wurde schon im Jahre 1971 im Rahmen einer VN-Sonderorganisation, der Internationalen Beratenden Seeschiffahrts-Organisation (IMCO)[93], begonnen. Zuvor hatte eines ihrer Organe, der Ausschuß für Sicherheit auf See, den Beschluß gefaßt, daß diese Organisation von Anfang an eine aktive Rolle bei der Schaffung und Inbetriebnahme eines Systems von Erdtrabanten für maritime Zwecke durch die Ausarbeitung eines internationalen Abkommens spielen solle.[94] Im Jahre 1972 wurde auf der Grundlage dieser und späterer Entscheidungen[95] durch den Unterausschuß für Radiofunkverbindungen der IMCO die Besondere Arbeitsgruppe für Satelliten-Seefunk gebildet, die bald in die Expertengruppe für maritime Satelliten (GEMS) umgewandelt wurde. Die Tätigkeit von GEMS bestand in einer detaillierten Untersuchung nicht nur technisch-wirtschaftlicher Probleme und Fragen der Nutzung, sondern auch in der Vorbereitung konkreter Maßnahmen und Bedingungen für ein internationales Abkommen zur Schaffung eines Seefunksatellitensystems und der Funkortung von Schiffen auf See.[96] Dieser Arbeit lag ein Dokument zugrunde, das von der Delegation sowjetischer Spezialisten auf der außerordentlichen Sitzung der GEMS (im November 1972) erarbeitet worden war: „Musterprinzipien für die Schaffung einer internationalen Organisation für Seefunksatelliten-Dienste".[97] Danach sollte die neue Organisation den Status einer zwischenstaatlichen Organisation haben und auf der Grundlage der allgemein anerkannten Prinzipien und Normen des Völkerrechts arbeiten, die insbesondere in der VN-Satzung, in multilateralen Abkommen über den Weltraum, in den Genfer Seerechtsabkommen von 1958 u.a. niedergelegt sind. Zu ihren Aufgaben sollte es gehören, folgende Ziele zu fördern: Gewährleistung der Sicherheit auf See, Vervollkommnung der Methoden zur Leitung der Flotte, Deckung des Bedarfs an Seefunkverbindungen durch Dienstleistungen auf diesem Gebiet für Schiffe aller Nationalitäten sowie Sicherstellung eines breiten Informationsaustauschs unter Berücksichtigung technischer Erfordernisse, Bedingungen, Kriterien und Standards, die von den zuständigen internationalen Organisationen empfohlen worden sind. Eine solche Organisation sollte berechtigt sein, Abkommen und Verträge über Erwerb, Pacht und Veräußerung ihres Eigentums zu schließen sowie Prozesse zu führen. Sie sollte auch international verantwortlich sein und die materielle Haftung für ihre Verpflichtungen tragen. Das Dokument sah ein Verbot vor, die zur Verfügung stehenden technischen Mittel für militärische

---

[93] Seit Mai 1982 Internationale Schiffahrts-Organisation (IMO).

[94] Dok. IMCO MSC XXIII/19, § 75.

[95] MSC XXIV/5/2, 6; XXIV/WP 4, § 39.

[96] Dok. IMCO COM IX/12, § 30.

[97] Dok. IMCO MARSAT ES.1/36.

Zwecke einzusetzen und forderte, daß die Mitgliedschaft von keinerlei sozialen, politischen, wirtschaftlichen, rassischen oder andersartigen Kriterien abhängig sein sollte. Die Staaten, die ein entsprechendes internationales Abkommen unterschrieben und ratifiziert oder die ihren Beitritt zu einem solchen Abkommen erklärt haben, sollten die Tätigkeit ihrer nationalen Dienste und anderer an den Seefunkverbindungen Beteiligten mit den technischen Forderungen in Einklang bringen, die von der Organisation aufgestellt und empfohlen wurden.[98]

Praktisch wurden alle grundlegenden Bestimmungen des sowjetischen Dokuments in den von der GEMS 1973-1975 ausgearbeiteten Entwurf eines Abkommens über eine Internationale Seefunksatelliten-Organisation (INMARSAT) übernommen. Dieser Entwurf wurde auf der von der IMCO 1975-1976 einberufenen Konferenz verabschiedet. Vorher mußten jedoch zahlreiche Schwierigkeiten überwunden werden. Die Vertreter der USA und einiger anderer Länder wollten ein internationales Konsortium anstelle einer zwischenstaatlichen Organisation durchsetzen. Hauptziel eines solchen rein kapitalistischen Unternehmens sollte nach ihren Vorstellungen die Erzielung von Gewinn sein. Mitglieder sollten nationale kommerzielle Organisationen sein. Dadurch wären die Seefunkverbindungen und die Nutzung künstlicher Erdsatelliten auf der ganzen Welt durch private, vorzugsweise amerikanische Gesellschaften praktisch monopolisiert. Demgegenüber sprach sich die Mehrheit der interessierten Staaten einschließlich der Industrieländer Westeuropas dafür aus, daß die Politik und die Tätigkeit der künftigen Organisation nicht von privatkapitalistischen nationalen oder transnationalen Gesellschaften mit ihrem Streben nach der Erzielung maximaler Gewinne bestimmt wird, sondern unmittelbar von den Staaten selbst. Diese Staaten hielten die Form einer zwischenstaatlichen Organisation für angemessen, um dieser Organisation die Sicherung der Seefunkverbindungen zu humanitären Zwecken, in erster Linie für die Erhöhung der Sicherheit der Schiffahrt und den Schutz menschlichen Lebens auf See, zu ermöglichen. Diese Haltung fand in dem INMARSAT-Übereinkommen von 1976 ihre Bestätigung, in dem betont wird, daß es Zweck der genannten Organisation ist, „das zur Verbesserung der Nachrichtenverbindungen für die Schiffahrt erforderliche Weltraumsegment zur Verfügung zu stellen und dadurch zur Verbesserung der Seenot- und Sicherheitsfunkverbindungen zum Schutz des menschlichen Lebens auf See, der Leistungsfähigkeit und des Einsatzes der Schiffe, der öffentlichen Seefunkdienste und der Funkortungs möglichkeiten beizutragen" (Art. 3). Besonders wird festgestellt, daß INMARSAT bestrebt sein wird, alle geographischen Gebiete zu versorgen, in denen ein Bedarf an Seefunkverbindungen besteht. Wenn sie auch den

---

[98] Siehe dazu näher *A. L. Kolodkin, M. E. Volosov*, Some International Questions on the Establishment of an International Maritime Satellite Communication, in: Proceedings of the Seventeenth Colloquium on the Law of Outer Space. International Astronautical Federation, New York; Davis (Cal.) 1975, S. 221-223.

zwischenstaatlichen Charakter der neuen Organisation verteidigten, so zeigten die sowjetischen Vertreter jedoch auch Verständnis für die Wichtigkeit des wirtschaftlichen Aspekts der Tätigkeit dieser Organisation, deren schnelle Reaktion unmittelbar von der Effektivität und dem rationellen Einsatz der Kapitalinvestitionen abhängen konnte, die von den INMARSAT-Mitgliedern vorgenommen wurden. Da alles dies mit einer aktiven Finanz- und allgemeinen Wirtschaftstätigkeit sowie einer entsprechenden Eigentumsordnung verbunden ist, d.h. mit Funktionen, die einem Unternehmen mit eigener Wirtschaftsführung eigen sind, aber nicht Regierungsorganen, erklärte sich die UdSSR mit dem Vorschlag einverstanden, an der Organisation neben Staaten auch zuständige Organisationen teilnehmen zu lassen, die von den entsprechenden Regierungen bestimmt worden sind. Dabei wurde zugelassen, daß die derart bestimmten Organisationen sowohl private als auch staatliche Unternehmen sein können. In dieser Position der Sowjetunion spiegelte sich wiederum ihre traditionelle Linie einer friedliebenden und konstruktiven Zusammenarbeit mit allen Staaten wider. Die Umstände, die mit der Mitgliedschaft in INMARSAT im Zusammenhang stehen, führten zur Annahme von mehreren Organisationsdokumenten durch die Konferenz, entsprechend der Übung der meisten anderen internationalen Organisationen.[99] Es handelt sich um zwei miteinander verbundene und sich gegenseitig ergänzende Dokumente, das Übereinkommen und die Betriebsvereinbarung über INMARSAT. Das Übereinkommen wird nur im Namen der Staaten unterzeichnet, die „Vertragsparteien" sind, die Betriebsvereinbarung hingegen kann entweder von Staaten oder von den von ihnen bestimmten nationalen Organisationen („Unterzeichner") unterzeichnet werden. In der Sowjetunion ist eine solche „bestimmte Organisation", die die Betriebsvereinbarung unterzeichnet hat, die Verwaltungsbehörde „Morsvjaz'sputnik", die durch Erlaß des Ministerrats der UdSSR vom 16. März 1976 beim Ministerium der Seeflotte eingerichtet wurde.

Die „Vertragsparteien" entscheiden die prinzipiellen Fragen der Politik und der Tätigkeit der Organisation, während gleichzeitig den „Unterzeichnern" (im folgenden Vertragsparteien, Unterzeichner) die Entscheidung praktisch-finanzieller, technischer, einsatzbezogener und anderer konkreter Fragen übertragen wird, die zur Zuständigkeit von INMARSAT gehören. Nach dem Übereinkommen ist die Vertragspartei für Verpflichtungen aus der Betriebsvereinbarung nicht haftbar (Art. 4). Dies entspricht völlig den Bestimmungen der Grundlagen der bürgerlichen Gesetzgebung der UdSSR und der Unionsrepubliken, in denen bekanntlich vorgesehen ist, daß der Staat nicht für die Verpflichtungen der staatlichen Organisationen haftet, die juristische Personen sind (Art. 13). Jedoch trägt die Vertragspartei die Verantwortung für die Tätigkeit der von ihr bestimmten Organisation. Sie hat dafür zu sorgen, daß der Unterzeichner bei der Erfüllung seiner Obliegenheiten aus der Betriebsvereinbarung nicht die Ver-

---

[99] *E. P. Kameneckaja*, Kosmos i meždunarodnye organizacii: Meždunarodno-pravovye problemy, Moskva 1981, S. 72.

pflichtungen verletzt, welche die Vertragspartei auf Grund dieses Übereinkommens oder verwandter internationaler Übereinkünfte übernommen hat (Art. 4). Durch diese Bestimmung wird der Forderung des Vertrages über die Grundsätze zur Regelung der Tätigkeiten von Staaten bei der Erforschung und Nutzung des Weltraums einschließlich des Mondes und anderer Himmelskörper vom 27. Januar 1967 Rechnung getragen, der bestimmt, daß staatliche und nichtstaatliche Organisationen im Weltraum nur mit Erlaubnis der entsprechenden Regierung und unter ihrer unmittelbaren Kontrolle tätig werden dürfen. Die erwähnten Besonderheiten von INMARSAT (der aus mehreren Elementen zusammengesetzten Mitgliedschaft und Aufteilung der Verantwortung unter Vertragsparteien und Unterzeichnern) erlauben es, ihren Rechtsstatus mit dem Status der sogenannten gemischten internationalen Organisationen zu vergleichen, an denen neben den Regierungen der interessierten Staaten auch ihre nationalen Organisationen teilnehmen können, einschließlich nichtstaatlicher Organisationen.[100] Man muß auch den wesentlichen Unterschied zwischen INMARSAT und anderen ähnlichen internationalen Organisationen, z.B. INTELSAT[101], erwähnen, in deren Führungsgremien die Vertreter der amerikanischen Gesellschaft Comsat General eine beherrschende Stellung einnehmen. Die Gründungsakte von INTELSAT sehen nicht die Haftung der Regierungen der Mitgliedstaaten für die Tätigkeit der von ihnen bestimmten nationalen Organisationen vor, sondern beschränken die Kontrolle über sie im wesentlichen auf die Kontrolle im finanziellen Bereich. Demgegenüber garantiert die Verbindung von völkerrechtlicher Verantwortlichkeit der Regierungen mit materieller Haftung der Unterzeichner bei INMARSAT, daß die hier in Frage stehende Organisation insgesamt sowie alle ihre Mitglieder — Vertragsstaaten und Unterzeichner — bei der Entscheidung konkreter Fragen der Errichtung und Nutzung von Seefunksatellitenverbindungen tatsächlich eine strenge Beachtung der Rechtsnormen anstreben werden, die in dem Übereinkommen und in der Betriebsvereinbarung über INMARSAT sowie in anderen internationalen Abkommen, die in diesen Organisationsakten erwähnt werden, niedergelegt worden sind.

Obwohl die Erzielung von Gewinn nicht das Hauptziel von INMARSAT ist, wird ihre Tätigkeit auf vernünftiger wirtschaftlicher Grundlage durchgeführt. Die von dieser Organisation angebotenen Dienstleistungen werden unter

---

[100] *S. Courteix*, Inmarsat, la nouvelle organisation internationale pour la gestion d'une service mondial de communications maritimes par satellites, in: Droit maritime français 1980, S. 330.

[101] International Telecommunication Satellite ist die Bezeichnung des internationalen Konsortiums für Weltraumfunkverbindungen, das durch Vereinbarung von 84 Staaten gegründet wurde (unterzeichnet am 20. August 1971 in Washington, in Kraft getreten am 12. Februar 1973). Text in: U. S. Treaties and Other International Agreements, Series 7532: International Telecommunication Satellite Organization (INTELSAT), Agreement between the USA and other Governments and Operating „Agreement", Washington, Department of State, 1973, 421 S.

Berücksichtigung der anerkannten kommerziellen Haupttarife vergütet. Die Höhe der Gebühren wird so festgesetzt, daß die Gesamteinnahmen die Ausgaben für Betrieb und Verwaltungen, die Aufwendungen für technische Wartung und Modernisierung (Entwicklung) des Weltraumsegments, die Bereitstellung von Betriebsmitteln, die Tilgung der von den Unterzeichnern getätigten Investitionen und die Entschädigung für die Nutzung des Kapitals decken. Das Startkapital für Erwerb oder Miete von Elementen des Weltraumsegments, Unterhaltung der Organisation, für den vollen Ausbau des Systems sowie für andere operative Bedürfnisse wird aus Kapitalbeiträgen der Unterzeichner bestritten. Die Höhe dieser Kapitalbeiträge (Anteile) wird auf der Grundlage der Inanspruchnahme der Dienstleistungen von INMARSAT durch die Bedarfsträger des betreffenden Unterzeichners — seiner Schiffe und Küstenstationen — festgelegt. Die Höhe der Anteile aller Unterzeichner muß jährlich überprüft werden.[102]

Leitungsorgane von INMARSAT sind die Versammlung, der Rat und das Direktorium. Die Versammlung besteht aus allen Vertragsparteien, von denen jede eine Stimme in diesem Repräsentativorgan besitzt. Auf ihren ordentlichen Sitzungen, die alle zwei Jahre einberufen werden, erörtert die Versammlung die allgemeine Politik und die Ziele der Organisation; sie arbeitet Empfehlungen an den Rat aus und faßt ihrerseits auf Empfehlung des Rates Beschlüsse. Die Versammlung hat die Befugnis, auch Fragen der gegenseitigen Beziehungen von INMARSAT mit Staaten und anderen internationalen Organisationen zu untersuchen. Der Rat ist dafür verantwortlich, das Weltraumsegment bereitzustellen und den Bedarf an Satellitenfernmeldeverbindungen für die Schiffahrt zu bestimmen; er legt die Kriterien und die Reihenfolge der Dienstleistungen fest und bestimmt die Finanzpolitik der Organisation. Der Rat setzt sich gewöhnlich aus 22 Unterzeichnern zusammen, von denen 18 auf Grund der größten Investitionsanteile zu ihm gehören und vier von der Versammlung zwecks einer gerechten geographischen Vertretung unter gebührender Berücksichtigung der Interessen der Entwicklungsländer ausgewählt werden[103] (Art. 13 INMARSAT-Übereinkommen). Jedoch kann die Zahl der Ratsmitglieder auch größer sein, wenn einige Unterzeichner mit gleichhohem Investitionsanteil einen vakanten Platz fordern.[104] Der Rat tritt mindestens dreimal im Jahr zu Sitzungen zusammen. Beschlüsse über Sachfragen werden auf der Grundlage einer „gewichteten" Abstimmung getroffen — proportional dem Anteil, den die

---

[102] Im einzelnen siehe dazu *A. L. Kolodkin*, O rabote Podgotovitel'nogo komiteta po sozdaniju INMARSAT, in: Materialy po morskomu pravu i meždunarodnomu torgovomu moreplavaniju, Moskva 1978, vyp. 16, S. 42-45.

[103] Seit November 1981 sind im Rat auf Grund ihrer Investitionsanteile vertreten: Großbritannien, Griechenland, Indien, Spanien, Italien, Kuwait, Niederlande, Norwegen, Polen, Singapur, UdSSR, USA, Frankreich, BRD und eine Reihe anderer Staaten; auf Grund des „geographischen" Gesichtspunktes sind vertreten: Algerien, Argentinien, Bulgarien und Neuseeland.

[104] Am 1. Januar 1983 gehörten zum Rat 24 Vertreter.

Unterzeichner vertreten. Dadurch wird das Prinzip der souveränen Gleichheit der Staaten nicht beeinträchtigt, weil nicht sie Mitglieder des Rates sind, sondern die von ihnen bestimmten nationalen Organisationen, d.h. juristische Personen. Außerdem dürfen alle Stimmen eines beliebigen Unterzeichners in der Regel nicht 25 % der Gesamtstimmenzahl der übrigen Unterzeichner / Ratsmitglieder überschreiten.[105] Falls der Anteil eines von ihnen über dieser Grenze liegt, so soll dieser Unterzeichner den anderen Ratsmitgliedern vorschlagen, seinen 25 % übersteigenden Investitionsanteil ganz oder teilweise zu übernehmen. Es gibt also ein Mittel, das Gewicht der Stimmen der anderen Unterzeichner entsprechend zu erhöhen, wodurch eine gewisse Balance der Möglichkeiten aller Mitglieder des Rates aufrechterhalten wird. Nur in dem Falle, daß der angebotene überschießende Investitionsanteil nicht oder nicht ganz von anderen Unterzeichnern übernommen wird, kann das Stimmgewicht des Inhabers des Überschusses die oben genannte Grenze um die Höhe des nichtverteilten Anteils überschreiten. Jedoch wurde bis heute dieser Mechanismus nicht angewandt, weil der größte Anteil, der einem Unterzeichner aus den USA gehört, nicht 24 % erreicht.[106] Höchster Bediensteter und bevollmächtigter Vertreter der Organisation ist der Generaldirektor, der das Direktorium leitet. Der Generaldirektor wird vom Rat für 6 Jahre auf diesen Posten berufen. Die Ernennung gilt als bestätigt, sofern nicht mehr als ein Drittel der Vertragsstaaten innerhalb von 60 Tagen nach der Notifikation der Ernennung durch den Depositar an alle INMARSAT-Mitglieder Einspruch erhebt. Der Generaldirektor ist dem Rat verantwortlich und arbeitet unter dessen Leitung. Er kann deshalb durch eine besondere Entscheidung dieses Organs vor Ablauf seiner Amtszeit von seinen Pflichten entbunden werden. Der Rat ist dabei verpflichtet, die Gründe für eine solche Entscheidung der Versammlung mitzuteilen.

Das Weltraumsegment von INMARSAT steht entweder im Eigentum dieser Organisation oder ist von ihr gemietet: Satelliten sowie die für ihren Betrieb erforderlichen Bahnverfolgungsstationen, Telemetrie-, Befehls-, Steuerungs-, Überwachungs- und zugehörige Einrichtungen und Ausrüstungsgegenstände.

---

[105] Eine derart niedrige Begrenzung für das Abstimmungssystem, die auf Vorschlag der sozialistischen Länder eingeführt wurde, ist für andere internationale Organisationen nicht charakteristisch. So kann zum Beispiel im Verwaltungsrat von INTELSAT das Gewicht der Stimme eines Mitgliedes bis zu 40 % der Gesamtstimmenzahl ausmachen, was diesem Mitglied offenkundige Vorteile gegenüber anderen Mitgliedern dieses wichtigen Organs bei der Entscheidung wesentlicher Fragen der Tätigkeit dieser Organisation verschafft. Analog ist ein anderes Element des Verfahrens des Verwaltungsrates geregelt: Er ist beschlußfähig, wenn zwei Drittel der Gesamtzahl der Stimmen der Mitglieder und Gruppen von Mitgliedern des Rates anwesend sind, die an der Abstimmung teilnehmen (Art. IX lit. g (IV) und lit. h (I) des INTELSAT-Abkommens). Im Unterschied dazu ist der INMARSAT-Rat beschlußfähig, „wenn eine Mehrheit der Vertreter ... anwesend ist, die mindestens zwei Drittel der Gesamtstimmenzahl aller im Rat vertretenen Unterzeichner und Unterzeichnergruppen vertritt“ (Art. 14 Abs. 4 des INMARSAT-Übereinkommens).

[106] Ocean Voice 1983, No. 2, S. 21.

Das INMARSAT-Weltraumsegment kann zu den vom Rat festzulegenden Bedingungen von Schiffen aller Staaten benutzt werden. Der Rat muß bei der Festlegung der Bedingungen hierfür jede Diskriminierung nach der Staatszugehörigkeit der Schiffe vermeiden. Unter dem Begriff „Schiff" versteht das Übereinkommen Schiffe jeder Art, einschließlich Unterwasserschiffe und andere schwimmende Vorrichtungen sowie nicht dauernd verankerte Plattformen auf See. Der Rat kann von Fall zu Fall den Zugang zu dem INMARSAT-Weltraumsegment für Funkstellen auf anderen in der Meeresumwelt betriebenen Bauwerken genehmigen, die keine Schiffe sind, sofern der Betrieb dieser Funkstelle die Bereitstellung von Diensten für die anderen Benutzer der Seefunksatellitenverbindungen nicht wesentlich beeinträchtigt.

INMARSAT besitzt als rechtsfähige internationale Organisation, d.h. als Völkerrechtssubjekt, bestimmte Privilegien und Immunitäten. Diese Fragen werden nicht nur durch das INMARSAT-Übereinkommen geregelt, in dem sie in allgemeiner Form angesprochen werden, sondern auch durch besondere internationale Verträge, die von der Organisation abgeschlossen wurden. Es handelt sich dabei um das Abkommen über den Sitz von INMARSAT, das mit der Regierung von Großbritannien im Jahre 1980 abgeschlossen wurde, und um ein Protokoll, das von der Londoner diplomatischen Konferenz im Jahre 1981 verabschiedet wurde. In diesem Abkommen werden der Organisation selbst Privilegien und Immunitäten auf dem Hoheitsgebiet des Sitzstaates gewährt. Darüber hinaus erhält sie auf dem Hoheitsgebiet anderer INMARSAT-Mitglieder entsprechende Vorrechte auf der Grundlage der Bestimmungen des Protokolls. Mit seinem Inkrafttreten werden die Bedingungen für eine normale Arbeit von INMARSAT sowie ihrer technischen Ausrüstung, über die sie verfügen kann, vor allem des Weltraumsegments, des Direktoriums, der Regierungsvertreter der Mitgliedstaaten (Vertragsparteien) und der von ihnen bestimmten nationalen Organisationen (Unterzeichner), gesichert sein. Auf der Konferenz, die das Protokoll verabschiedete, führten Fragen der Privilegien und Immunitäten der Vertreter der Teilnehmerstaaten des Protokolls zu einer scharfen Diskussion. Es ging darum, ob diesen Vertretern nicht nur Immunität von der Jurisdiktion, sondern auch von Arrest und Festnahme gewährt werden sollte. Die sowjetische Delegation trat für die Gewährung von Immunität im größtmöglichen Umfang ein und begründete dies mit der bestehenden Staatenpraxis und dem Prinzip der Achtung der Souveränität der Staaten. Sie verwies außerdem auf die Bestimmungen des Abkommens über den Sitz von INMARSAT, in dem ein solcher Umfang der Immunität vorgesehen ist. Eine Reihe von Staaten, die eine Schmälerung der Immunitäten der Staatenvertreter und damit letztendlich eine Verringerung der Bedeutung und der Autorität von INMARSAT bezweckten, schlugen vor, diese Frage im Protokoll überhaupt nicht anzusprechen und sie nicht weiter zu erörtern. Erst nach hartem Kampf wurde der Umfang der Privilegien und Immunitäten bei INMARSAT den Vorrechten angeglichen, die den entsprechenden Vertretern bei VN-Sonderorganisationen eingeräumt werden: IMO (IMCO), UNESCO, ITU u.a. Eine scharfe Diskussion gab es auch über den Umfang der Privilegien und Immunitäten des Generaldirektors. Auf Drängen der sowjetischen Delegation wurde für ihn ein Status festgelegt, der dem des diplomatischen Agenten nahekommt und der Stellung eines Leiters einer internationalen Organisation entspricht. In das Protokoll wurden Artikel aufgenommen, die bestimmte Privilegien und Immunitäten für die Mitglieder des INMARSAT-Personals, für die Vertreter der Vertragsparteien und für die Experten festlegen, die von dem Direktorium eingeladen worden sind.

Ausgehend von dem Prinzip der freien Wahl der friedlichen Mittel zur völkerrechtlichen Beilegung internationaler Streitigkeiten schlug die sowjetische Delegation unter Berücksichtigung der Meinung der meisten Konferenzteilnehmer vor, im Protokoll die Verpflichtung der Staaten niederzulegen, auftretende Meinungsverschiedenheiten durch Verhandlungen oder eine andere einvernehmliche Methode zu regeln. In dem Vorschlag war auch die Möglichkeit vorgesehen, im Einverständnis beider Streitparteien ein Schiedsgericht anzurufen. Unter Ablehnung der Position einiger Länder, eine obligatorische Schiedsgerichtsbarkeit einzuführen, billigte die Konferenz die Formulierung eines Artikels, der den sowjetischen Vorschlag berücksichtigt. Die Aufnahme einer Reihe von Bestimmungen in das Protokoll, die dem allgemeinen Kurs der UdSSR für die Anerkennung der Immunität der Staaten und ihrer Vertreter in internationalen Organisationen entsprechen, ist ein wichtiger Präzedenzfall und hat wesentliche Bedeutung für die Bekräftigung höchst progressiver Rechtsprinzipien und Rechtsnormen in den internationalen Beziehungen. Indem sie das rechtliche Niveau von INMARSAT anheben, führen derartige Bestimmungen außerdem eine Reihe neuer Momente in die Regelung der Tätigkeit internationaler Organisationen ein, in deren Gründungsakten (insbesondere in der Gründungsakte von INTELSAT) keine analogen Normen enthalten sind.

Streitigkeiten zwischen den Vertragsparteien untereinander oder mit der „Organisation "(im folgenden: Organisation) müssen nach dem INMARSAT-Übereinkommen grundsätzlich durch Verhandlungen beigelegt werden (Art. 31). Ist innerhalb eines Jahres keine Beilegung des Streites erreicht worden und haben sich die Streitparteien nicht darauf geeinigt, die Streitigkeit dem Internationalen Gerichtshof vorzulegen oder sich einem anderen Verfahren zur Beilegung von Streitigkeiten zu unterwerfen, so soll der Streit mit Zustimmung aller Streitparteien einem Schiedsgerichtsverfahren unterworfen werden. Das Schiedsgerichtsverfahren und das Verfahren für die Bildung eines Schiedsgerichtsorgans selbst werden nach einer besonderen Anlage zum Übereinkommen durchgeführt. Streitigkeiten zwischen der Organisation und den Vertragsparteien auf Grund gemeinsam abgeschlossener Übereinkünfte sollen einem Schiedsgerichtsverfahren unterworfen werden, falls sie nicht innerhalb eines Jahres durch unmittelbare Verhandlungen beigelegt werden können. In diesen Fällen ist für die Einleitung eines Schiedsgerichtsverfahrens der Antrag nur einer der Streitparteien ausreichend. Im Einverständnis aller Streitparteien kann das

Schiedsgerichtsverfahren auch auf Streitigkeiten zwischen Vertragsparteien und Unterzeichnern angewandt werden. Streitigkeiten zwischen Unterzeichnern oder zwischen Unterzeichnern und der Organisation auf Grund des Übereinkommens oder der Betriebsvereinbarung sollen durch unmittelbare Verhandlungen beigelegt werden. Falls diese Verhandlungen innerhalb eines Jahres keinen Erfolg haben und die Streitparteien sich nicht auf ein anderes Verfahren zur Beilegung geeinigt haben, wird auf Antrag einer der Streitparteien ein Schiedsgerichtsverfahren eingeleitet (Art. XVI der Betriebsvereinbarung). Das ist das Verfahren zur Streitbeilegung gemäß den Abkommen, die zwischen den Unterzeichnern oder zwischen den Unterzeichnern und der Organisation abgeschlossen wurden.

Ein Kläger, der eine Streitigkeit dem Schiedsgerichtsverfahren unterwerfen will, muß dem Direktorium und dem Beklagten einen Schriftsatz zuleiten, der folgende Angaben enthält: Darstellung des Streitgegenstandes, Klagebegehren, Ursachen für die Anrufung des Schiedsgerichts (warum konnte der Streit nicht durch andere Mittel beigelegt werden?), Beweise, daß der Beklagte seine Verpflichtungen verletzt hat. Des weiteren benennt der Kläger ein Mitglied des Schiedsgerichts. Der zweite Schiedsrichter wird innerhalb von 60 Tagen vom Beklagten bestimmt. Innerhalb einer weiteren Frist von 30 Tagen müssen beide Schiedsrichter einen Kandidaten für den Vorsitzenden des Schiedsgerichts bestimmen. Falls innerhalb der genannten Frist ein Mitglied des Schiedsgerichts nicht bestimmt worden ist, so wird es auf Ersuchen einer der Streitparteien vom Präsidenten des Internationalen Gerichtshofs der VN ernannt. Das Schiedsgerichtsverfahren findet unter Ausschluß der Öffentlichkeit statt. Jedoch können die Vertreter der Organisation sowie der Vertragsparteien, die einen Unterzeichner bestimmt haben, an dem Verfahren teilnehmen. Ist die Organisation Partei in einem Streit, so können alle Vertragsparteien und Unterzeichner an den Sitzungen teilnehmen. Die Entscheidungen des Schiedsgerichts bedürfen der Zustimmung von mindestens zweien seiner Mitglieder. Nach der besonderen Anlage zum INMARSAT-Übereinkommen muß die Entscheidung des Gerichts „im Einklang mit dem Völkerrecht stehen" (Art. 11). Sie muß weiter auf die Bestimmungen des INMARSAT-Übereinkommens, auf die Betriebsvereinbarung und auf allgemein anerkannte Rechtsprinzipien gegründet sein.

Die oben erwähnten Besonderheiten des Rechtsstatus von INMARSAT als Organisation stellen eine neue Form der internationalen Zusammenarbeit der Staaten dar.[107] In diesem Zusammenhang muß betont werden, daß INMARSAT als eine Organisation, die sich um die Gewährleistung der Interessen der internationalen Gemeinschaft auf dem Gebiet der Verbesserung

---

[107] *M. E. Volosov, A. L. Kolodkin*, Pravovye osnovy meždunarodnoj organizacii morskoj sputnikovoj sistemy svjazi (INMARSAT), in: Materialy po morskomu pravu i meždunarodnomu torgovomu moreplavaniju, Moskva 1977, vyp. 13, S. 37-43; *M. E. Volosov*, The World International Maritime Satellite Organization (INMARSAT) — an Example of Fruitful Cooperation of States, in: Proceedings of the Twentieth Colloquium on the Law of Outer Space, New York 1971, S. 482-485.

der Seefunkverbindungen mit Hilfe künstlicher Erdsatelliten bemüht, bis auf den heutigen Tag die einzige internationale Organisation ist, welche die Tätigkeit des Menschen in so verschiedenartigen Umwelten wie Weltraum und Weltmeer vereinigt. Die Organisationsgrundlagen von INMARSAT entsprechen deshalb in vollem Umfang den Anforderungen höchst fortschrittlicher Prinzipien und Normen des modernen Völkerrechts. Das wird deutlich z. B. am Prinzip der Universalität ihrer Mitgliedschaft, der Gleichberechtigung aller staatlichen Vertragsparteien, des Zugangs zu den von INMARSAT gewährten Diensten für alle Schiffe ohne Unterschied der Flaggen, unter denen sie fahren. Überzeugender Beweis ist vor allem die Tatsache, daß INMARSAT ausschließlich die Lösung friedlicher und humanitärer Aufgaben zum Ziel hat. Eine Analyse der Gründungsdokumente dieser Organisation, einschließlich der Bestimmungen des Abkommens über den Sitz der Organisation und des Protokolls über Privilegien und Immunitäten, bestätigt, daß sie ganz an der Beachtung des Prinzips der gegenseitig nutzbringenden Zusammenarbeit der Staaten orientiert ist. Obgleich INMARSAT keine Sonderorganisation der VN ist, entsprechen die genannten Dokumente völlig den Zielen und Prinzipien der VN-Satzung. Diese positiven Aspekte von INMARSAT sind auf den bedeutenden Beitrag der sozialistischen Staaten bei der Gründung dieser Organisation zurückzuführen. Die Sowjetunion konnte und kann als aufrichtig friedliebender Staat nicht abseits stehen, wenn es um die Entscheidung von höchst aktuellen Problemen geht, welche die Interessen der gesamten Menschheit berühren. Darüber hinaus fördert die UdSSR als See- und Weltraummacht auf jede Art und Weise die Entwicklung der gegenseitig vorteilhaften internationalen Zusammenarbeit auf dem Weltmeer und im Weltraum.

Schon in der kurzen Zeit, die seit dem Inkrafttreten des INMARSAT-Übereinkommens und der Betriebsvereinbarung (16. Juli 1979) verstrichen ist, wurde deutlich, daß die Organisation in der Lage ist, die ihr übertragenen verantwortlichen Aufgaben zu erfüllen. In dieser Zeitspanne konstituierte sich das Direktorium und nahm seine Tätigkeit auf, es wird von dem Generaldirektor *Lundberg* (Schweden) geleitet. Der Rat funktioniert effektiv; bis zum 1. Juli 1983 wurden 37 Staaten Mitglieder. Die Organisation verfügt über ausreichende Mittel, um die praktische Arbeit des Seefunkverbindungssystems sicherzustellen. Dieses System bedient sich von INMARSAT gemieteter Satelliten. Es wird seit dem 1. Februar 1982 aufgebaut und erfaßt die Funkverbindungen der vom Standpunkt der Seeschiffahrt aus belebtesten Gebiete des Atlantischen, Indischen und Stillen Ozeans. Die globale Erfassung der Seefunkverbindungen wird durch die bis Anfang 1983 eingerichteten sechs Küsten-Empfangs- und Übertragungsstationen in Norwegen, Singapur, USA (2) und Japan (2) gewährleistet. Das Netz solcher Stationen soll im Jahre 1983 auf sieben und im Jahre 1984 auf neun Stationen erweitert werden (u. a. zwei in der UdSSR).[108] Die Arbeit dieses

---

[108] Hier und im folgenden sind die tatsächlichen Angaben der Zeitschrift Ocean Voice 1982-1983 entnommen.

Systems entwickelt sich dank einer ständig wachsenden Nachfrage nach Dienstleistungen auf dem Gebiet des Seefunks äußerst günstig. Bis zum 1. März 1983 waren 1.643 Schiffe und 123 Bohr- und Erdölförderungsplattformen auf See aus verschiedenen Ländern mit entsprechenden Seefunkanlagen ausgerüstet. Schiffe werden derzeit in hohem Tempo mit Anlagen für die Nutzung der Dienste des INMARSAT-Systems ausgerüstet[109], ungeachtet der hohen Kosten der heute dazu notwendigen Einrichtungen. Dadurch wird vor allem die für die Benachrichtigung bei Unglücksfällen, bei der Suche und der Rettung von Schiffen und Menschen, denen auf See ein Unglück widerfahren ist, äußerst wichtige unverzügliche Funkverbindung gewährleistet. Darüber hinaus sind die schon erwähnten, bedeutend geringeren Kosten der Dienstleistungen bei der Übermittlung von Nachrichten ein anderer positiver Faktor. Tatsächlich wurden auf der sechsten Sitzung des Rates Tarife für die Benutzung der Kanäle der Satellitenverbindungen festgesetzt, die mehr als zweimal billiger waren als die bis dahin geltenden Tarife. Außerdem stellt das INMARSAT-System bei der Übermittlung von Notsignalen seine Dienste unentgeltlich zur Verfügung. Schließlich ist auf Grund einer Entscheidung des Rates die Benutzung des Telefonkanals im System der Nachrichtenverbindungen über einen künstlichen Erdsatelliten auch dann kostenlos, wenn experimentelle Versuchsarbeiten mit bojengestützten Indikatoren von Unglücksfällen koordiniert werden sollen, mit denen ein Such- und Rettungssystem nicht nur für maritime Gegenstände, sondern auch für andere Objekte, insbesondere für Flugzeuge, entwickelt werden kann. Dies stellt eines der Grundziele von INMARSAT dar.

Für die Erreichung der Ziele des INMARSAT-Übereinkommens unterhält und entwickelt diese Organisation Kontakte mit einer Reihe anderer zwischenstaatlicher Organisationen, die in irgendeiner Weise mit der grundlegenden Ausrichtung ihrer Tätigkeit zu tun haben. So wurde ein Abkommen über die Zusammenarbeit mit der IMO (IMCO) abgeschlossen, deren Empfehlungen und Resolutionen INMARSAT nach dem Übereinkommen bei ihrer Arbeit berücksichtigen muß. Insbesondere betrifft dies die Schaffung eines künftigen globalen Funkverbindungssystems für die Verhütung von Unfällen und zur Gewährleistung der Sicherheit menschlichen Lebens nicht nur auf See, sondern auch in anderen Räumen und Sphären. Zwischen INMARSAT und der Internationalen Fernmeldeunion (ITU) wurde ein Verwaltungsabkommen abgeschlossen. In einer Reihe von Ausschüssen der ITU ist die neue Organisation mit Konsultativstatus beteiligt. Besonders notwendig ist es zu erwähnen, daß die im Rahmen der ITU erarbeiteten Anforderungen an Funkverbindungen bei der Nutzung des INMARSAT-Weltraumsegments sowie der Küsten- und Schiffsstationen beachtet werden müssen. Notwendige Kontakte werden auch mit der Weltorganisation für Meteorologie unterhalten. INMARSAT arbeitet

---

[109] Bis Anfang 1982 waren weniger als eintausend Schiffe mit derartigen Terminals ausgerüstet. Es wird erwartet, daß bis 1985 die Zahl der Schiffsstationen 1.500 überschreitet.

äußerst eng mit INTELSAT zusammen: Einige der Modifikationen der Nachrichtensatelliten, die von INTELSAT erarbeitet wurden, hat INMARSAT gemietet. Als Lieferant von Elementen des INMARSAT-Weltraumsegments tritt die Europäische Weltraumagentur auf. Derzeit wird geprüft, ob ein Abkommen über die Zusammenarbeit mit der Organisation der sozialistischen Staaten auf dem Gebiet der Erforschung des Weltraums, „Intersputnik", geschlossen werden soll. Ständige Kontakte gibt es mit dem VN-Ausschuß für die friedliche Nutzung des Weltraums.

6. Internationale maritime Organisationen als Mittel zur Verwirklichung der Rechtsfähigkeit und zur Erhöhung der Handlungsfähigkeit der Staaten

Auch internationale Organisationen besitzen die Merkmale (Eigenschaften) der völkerrechtlichen Rechtssubjektivität und Handlungsfähigkeit, die den Staaten eigen sind. Jede dieser Organisationen hat im Rahmen ihrer satzungsgemäßen Ziele und Aufgaben eine zweckgerichtete Rechts- und Handlungsfähigkeit. Das gilt auch für verschiedene zwischenstaatliche maritime Organisationen. Grundziel einer jeden internationalen Organisation muß es sein, die Anstrengungen der Staaten zur Erfüllung derjenigen Aufgaben zu vereinigen, die ohne Koordinierung nicht erledigt werden können, ob es sich dabei um einen, zwei oder eine Gruppe Staaten im regionalen oder globalen Maßstab handelt. Mit anderen Worten, für die Staaten sind internationale Organisationen unverzichtbar, wenn sie maximale Ergebnisse bei der Umsetzung ihrer internationalen maritimen Rechtsfähigkeit in internationale Handlungsfähigkeit erreichen wollen. Unter diesem Aspekt ist der Plan, internationale Handelsschiffe unter der Flagge der VN oder anderer internationaler Organisationen fahren zu lassen, eines der überzeugendsten Beispiele für die Suche der Entwicklungsländer nach Formen für die Realisierung ihrer maritimen Rechtsfähigkeit durch eine handlungsfähige internationale Organisation.[110] Problematisch ist hierbei, daß eine derartige Organisation oder ein internationales Schiff unter ihrer Flagge nicht den Rahmen der internationalen Rechtsfähigkeit der betreffenden Staaten oder die zweckgerichtete, begrenzte Rechtsfähigkeit, die von den Staaten auf die betreffende Organisation und (oder) das internationale Seeschiff delegiert worden ist, überschreiten darf. Die internationale Organisation tritt also als Form der Handlungsfähigkeit der Staaten auf. Jedoch muß die Tätigkeit dieser internationalen Schiffe tatsächlich Ausprägung der staatlichen Handlungsfähigkeit sein und darf sich nicht außerhalb des vom Völkerrecht gesetzten Rahmens bewegen (Spionage, Einmischung in Angelegenheiten des Staates, dessen Häfen angelaufen werden, Diktat usw.).

---

[110] Siehe dazu im einzelnen *M. I. Lazarev*, Okean i budiščee, S. 29-34.

Das Problem der Rechts- und Handlungsfähigkeit einer internationalen staatlichen Organisation ist sehr interessant und kompliziert. So stellt sich zum Beispiel die Frage, ob eine internationale Organisation eine selbständige Rechtsfähigkeit und Handlungsfähigkeit hat und ob diese nur eine Abart der Rechts- und Handlungsfähigkeit der Staaten sind, welche die Organisation gegründet haben. Staaten treten in internationale Organisationen ein, um optimal bestimmte Ziele zu erreichen und um diejenigen Rechte vollständiger zu verwirklichen, die sie nicht individuell oder bilateral ausüben können. Daran wird offensichtlich, daß die internationale Organisation eine Form, ein Mittel und ein Instrument der Realisierung der internationalen Rechts- und Handlungsfähigkeit der Staaten ist. So hat z. B. jeder Staat ein Recht auf Ersatz des Schadens, der ihm durch eine Verschmutzung seiner Meeresgewässer oder Küsten durch Öl entstanden ist; jedoch kann er in einer Reihe von Fällen keinen vollständigen Ersatz dieses Schadens erlangen. Nur durch Abschluß eines Abkommens mit anderen Staaten und die Einrichtung eines internationalen Geldfonds kann er effektiv sein Recht durchsetzen und dieses Recht durch seine internationale Handlungsfähigkeit ergänzen. Diese Handlungsfähigkeit wird dem Staat durch eine internationale Organisation verliehen. Man darf dabei natürlich niemals übersehen, daß alle Rechte, Pflichten und Verantwortlichkeiten letztendlich im Prinzip nicht (oder nicht nur) die internationale Organisation treffen, sondern die Mitgliedstaaten der internationalen Organisation.

Jedoch können in bestimmten Fällen internationale Organisationen eine bestimmte rechtliche Selbständigkeit erwerben, wenn diese für ihr richtiges Funktionieren und den Schutz der Rechte und Pflichten der Staaten notwendig ist. In diesen Fällen setzt die internationale Organisation ihre eigene Rechts- und Handlungsfähigkeit ein, die jedoch nur einen begrenzten, funktionalen, sekundären Charakter besitzt. Diese Rechts- und Handlungsfähigkeit entsprechender internationaler Organisationen ist von den Staaten zum Schutz ihrer eigenen Rechts- und Handlungsfähigkeit durch eine kollektive Maßnahme geschaffen worden. So hat z. B. eine internationale Fischereiorganisation nach bestimmten internationalen Abkommen das Recht, die rationelle Durchführung des Fischfangs durch die Staaten sowie ihre juristischen und natürlichen Personen zu kontrollieren. Die internationale Organisation schickt nämlich ihre Inspektoren an Bord nationaler Fischereischiffe, und folglich verfügt sie hier über Rechte, Pflichten, Verantwortlichkeiten sowie (wenn sie diese realisiert) über eine selbständige Handlungsfähigkeit in Fragen des Fischfangs.

Auch wenn man feststellt, daß eine Vereinigung von Staaten die Kräfte dieser Staaten vermehrt, darf man doch niemals die Gefahr eines Ungleichgewichts zwischen Entwicklungsländern und mächtigen kapitalistischen Staaten vergessen, deren Monopole aus solchen Vereinigungen oftmals große Vorteile für sich ziehen. So bestreiten z. B. die USA, eine große Weltraummacht, nach zweiseitigen Abkommen über die Erschließung des Weltraums mit ihren Partnern nur 1/3 aller Ausgaben, während 2/3 aller Gesamtausgaben auf den Anteil der

Partner entfallen! Diese Beobachtung, die von *V. S. Vereščetin* gemacht wurde[111], hat Bedeutung auch für die internationalen maritimen Organisationen, die insbesondere in der VN-Seerechtskonvention von 1982 vorgesehen sind. Besondere Bedeutung haben internationale Organisationen jedoch für Entwicklungsländer. Es ist kein Zufall, daß gerade nach dem Zerfall des Kolonialismus sowohl die Zahl als auch die Rolle internationaler Organisationen so stark anwuchs, insbesondere die Zahl internationaler Organisationen von Entwicklungsländern, man denke etwa an die Arabische Liga und die Organisation für Afrikanische Einheit.[112]

In einer Reihe internationaler Dokumente ist von der Verleihung der Rechtsfähigkeit an bestimmte internationale Organisationen die Rede. Damit meint man die internationale öffentlich-rechtliche Rechtsfähigkeit eines Völkerrechtssubjekts und die privatrechtliche Rechtsfähigkeit (auf der Ebene des Vollzuges bürgerlich-rechtlicher Handlungen). Über die Handlungsfähigkeit selbst wird jedoch nichts gesagt. Diese Besonderheit erklärt sich dadurch, daß die Verleihung von Völkerrechtsfähigkeit die Gewährung bestimmter Rechte, Pflichten und Verantwortlichkeiten sowie die Übertragung eines juristischen Titels an die betreffende internationale Organisation bedeutet. Es versteht sich von selbst, daß die Rechtsfähigkeit zu dem Zweck verliehen wird, daß die faktische Tätigkeit zur Verwirklichung dieser Rechtsfähigkeit zur Handlungsfähigkeit wird, d.h. die Rechtsfähigkeit wird verliehen, um die Handlungen zu ihrer Realisierung zu legalisieren. Deshalb ist vom Standpunkt des Rechtstitels aus die Verleihung der Rechtsfähigkeit an die internationalen Organisationen die Hauptsache. Aus der Sicht der Realisierung bestimmter Rechte, Pflichten und Verantwortlichkeiten ist jedoch Hauptsache die Handlungsfähigkeit. So ist die Rechtsfähigkeit der VN in den Art. 104 und 105 der VN-Satzung vorgesehen, obgleich sie zweifellos in einer Reihe anderer Artikel dieses Dokuments als selbstverständlich vorausgesetzt wird. Damit die Rechtsfähigkeit der VN im Sitzstaat verwirklicht werden kann, war es erforderlich, ihre Rechtsfähigkeit im inneren Recht des Sitzstaates zu fixieren. Diese Fragen erlangen eine wichtige Bedeutung im Zusammenhang mit der Schaffung eines Stabsquartiers der VN für Meeresfragen auf der Grundlage der VN-Seerechtskonvention von 1982, d.h. der Meeresbodenbehörde, des Unternehmens der Behörde sowie verschiedener maritimer Kommissionen und Organisationen, und für deren erforderliche Akkreditierung auf dem Territorium verschiedener Länder. Ohne Feststellung der Rechtsfähigkeit der internationalen Organisation im Recht des Sitzstaates kann diese Organisation nicht handlungsfähig sein. Die Rechtsfähigkeit der internationalen Organisation, niedergelegt im innerstaatlichen Recht bestimmter Länder, ist also ein Element der internationalen Handlungsfähigkeit der betreffenden Organisation.

---

111 Siehe *V. S. Vereščetin*, Orbitami sotrudničestva, Moskva 1975.

112 Siehe *R. A. Tuzmuchamedov*, Razvivajuščiesja strany v mirovoj politike. Meždunarodnye mežpravitel'stvennye organizacii stran, Moskva 1977.

Um die Rechtsfähigkeit einer internationalen Organisation geht es in dem Übereinkommen über Rechtsfähigkeit, Privilegien und Immunitäten des RGW.[113] Im übrigen wird in ihm die Handlungsfähigkeit nicht erwähnt. Das ist verständlich, weil die Fixierung der Rechtsfähigkeit die Hauptsache ist und die Handlungsfähigkeit als Bereich der faktischen Tätigkeit (gestützt auf das Recht) wohl kaum durch die Annahme eines nur internationalen Dokuments gewährleistet werden kann. Die internationalen Organisationen der sozialistischen Staaten, in erster Linie der RGW, sind ein Beispiel für die Verwirklichung der internationalen Rechtsfähigkeit der sozialistischen Staaten in ihrer internationalen Handlungsfähigkeit auf der Grundlage der Prinzipien des sozialistischen Internationalismus und der sozialistischen Wirtschaftsintegration. Eine große Rolle spielt dabei die Zusammenarbeit der Mitgliedsländer des RGW auf dem Gebiet der Handelsschiffahrt. Die Mitgliedschaft sozialistischer Staaten in den verschiedenen — u. a. maritimen — internationalen Organisationen hat folgende Auswirkungen: a) sie fördert die Realisierung ihrer Rechtsfähigkeit, b) sie unterstützt die Verwirklichung der Rechtsfähigkeit der Entwicklungsländer und erhöht ihre Handlungsfähigkeit und c) sie begrenzt die reaktionäre imperialistische Politik sowie die Möglichkeit einer Verletzung der Rechtsfähigkeit anderer Staaten auf den Meeren und Ozeanen durch imperialistische Mächte.

Man muß noch einmal unterstreichen: Liegen der maritimen Rechtsfähigkeit und Handlungsfähigkeit der Staaten die Souveränität und die souveränen Rechte auf dem Weltmeer zugrunde, so beruht die Rechtsfähigkeit und die Handlungsfähigkeit einer internationalen maritimen Organisation auf einem Übereinkommen der Staaten zur Schaffung dieser internationalen Organisation, damit durch sie bestimmte Funktionen ausgeübt und die gesteckten Ziele auf dem Weltmeer erreicht werden können.

---

[113] Siehe Mnogostoronnee ekonomičeskoe sotrudničestvo socialističeskich gosudarstv, Moskau 1972, Redaktion *P. A. Tokarevoj*.

Dritter Teil

Rechtsprobleme im Zusammenhang mit der Errichtung von Wirtschaftszonen

1. Rechtsordnung der ausschließlichen Wirtschaftszone

Die Frage der 200 sm Wirtschaftszonen war eines der größten und schwierigsten Probleme der 3. VN-Seerechtskonferenz. Die Einrichtung derartiger Zonen berührt die politischen und wirtschaftlichen Interessen praktisch aller Staaten der Welt. Als dieses Problem erstmals im Jahre 1972 im VN-Ausschuß für die friedliche Nutzung des Meeresbodens jenseits der Grenzen nationaler Jurisdiktion erörtert wurde, war bereits klar, daß es sich hier um die in der Geschichte der Menschheit einmalige globale Aufteilung eines bedeutenden Teils des Weltmeeres und deren Legalisierung handelte. Deshalb waren viele Länder — in erster Linie Binnenstaaten und Staaten mit kurzen Küsten — gegenüber der Konzeption der Wirtschaftszone äußerst zurückhaltend. Die Mehrheit von ihnen sprach sich im Meeresbodenausschuß gegen die Erarbeitung von Normen über die Zulässigkeit der Errichtung von Wirtschaftszonen aus. Der Vorsitzende des Zweiten Unterausschusses des genannten VN-Ausschusses sah sich gezwungen, in seinem Bericht auf eine Erklärung Bezug zu nehmen, die verdeutlicht, daß die Errichtung von ausschließlichen Wirtschaftszonen den Rechten und Interessen anderer Staaten Schaden zufügen kann und daß die Garantien für die Rechte und Interessen der Entwicklungsländer, der Binnenstaaten und der geographisch benachteiligten Staaten unzureichend sind.[1] Es handelte sich um riesige Bereiche des Weltmeeres vor den Küsten aller Kontinente, die zur Hohen See gehören und in denen seit der Verkündung der Doktrin des „*mare liberum*" durch *Hugo Grotius* über Jahrhunderte hinweg die allgemein anerkannten Freiheiten der Schiffahrt, des Fischfangs und andere Freiheiten galten. Diese Freiheiten wurden später in dem Übereinkommen über die Hohe See bestätigt, das im Jahre 1958 auf der 1. VN-Seerechtskonferenz in Genf verabschiedet wurde.

In der juristischen Literatur wird darauf hingewiesen, daß nach sehr zurückhaltenden Schätzungen die Fläche aller Wirtschaftszonen — die von mehr als 130 Küstenstaaten eingerichtet werden könnten — ungefähr 140-150

[1] Doklad Komiteta po mirnomu ispol'zovaniju dna morej i okeanov za predelami dejstvija national'noj jurisdikcii; New York, OON, 1973, Bd 1, S. 65 (Report of the Committee on the Peaceful Uses of the Sea-Bed and the Ocean Floor beyond the Limits of National Jurisdiction, Official Records of the General Assembly, 28th Session, Suppl. 21, Vol. I).

Millionen km² oder 40-42% des gesamten Weltmeeres ausmacht.[2] Unter Einbeziehung von Inseln und besonderen Konfigurationen der Küstenlinie könnten das Mittelmeer, das Schwarze Meer, die Ostsee, das Rote Meer, die Nordsee, das Ostchinesische Meer, das Japanische Meer, das Ochotskische Meer und die Karibik vollständig von den Wirtschaftszonen der Küstenstaaten überdeckt werden. Vor allem die Küstenstaaten mit einer langen Küstenlinie und Seegebieten mit reichen lebenden und mineralischen Naturschätzen vor ihren Ufern können den größten Nutzen aus der Errichtung ausgedehnter Wirtschaftszonen ziehen. Zu dieser Kategorie gehören u. a. die USA, Kanada, Australien, Neuseeland, Großbritannien, Norwegen, Island, UdSSR, Japan, Argentinien, Brasilien, Chile, Indonesien, Philippinen, Fidschi, Mexiko — insgesamt etwa 40 Staaten. Demgegenüber würden mehr als 30 Binnenstaaten und mehr als 30 geographisch benachteiligte Staaten durch derartige Maßnahmen nicht nur nichts gewinnen, sondern teilweise sogar der Möglichkeit beraubt, in ihren traditionellen Fischgründen dem Fischfang nachzugehen, weil ihre Küsten nur eine unbedeutende Ausdehnung haben und Naturschätze in ihren Zonen fehlen. Wie der sowjetische Wissenschaftler *G. F. Kalinkin* bemerkt, gibt es in einer Reihe von Fällen, durch die geologische Struktur des Untergrundes des Meeresbodens bedingt, keine Öl- und Gaslagerstätten in den Wirtschaftszonen. Deshalb können die betroffenen Staaten keinerlei Vorteile aus einer Ausbeutung der Naturschätze des Meeresbodens und -untergrundes ziehen.[3] Darum schlugen viele dieser Länder vor, regionale Wirtschaftszonen jenseits der Küstenmeere einzurichten, in denen ihnen gleiche Rechte auf Nutzung der lebenden Naturschätze gewährt werden sollten.[4]

Insgesamt hat die Konzeption der Wirtschaftszone einen entscheidenden Einfluß auf die Veränderung der Völkerrechtsordnung auf dem Weltmeer gehabt. Sie hatte zur Folge, daß neue zwischenstaatliche Beziehungen über Fragen der Nutzung maritimer Naturschätze, wissenschaftlicher Meeresforschung, der Verhütung einer Verschmutzung der Meeresumwelt usw. entstanden. Die internationale Staatengemeinschaft und jeder Staat für sich sind daran interessiert, daß die Beziehungen bei der Nutzung des Weltmeeres auf gerechten und gefestigten Prinzipien aufgebaut sind, die den Anforderungen unserer Epoche gerecht werden. Dabei müssen nicht nur nationale, sondern auch regionale und globale Interessen angemessen berücksichtigt werden. Von diesem globalen Problem sind ausnahmslos alle Staaten und ihre Interessen mit unterschiedlicher Intensität berührt. Die Konzeption der Wirtschaftszone machte im Verlauf der 3. VN-Seerechtskonferenz eine erhebliche Entwicklung durch: vom Maximalismus und Extremismus zur Suche nach Kompromissen.

---

[2] *P. D. Barabolja*, *S. V. Molodcov*, Problemy ekonomičeskich zon v sovremennom meždunarodnom morskom prave, in: Morskoj sbornik 1977, No. 6, S. 77-81.

[3] *G. F. Kalinkin*, Režim morskich prostranstv, Moskva 1981, S. 91.

[4] *V. F. Carev*, Problemy pravovogo statusa ekonomičeskoj zony pribrežnych gosudarstv, in: Mirovoe rybolovstvo 1978, Ausgabe 8, S. 28.

Die Idee der Wirtschaftszone wurde im Kampf der Entwicklungsländer um die Neue Weltwirtschaftsordnung geboren. Diesen Kampf führten in erster Linie diejenigen Länder, die sich verhältnismäßig spät vom Joch des Kolonialismus befreit hatten. Viele Entwicklungsländer gingen nicht nur davon aus, daß der Schutz der Naturschätze vor ihren Küsten ihren Interessen dient, sondern rechneten mit wirtschaftlichen Vorteilen aus der Förderung oder dem Fang dieser Ressourcen durch eigene oder gemeinsam mit anderen Staaten unternommene Anstrengungen. Diese Vorteile wurden wiederholt in den Stellungnahmen einer Reihe von Delegationen schon auf der zweiten Konferenzsitzung 1974 in Caracas unterstrichen und in der Folge auch auf weiteren Sitzungen der 3. VN-Seerechtskonferenz.[5] Unzutreffend ist deshalb die Annahme, das Konzept der Wirtschaftszone sei hauptsächlich als Gegengewicht gegen Versuche von Staaten entstanden, ihr Küstenmeer auf 200 sm auszudehnen. Die Ablehnung eines 200-sm-Küstenmeeres durch die Mehrheit der Staaten bildete lediglich einen von vielen Faktoren, die zur Entstehung des völlig neuen Völkerrechtsinstituts der Wirtschaftszone führten.

Bekanntlich tauchte das Problem der Wirtschaftszone nicht unverhofft auf.[6] Schon ganz am Anfang der Arbeiten des VN-Meeresbodenausschusses wurde die Frage der Präferenz(Vorzugs)-Rechte der Küstenstaaten auf die lebenden Naturschätze in den küstennahen Meeresräumen aufgeworfen. Viele Entwicklungsländer gaben sich jedoch mit derartigen Präferenzrechten nicht zufrieden und forderten weitergehende Rechte nicht nur auf die lebenden, sondern auch auf die mineralischen Naturschätze. Die größten Aktivitäten bei der Suche nach Wegen für eine Ausdehnung ihrer Rechte in den küstennahen Gewässern entwickelten die lateinamerikanischen und afrikanischen Länder. So errichtete z.B. Costa Rica an Stelle eines früher erklärten 200-sm-Küstenmeeres im Februar 1972 ein 200-sm-Patrimonialmeer, das ein 12-sm-Küstenmeer einschloß. Die Regierung von Costa Rica verkündete, sie sei entschlossen, im Patrimonialmeer eine besondere Jurisdiktion in dem Umfang auszuüben, der für den Schutz, die Erhaltung und die Nutzung der natürlichen Ressourcen und Reichtümer zum ausschließlichen Wohl ihres Volkes notwendig sei. Diese besondere Jurisdiktion über die an das Küstenmeer angrenzenden Gewässer solle jedoch in keiner Weise die Rechtsordnung der Hohen See beeinträchtigen, die sich nach den geltenden Übereinkommen auf diese Gewässer erstrecke.[7] Costa Rica war damit der erste Staat, der die traditionelle Position einer Reihe lateinamerikanischer Länder zur Konzeption eines 200-sm-Küstenmeeres aufgab. In der Tat wurde diese Konzeption schon am Vorabend der 3. VN-

---

[5] Siehe Oficial'nye otčety III Konferencii OON po morskomu pravu (Official Records of the Third United Nations Conference on the Law of the Sea [UNCLOS III, OR]), Caracas 20. Juni — 29. August 1974, Bd. 1, S. 3-318; Bd. 2, S. 277-359.

[6] *W. C. Extavour*, The Exclusive Economic Zone, Genève 1979, S. 285-300.

[7] Sbornik zakonodatel'nych aktov zarubežnych gosudarstv po voprosam režima pribrežnych vod, Moskva 1980, Teil 1, S. 220.

Seerechtskonferenz und vor allem während der Arbeiten des Meeresbodenausschusses äußerst unpopulär. Viele Länder sahen in dieser Konzeption jetzt die Gefahr eines Hemmschuhs für die Entwicklung der Wirtschaftsbeziehungen besonders zwischen denjenigen Staaten, die sich erst verhältnismäßig spät von kolonialer Abhängigkeit befreit hatten.[8]

Das Verhalten Costa Ricas war gleichsam der Auslöser für die am 7. Juni 1972 auf der Konferenz der Länder des Karibischen Beckens in Santo Domingo verabschiedeten Deklaration. Sie wurde von Barbados, Venezuela, Haiti, Guatemala, Honduras, der Dominikanischen Republik, Kolumbien, Costa Rica, Mexiko, Nicaragua sowie Trinidad und Tobago unterzeichnet. Die Vertreter Guayanas, Panamas, El Salvadors und Jamaicas weigerten sich, die Deklaration zu unterzeichnen, weil sie nach ihrer Auffassung ihre Interessen nicht in vollem Umfang berücksichtigte. Alle Unterzeichner der Deklaration von Santo Domingo erkannten an, daß es notwendig sei, eine einheitliche 12-sm-Grenze für die Breite des Küstenmeeres festzulegen und dabei gleichzeitig das Recht der friedlichen Durchfahrt ausländischer Schiffe gemäß dem geltenden Völkerrecht zu proklamieren. Jedoch war dies nicht das Hauptproblem dieses Regionaltreffens. Die wesentlichen und wichtigsten Bestimmungen der Deklaration bezogen sich auf die Festlegung der Grenzen des Patrimonialmeeres auf 200 sm von den Basislinien, von denen aus auch die Breite des Küstenmeeres gemessen wird. Innerhalb des Patrimonialmeeres sollte der Küstenstaat souveräne Rechte auf die natürlichen Ressourcen besitzen, die sich in diesen Gewässern befinden. Darüber hinaus sollte dem Küstenstaat im Patrimonialmeer das Recht zustehen, die wissenschaftliche Forschung zu regeln und notwendige Maßnahmen zur Verhütung einer Meeresverschmutzung zu ergreifen. Gleichzeitig wurden die Prinzipien der Freiheit der Schiffahrt und des Überfluges sowie die Freiheit verkündet, Kabel und Rohrleitungen uneingeschränkt zu verlegen, soweit sich derartige Einschränkungen nicht daraus ergeben, daß der Küstenstaat seine Rechte in diesem Meeresgebiet ausübt.

Art. 5 der Deklaration von Santo Domingo, der die Ausdehnung der Rechte der Küstenstaaten im Patrimonialmeer zum Ziel hat, gab zu Mißbräuchen Anlaß. Viele Entwicklungsländer nahmen den Begriff „Patrimonialmeer“ mit äußerster Zurückhaltung auf, sie betrachteten diese Konzeption als Vorstoß, Eigentumsrechte über riesige Bereiche des Weltmeeres zu beanspruchen. Es ist kein Zufall, daß dieser aus dem Spanischen übersetzte Begriff „ererbtes“ oder „überkommenes“ Meer bedeutet. Nach den Worten des Vertreters von Zaire im VN-Meeresbodenausschuß beinhaltet dieser Begriff gewöhnlich die Auffassung von Familieneigentum, das von Generation zu Generation übergeben wird.[9] Letztendlich fand die Konzeption des Patrimonialmeeres auf den folgenden internationalen Konferenzen keine breite Unterstützung, und schließlich sahen

---

[8] *S. V. Molodcov*, Pravovoj režim morskich vod, Moskva 1982, S. 34.

[9] Dok. OON A/AC.138/SR.64, 1972, S. 34.

sich die lateinamerikanischen Staaten mit Ausnahme Costa Ricas gezwungen, diesen Begriff zugunsten der Konzeption der „Wirtschaftszone" aufzugeben.[10]

Diese Konzeption wurde auf dem Regionalseminar afrikanischer Staaten über Seerechtsfragen unterstützt, das im Juni 1972 in Jaunde (Kamerun) stattfand. Die Empfehlungen dieses Seminars enthalten das Recht, die Grenzen der eigenen Jurisdiktion über die an die Küste anschließenden Meeresteile nach vernünftigen Kriterien festzulegen, die insbesondere die diesen Meeresgebieten eigenen geographischen, geologischen und biologischen Faktoren und die Gesichtspunkte der nationalen Sicherheit berücksichtigen.[11] Es wurde vorgeschlagen, allen Küstenstaaten das Recht zuzuerkennen, eine Wirtschaftszone einzurichten, die lebenden Meeresressourcen national auszubeuten und ihre Erhaltung zum Wohle vor allem des eigenen Volkes zu überwachen. Auf dem genannten Seminar wurde erstmals die Idee einer regionalen Nutzung der lebenden Naturschätze der Wirtschaftszone für alle afrikanischen Staaten entwickelt, unabhängig davon, ob sie Küstenstaaten sind oder nicht.

Auf der Grundlage der auf dem Jaunde-Seminar erarbeiteten Bestimmungen wurde erstmals am 14. Juni 1972 von dem Vertreter Kenias im Meeresbodenausschuß ein Entwurf eingebracht, der das Recht aller Staaten vorsah, eine ausschließliche Wirtschaftszone von 200 sm einzurichten, gemessen von den Basislinien, von denen aus auch die Breite des Küstenmeeres berechnet wird. Kenia legte einen Entwurf vor, wonach der Küstenstaat in der ausschließlichen Wirtschaftszone souveräne Rechte auf die Naturschätze in den Gewässern sowie im Meeresboden und Untergrund zum Zwecke ihrer Erforschung und Ausbeutung besitzen soll. Der Küstenstaat habe das Recht, Vorschriften zur Verhütung einer Verschmutzung der Meeresumwelt und für die Durchführung wissenschaftlicher Forschungsvorhaben zu erlassen. Bestimmte Vorzugsrechte wurden für diejenigen Entwicklungsländer vorgesehen, die keinen oder fast keinen Zugang zum Meer haben.[12] In der Folgezeit wurden neben dem Entwurf Kenias weitere Entwürfe im Meeresbodenausschuß vorgelegt, die darauf abzielten, die Jurisdiktion der Küstenstaaten in den an ihre Küsten anschließenden Gebieten der Hohen See zu erweitern.

Als die 3. VN-Seerechtskonferenz ihre Arbeit im Dezember 1973 begann, existierten also bereits klare wirtschaftliche Konzeptionen bedeutender Staatengruppen für eine Ausdehnung ihrer Rechte auf die küstennahen Meeresgewässer jenseits des Küstenmeeres. Die zweite Sitzung der Konferenz, die vom 20. Juni bis 29. August 1974 in Caracas (Venezuela) stattfand, widmete einen großen Teil ihrer Arbeit dem Problem der Wirtschaftszone. Von Anbeginn an sah die Caracas-Sitzung die Wirtschaftszone als eines ihrer wichtigsten Probleme aus

---

[10] Siehe *Ju. B. Markov*, Patrimonial'noe more, in: Morskoj sbornik 1973, No. 8, S. 82-84.

[11] VN-Dok. A/AC.138/79 von 1972.

[12] VN-Dok. A/AC.138/C.II/L.10 von 1972.

dem „einheitlichen Paket“ der auf der Konferenz erörterten Grundsatzfragen an, zu denen u.a. insbesondere die Rechtsordnung und die Breite des Küstenmeeres, das Regime von Meerengen, die der internationalen Schiffahrt dienen, die Abgrenzung des Festlandsockels, die Rechtsordnung der Hohen See, das Regime des Meeresbodens jenseits der Grenzen nationaler Jurisdiktion und die Rechtsordnung der wissenschaftlichen Meeresforschung gehörten.[13] Besonders erwähnenswert ist, daß die Caracas-Sitzung der 3. VN-Seerechtskonferenz eine tragfähige Grundlage für die folgende Ausarbeitung in hohem Maße konsensfähiger Normen und Prinzipien für die Nutzung des Weltmeeres und für die Entwicklung des Weltmeeres zu einem Instrument des Friedens, des Fortschritts und der engen Zusammenarbeit aller Staaten schuf.

In seiner Rede zur Eröffnung dieser Sitzung betonte der Präsident Venezuelas, *Carlos Andrés Pérez*, daß das Meer einer humanen Politik der Aufteilung der Wohltaten und natürlichen Ressourcen unter alle Menschen der Erde dienen müsse und nicht einer Politik habsüchtiger Raffgier einzelner Nationen, Regimes, Konsortien oder derjenigen, die über die notwendige Technologie verfügen. Der wirtschaftliche Totalitarismus sei eine große Bedrohung, die heute auf den Menschen laste, wie sie seinerzeit die koloniale Habsucht der Vergangenheit bedrückte.[14] In der allgemeinen Diskussion auf der Caracas-Sitzung ergriff auch der Präsident Mexikos, *Luis Echeverría-Alvarez*, das Wort, der den wirtschaftlichen Fragen der Nutzung der maritimen Naturschätze größte Aufmerksamkeit widmete. *Echeverría* führte aus, daß Mexiko die Konzeption des Patrimonialmeeres unterstütze und dieses Meer als einen Bereich betrachte, in dem die Küstenstaaten souveräne Rechte über die lebenden und mineralischen Naturschätze genössen, gleichgültig ob letztere sich reproduzierten oder nicht und ob sie sich in der Wassersäule, auf dem Meeresboden oder im Untergrund befänden. Dabei dürften sie aber keine souveränen Rechte über die Meeresräume als solche ausüben. Nach seinen Worten würden die Rechte des Küstenstaates im Patrimonialmeer neben den Rechten der internationalen Gemeinschaft ausgeübt, und der Küstenstaat dürfe keine Möglichkeit haben, der Tätigkeit anderer Staaten willkürliche oder unbegründete Beschränkungen aufzuerlegen.[15] Auf der Sitzung in Caracas gingen viele lateinamerikanische Länder trotz der Verwendung des Begriffs „Patrimonialmeer“ von denselben Grundlagen und Prinzipien aus wie die Verfechter der Konzeption der Wirtschaftszone. Das oben wiedergegebene Zitat aus der Rede *Echeverrías* ließ bereits erkennen, daß in Lateinamerika die Möglichkeiten einer Ausdehnung der küstenstaatlichen Jurisdiktion auf die entsprechenden Meeresräume durchaus realistisch bewertet wurde und ein beachtliches Interesse daran bestand, die Rechtsordnung dieser Räume nicht zu eng zu gestalten. Diese Haltung machten sich zahlreiche Länder zu eigen, vor allem diejenigen unter ihnen, die keinen

---

[13] Oficial'nye otčety (vgl. Fn. 5), Bd. 1, S. 106.

[14] A.a.O., S. 55.

[15] A.a.O., S. 314-315.

Zugang zum Meer haben oder sonst geographisch benachteiligt sind. Es ist kein Zufall, daß schon auf dieser Sitzung vorgeschlagen wurde, das Recht des Küstenstaates auf Überwachung derjenigen Zoll-, Steuer-, Einwanderungs- und Gesundheitsvorschriften in den Wirtschaftszonen, die auf seinem Hoheitsgebiet und in seinem Küstenmeer gelten, und auf Ahndung etwaiger Verstöße anzuerkennen.[16]

Als unmittelbare Antwort auf die Versuche, Jurisdiktion und Befugnisse der Küstenstaaten in der Wirtschaftszone auszudehnen, unterbreiteten 21 geographisch benachteiligte Staaten auf der Caracas-Sitzung einen Gegenvorschlag. Danach sollen derartige Staaten das Recht haben, auf gleicher und nichtdiskriminierender Grundlage die lebenden und nicht-lebenden Naturschätze der Wirtschaftszonen benachbarter Küstenstaaten auszubeuten. Des weiteren fordern diese Staaten, daß ein Teil der Erträge, die durch die Ausbeutung der nichtlebenden Ressourcen der Wirtschaftszone erzielt werden, abgeführt und nach demselben Verfahren, das für die Verteilung der Gewinne aus der Ausbeutung der Naturschätze des Tiefseebodens jenseits der Grenzen nationaler Jurisdiktion vorgesehen ist, verteilt wird.[17] Entsprechende Vorschläge wurden von einigen geographisch benachteiligten Ländern auf den folgenden Konferenzsitzungen unterbreitet. Hierzu gehörten auch Vorschläge, eine „regionale Wirtschaftszone“ zu schaffen, in der alle sich reproduzierenden und nichtreproduzierenden Ressourcen zum „gemeinsamen regionalen Erbe“ erklärt werden.[18] Wie bereits erwähnt wurde, wandte sich die erdrückende Mehrzahl nicht nur der entwickelten Staaten, sondern auch der Entwicklungsländer aus der sogenannten Gruppe der Küstenstaaten gegen diese Vorschläge.

Von Beginn der 3. VN-Seerechtskonferenz an leistete die Sowjetunion gemeinsam mit den anderen sozialistischen Ländern einen großen Beitrag zur Ausarbeitung von Artikeln über die Rechtsordnung der Wirtschaftszone. Schon auf der Caracas-Sitzung der Konferenz wurde von der Gruppe der sozialistischen Länder ein allumfassender Entwurf über die Wirtschaftszone vorgelegt.[19] Als dieser Entwurf auf der Sitzung des Zweiten Konferenzausschusses eingebracht wurde, führte der Leiter der sowjetischen Delegation, *I. K. Kolosovskij*, aus: „Die sowjetische Delegation hat im Meeresbodenausschuß wiederholt erklärt, daß die Errichtung von Wirtschaftszonen unerwünschte Folgen für viele Länder haben wird, besonders für geographisch benachteiligte und für Binnenstaaten. Einen beträchtlichen Schaden erleidet auch die Sowjetunion und eine Reihe anderer Länder, deren Fischereiwirtschaft vom Fischfang in fernen Bereichen der Hohen See abhängt.“[20] Jedoch wurde auch die Bereitschaft

---

16 VN-Dok. A/CONF.62/C.2/L.78; A/CONF.62/C.2/L.21/Rev.1.

17 *G. F. Kalinkin* (Fn. 3), S. 101.

18 VN-Dok. A/CONF.62/C.2/L.65.

19 VN-Dok. A/CONF.62/C.2/L.38/Corr. 1 vom 5. August 1974 (Vorschlag Weißrußlands, Bulgariens, der DDR, Polens, der UdSSR und der Ukraine).

20 Oficial'nye otčety (vgl. Fn. 5), Bd. 2, S. 359.

unseres Landes hervorgehoben, sich mit der Errichtung solcher Zonen abzufinden, weil viele Entwicklungsländer unter den Küstenstaaten mit Hilfe dieses Instruments ihren Lebensstandard erhöhen und ihre Volkswirtschaften stärken könnten. Die Präambel des Entwurfs der sozialistischen Länder weist darauf hin, daß auf der Konferenz Einvernehmen erzielt worden war, alle Fragen des Seevölkerrechts „als Paket“ zu lösen. Darüber hinaus erklärten die sozialistischen Länder ihre Bereitschaft, Wirtschaftszonen unter der Bedingung zu akzeptieren, daß auch für andere Grundsatzfragen des Seerechts allseits annehmbare Lösungen auf der Konferenz zustandekommen.[21] In diesem Zusammenhang dürfte der Hinweis angebracht sein, daß die Sowjetunion ebenso wie die anderen sozialistischen Länder und die Entwicklungsländer auf allen folgenden Sitzungen der 3. VN-Seerechtskonferenz beharrlich das Prinzip der Einheit und der gegenseitigen Abhängigkeit aller Grundfragen des Seerechts vertraten. Erfahrungen von Juristen und Diplomaten haben gezeigt, daß es nur bei Aufrechterhaltung dieses Prinzips und des Konsensprinzips, d.h. des Prinzips der Übereinstimmung der Konferenzteilnehmer, möglich sein würde, einen Kompromiß in den aufgezeigten Grundfragen zu erzielen. In einzelnen Fragen vertrat jedes der 150 Länder unterschiedliche Interessen. Für das eine Land hatte z.B. die Frage der Rechtsordnung der Meerengen lebenswichtige Bedeutung, andere Länder waren der Auffassung, daß für sie eine annehmbare Rechtsordnung der Wirtschaftszone am wichtigsten war, eine dritte Staatengruppe war vor allem an der Lösung der Fragen des Meeresbodenregimes jenseits der Grenzen nationaler Jurisdiktion und der Schaffung der künftigen Meeresbodenbehörde interessiert. Deshalb konnte eine allseits annehmbare Seerechtskonvention nur dann endgültig ausgearbeitet werden, wenn sowohl die einzelnen Staatengruppen als auch jeder einzelne Staat für sich genommen zum gegenseitigen Nachgeben bereit waren. Nur dank eines solchen Nachgebens der interessierten Länder gelang es letztlich, eine gemeinsame Einstellung zu dem Problem der Wirtschaftszone zu erreichen.

Das Verständnis dieser Zusammenhänge zeichnete den schon erwähnten Entwurf der sozialistischen Länder zur Wirtschaftszone aus. In seinem Artikel 2 wurde betont, daß der Küstenstaat in der Wirtschaftszone souveräne Rechte über alle lebenden und mineralischen Naturschätze in der Wassersäule, auf dem Meeresboden und im Untergrund ausübt. Es war auch vorgesehen, daß die Wirtschaftszone nicht über 200 sm hinausgehen darf, gerechnet von den Basislinien, die auch für die Bemessung der Küstenmeerbreite verwandt werden. Nach diesem Entwurf müssen die Rechte des Küstenstaates in der Wirtschaftszone unbeschadet der in der Seerechtskonvention und im allgemeinen Völkerrecht anerkannten Rechte aller anderen Staaten einschließlich des Rechts auf Schiffahrtsfreiheit, Überflugfreiheit und die Freiheit, unterseeische Kabel und Rohrleitungen zu legen, ausgeübt werden. Dabei ist es gleichgültig, ob diese anderen Staaten einen Zugang zum Meer haben oder nicht. Ein besonderer Teil

[21] *S. V. Molodcov* (Fn. 8), S. 78.

dieses Entwurfs war den Fragen der Fischerei gewidmet. Erstmals wurden hier Formeln für einen vernünftigen Kompromiß zwischen den Rechten der Küstenstaaten auf alle lebenden Ressourcen der Wirtschaftszone und den Interessen der anderen Staaten erarbeitet. In Art. 15 des Entwurfs war vorgesehen, daß die Fischer anderer Staaten den nicht genutzten Teil abfischen dürfen, wenn der Küstenstaat in seiner Wirtschaftszone nicht 100 % der jährlich zulässigen Fangmenge der Fischbestände oder anderen lebenden Meeresressourcen abfischt. Besondere Aufmerksamkeit wurde den Rechten von benachbarten Entwicklungsländern und von Ländern gewidmet, die keinen oder nur einen schmalen Zugang zum Meer haben. Zur gerechten Verteilung der lebenden Naturschätze sollte eine Reihenfolge für das Recht auf Zugang zu dem Überschuß des zulässigen Gesamtfangs festgelegt werden. Vorrang sollten die Staaten erhalten, die bedeutende materielle und sonstige Aufwendungen für Erforschung, Aufspüren, Bestimmung und Ausbeutung der Bestände an lebenden Ressourcen gehabt oder die bis zu dieser Zeit in dem genannten Gebiet gefischt hatten. Art. 19 enthielt den Vorschlag, Entwicklungsländern ohne oder nur mit schmalem Zugang zum Meer das Privileg einzuräumen, in der Wirtschaftszone des benachbarten Küstenstaates gleichberechtigt mit den Bürgern dieses Staates auf der Grundlage eines entsprechenden zwischenstaatlichen Abkommens Fischfang zu betreiben. Von besonderem Interesse war für viele Länder der Vorschlag der sozialistischen Länder über die Wanderfischarten. Hiernach sollte der Küstenstaat, in dessen Flüssen die Wanderfischarten laichen (besonders die Lachse), souveräne Rechte in der Wirtschaftszone hinsichtlich dieser Fische wie auch bezüglich aller anderen lebenden Meeresressourcen besitzen und Vorzugsrechte auf sie jenseits der Wirtschaftszone im Migrationsbereich dieser Wanderfischarten beanspruchen können. Ausländischer Fang dieser Fischarten soll nur auf Grund eines Abkommens zwischen dem Küstenstaat und dem anderen interessierten Staat möglich sein, in dem die Regelungsmaßnahmen und andere Bedingungen für den ausländischen Fischfang festgelegt sind. Der von den sozialistischen Ländern eingebrachte Entwurf zur Wirtschaftszone behandelte also einen großen Komplex von Fragen, der Grundlage für die weiteren Erörterungen und Diskussionen auf der 3. VN-Seerechtskonferenz war. Viele Konferenzteilnehmer sahen in diesem Entwurf einen Schritt auf dem Wege zur Ausarbeitung von Kompromißvorschlägen. Nur von einzelnen Delegationen kamen Angriffe, es wurde Wesen und Inhalt des Entwurfs verzerrt und versucht, die Länder der Dritten Welt mit Mutmaßungen über sowjetische „Fischereiflottillen" zu verwirren, die angeblich „Spionage" betrieben. In seinen Ausführungen auf den Sitzungen des Zweiten Konferenzausschusses wies das Mitglied der sowjetischen Delegation, Professor *S. V. Molodcov*, nach, daß die Behauptungen der Vertreter dieser Delegationen durch und durch ungerechtfertigt und verlogen waren und nur dem Versuch dienten, die Konferenz von konstruktiven Verhandlungen abzuhalten. Er führte aus, daß im Gegensatz dazu die erdrückende Mehrheit der Konferenzteilnehmer es mit ihren Vorschlägen für erforderlich halte, die kritischen und schwierigen

Fragen des Weltfischfangs nach dem Prinzip der behutsamen Harmonisierung der berechtigten Interessen aller Staaten und Völker zu lösen, weil die vernünftige Nutzung der wertvollen maritimen Nahrungsmittelressourcen und ihre Reproduktion und Erhaltung im Interesse aller liege.[22]

Eine äußerst unbeständige und inkonsequente Haltung gegenüber der Rechtsordnung der Wirtschaftszone nahmen im Verlauf der gesamten Arbeit des VN-Meeresbodenausschusses und anschließend auf der 3. VN-Seerechtskonferenz einige westliche Staaten, in erster Linie die USA, ein. Im Jahre 1970 befürworteten die USA die Idee einer „internationalen Treuhandzone" zwischen der 200-sm-Tiefenlinie und dem Fuß des Kontinentalabhangs, in der die Küstenstaaten umfassende Rechte auf die natürlichen Ressourcen des Meeresbodens besitzen sollten. Danach gaben die USA diese Konzeption auf und unterstützten auf der Caracas-Sitzung die Vorschläge zur Errichtung einer 200-sm-Wirtschaftszone. Bekanntlich ließen sich die USA in Fragen des Seerechts in erster Linie von ihren militärisch-strategischen Interessen und den Interessen der amerikanischen Monopole leiten. Deshalb ist es verständlich, daß sie auch die Konzeption der 200-sm-Wirtschaftszone vertraten. Vor allem wurden hierbei die Interessen des Großkapitals und derjenigen monopolistischen Kreise verfolgt, die sich mit der Ausbeutung der Tiefseeressourcen, dem Fischfang sowie der Förderung von Öl und Gas auf dem Festlandsockel befassen. Angesichts der erheblichen Ausdehnung der amerikanischen Küsten am Atlantic und Pazific, entlang Alaskas und des nördlichen Eismeeres, der weitverstreuten Inseln von Hawaii sowie der Verlängerung der Treuhandschaft über die Marianen, Karolinen und die Marschall-Inseln erkannte man in den USA, daß die amerikanische Wirtschaftszone vom Ausmaß her die größte und nach den Vorkommen von mineralischen und lebenden Naturschätzen die reichste sein würde. Deshalb verkündete der Präsident der USA durch eine Deklaration vom 10. März 1983 die Errichtung einer 200-sm-Wirtschaftszone mit dem Ziel, die Eigeninteressen an den reichsten Ressourcen der küstennahen Meeresgebiete abzusichern. Aus dieser Deklaration war klar ersichtlich, daß die USA nach wie vor nicht bereit waren, die am 30. April 1982 angenommene VN-Seerechtskonvention zu unterzeichnen.[23]

In theoretischer Hinsicht ist die Haltung Frankreichs auf der Caracas-Sitzung sehr interessant. Nach den Worten des bekannten Diplomaten und Juristen *M. R. Jeannel* bemühte sich sein Land, einen Weg zu finden, um die verschiedenen Interessen bezüglich der Wirtschaftszone miteinander in Einklang zu bringen. Als Beispiel führte er die lateinamerikanischen Länder an, die am Stillen Ozean liegen. Ihre Wirtschaft hängt vom Fischfang ab, der vor allem in den Fischgründen des 200 sm vor der Küste verlaufenden Humboldtstromes betrieben wird. Um einem Überfischen der Bestände durch ausländische Fischer

---

[22] Oficial'nye otčety (vgl. Fn. 5), Bd. 2, S. 352.

[23] Siehe Pravda vom 24. April 1983.

zu begegnen, schlug *Jeannel* vor, 200-sm-„Fischerei-Naturschutzzonen" einzurichten. Nach seiner Meinung könnte die Schaffung solcher Naturschutzparks und die Lösung des Festlandsockelproblems den wirtschaftlichen Interessen der Küstenstaaten gerecht werden. Zugleich stellte er fest, daß die Doktrin des Patrimonialmeeres und der Wirtschaftszone breite Unterstützung auf der Konferenz fanden. *Jeannel* analysierte detailliert die Doktrin des Patrimonialmeeres und zeigte ihre Gefährlichkeit für die internationale Gemeinschaft auf. Diese liege darin, daß das Patrimonialmeer zu einer rein juristischen Phrase werden könne, unter deren Deckmantel Souveränität ausgeübt werde.[24] *Jeannel* war davon überzeugt, daß die Doktrin des Patrimonialmeeres auf dem Begriff der Beherrschung nicht nur der lebenden und mineralischen Naturschätze des Meeresbodens und Untergrundes, sondern auch aller anderen möglichen Ressourcen beruhe, deren Nutzung trotz des gegenwärtigen wissenschaftlichen und technischen Fortschritts bislang noch nicht möglich ist. Da sich die Entwicklung nicht voraussagen läßt, mit der eine zukünftige Ausbeutung ermöglicht wird, kann sich durchaus herausstellen, daß die Bedingungen dieser Entwicklung mit der Aufrechterhaltung der Verkehrsfreiheiten unvereinbar sind oder daß die Förderung dieser Materialien das ökologische Gleichgewicht gefährdet. Die Konzeption der ausschließlichen Wirtschaftszone wirft nach Meinung *Jeannels* nicht die Schwierigkeiten auf, die durch die Konzeption des Patrimonialmeeres entstehen könnten. Im Endergebnis führten diese negativen Aspekte der Konzeption des Patrimonialmeeres, die auf der Caracas-Sitzung durch die französische Delegation und die Delegationen einiger anderer Länder herausgearbeitet wurden, dazu, daß diese Konzeption praktisch begraben wurde.

Im Verlauf der Dritten Konferenzsitzung im Jahre 1975 in Genf (März — Mai) entwickelte sich ein erbitterter Kampf zwischen den verschiedenen Staatengruppen über den Rechtsstatus der Wirtschaftszone und ihre Bezeichnung. Zahlreiche Entwicklungsländer, die die Rechtsordnung der Wirtschaftszone der des Küstenmeeres angleichen wollten, schlugen vor, die Bezeichnung „ausschließliche Wirtschaftszone" zu verwenden. Dieser Begriff „ausschließliche Zone" sollte ihrer Auffassung nach ein Recht nicht nur auf die lebenden und mineralischen Naturschätze, sondern auch zur Regelung aller anderen Tätigkeiten in dem 200 sm Gewässerstreifen beinhalten. Sie behaupteten, die Wirtschaftszone sei eine Zone „*sui generis*" (eigener Art), in der hauptsächlich die Rechte der Küstenstaaten gesichert werden müßten. Hiergegen und gegen die erwähnte Auslegung des Begriffs „ausschließliche Zone" wandten sich die Binnenstaaten, die Gruppe der sozialistischen Staaten und einige westliche Länder. Diesbezüglich gab es in den folgenden Sitzungen wiederholt lange Auseinandersetzungen. Viele Delegationen wollten auch die in der Wirtschaftszone notwendigen Rechte der Freiheit der Schiffahrt, der Freiheit des Überfluges und der anderen allgemein anerkannten Freiheiten der Hohen See aufrecht-

[24] Oficial'nye otčety (vgl. Fn. 5), Bd. 2, S. 282.

erhalten und Beeinträchtigungen dieser Freiheiten durch die Verwendung des Begriffs „ausschließlich“ im Zusammenhang mit der Wirtschaftszone vermeiden. Erst nach langen Diskussionen und einer genauen Definition der Rechte der Küstenstaaten und der anderen Staaten wurde der Begriff „ausschließliche Wirtschaftszone“ beibehalten und in den Text der Artikel aufgenommen.[25] Schließlich wurde er auch in die am 30. April 1982 verabschiedete VN-Seerechtskonvention übernommen.

Auf Grund der Erörterungen der Rechtsordnung der Wirtschaftszone in einer Arbeitsgruppe unter Leitung von *J. Evensen* (Norwegen) arbeitete der Vorsitzende des Zweiten Konferenzausschusses *R. Galindo Pohl* (El Salvador) einen Text von 137 Artikeln über alle einschlägigen Fragen aus und unterbreitete ihn dem Konferenzplenum. Dieser Text enthielt auch 15 Artikel, die der Rechtsordnung der ausschließlichen Wirtschaftszone gewidmet waren. Der von *Galindo Pohl* vorbereitete Entwurf war eine Art Prototyp desjenigen Teils des künftigen Konventionsentwurfs, in dem die grundsätzliche Regelung des Rechtsregimes der Ozeane und Meere enthalten war. Der Mehrheit der Länder war jedoch klar, daß dieser Text keineswegs vollkommen war und es deshalb einer ernsthaften Überarbeitung bedurfte. In der Folgezeit bezeichneten viele Vertreter auf der Konferenz dieses Dokument als „*Galindo-Pohl*-Entwurf“; er wurde in den „Informellen Einheitlichen Verhandlungstext“ aufgenommen. Bereits auf der vierten Konferenzsitzung wurde dieser Entwurf auf informellen Sitzungen des Zweiten Ausschusses artikelweise erörtert und durch eine Reihe neuer Bestimmungen ergänzt. Im „Überarbeiteten Informellen Einheitlichen Verhandlungstext“ wurde ein aus 20 Artikeln bestehendes Kapitel III über die Rechtsordnung der Wirtschaftszone eingefügt. Am heftigsten umstritten war die Frage — und hierüber waren die Meinungen im Zweiten Ausschuß auf dieser Sitzung geteilt —, ob man die ausschließliche Wirtschaftszone in die Definition der Hohen See einbeziehen muß oder nicht.[26] Der „*Galindo-Pohl*-Entwurf“ sah vor, daß der Begriff „Hohe See“ im Sinne des Entwurfs einer Seerechtskonvention alle Teile des Meeres umfaßt, die nicht zur ausschließlichen Wirtschaftszone, zum Küstenmeer oder zu den Eigengewässern oder zu den Archipelgewässern eines Archipelstaates gehören.[27] Damit verschärfte sich die Frage nach dem Rechtsstatus der Wirtschaftszone. Viele Länder waren der Auffassung, daß diese Definition der Hohen See unbefriedigend sei und daß sie eine ernsthafte Störung der Balance zwischen den Rechten der Wirtschaftszonen-Staaten und den Rechten anderer Staaten zur Folge haben könne. Auch auf der Fünften Konferenzsitzung vom 2. August bis 17. September 1976 in New York gelang es nicht, eine annehmbare Lösung dieser Frage zu finden.

Erst auf der Sechsten Sitzung in New York vom 23. Mai bis 15. Juli 1977 wurde Einvernehmen über die Artikel erzielt, die den Rechtsstatus der

[25] *P. D. Barabolja, S. V. Molodcov* (Fn. 2), S. 78.

[26] Oficial'nye otčety (vgl. Fn. 5), Bd. 5, S. 225.

[27] A.a.O., S. 241.

ausschließlichen Wirtschaftszone definieren. Vorsitzender der informellen Gruppe, in der die genannten Artikel abgestimmt wurden, war der Leiter der mexikanischen Delegation, *J. Castañeda*. In die Geschichte der 3. VN-Seerechtskonferenz ist diese Gruppe als „*Castañeda*-Gruppe" eingegangen. Ihre Vorschläge wurden in den informellen Sitzungen des Zweiten Ausschusses gründlich beraten und in den „Informellen Zusammengesetzten Verhandlungstext" aufgenommen.[28] In der *Castañeda*-Gruppe wurde ein neuer Artikel (Art. 55) über die besondere Rechtsordnung der ausschließlichen Wirtschaftszone vereinbart. Danach ist die ausschließliche Wirtschaftszone ein Gebiet, das außerhalb des Küstenmeeres liegt, an dieses angrenzt und das der in diesem Teil festgelegten besonderen Rechtsordnung unterliegt, nach der die Rechte und die Hoheitsbefugnisse des Küstenstaates sowie die Rechte und Freiheiten anderer Staaten durch die einschlägigen Bestimmungen dieser Konvention geregelt werden.[29] Die Worte „besondere Rechtsordnung" müßte man, wie der sowjetische Wissenschaftler Professor *S. V. Molodcov* feststellte, im russischen Text mit „spezifische Rechtsordnung" übersetzen.[30] Eine Reihe von Binnenstaaten, sozialistischen Ländern und geographisch benachteiligten Staaten analysierte diese Definition, wobei sie die wechselseitige Verknüpfung mit anderen Bestimmungen dieses Teils über die Rechtsordnung der Wirtschaftszone berücksichtigte, und lenkte die Aufmerksamkeit darauf, daß die Worte „besondere Rechtsordnung" das Wesen des Rechtsstatus der Wirtschaftszone nicht klärt. Sie wiesen weiter darauf hin, daß diese Worte hinsichtlich der Rechte und Pflichten der Küstenstaaten falsch ausgelegt werden könnten. In der Schlußphase der Sechsten Sitzung und im ersten Teil der Siebenten Sitzung in Genf wurden von der sowjetischen Delegation und später auch von der Delegation Österreichs im Namen der „Gruppe der 53" (Binnenstaaten und geographisch benachteiligte Staaten) Vorschläge zur Ergänzung des Artikels durch einen Absatz 2 eingebracht. Danach soll kein Staat das Recht haben, die Unterwerfung irgendeines Teils des Meeres jenseits des Küstenmeeres unter seine Souveränität zu beanspruchen.[31] In seiner Stellungnahme zu dieser Frage auf der Plenarsitzung vom 18. Mai 1978 führte der Vertreter Ungarns, *A. Prandler*, aus, daß dieser Vorschlag eine Garantie gegen die mißbräuchliche Ausnutzung ihrer Rechte durch die Küstenstaaten im allgemeinen und gegen eine Ausdehnung ihrer Souveränität auf die Wirtschaftszone im besonderen sein könnte.[32]

Bekanntlich wurden diese Vorschläge, die eine breite Unterstützung fast der Hälfte der Sitzungsteilnehmer fanden, nicht in den Konventionsentwurf aufgenommen. Grund hierfür war, daß zahlreiche extremistisch gesinnte Küstenstaaten unter den Entwicklungsländern einen Gegenvorschlag einbrach-

---

[28] VN-Dok. A/CONF.62/WP.10 vom 15. Juli 1977.

[29] VN-Dok. C.2/Informal Meeting/7; C.2/Informal Meeting/35.

[30] *S. V. Molodcov* (Fn. 8), S. 102.

[31] VN-Dok. A/CONF.62/WP.10 vom 15. Juli 1977.

[32] Oficial'nye otčety (vgl. Fn. 5), Bd. 9, S. 115.

ten, wonach die Wirtschaftszone weder ein Teil des Küstenmeeres, noch ein Teil der Hohen See, sondern eine Zone „*sui generis*“ (besonderer Art) sei.[33] Wenn man mit einer realistischen Einstellung die Lösungen zum Problem des Rechtsstatus der Wirtschaftszone und zur äußerst umstrittenen Frage betrachtet, ob diese Zone Teil der Hohen See ist oder nicht, so gelangt man zu dem Ergebnis, daß auf der 3. VN-Seerechtskonferenz die Voraussetzungen für die Erzielung eines Konsenses in diesem Bereich fehlten. Die Ereignisse auf der Sechsten Konferenzsitzung zeigten aber auch, daß die extremistisch gesinnten Staaten, die eine Annäherung des Regimes der Wirtschaftszone an die Rechtsordnung des Küstenmeeres anstrebten, zurückstecken mußten. Sie mußten unter dem Druck der Konferenzmehrheit wesentliche Änderungen derjenigen Bestimmungen des Konventionsentwurfs hinnehmen, welche die Rechte und Pflichten der Küstenstaaten (Art. 56) sowie die Rechte und Pflichten der anderen Staaten (Art. 58) in der Wirtschaftszone definieren. In Art. 58 wurde eine äußerst wichtige Verweisung auf Art. 87 aufgenommen, der die Freiheit der Hohen See festlegt. Diese Verweisung erlaubt die Schlußfolgerung, daß die in Art. 87 vorgesehenen Freiheiten der Schiffahrt und des Überfluges, des Legens von Kabeln und Rohrleitungen sowie die sonstigen völkerrechtlich zulässigen Arten der Meeresnutzung im Zusammenhang mit diesen Freiheiten in der Wirtschaftszone praktisch in demselben Umfang wie auf Hoher See ausgeübt werden können. Weiter wurden entsprechende besondere Absätze über die Rechte und Pflichten von Küsten- und anderen Staaten in der Wirtschaftszone vereinbart und in die Art. 56 und 58 aufgenommen. Um einen Kompromiß zu ermöglichen, wurde eine äußerst wichtige Ergänzung in Art. 86 über die Hohe See aufgenommen. Diese Ergänzung sieht vor, daß der genannte Artikel keinerlei Beschränkung der Freiheiten bewirkt, die alle Staaten in der ausschließlichen Wirtschaftszone nach Art. 58 genießen. Trotz dieser Ergänzungen und der Änderung in Art. 58 blieb die Frage des Rechtsstatus der Wirtschaftszone jedoch ungelöst. Einerseits bestimmte der erste Absatz des Art. 86, daß „die Bestimmungen dieses Teils“ (d.h. des Teils über die Hohe See — Anm. des Autors) „Anwendung finden auf alle Teile des Meeres, die nicht zur ausschließlichen Wirtschaftszone, zum Küstenmeer oder zu den Eigengewässern eines Staates oder zu den Archipelgewässern eines Archipelstaates gehören“. Andererseits wurde in Art. 58 eine direkte Verweisung auf die Anwendung dieses Teils hinsichtlich der Wirtschaftszone aufgenommen. Darüber hinaus wird in Abs. 2 des Art. 58 klar gesagt, daß die Art. 88-115 (d. h. Artikel, die sich auf die Rechtsordnung der Hohen See beziehen — Anm. des Autors) und die sonstigen einschlägigen Normen des Völkerrechts auf die ausschließliche Wirtschaftszone insoweit Anwendung finden, als sie nicht mit diesem Teil unvereinbar sind (d.h. dem Teil V: Ausschließliche Wirtschaftszone). Vom juristischen Standpunkt und vom Standpunkt elementarer Logik aus war der Widerspruch zwischen den Artikeln 86 und 58 des Konventionsentwurfs schwer

[33] A.a.O., S. 101.

zu erklären, weil Art. 58 klar zum Ausdruck bringt, daß die Ausdehnung des Regimes der Hohen See auf die Wirtschaftszone nur unter der Bedingung stattfindet, daß dies mit den Bestimmungen über die Rechtsordnung der Zone vereinbar ist. Auf diesen Widerspruch wurde von den Vertretern einer Reihe von Ländern auf der Konferenz und in Arbeiten ausländischer und sowjetischer Autoren wiederholt hingewiesen, und es wurden verschiedene Varianten der Definition des Begriffs der Hohen See vorgeschlagen.[34]

Im Verlauf der 3. VN-Seerechtskonferenz unterbreiteten die Delegationen vieler Staaten, darunter auch der sozialistischen, wiederholt Kompromißvorschläge zur Definition des Begriffs „Hohe See". Diese Delegationen erkannten die Wirtschaftszone als Teil der Hohen See an, unter der Bedingung, daß dadurch die souveränen Rechte der Küstenstaaten auf die Naturschätze der Zone und andere im Konventionsentwurf vorgesehene Rechte unberührt bleiben würden. Diese Länder schlugen folgende Definition vor: „Unter dem Ausdruck 'Hohe See' sind alle Teile des Meeres zu verstehen, die nicht zum Küstenmeer oder zu den Eigengewässern eines Staates oder zu den Archipelgewässern eines Archipelstaates gehören, mit der Maßgabe, daß die ausschließliche Wirtschaftszone insoweit nicht zur Hohen See gehört, als es sich um die Ausübung der in der vorliegenden Konvention vorgesehenen Rechte durch den Küstenstaat handelt."[35] Danach könnte die Zone als Teil der Hohen See nur in den Grenzen angesehen werden, die die souveränen Rechte der Küstenstaaten auf die Naturschätze der Zone und die anderen in der künftigen Konvention vorgesehenen Rechte bilden. Wie die sowjetischen Juristen *S. V. Molodcov* und *I. I. Jakovlev* in einer Arbeit zutreffend darlegten, müssen in der Wirtschaftszone die fundamentalen Rechtsprinzipien der Hohen See mit Ausnahmen zugunsten der Küstenstaaten gelten, und diese sollen durch die Seerechtskonvention festgelegt werden.[36] Eine solche Lösung wäre die beste Garantie für die Gewährleistung der Interessen aller Staaten in der Zone in bezug auf die Freiheit der Seeschiffahrt und andere Arten rechtmäßiger Tätigkeit auf den Meeren und Ozeanen. Auf den folgenden Sitzungen gelang es jedoch nicht mehr, den genannten Artikel zu ändern, und praktisch blieb Teil VII über die Rechtsordnung der Hohen See ohne eine Definition des Begriffs „Hohe See". Deshalb stellt sich die äußerst wichtige Frage, welche zusätzlichen Argumente für die Behauptung angeführt werden können, die Wirtschaftszone sei ein „Teil der Hohen See". Kann man behaupten, daß diese beiden Teile des Weltmeeres, von denen sich einer diesseits der Grenzen der Wirtschaftszone und der andere jenseits dieser Grenzen befindet, nach ihrer Rechtsordnung einheitlich oder ähnlich sind? Mit einer positiven Antwort auf diese Frage könnte die Konzep-

---

[34] Siehe *S. A. Gureev*, Problemy torgovogo moreplavanija v ekonomičeskich zonach, in: Sovetskoe gosudarstvo i pravo 1978, No. 8, S. 112-113.

[35] VN-Dok. A/CONF.62/C.2/L.38.

[36] Siehe *S. Molodcov, I. Jakovlev*, Pravovye problemy ispol'zovanija Mirivogo okeana, in: Meždunarodnaja žizn 1978, No. 8, S. 66.

tion der Einheit von Wirtschaftszone und Hoher See den Versuchen einiger Staatengruppen entgegengestellt werden, die ihre Souveränität auf den gesamten 200 sm breiten Gewässergürtel vor der Küste zu erstrecken beabsichtigen. Ein Beispiel für derartige Versuche ist die sogenannte Deklaration von Cali, die im Jahre 1981 von den Außenministern Kolumbiens, Perus, Chiles und Ekuadors verabschiedet wurde. In dieser Deklaration betonen die Außenminister und Mitglieder der Ständigen Kommission für den südlichen Teil des Stillen Ozeans einmütig die dringende Notwendigkeit, die ausschließliche Souveränität und Jurisdiktion zu garantieren, die alle Länder gemäß ihren einschlägigen Gesetzen in der 200-sm-Zone besitzen müssen.[37] Diese Erklärung bestätigt noch einmal die berechtigte Position der Länder, die sich im Verlauf der Sechsten und Achten Konferenzsitzung um eine Ergänzung von Art. 55 des Konventionsentwurfs bemühten, wonach kein Staat seine Souveränität auf irgendeinen Teil der Wirtschaftszone erstrecken dürfe. Die genannte Gruppe lateinamerikanischer Länder unternahm also noch einmal den Versuch, die Wirtschaftszone von der Hohen See abzutrennen.

Auf der 3. VN-Seerechtskonferenz wurde wiederholt ausgeführt, daß vom ökologischen und geographischen Standpunkt aus die Einheit dieser Bereiche des Weltmeeres unbestreitbar ist. Eine Teilung kann nur auf der Grundlage konkreter vertraglich vereinbarter Rechtsnormen erfolgen. Einheitlichkeit und Unterschiedlichkeit sind zwei Faktoren, welche die Wirtschaftszone und die Hohe See verbinden und trennen. Es ist offensichtlich, daß sich der Teil des Weltmeeres innerhalb der Wirtschaftszonen nach seiner Rechtsordnung und nach dem Umfang der Rechte des Küstenstaates sowie der Rechte und Pflichten anderer Staaten wesentlich von dem Teil unterscheiden muß, der durch den Konventionsentwurf der Kategorie der Hohen See zugerechnet wird. Wenn man die Methode der Analogie auf dieses Problem anwendet und die Rechte der Staaten in anderen Kategorien von Meeresräumen, z. B. in Fischereizonen, auf dem Festlandsockel und in Anschlußzonen vergleicht, so ist ersichtlich, daß jenseits der Wirtschaftszone der Küstenstaat auf dem Festlandsockel souveräne Rechte zum Zwecke der Erforschung und Ausübung der natürlichen Ressourcen ausüben kann. Jedoch können diese Rechte nicht den Rechtsstatus der darüberliegenden Wassersäule und des Luftraums über den Gewässern berühren. Als Beispiel sei angeführt, daß das Genfer Übereinkommen von 1958 über das Küstenmeer und die Anschlußzone die gesamte Anschlußzone als Teil der Hohen See betrachtet, obgleich der Küstenstaat hier die erforderliche Überwachung zur Verhütung von Verstößen gegen seine einschlägigen Zoll-, Steuer-, Einwanderungs- und Gesundheitsvorschriften durchführt.

Gegenwärtig haben viele Küstenstaaten einseitig 200-sm-Fischereizonen mit souveränen Rechten auf alle lebenden Ressourcen in diesen Zonen errichtet. In einigen Fällen ist in den diesbezüglichen Rechtsakten vorgesehen, daß im übrigen die Gewässer dieser Zonen Teil der Hohen See sind. Deshalb kann die

---

[37] VN-Dok. A/CONF.62/108 vom 16. März 1981.

Erklärung von souveränen Rechten auf die Naturschätze des Festlandsockels, auf die lebenden Naturschätze in den Fischereizonen sowie die Überwachung der Zoll- sowie sonstigen Gesetze und Vorschriften des Küstenstaates keinen Grund dafür bieten, den jenseits des Küstenmeeres befindlichen Teil des Weltmeeres nicht als Hohe See zu betrachten. Welche zusätzlichen Rechte in der Wirtschaftszone dienten einer großen Gruppe von Entwicklungsländern als Begründung dafür, gegen die Anerkennung dieser Zone als Teil der Hohen See einzutreten? Nach Art. 56 des Konventionsentwurfs konnte der Küstenstaat in der ausschließlichen Wirtschaftszone haben: a) souveräne Rechte zum Zwecke der Erforschung und Ausbeutung, Erhaltung und Bewirtschaftung der lebenden und nichtlebenden Naturschätze des Meeresbodens und Meeresuntergrundes und der darüberliegenden Gewässer sowie hinsichtlich anderer Tätigkeiten zur wirtschaftlichen Ausbeutung und Erforschung der Zone wie z.B. bei der Energieerzeugung aus Wasser, Strömungen und Winden; und b) Jurisdiktion nach Maßgabe der einschlägigen Bestimmungen der Konvention hinsichtlich der Errichtung und Nutzung von künstlichen Inseln und Vorrichtungen, der wissenschaftlichen Meeresforschung, des Schutzes und der Erhaltung der Meeresumwelt und anderer in dem Konventionsentwurf vorgesehener Rechte und Pflichten. Aus diesem Text, der Eingang in die Konvention von 1982 gefunden hat, wird ersichtlich, wie sehr der Umfang der Rechte des Küstenstaates gegenüber den bisherigen Handlungsmöglichkeiten zugenommen hat. Konsequenz ist auch eine Intensivierung der gesetzgeberischen Tätigkeit des Staates in der Zone. Jedoch kann das Anwachsen der küstenstaatlichen Rechte in der Wirtschaftszone und der gesetzgeberischen Tätigkeit in keinem Falle dazu führen, daß in ihr territoriale Gebietshoheit oder gar Souveränität ausgeübt wird, wie dies beim Küstenmeer der Fall ist. Wie der sowjetische Wissenschaftler *A. L. Kolodkin* feststellte, dehnte die Mehrheit der Staaten ihre Jurisdiktion durch die Verabschiedung von Gesetzen auf den Festlandsockel, auf die Fischereizone und auf die Anschlußzone aus.[38] In diesen Bereichen wurden auch administrative Funktionen durch den Küstenstaat ausgeübt. Dies ist jedoch kein Hinderungsgrund, die genannten Gebiete als Hohe See anzusehen.

Die Untersuchung des Rechtsstatus der Wirtschaftszone wäre unvollständig ohne Berücksichtigung des Umstandes, daß bis zum Inkrafttreten der VN-Seerechtskonvention von 1982 derjenige Teil der Zone jenseits des Küstenmeeres aus juristischer Sicht Hohe See ist. Keine nationale Gesetzgebung kann diesen Status ändern oder beseitigen. Ein anderer wichtiger Faktor, der den Hohe-See-Status der Wirtschaftszone bestätigt, ist die äußerst sorgfältige Regelung ihrer Rechtsordnung durch die internationale Gemeinschaft auf der 3. VN-Seerechtskonferenz. Jeder Verstoß gegen diese Regelung muß als im Widerspruch zu den allgemein anerkannten Normen des Völkerrechts stehend angesehen werden. Alle Teilnehmerländer der Konferenz stimmten darin überein, dem Küstenstaat Jurisdiktion und souveräne Rechte bezüglich konkreter Tätigkeiten in der

---

[38] *A. L. Kolodkin*, Mirovoj okean, Moskva 1973, S. 55.

Wirtschaftszone zu verleihen. Gleichzeitig definierten sie konkrete Rechte für andere Staaten in der Zone, die gleichbedeutend mit entsprechenden Rechten auf Hoher See sind, und legten fest, daß der Küstenstaat unter keinen Umständen diese Rechte abändern oder gar beseitigen dürfe. Deshalb ist die Schlußfolgerung gerechtfertigt, daß die Wirtschaftszone den Teil des Weltmeeres bildet, für den sich die Staatengemeinschaft im Geist des guten Willens einverstanden erklärt hat, dem Küstenstaat souveräne Rechte und Jurisdiktion für eine ressourcenbezogene Tätigkeit sowie für einige andere Arten von Tätigkeiten in strenger Übereinstimmung mit den Vorschriften der VN-Seerechtskonvention von 1982 einzuräumen. Dies bedeutet, daß sich jeder Staat als Völkerrechtssubjekt damit einverstanden erklärt hat, bestimmte Rechte und Pflichten für die Erfüllung und Einhaltung dieser Verpflichtung auf sich zu nehmen. Die Teilnehmer der 3. VN-Seerechtskonferenz kamen zu der einhelligen Meinung, daß es notwendig sei, in die Konvention eine spezielle Bestimmung über die Beachtung und Erfüllung übernommener Verpflichtungen aufzunehmen. In Teil XVI der Konvention wurde deshalb Art. 300 aufgenommen, demzufolge die Vertragsstaaten dieser Konvention sich verpflichten, die nach dieser Konvention übernommenen Verpflichtungen nach Treu und Glauben zu erfüllen und die in der Konvention anerkannten Rechte, Zuständigkeiten und Freiheiten in einer Weise auszuüben, die keinen Rechtsmißbrauch darstellt.[39] Insofern wird hier nicht nur den Rechtsnormen, sondern auch moralischen Normen und Prinzipien eine überragende Rolle eingeräumt.

Wie bereits erwähnt, finden nach Art. 58 Abs. 2 der Konvention die Bestimmungen der Art. 88-115 über das Regime der Hohen See auf die ausschließliche Wirtschaftszone insoweit Anwendung, als sie nicht unvereinbar mit diesem Teil sind, der die Rechtsordnung der Zone regelt. Der letztgenannte Vorbehalt schränkt praktisch die Möglichkeit nicht ein, in der Wirtschaftszone diejenigen Handlungen durchzuführen, die nach den genannten Artikeln auf Hoher See erlaubt sind.[40] So heißt es z.B. in Art. 88, daß die Hohe See friedlichen Zwecken vorbehalten ist. Selbstverständlich erstreckt sich diese Bestimmung auch auf die Wirtschaftszone. Nach Art. 89 kann kein Staat das Recht für sich in Anspruch nehmen, einen Teil der Hohen See seiner Souveränität zu unterwerfen. Das gilt ebenfalls in vollem Maße für die Wirtschaftszone, und folglich kann kein Staat in Anspruch nehmen, sie oder irgendeinen Teil von ihr seiner Souveränität zu unterwerfen. Die Immunität von Kriegs- und anderen Schiffen, die nichtkommerziellen staatlichen Zwecken dienen, die strafrechtliche Jurisdiktion im Falle von Schiffszusammenstößen oder anderen Navigationszwischenfällen, das Eingreifen wirksamer Maßnahmen zur Verhütung des Sklaventransports auf Schiffen, die Zusammenarbeit bei der Bekämpfung der Seeräuberei, die Bekämpfung des unerlaubten Verkehrs

---

[39] VN-Dok. A/CONF.62/L.78 vom 28. August 1981.

[40] *F. Kovalev*, Ekonomičeskaja zona i ejo pravovoj status, in: Meždunarodnaja žizn, 1979, No. 1, S. 66.

mit Suchtstoffen, das Recht der Nacheile usw., alle diese Bestimmungen finden in vollem Umfang Anwendung sowohl auf die Wirtschaftszone als auch auf die Hohe See. In dieser Hinsicht geht die Konvention sogar noch weiter, weil sie in dem oben erwähnten Art. 58 Abs. 2 die Möglichkeit vorsieht, in der Zone auch andere einschlägige Normen des Völkerrechts anzuwenden. Zum Beispiel sind auf die Wirtschaftszone in vollem Umfang die Bestimmungen des Vertrages über das Verbot von Kernwaffenversuchen in der Atmosphäre, im Weltraum und unter Wasser (1963), des Vertrages über das Verbot der Anbringung von Kernwaffen und anderen Massenvernichtungswaffen auf dem Meeresboden und im Meeresuntergrund (1971),[41] des Übereinkommens über die Internationalen Regeln zur Verhütung von Zusammenstößen auf See (1972) usw. anwendbar.[42] Die sowjetischen Seevölkerrechtsexperten *S. V. Molodcov* und *A. L. Kolodkin* vertreten mit Nachdruck den Standpunkt, die Wirtschaftszone sei ein Teil der Hohen See. In der Abhandlung „Die Rechtsordnung der Meeresgewässer“ hielt es *S. V. Molodcov* für vertretbar, den Rechtsstatus der Wirtschaftszone wie folgt zu definieren: „Der Meeresbereich, der sich jenseits des Küstenmeeres befindet und an ihn anschließt und der ausschließliche Wirtschaftszone genannt wird, ist hinsichtlich der Ausübung der Freiheiten der Hohen See und anderer rechtmäßiger Aspekte der Meeresnutzung Hohe See, wie dies in der Konvention festgelegt ist. Jedoch wird er nicht als Hohe See angesehen, soweit es um die Ausübung der souveränen Rechte und der Jurisdiktion des Küstenstaates geht, die ihm nach der Konvention gewährt worden sind.“[43]

Aus rechtlicher Sicht hat die Klärung der räumlichen Ausdehnung der ausschließlichen Wirtschaftszone große Bedeutung. In Art. 57 des Konventionsentwurfs wurde klar festgelegt, daß die ausschließliche Wirtschaftszone sich nicht weiter als 200 sm von den Basislinien erstrecken darf, von denen aus die Breite des Küstenmeeres gemessen wird. Auf Grund dieser Festlegung auf der 3. VN-Seerechtskonferenz und in der juristischen Literatur hat sich der Begriff der „200 sm ausschließlichen Wirtschaftszone“ im allgemeinen Sprachgebrauch eingebürgert. Wenn jedoch die Wirtschaftszone an denselben Basislinien beginnt wie das Küstenmeer, so muß sie dieses einschließen. Deshalb könnte man sagen, daß das Küstenmeer, dessen Breite der Küstenstaat bis zu 12 sm ausdehnen darf, ein Bestandteil der Wirtschaftszone ist, d.h. in ihm übt der Küstenstaat seine wirtschaftlichen Interessen in demselben Umfang aus wie in der Wirtschaftszone. Es versteht sich von selbst, daß der Umfang der

---

[41] Siehe Sbornik dejstvujuščich dogovorov, soglašenij i konvencij, zaključennych SSSR s inostrannymi gosudarstvami, Moskva 1970, Ausgabe 23, S. 31; a.a.O. 1974, Ausgabe 28, S. 62.

[42] Siehe *A. P. Jaskevič*, *Ju. G. Zurabov*, Novye MPPSS, Moskva 1979.

[43] *S. V. Molodcov* (Fn. 8), S. 108. Zu dieser Frage siehe auch *A. P. Movčan*, Tret'ja Konferencija OON po morskomu pravu i ejo itogi, in: Dejatel'nost gosudarstv v Mirovom okeane, Moskva 1983, S. 10; *M. I. Lazarev*, Teoretičeskie voprosy sovremennogo morskogo meždunardnogo prava, Moskva 1983, S. 264.

wirtschaftlichen Rechte des Küstenstaates im Küstenmeer bedeutend weiter sein muß als in der Wirtschaftszone. Auch Rechte und Pflichten anderer Staaten sind anders betroffen. Während in den Wirtschaftszonen die Freiheit der Schiffahrt, des Überfluges und andere Freiheiten der Hohen See vorgesehen sind, bleibt im Küstenmeer nur das Recht der friedlichen Durchfahrt aller Schiffe. Darüber hinaus gibt es praktisch kein sonstiges Recht. Der Küstenstaat besitzt dagegen im Küstenmeer zumindest alle diejenigen Rechte, die in der Wirtschaftszone vorgesehen sind. Von daher gibt es eine gewisse Einheit aller Teile der 200-sm-Wirtschaftszone. Des weiteren ist festzustellen, daß hauptsächlich eine räumliche Einheit gegeben ist, da das Küstenmeer in die 200-sm-Wirtschaftszone einbezogen werden kann. Dagegen besteht in bezug auf die Rechtsordnung nur eine relative Einheit. Der Teil der 200-sm-Wirtschaftszone, der sich mit dem Küstenmeer deckt, unterscheidet sich nach seiner Rechtsordnung wesentlich von dem Rechtsregime des größeren Teils der Wirtschaftszone, der sich jenseits des Küstenmeeres befindet. Es ist daher kein Zufall, daß in Art. 55 die Wirtschaftszone als ein Gebiet definiert wird, das außerhalb des Küstenmeeres liegt und an dieses angrenzt. Die eigentliche Breite der Wirtschaftszone jenseits des Küstenmeeres darf nach Art. 55 der Konvention dann, wenn der Küstenstaat sein Küstenmeer auf 12 sm festlegt, die Breite von 188 sm nicht überschreiten.

Eine Analyse des Teils V des Konventionsentwurfs über die Rechtsordnung der Wirtschaftszone berechtigt zu der Annahme, daß alle Bestimmungen dieses Teils (außer Art. 57) sich auf den Meeresbereich jenseits des Küstenmeeres beziehen. Daraus wird deutlich, daß die Breite der Wirtschaftszone im Sinne des Art. 55 von der Breite des Küstenmeeres des Staates abhängt. Es ist durchaus möglich, daß einige Staaten ein 3-sm-breites Küstenmeer beibehalten. In diesem Falle beträgt die Breite der Wirtschaftszone jenseits des Küstenmeeres 197 sm. Obwohl dieses Ergebnis elementar, einfach und allgemein bekannt ist, werden bedauerlicherweise in der juristischen Literatur der letzten Jahre sehr häufig Begriffe wie „200-Meilen-Meeresgürtel jenseits des Küstenmeeres" oder „200-Meilen-Wirtschaftszone jenseits des Küstenmeeres" u. ä. gebraucht. Diese Formulierungen sind falsch, weil nach der VN-Seerechtskonvention von 1982 kein Staat eine Wirtschaftszone von 200 sm jenseits des Küstenmeeres haben kann. Dies widerspräche der internationalen Praxis und den vereinbarten Normen des Völkerrechts.

Eines der dornigsten Probleme der Konzeption der Wirtschaftszone ist die rechtliche Regelung der Ausbeutung ihrer lebenden Naturschätze. Bekanntlich ist der Fischfang eine der ältesten Arten menschlicher Tätigkeit auf dem Weltmeer. Die Wirtschaft vieler Länder hing in der Vergangenheit und hängt heute vielfach vom Fischfang und der Gewinnung anderer mariner Bioressourcen ab. Obgleich die Biomasse des Weltmeeres bislang nur in Annäherungswerten berechnet wird, führen die Wissenschaftler Daten an, nach denen die marinen Bestände an Lebewesen 60 Mrd. Tonnen erreichen, während die landlebende tierische Biomasse 10 Mrd. Tonnen nicht überschreitet. In den Ozeanen und Meeren existieren etwa 150.000 Arten von Lebewesen, darunter etwa 16.000 Fischarten.[44] Die Fischbestände auf dem Weltmeer, insbesondere derjenige Teil, der sich in größeren Tiefen aufhält, sind noch nicht vollständig erforscht. Eine Koordinierung weltweiter Anstrengungen zur Erforschung der Fischbestände erfolgte bisher nicht. Dies sowie die Praxis einiger Länder, keinen Aufschluß über die tatsächlichen Vorkommen in ihren küstennahen Meereszonen zu geben, führten dazu, daß im letzten Jahrzehnt der Weltfischfang nur sehr langsam anstieg und während einiger Jahre sogar rückläufig war. So betrug z. B. der weltweite Fang von Fischen, Muscheln, Mollusken und anderen Meerestieren 69.732.200 t, was nur 99,01 % des Fangs des Jahres 1970 entspricht.[45] Im Jahre 1979 war der weltweite Gesamtfang von Meerestieren nach Angaben der FAO mit 74.760.000 t nur geringfügig höher.[46] Der bedeutende sowjetische Wissenschaftler *P. A. Moiseev* schätzt, daß bis zum Jahre 2000 der weltweite Fang auf 400 Millionen Tonnen ansteigen könnte, vorausgesetzt, daß Aquakulturen entwickelt und „Unterwasserfarmen" für die Zucht besonders wertvoller Fischarten angelegt werden.[47] Derartige Unterwasserfarmen werden in den USA, Japan, Australien, Frankreich, Spanien und zahlreichen anderen Ländern eingerichtet. Nach Angaben der nationalen Behörden für die Seefischerei der USA wurden im Jahre 1973 143 Millionen Pfund Meeresprodukte künstlich gezüchtet.[48] In Japan überschreitet die Produktion von Meereszüchtungen jährlich 500.000 t. In der UdSSR bewirkten die in großem Maßstab betriebenen Arbeiten zur künstlichen Fischzucht, daß sich die Fischschwärme in unseren küstennahen Meeren vergrößern. Bedeutsame experimentelle Arbeiten zur Züchtung von Fischen und anderen Meerestieren in Käfigen werden in den seichten Gewässern der Meeresbusen des Weißen, Asow'schen, Schwarzen und Japanischen Meeres durchgeführt. Nach einer Prognose der Ernährungs- und Landwirtschaftsorganisation der VN (FAO) kann die Weltproduktion aus Aquakulturen bis 1985 20 Millionen Tonnen, d. h. etwa ein Viertel des gesamten Weltfischfangs, erreichen.[49] Über 90 % des Weltfischfangs entfällt auf Gewässer, die zwischen 150 und 250 sm vor der Küste liegen. Über dem Festlandsockel innerhalb der 200-sm-Wirtschaftszonen werden 88,7 % des Fangs aller Länder erzielt und 3,5 % über dem Kontinentalabhang, der sich zu seinem größten Teil ebenfalls innerhalb der Wirtschaftszone befindet. Nur weniger als 8 % des gesamten Weltfischfangs entfallen auf Tiefseegebiete jenseits der 200-sm-

---

[44] *B. Gorizontov*, Mirovoj okean — ekonomika, ekologija, sotrudničestvo, in: Meždunarodnaja žizn 1978, No. 11, S. 54.

[45] Ekspress-informacija MRCH SSSR, Moskva 1977, Ausgabe 5, S. 12.

[46] Dok. FAO: Yearbook of Fishery Statistic Catching and Landing, Rom 1980, Bd. 48, S. 37; 1983, Bd. 50, S. 40.

[47] *P. A. Moiseev*, Biologičeskie resursy Mirovogo okeana, Moskva 1969, S. 213.

[48] Siehe *P. G. Bunič*, Ekonomika Mirovogo okeana, Moskva 1977, S. 104-105.

[49] Siehe *B. Gorizontov* (Fn. 44), S. 5.

Wirtschaftszonen.[50] Das ist der Grund für das große Interesse vieler Staaten an einer Rechtsordnung für die Wirtschaftszone, die weitestmöglich die Interessen der Küstenstaaten mit den Interessen derjenigen Staaten in Übereinstimmung bringt, die lange Zeit Fernfischerei über den heute zur Wirtschaftszone gehörenden Festlandsockeln betrieben haben.

Die Entscheidung dieser Frage auf der 3. VN-Seerechtskonferenz war nicht leicht. Viele Delegationen sahen ein, welch großer Schaden dem Weltfischfang durch einseitige Maßnahmen und Handlungen einzelner Staaten zugefügt werden kann. Sind doch die sogenannten Fischereikonflikte typische Erscheinungen der letzten Jahrzehnte auf dem Weltmeer. Nach Schätzungen von Fachleuten wurden zwischen 1949 und 1972 1.100 derartige Konflikte vor den Küsten verschiedener Staaten gezählt.[51] Auf der anderen Seite gehen die Bemühungen der Staaten mit langen Küsten und bedeutenden Fischbeständen dahin, den Zugang anderer Länder, einschließlich der Binnenstaaten und der geographisch benachteiligten Staaten, zu diesen Ressourcen im größtmöglichen Umfang einzuschränken. Diese Situation erforderte es, ein ausgewogenes Fischereiregime für die Wirtschaftszone unter der Bedingung auszuarbeiten, daß der Küstenstaat souveräne Rechte für die Erforschung, Ausbeutung und Erhaltung aller lebenden Naturschätze erhält. Jedoch konnte die internationale Gemeinschaft sich nicht damit einverstanden erklären, daß diese Rechte keine Beschränkung erfahren sollen. Als Ergebnis außergewöhnlich harter Diskussionen sowie langer und zäher Verhandlungen wurden in Teil V der Konvention, der die Rechtsordnung der ausschließlichen Wirtschaftszone definiert, 13 Artikel über den Fischfang und damit zusammenhängende Fragen aufgenommen. Die Konvention legt dem Küstenstaat die Verpflichtung auf, unter Berücksichtigung der jeweils besten wissenschaftlichen Erkenntnisse durch geeignete Erhaltungs- und Bewirtschaftungsmaßnahmen dafür zu sorgen, daß der Fortbestand der lebenden Naturschätze in der ausschließlichen Wirtschaftszone nicht durch übermäßige Ausbeutung gefährdet wird. Dabei sollen der Küstenstaat und die zuständige internationale Organisation, gleichviel ob subregional, regional oder weltweit, zu diesem Zweck zusammenarbeiten (Art. 61).

Im Zusammenhang mit diesem Problem ist die Festsetzung der zulässigen Gesamtfangmenge, d.h. des Fangvolumens für lebende Naturschätze, das die Erhaltung der Art nicht gefährdet, eine der wichtigsten Fragen. Nach Art. 61 muß der Küstenstaat die zulässige Fangmenge für die lebenden Naturschätze in seiner ausschließlichen Wirtschaftszone festlegen. Er muß sich auch das Ziel setzen, die lebenden Naturschätze der ausschließlichen Wirtschaftszone bestmöglich zu nutzen. Zu diesem Zweck legt jeder Küstenstaat seine Kapazität für

---

[50] Siehe *T. I. Spivakova*, Pravo i prirodnye resursy pribrežnych zon, Moskva 1978, S. 57-58.

[51] *L. L'vov*, Problemy meždunarodnogo regulirovanija osvoenija Mirovogo okeana, in: Mirovaja ekonomika i meždunarodnye otnošenija 1979, No. 2, S. 70.

die Ausbeutung der lebenden Ressourcen in der Wirtschaftszone fest (Art. 62). Falls ein Staat nicht die nötige Kapazität zur Ausbeutung der zulässigen Gesamtfangmenge besitzt, so gewährt er durch Abkommen oder sonstige Vereinbarungen anderen Staaten Zugang zu dem nicht ausgenutzten Teil unter Beachtung der Bestimmungen der Konvention bezüglich der Binnen- und geographisch benachteiligten Staaten (Art. 69 und 70). Gewährt ein Küstenstaat den genannten Staaten Zugang zu seiner ausschließlichen Wirtschaftszone, so muß er dabei alle Faktoren berücksichtigen und sich bemühen, wirtschaftliche Störungen in Staaten, deren Angehörige gewohnheitsmäßig in der Zone gefischt haben oder die wesentliche Bemühungen zur Erforschung und Bestimmung der Bestände unternommen haben, auf ein Mindestmaß zu beschränken. Dem Küstenstaat wird nach Art. 62 das Recht eingeräumt, Gesetze und Vorschriften für die Durchführung des Fischfangs durch Angehörige anderer Staaten zu erlassen. Diese Gesetze und Vorschriften müssen mit der VN-Seerechtskonvention von 1982 vereinbar sein und können sich auf Fragen wie die Lizensierung von Fischern, einschließlich der Zahlung von Gebühren und andere Formen des Entgelts, beziehen. Bei den in der Entwicklung befindlichen Küstenstaaten kann das Entgelt aus einer angemessenen Gegenleistung im Bereich der Finanzierung, der Ausrüstung oder der fischereiwirtschaftlichen Technologie bestehen. In Art. 62 werden die Fragen erschöpfend aufgezählt, über die der Küstenstaat Gesetze und sonstige Vorschriften erlassen kann: Bestimmung der fangbaren Arten und Festlegung von Fangquoten; Regelung der Fangzeiten und -gebiete, der Art und Größe von Fischereifahrzeugen, die für den Fischfang verwendet werden dürfen; Festlegung der Angaben, die alle Fischereifahrzeuge machen müssen; Durchführung bestimmter Fischerei-Forschungsprogramme und Forschungen über andere Fragen mit Genehmigung und unter der Aufsicht des Küstenstaates.

Der vietnamesische Jurist *Nguyen Ngok Minh* führt in seiner Arbeit „Internationales Seerecht" aus, daß Art. 62 einen Kompromißcharakter trägt: „Einerseits verpflichtet er dazu, die souveränen Rechte des Küstenstaates zu achten, andererseits bestätigt er die traditionellen Fischereirechte derjenigen Länder, die gewohnheitsmäßig in der betreffenden Zone Fischfang betreiben, jedoch unter der Bedingung, daß die Gesetzgebung des Küstenstaates beachtet wird."[52] Das Recht der Küstenstaaten, selbständig den Umfang des zulässigen Fangs und den Teil, der den Fischern anderer Länder überlassen werden kann, festzusetzen, rief ernsthafte Unzufriedenheit der Binnenländer und der geographisch benachteiligten Staaten hervor. Es bildeten sich zwei Staatengruppen mit gegensätzlichen Interessen: Eine Gruppe wollte die Rechte ausländischer Fischer in den Wirtschaftszonen beschränken, dagegen bemühte sich die andere um eine Erweiterung dieser Rechte in den verschiedenen Subregionen und Regionen.

Auf der Sechsten, Siebten und Achten Konferenzsitzung entbrannten äußerst scharfe Kontroversen zwischen diesen Staatengruppen über die Frage des

[52] *Nguyen Ngok Minh*, Meždunarodnoe morskoe pravo, Moskva 1981, S. 126.

Zugangs zu den lebenden Naturschätzen der Wirtschaftszonen verschiedener Regionen und Subregionen. Für die Suche nach einem Kompromiß und die Ausarbeitung einvernehmlicher Vorschläge, die für beide Staatengruppen annehmbar sein sollten, wurde im Rahmen des Zweiten Ausschusses eine besondere Verhandlungsgruppe Nr. 4 unter dem Vorsitz des Vertreters aus Fidschi, *Nandan*, eingerichtet. In dieser Gruppe wurden Vorschläge zu den Art. 69 und 70 des „Informellen Zusammengesetzten Verhandlungstextes" detailliert erörtert und konkrete Vorschläge des Vorsitzenden zu diesen Artikeln ausgearbeitet.[53] Im Kern betrafen diese Vorschläge das Recht der Binnenstaaten, auf gerechter Grundlage an der Ausbeutung eines angemessenen Teils der nicht ausgenutzten Fangmenge der lebenden Ressourcen der ausschließlichen Wirtschaftszonen von Küstenstaaten derselben Subregion oder Region teilzuhaben. Dabei sollen die einschlägigen wirtschaftlichen und geographischen Gegebenheiten aller beteiligten Staaten berücksichtigt werden. Die Bedingungen und Einzelheiten dieser Teilnahme sollen von den betroffenen Staaten durch zweiseitige, subregionale oder regionale Übereinkünfte festgelegt werden. Die Interessen der Fischereiwirtschaft des Küstenstaates, der Binnenstaaten sowie die Nahrungsbedürfnisse der Bevölkerung der betreffenden Staaten sind dabei zu berücksichtigen. Falls der Küstenstaat in der Lage sein sollte, die gesamte zulässige Fangmenge der lebenden Naturschätze seiner Wirtschaftszone abzufischen, arbeiten der Küstenstaat und andere beteiligte Staaten auf zweiseitiger, subregionaler oder regionaler Grundlage zusammen. Dadurch wird den in der Entwicklung befindlichen Binnenstaaten dieser Subregion oder Region die Möglichkeit gegeben, nach Billigkeitsgesichtspunkten an der Ausbeutung der lebenden Naturschätze der ausschließlichen Wirtschaftszonen der betroffenen Staaten unter alle Parteien zufriedenstellenden Bedingungen teilzunehmen.

Die industriell entwickelten Binnenstaaten und die Staaten mit besonderen geographischen Merkmalen sind nach dem Entwurf *Nandans* berechtigt, an der Ausbeutung der lebenden Naturschätze nur in den ausschließlichen Wirtschaftszonen entwickelter Küstenstaaten derselben Subregion oder Region teilzunehmen, wobei eine Reihe von einzelnen, in dem Entwurf niedergelegten Gesichtspunkten zu berücksichtigen ist. Im Entwurf *Nandans* war auch enthalten, daß die oben dargelegten Regelungen Vereinbarungen unberührt lassen, in denen die Küstenstaaten den Staaten ohne Zugang zum Meer oder mit besonderen geographischen Merkmalen, die für dieselbe Subregion oder Region abgeschlossen wurden, gleiche Rechte oder Vorzugsrechte für die Ausbeutung der lebenden Naturschätze in den ausschließlichen Wirtschaftszonen einräumen können. *Nandan* schlug weiter vor, den Begriff „geographisch benachteiligte Staaten" durch den neuen Begriff „Staaten mit besonderen geographischen Merkmalen" zu ersetzen. Dieser Begriff bezeichnet Küstenstaaten einschließlich der Staaten an umschlossenen oder halbumschlossenen Meeren, deren geographische Lage sie von der Ausbeutung der lebenden Naturschätze der ausschließlichen

[53] Oficial'nye otčety (vgl. Fn. 5), Bd. 10, S. 108-111.

Wirtschaftszonen anderer Staaten in der Subregion oder Region zur angemessenen Versorgung mit Fisch zu Nahrungszwecken für ihre gesamte oder einen Teil ihrer Bevölkerung abhängig macht, sowie Küstenstaaten, die keine eigenen ausschließlichen Wirtschaftszonen beanspruchen können. Jedoch wurde auf der Elften Konferenzsitzung entschieden, in die Konvention den Begriff „geographisch benachteiligte Staaten“ aufzunehmen. Alle grundlegenden Bestimmungen des *Nandan*-Entwurfs wurden in Art. 69 und 70 der VN-Seerechtskonvention von 1982 übernommen.

Obgleich viele Länder feststellten, daß der Entwurf *Nandans* ein bedeutender Schritt vorwärts zur Überwindung der Meinungsverschiedenheiten auf der Konferenz in diesen Fragen war, äußerten einige Staaten ihre Unzufriedenheit mit einigen Bestimmungen dieses Entwurfs. In erster Linie wurde gegen die Änderung des Begriffs „geographisch benachteiligte Staaten“ Widerspruch erhoben. Nach Meinung einiger Delegationen brachte dieser Begriff die tatsächliche Lage einer bedeutenden Gruppe von Staaten vollständiger zum Ausdruck, die sich bezüglich des Konzepts der 200-sm-Wirtschaftszone in einer äußerst ungünstigen Lage befanden. So führte der Vertreter Bulgariens, *Alexander Jankov*, in seiner Rede vor dem Konferenzplenum aus, daß seine Delegation mit den Vorschlägen *Nandans* nicht völlig zufrieden sei und es als notwendig erachte, die Rechte der Binnenstaaten und der geographisch benachteiligten Staaten auf Zugang zu den lebenden Naturschätzen der ausschließlichen Wirtschaftszone besser zu begründen und zu definieren. Nach seiner Meinung war es erforderlich, wirtschaftliche Nachteile für diejenigen Länder zu vermeiden, die an umschlossenen oder halbumschlossenen Meeren mit begrenzten lebenden Naturschätzen liegen und die kraft ihrer geographischen Lage von der Ausbeutung der lebenden Ressourcen ausschließlicher Wirtschaftszonen anderer Staaten abhängig sind.[54] Ihre Unzufriedenheit mit diesem Entwurf äußerten auch die Delegationen der DDR, Iraks, Polens, Rumäniens, Jugoslawiens u. a.[55] Im Gegensatz dazu hielt der Vertreter Kanadas, *McGuigan*, bei der Erörterung dieser Frage eine Präzisierung im Hinblick darauf für erforderlich, daß die Staaten ohne Zugang zum Meer und die sonst geographisch benachteiligten Staaten nicht verlangen dürften, mehr als einer Region oder Subregion anzugehören, weil anderenfalls die diesen Staaten nach Art. 69 und 70 eingeräumten Vorrechte übermäßig wären. Nach seiner Meinung dürfe kein Küstenstaat mehr als einer Region oder Subregion angehören, weil es für ihn eine unerträgliche Bürde wäre, die von allen Seiten an ihn herangetragenen Ansprüche zu befriedigen.[56]

Fast jeder Artikel über das Fischereiregime war, bildlich gesprochen, eine eigene „Hürde“, die durch lange Diskussionen, Verhandlungen und Treffen

---

[54] A.a.O., Bd. 9, S. 99.

[55] A.a.O., S. 87, 96, 109.

[56] A.a.O., S. 93.

zwischen den verschiedenen Staatengruppen überwunden werden mußte. So war es beispielsweise mit Art. 63 über Fischbestände, die sowohl innerhalb als auch außerhalb der Wirtschaftszone in den angrenzenden Gewässern vorkommen. In Absatz 2 dieses Artikels heißt es: „Kommen derselbe Bestand oder Bestände miteinander vergesellschafteter Arten sowohl innerhalb der ausschließlichen Wirtschaftszone als auch in einem Gebiet außerhalb der Zone und im Anschluß daran vor, so versuchen der Küstenstaat und die diese Bestände in dem angrenzenden Gebiet befischenden Staaten entweder unmittelbar oder im Rahmen geeigneter subregionaler oder regionaler Organisationen, sich auf die für die Erhaltung dieser Bestände in dem angrenzenden Gebiet erforderlichen Maßnahmen zu einigen.“[57] Diese Bestimmung war für alle Staaten annehmbar, weil hiervon diejenigen Bereiche der Hohen See betroffen sind, für welche die Freiheit des Fischfangs feierlich verkündet worden ist. Auf diese Bereiche kann die Jurisdiktion des Küstenstaates nicht erstreckt werden; hier kann nur von verschiedenen Formen der Zusammenarbeit die Rede sein. Dennoch unternahmen im Verlauf der Neunten Konferenzsitzung im August 1980 Argentinien und Kanada und in der Folge eine bedeutende Gruppe von Küstenstaaten den Versuch, den zuvor vereinbarten Abs. 2 des Art. 62 zu ändern. Diese Länder forderten, daß die Jurisdiktion des Küstenstaates für die Erhaltung der Bestände miteinander vergesellschafteter Arten, die sowohl innerhalb der Wirtschaftszone als auch seewärts derselben vorkommen, auf die Hohe See ausgedehnt wird.[58] Der Küstenstaat sollte diesem Vorschlag zufolge Schiedsgerichte anrufen können, um Maßnahmen in den an die Wirtschaftszone anschließenden Gewässern für die Erhaltung dieser Fischbestände durchzusetzen, wenn er Ansprüche gegen andere Staaten erhebt, die Fischfang in der Nähe seiner Wirtschaftszone betreiben. Auf Antrag eines jeden Küstenstaates sollte das Schiedsgericht einstweilige Anordnungen für dieses Gebiet erlassen können.

Es ist charakteristisch, daß in den Vorschlägen dieser Staaten die Grenzen des an die Wirtschaftszone anschließenden Meeresbereichs nicht festgelegt wurden. Dies begründeten sie damit, daß jenseits der Wirtschaftszone ein und dieselben Fischbestände vorkommen und daher auch für ihren Schutz dieselben Maßnahmen wie innerhalb der Wirtschaftszone notwendig sind. Die Gefährlichkeit dieses Vorschlages für die Freiheit des Fischfangs auf Hoher See wurde um so offensichtlicher, als sogar die Autoren selbst gezwungen waren, ihn zu modifizieren und verschiedene andere Varianten vorzuschlagen. In ihren Ausführungen auf der Neunten und Zehnten Konferenzsitzung wandten sich der Vertreter der Sowjetunion und die Repräsentanten einer Reihe von Entwicklungsländern entschieden gegen alle Versuche, Art. 63 des Konventionsentwurfs zu ändern. Sie wiesen dabei nach, daß die von Argentinien, Kanada, Australien, Island, den Philippinen und einigen anderen Ländern

---

[57] VN-Dok. A/CONF.62/L.78 vom 28. August 1981.

[58] Siehe VN-Dok. A/CONF.62/C.2/Informal Meeting/54/Rev.1 vom 14. August 1980.

eingebrachten Vorschläge nichts anderes waren als eine versteckte Form der „schleichenden Jurisdiktionsanmaßung" mit dem Zweck, riesige Bereiche der Hohen See der Macht des Küstenstaates zu unterwerfen. Es ist erwähnenswert, daß eine Reihe westlicher Länder, in erster Linie die USA, den extremistischen argentinisch-kanadischen Vorschlag in der einen oder anderen Form unterstützten. Im Verlauf der Zehnten Konferenzsitzung zeigten zahlreiche Delegationen aus verschiedenen Ländern die Unrechtmäßigkeit derartiger Ansprüche auf die Hohe See auf.[59] Auch wurde darauf hingewiesen, daß derartige Vorschläge nicht von armen, unglücklichen Ländern mit kärglichen Fischvorkommen in ihren künftigen Wirtschaftszonen unterbreitet wurden, sondern von Ländern, die gigantische Vorräte an Fischressourcen mit zulässigen Fangmengen in Höhe von vielen Millionen Tonnen besitzen. Es mag genügen, das Beispiel Argentiniens anzuführen, dessen Wirtschaftszone 1,5 Mio Quadratkilometer überschreiten wird. Nach den Angaben der FAO kann entlang den Küsten dieses Landes der jährlich zulässige Fang 6-8 Millionen Tonnen überschreiten. Argentinien allein fischte im Jahre 1979 566.000 t, die Fangmenge sank 1980 auf nur 410.000 t. Die übrigen Fischbestände gingen nach Ablauf ihres Lebenszyklus zugrunde. Die Frage drängt sich auf, warum dieses Land sich bemüht, sogar noch Rechte auf die Fischressourcen der Hohen See zu erlangen. Ähnlich ist die Situation Australiens, das nach der Wasserfläche eine der größten Wirtschaftszonen (6,8 Mio km^2) mit bedeutenden Beständen an lebenden Naturschätzen haben wird. Oder nehmen wir das Beispiel Islands mit einer Bevölkerung von 220.000 Menschen auf einer Insel von 103.000 km^2. Island wird eine Wirtschaftszone von fast 860.000 km^2 haben.[60] Der Fang dieses Landes belief sich im Jahre 1979 auf 164.500 t, d.h. auf jeden Bewohner des Landes kamen fast 0,8 t.[61] Selbst bei einer Intensivierung des Fischfangs wird Island die zulässige Menge lebender Meeresressourcen in seiner Wirtschaftszone allein niemals völlig ausnutzen können.

Auf der 3. VN-Seerechtskonferenz wurde ausgeführt, daß einzelne Konfliktsfälle wegen „Raubfischfangs" lebender Naturschätze vor den Küsten einiger Länder nicht als Begründung für die Ausdehnung der Jurisdiktion auf Bereiche der Hohen See dienen können. Die Mehrheit der Länder forderte, daß die in der Wirtschaftszone vorgesehenen Rechte unter gar keinen Umständen vom Küstenstaat über die Grenzen der Wirtschaftszone hinaus ausgedehnt werden dürfen. Wie *V. F. Carev* darlegt, bestritt keiner der Konferenzteilnehmer den besonderen Charakter der Ansprüche des Küstenstaates auf die natürlichen Reichtümer der 200-sm-Wirtschaftszone. Diese Rechte zu etwas nicht näher bestimmtem juristisch Absolutem zu erheben und ihnen in einem derartigen Ausmaß einen ausschließlichen Charakter zu verleihen, führt jedoch zu einer

---

[59] Vgl. 10. Sitzung, New York, April 1981 (UNCLOS III, OR Vol. XV).

[60] Neptun, Genf, vom 14. April 1975, Nr. 3.

[61] Dok. FAO: Yearbook (Fn. 46), Rome 1980, Bd. 48, S. 37.

faktischen Entstellung des Begriffs der „wirtschaftlichen Rechte“ und der „Wirtschaftszone“.[62]

Oben wurde bereits darauf hingewiesen, daß die USA und eine Reihe anderer westlicher Länder sich gegenüber der Rechtsordnung der Wirtschaftszone äußerst inkonsequent und widersprüchlich verhielten. Dies wurde besonders bei der Erarbeitung von Artikeln über das Fischereiregime in der Wirtschaftszone deutlich. Schon während der Konferenzarbeiten, als sich die allgemeine Struktur des Entwurfs einer Seerechtskonvention abzeichnete, erweiterten die USA am 13. April 1976 einseitig die Fischereizone vor ihren Küsten von 12 auf 200 sm und setzten ziemlich scharfe Bedingungen für den Zugang ausländischer Fischer zu dieser Zone fest. Zahlreiche Wirtschaftswissenschaftler, Juristen und anderen Experten in den USA wandten sich gegen dieses Gesetz. Der bekannte amerikanische Jurist *J. Moore* (Leiter der interministeriellen Arbeitsgruppe für Seerecht des Nationalen Sicherheitsrates) erklärte in seinen Ausführungen vor dem Kongreß während der Beratungen über den Gesetzentwurf: „Davon, wie wir dieses Problem lösen, hängt es ab, ob wir uns auf eine Lösung aller Probleme des Ozeans auf der Grundlage der Zusammenarbeit zubewegen oder ob wir die Spirale einseitiger nationaler Ansprüche beschleunigen.“ Er führte weiter aus, daß die Verabschiedung des Gesetzes für die USA mit erheblichen politischen Kosten verbunden sei, wie z. B. dem Risiko einer Verschärfung der Beziehungen zu Staaten, die dicht vor der amerikanischen Küste Fischfang betreiben. Er wies ebenfalls auf den Schaden für einen Fortschritt bei der Ausarbeitung universeller internationaler Vereinbarungen zum Schutz der Fischressourcen und auf die ernsthafte Gefährdung der Verhandlungen auf der 3. VN-Seerechtskonferenz hin. Nach seiner Meinung sind einseitige Entscheidungen auf diesem Gebiet mit dem Völkerrecht unvereinbar und werden von anderen Ländern nicht gebilligt.[63] Ungeachtet des nachdrücklichen Widerspruchs weiter Kreise in den USA unterzeichnete der Präsident diesen Gesetzesakt. Wie *J. Moore* vorausgesagt hatte, rief die einseitige Aktion der USA scharfe Proteste vieler Delegationen auf der Konferenz hervor. Eine Reihe von Ländern richtete Proteste an das Außenministerium der USA. In der Erklärung der Regierung der UdSSR wurde unterstrichen, daß die Verabschiedung des amerikanischen Gesetzes über eine 200-sm-Zone für die Erhaltung der Fischressourcen in direktem Widerspruch zu den Bemühungen steht, allseits annehmbare Lösungen auf der Konferenz zu erreichen.[64] Das amerikanische Gesetz stachelte gleichsam andere Länder auf, ebenfalls einseitig 200-sm-Fischerei- oder Wirtschaftszonen zu erklären.[65] Im

---

[62] *V. F. Carev*, Problemy pravovogo statusa ekonomičeskoj zony pribrežnych gosudarstv i voprosy rybolovstva, in: Mirovoe rybolovstvo 1979, Ausgabe 8, S. 25.

[63] Status of the UN Law of the Sea Conference. Hearing before the Committee on Foreign Affairs, H. R., November 1974, Washington 1975, S. 18.

[64] Siehe Pravda vom 6. Mai 1976.

[65] *P. D. Barabolja, S. V. Molodcov*, Vklad SSSR v razvitie meždunarodnogo morskogo prava, in: Morskoj sbornik 1977, No. 11, S. 104.

Juni 1976 wurde eine 200-sm-Wirtschaftszone vor der Küste Mexikos verkündet. Acht Länder des Gemeinsamen Marktes führten am 1. Januar 1977 eine 200-sm-Fischereizone ein (Frankreich, das Mitglied dieser Organisation ist, verabschiedete ein Gesetz über eine 200-sm-Wirtschaftszone). Am 1. Januar 1977 trat das norwegische Gesetz über eine 200-sm-Zone in Kraft. Entsprechende Gesetze verabschiedeten u. a. Indien, Fidschi, Philippinen, Angola, Pakistan, Portugal und Sri-Lanka. Bis 1979 errichteten über 100 Länder, d. h. etwa 73 % aller Küstenstaaten, 200-sm-Wirtschafts- oder Fischereizonen.

Diese einseitigen Handlungen einer großen Zahl von Küstenstaaten erforderten entsprechende Maßnahmen der Sowjetunion zum Schutze der Fischreichtümer vor ihren Küsten. Die UdSSR entschied sich weder für eine Wirtschafts- noch für eine Fischereizone, sondern beschränkte sich auf einstweilige Maßnahmen. Deshalb verabschiedete das Präsidium des Obersten Sowjets der UdSSR am 10. Dezember 1976 einen „Erlaß über vorläufige Maßnahmen zur Erhaltung der lebenden Naturschätze und zur Regelung der Fischerei in den an die Küste der UdSSR anschließenden Meeresgebieten". Dieser Erlaß betont, daß in letzter Zeit eine immer größer werdende Anzahl auch der UdSSR benachbarter Staaten vor ihren Küsten Wirtschafts- und Fischereizonen bis zu 200 sm Breite eingerichtet haben, ohne den Abschluß der auf der 3. VN-Seerechtskonferenz erarbeiteten internationalen Konvention abzuwarten. Obwohl unser Land für die Regelung der akuten Probleme der Rechtsordnung des Weltmeeres auf internationaler Grundlage eintritt, war die UdSSR unter den gegebenen Umständen gezwungen, unverzüglich Maßnahmen zum Schutz der Interessen des Sowjetstaates an der Erhaltung, Erneuerung und bestmöglichen Nutzung der lebenden Naturschätze der Meeresgebiete bis zu 200 sm jenseits der Basislinien für das Küstenmeer der UdSSR zu ergreifen.[66] Dieser Erlaß blieb bis zur Verabschiedung eines anderen, die Arbeiten der 3. VN-Seerechtskonferenz berücksichtigenden Rechtsaktes der UdSSR in Kraft. Auf der Grundlage der Bestimmungen der VN-Seerechtskonvention von 1982 wurde am 28. Februar 1984 ein Erlaß des Präsidiums des Obersten Sojwets der UdSSR über die Wirtschaftszone der UdSSR verabschiedet.[67]

Bei der Untersuchung der Rechtsordnung der Wirtschaftszone sind die Regelungen über die Errichtung, Dislozierung und Nutzung künstlicher Inseln, Anlagen und Bauwerke von großem Interesse. In den letzten Jahrzehnten entstanden — bedingt durch das Anwachsen wissenschaftlicher Forschungsprogramme für das Weltmeer und die Ausbeutung der Naturschätze des Festlandsockels, in erster Linie die Förderung von Öl und Gas — vor den Küsten vieler Staaten eine große Anzahl künstlicher Anlagen und Bauwerke. Diese als Inseln konstruierten künstlichen Anlagen für die Förderung von Öl und Gas wurden in großer Zahl im Golf von Mexiko, in der Nordsee, in der Norwegensee und in

[66] Siehe Izvestija vom 10. Dezember 1976.

[67] Siehe Izvestija vom 29. Februar 1984.

einer Reihe anderer Bereiche des Weltmeeres installiert. Es gibt zahlreiche Pläne zur Konstruktion gigantischer künstlicher Inseln, schwimmender Häfen und Superhäfen, Plattformen und anderer stationärer und schwimmender Komplexe, die vor allem im Bereich der Erforschung und Ausbeutung der Tiefseeressourcen der Meere und Ozeane eingesetzt werden sollen. Für die Erforschung des Weltmeeres gibt es eine große Anzahl von Systemen zur Sammlung Ozeanischer Daten (SSOD). Diese Systeme bestehen aus mehreren Bojen, die mit Spezialvorrichtungen für die Suche, Feststellung, Sammlung, Aufbewahrung und Übermittlung unterschiedlicher Daten über den Ozean ausgerüstet sind. Mit Hilfe von SSODs ist es möglich, Daten unmittelbar aus der Wassersäule des Ozeans, der Atmosphäre und aus dem Meeresboden zu erhalten.[68] Fragen der Rechtslage bei der Anbringung und der Arbeit derartiger Vorrichtungen behandelte der 1969-1971 ausgearbeitete Entwurf eines Übereinkommens über Systeme zur Sammlung Ozeanischer Daten. Dieser Entwurf wurde 1972 in Paris auf einer internationalen Konferenz eingehend erörtert, die von der Internationalen Ozeanographischen Kommission (IOC) der UNESCO und der Internationalen Beratenden Schiffahrts-Organisation (IMCO) einberufen wurde.[69] An dieser Konferenz nahmen ungefähr 40 Staaten teil. Es wurde ein Übereinkommensentwurf ausgearbeitet, der die Unterstützung einer großen Zahl von Staaten fand, dessen Verabschiedung jedoch bis zum Abschluß der 3. VN-Seerechtskonferenz zurückgestellt wurde.[70] Diese Entscheidung war gerechtfertigt, weil schon damals klar wurde, daß der Status von SSODs von der auf der 3. VN-Seerechtskonferenz erarbeiteten Rechtsordnung für die verschiedenen Bereiche der Meere und Ozeane abhängen wird.

Tatsächlich wurde bereits auf der Zweiten Sitzung der 3. VN-Seerechtskonferenz dem Problem der Konstruktion und Installation von künstlichen Inseln und anderen Anlagen in den verschiedenen Bereichen des Weltmeeres große Aufmerksamkeit gewidmet. Als Ergebnis der Beratungen wurde in den letzten Sitzungen Art. 60 in die Konvention aufgenommen. Danach hat der Küstenstaat in der ausschließlichen Wirtschaftszone das ausschließliche Recht, für die in Art. 56 vorgesehenen und andere wirtschaftliche Zwecke künstliche Inseln, Anlagen und Bauwerke zu errichten und deren Bau, Einsatz und Nutzung zu genehmigen und zu regeln. Dieses Recht hat er auch für die Errichtung von Anlagen und Bauwerken, welche die Ausübung seiner Rechte in der Zone beeinträchtigen können. Alle anderen Anlagen und Bauwerke nichtwirtschaftlichen Charakters können von ausländischen Staaten ohne vorherige Erlaubnis des Küstenstaates in der Wirtschaftszone errichtet werden. Der Küstenstaat

---

[68] Siehe *A. L. Kolodkin*, Ob osnovnych voprosach proekta Konvencii po sistemam sbora okeanskich dannych, in: Problemy morskogo prava, Moskva 1971, vyp. 31, S. 72; Dejatel'nost gosudarstv v Mirovom okeane, Moskva 1983, S. 44-54.

[69] Seit Mai 1982 lautet die Bezeichnung Internationale Schiffahrts-Organisation (IMO).

[70] UNESCO-Dok. SC-72/CONF./853 DR. SC 4 (a), Rev. vom 8. Februar 1972.

kann seine Jurisdiktion nicht auf diese Kategorie von Anlagen und Bauwerken erweitern. Zu derartigen Anlagen und Bauwerken können z.B. Bojen und „Tonnen“ gerechnet werden, die von anderen Staaten ausgelegt und für das Verankern von Schiffen genutzt werden. Nach unserer Meinung kann man zu dieser Kategorie auch verschiedene Vorrichtungen rechnen, die für die Bahnverfolgung von Erdsatelliten und anderen Weltraumgegenständen sowie für die Funknavigation dienen. Leider werden in Art. 60 die Anlagen und Bauwerke nichtwirtschaftlichen Charakters nicht aufgezählt, die andere Staaten in der Zone ohne Einverständnis des Küstenstaates errichten oder anlegen dürfen. Es ist kein Zufall, daß einige lateinamerikanische Länder (Argentinien, Peru, Brasilien, Uruguay u. a.) auf der Zehnten Sitzung der 3. VN-Seerechtskonferenz erneut die Frage einer Überarbeitung des Art. 60 Abs. 1 und der Gewährung des Rechts an den Küstenstaat aufwarfen, seine ausdrückliche Jurisdiktion auf alle in den Wirtschaftszonen der Küstenstaaten genutzten Anlagen und Bauwerke zu erstrecken. Dieser Vorschlag der lateinamerikanischen Länder fand jedoch keinerlei nennenswerte Unterstützung auf der Konferenz. Der Küstenstaat hat folglich ausschließliche Jurisdiktion über alle Arten künstlicher Inseln, Anlagen und Bauwerke, die für wirtschaftliche Zwecke genutzt werden. Da der Küstenstaat nach Art. 56 Jurisdiktion über die Durchführung wissenschaftlicher Meeresforschung in der Wirtschaftszone besitzt, kann es keinem Zweifel unterliegen, daß alle Anlagen und Bauwerke für wissenschaftliche Zwecke, einschließlich driftender Vorrichtungen in der Zone, nur mit Einverständnis des Küstenstaates installiert werden dürfen.

Über die oben aufgeführten künstlichen Inseln, Anlagen und Bauwerke wirtschaftlichen Charakters besitzt der Küstenstaat Jurisdiktion hinsichtlich der Zoll-, Steuer-, Gesundheits- und Einwanderungsgesetze und -regeln. Darüber hinaus kann er die ihre Sicherheit betreffenden Gesetze und sonstigen Vorschriften erlassen. Diese Rechte beschränken sich konkret auf die Jurisdiktion über die künstlichen Inseln, Anlagen und Vorrichtungen als solche und betreffen nicht Rechte auf irgendwelche Bereiche der Wirtschaftszonen. Deshalb ist nach unserer Ansicht die Behauptung einiger Autoren verfehlt, die sich in ihren Arbeiten bemühen, die genannten Rechte mit den Rechten des Küstenstaates in der Anschlußzone in Verbindung zu bringen und auf dieser Grundlage eine Gemeinsamkeit zwischen Anschlußzone und Wirtschaftszone zu suchen.

In der Anschlußzone hat der Küstenstaat nur äußerst begrenzte Rechte. Er kann in ihr nur eine Kontrolle dahin ausüben, daß die Verletzung seiner Zoll-, Steuer-, Einwanderungs- und Gesundheitsvorschriften und -regeln in der Zone selbst sowie auf seinem Territorium oder in seinem Küstenmeer vermieden wird. Dabei ist eine Bestrafung von Verstößen nur dann möglich, wenn sie auf dem Staatsgebiet des betreffenden Staates oder in seinem Küstenmeer begangen worden sind. Zollvorschriften und sonstige Regeln des Küstenstaates gelten zwar für ausländische Schiffe in Häfen und für ausländische Flugzeuge auf Flughäfen, aber das berechtigt keineswegs dazu, das Regime der Häfen und

Flughäfen mit der Rechtsordnung irgendwelcher Räume zu verbinden. Den Versuch, auf dieser Grundlage die Wirtschaftszone und die Anschlußzone einander anzugleichen, unternehmen auch einige bürgerliche Juristen. So versucht der französische Jurist *J. P. Quéneudec* nachzuweisen, daß die Wirtschaftszone der Anschlußzone nahekommt.[71] Entsprechende Versuche unternehmen auch die amerikanischen Juristen *J. Stevensen* und *B. Oxman*, die an der Arbeit der 3. VN-Seerechtskonferenz teilnahmen und die das Vorhandensein von Jurisdiktion hinsichtlich der Zoll-, Steuer-, Gesundheits- und Einwanderungsregeln als etwas Gemeinsames in der Rechtsordnung der beiden Zonen ansehen, wobei sie die völlig andere Form übersehen, in der diese Jurisdiktion ausgeübt wird.[72] Vorschläge einiger Staaten während der ersten Etappe der Arbeit der 3. VN-Seerechtskonferenz, die Rechtsordnung der Anschlußzone auf die gesamte Wirtschaftszone auszudehnen, wurden von der erdrückenden Mehrheit der Konferenzteilnehmer entschieden abgelehnt.

Nach Art. 60 der VN-Seerechtskonvention von 1982 muß die Errichtung künstlicher Inseln, Anlagen oder Bauwerke ordnungsgemäß bekanntgegeben und die Unterhaltung der erforderlichen ständigen Warnvorrichtungen sichergestellt werden. In dem Artikel selbst sind die Warnvorrichtungen nicht aufgeführt. Jedoch gibt es im Teil XIII der Konvention, der Fragen der wissenschaftlichen Meeresforschung behandelt, Bestimmungen über besondere Seezeichen und Warnvorrichtungen für wissenschaftliche Forschungsanlagen. Abhängig vom Typ der Vorrichtung oder der Anlage können dies besondere Seezeichen, Feuer, Geräuschsignale im Nebel, besondere Lichtreflektoren usw. sein. In Art. 60 ist auch die sehr wichtige Regel enthalten, daß alle aufgegebenen oder nicht mehr benutzten Anlagen vollständig zu beseitigen sind. Die Praxis zeigt, daß die Demontage nicht mehr benutzter Anlagen, die in großen Tiefen angebracht wurden, nicht selten äußerst kostspielig und schwierig ist, besonders hinsichtlich derjenigen Vorrichtungen, deren Fundament oder Basis auf den Meeresboden abgesenkt wurde. In diesem Zusammenhang schlugen einige Delegationen vor, nur die Worte „müssen beseitigt werden" stehen zu lassen und den Begriff „vollständig" zu streichen. Auf der Neunten und Zehnten Sitzung trat die Delegation Großbritanniens besonders aktiv mit der Vorlage derartiger Vorschläge hervor. Der Leiter dieser Delegation, *Powell-Jones*, schlug in der Plenarsitzung der Konferenz am 15. April 1981 vor, den zweiten Satz des Art. 60 Abs. 3 wie folgt zu ändern: „Alle aufgegebenen oder nicht mehr benutzten Anlagen oder Bauwerke sind zu beseitigen, soweit dies für die Gewähr einer sicheren Schiffahrt erforderlich ist, und zwar in Übereinstimmung mit allgemein anerkannten internationalen Standards, die von der zuständigen internationalen Organisation festgelegt sind. Bei der Beseitigung ist auch auf die Fischerei,

---

[71] *J. P. Quéneudec*, La zone économique, in: Revue générale de droit international public 1975, Bd. 79, S. 342.

[72] *J. R. Stevenson*, *B. H. Oxman*, The Third United Nations Conference on the Law of the Sea: The 1975 Geneva Session, in: AJIL 1975, Bd. 69, S. 772.

den Schutz der Meeresumwelt sowie auf die Rechte und Pflichten anderer Staaten gebührend Rücksicht zu nehmen. Tiefe und Lage nicht vollständig beseitigter Anlagen oder Bauwerke sind in geeigneter Weise bekanntzumachen."[73] Dieser englische Vorschlag wurde von einer bedeutenden Zahl von Staaten einschließlich der UdSSR und einer Reihe anderer sozialistischer Staaten unterstützt. Viele betrachteten diesen Vorschlag als eine technische Ergänzung, die nicht die Rechtsgrundlagen des Problems künstlicher Inseln, Anlagen und Bauwerke berührt. Jedoch erklärten die Delegationen einiger lateinamerikanischer Länder, in erster Linie Brasiliens und Uruguays, die dem Wesensgehalt dieser Ergänzung nicht prinzipiell widersprachen, daß sie den Vorschlag zur Änderung des Art. 60 Abs. 3 nur dann unterstützen könnten, wenn auch Abs. 1 dieses Artikels geändert würde, soweit er die Errichtung von Anlagen und Bauwerken nichtwirtschaftlichen Charakters in der Wirtschaftszone betreffe. Auf diese Weise versuchten die lateinamerikanischen Länder, die beiden ihrem Inhalt nach unterschiedlichen Fragen miteinander zu verbinden. Erst auf der Elften Konferenzsitzung zogen die lateinamerikanischen Länder ihren Vorschlag zurück, und dementsprechend wurde die Ergänzung in Art. 60 der Konvention aufgenommen.

Bei der Ausarbeitung aller Absätze des Art. 60 gab es auf der Konferenz scharfe Meinungsverschiedenheiten zwischen einzelnen Ländern und Staatengruppen. Ähnliche Schwierigkeiten tauchten auch bei einer Absprache über die Frage von Sicherheitszonen um künstliche Inseln, Anlagen und Bauwerke in der Wirtschaftszone herum auf. Die Frage der Sicherheitszonen um Vorrichtungen im Meer ist nicht neu. Im Genfer Abkommen von 1958 über den Festlandsockel ist das Recht der Küstenstaaten vorgesehen, derartige Anlagen auf dem Festlandsockel zu errichten und um sie herum Sicherheitszonen von bis zu 500 m Breite zu erklären.[74] Heutzutage gibt es Tausende von Installationen der unterschiedlichsten Art auf dem Weltmeer. Deshalb äußerten einige Länder die ernsthafte Besorgnis, daß viele Bereiche der Meere und Ozeane von Sicherheitszonen vollständig überlagert werden könnten. Eine andere Staatengruppe war demgegenüber der Auffassung, daß die Breite der Sicherheitszonen von 500 m angesichts der höheren Geschwindigkeiten der Schiffe und der Möglichkeit einer Beschädigung der Anlagen sowie einer Havarie von Schiffen im Falle einer Kollision mit Anlagen und Bauwerken völlig unzureichend ist. Daher wurde vorgeschlagen, die Breite der Sicherheitszone, besonders um künstliche Inseln und Anlagen herum, zu erhöhen. Dieser Vorschlag fand jedoch keine Unterstützung auf der Konferenz.

In der sowjetischen juristischen Literatur wurde diese Frage nur unzureichend untersucht, obgleich sie von großem Interesse ist und wiederholt in den

---

[73] Dok. OON A/CONF.62/SR, 1981, 20. April (A/CONF.62/SR.148, in: UNCLOS III, OR Vol. XV).

[74] Siehe Sbornik meždunarodnych soglašenij i zakonodatel'nych aktov SSSR po voprosam moreplavanija, Leningrad 1971, S. 76.

verschiedenen internationalen Organisationen, insbesondere in der IMCO, erörtert wurde. Es ist möglich, daß es in Zukunft bei der Installation von großen schwimmenden Seehäfen oder künstlichen Inseln mit wissenschaftlichen Forschungszentren in den verschiedenen Teilen des Weltmeeres auch notwendig wird, die Sicherheitszonen um sie herum zu erweitern. Gegenwärtig tritt die Mehrheit der Länder dafür ein, dort, wo ein Bedürfnis besteht, „vernünftige Sicherheitszonen" einzurichten, in denen die erforderlichen Maßnahmen für die Gewährleistung der Sicherheit sowohl der Schiffahrt als auch der künstlichen Inseln, Anlagen und Bauwerke selbst ergriffen werden.[75] Die Breite der Sicherheitszonen soll vom Küstenstaat unter Berücksichtigung der geltenden internationalen Standards festgelegt werden. Die Zonen sind so zu gestalten, daß sie der Art und Aufgabe der künstlichen Inseln, Anlagen oder Bauwerke entsprechen. Sie dürfen sich nur bis zu einem Abstand von 500 m, gemessen von jedem Punkt ihres äußeren Randes, erstrecken. Das Ausmaß der Sicherheitszonen ist ordnungsgemäß bekanntzugeben. Eine Sicherheitszone von mehr als 500 m Breite kann nur in den Fällen erklärt werden, in denen eine solche Breite nach allgemein anerkannten internationalen Standards zulässig oder von einer zuständigen internationalen Organisation empfohlen worden ist. Die VN-Seerechtskonvention von 1982 läßt also die Möglichkeit einer größeren Breite von Sicherheitszonen zu, falls in Zukunft entsprechende Normen oder Empfehlungen internationaler Organisationen ausgearbeitet werden. Die Konvention schreibt vor, daß alle Schiffe diese Sicherheitszonen zu respektieren und die allgemein anerkannten internationalen Normen über die Schiffahrt in der Nähe künstlicher Inseln, Anlagen, Bauwerke und Sicherheitszonen einzuhalten haben. Wie bereits gesagt wurde, führte die Sorge, daß unzulässigerweise ein „ununterbrochener Gürtel" von Sicherheitszonen geschaffen und wichtige Schiffahrtswege von ihnen überlagert werden könnten, zu der Notwendigkeit, in der Konvention genau vorzuschreiben, daß künstliche Inseln, Anlagen und Bauwerke sowie die sie umgebenden Sicherheitszonen nicht an Stellen errichtet werden dürfen, wo sie die Benutzung anerkannter und für die internationale Schiffahrt wesentlicher Schiffahrtswege behindern. Es wird auch betont, daß sie nicht die Rechtsstellung von Inseln und kein eigenes Küstenmeer haben und daß ihr Vorhandensein keinen Einfluß auf die Abgrenzung von Küstenmeer, Wirtschaftszone oder Festlandsockel hat.

Sehr große Bedeutung für das Vorankommen der Arbeiten der 3. VN-Seerechtskonferenz hatte eine Übereinkunft zwischen zwei großen Staatengruppen in der Frage der Abgrenzung von Wirtschaftszonen und Festlandsockeln. Hierzu gehörte unmittelbar die Frage des Verfahrens zur Regelung von Streitigkeiten zwischen den Staaten bei maritimen Grenzziehungen. Die Diskussionen darüber, wie die Wirtschaftszone und der Festlandsockel von Staaten mit benachbarten oder gegenüberliegenden Küsten abgegrenzt werden sollen, zogen

[75] VN-Dok. A/CONF.62/L.78 vom 28. August 1981.

sich von der Caracas-Sitzung an durch alle folgenden Sitzungen der Konferenz. Schon als das Problem erstmals auftauchte, war der Mehrheit der Delegationen bekannt, daß Frieden und Sicherheit in vielen Bereichen des Weltmeeres davon abhängig sind, welche Prinzipien und Methoden bei der Abgrenzung der Meeresräume angewandt und was für Normen ausgearbeitet werden, um Konfliktsituationen zwischen benachbarten und gegenüberliegenden Staaten zu vermeiden. Eine äußerst wichtige Aufgabe der Gegenwart ist es, die Entstehung von Konfliktsituationen zwischen den Staaten bei der Festlegung von Grenzen zu verhindern. Deshalb hat die Beachtung des Prinzips der friedlichen Streitregelung große Bedeutung, das auf der Konferenz über Sicherheit und Zusammenarbeit in Europa vom 30. Juli bis 1. August 1975 in Helsinki Anerkennung gefunden hat. Nach diesem Prinzip „werden die Teilnehmerstaaten Streitigkeiten zwischen ihnen mit friedlichen Mitteln beilegen, um den internationalen Frieden, die Sicherheit und Gerechtigkeit nicht zu gefährden.“[76] Die Beachtung dieser Bestimmung hat eine einzigartige Bedeutung für die Erhaltung des Friedens auf den Meeren und Ozeanen. Bekanntlich sind in den letzten Jahrzehnten wegen unterschiedlicher Auffassungen zur Abgrenzung maritimer Räume in den verschiedenen Bereichen des Weltmeeres wiederholt Konfliktsituationen entstanden, und es haben sich die Beziehungen zwischen benachbarten Staaten zugespitzt. Derartige Konfliktsituationen gibt es zwischen Kolumbien und Venezuela wegen der Aufteilung des Küstenmeeres und des Festlandsockels mit reichen Ölvorkommen im Meerbusen von Venezuela.[77] Gefährliche Situationen, durch welche die Gefahr militärischer Konflikte heraufbeschworen wurde, entstanden wiederholt zwischen der Türkei und Griechenland wegen der Aufteilung des Festlandsockels in der Ägäis. Die Lösung dieses Streites wird dadurch erschwert, daß vor der Küste der Türkei in einer Entfernung von teilweise nur 4-6 sm eine Kette kleiner griechischer Inseln liegt, deren Küstenmeere die türkische Küste vom Ägäischen Meer abschneidet. In der Nähe der griechischen Inseln liegen bedeutende Vorräte an Öl und anderen Bodenschätzen, für die beide Länder begannen, Förderlizenzen zu erteilen. Deshalb verschlechterten sich die Beziehungen zwischen ihnen derart, daß im Sommer 1976 beide Seiten ihre Streitkräfte in volle Alarmbereitschaft versetzten. Gleichzeitig wandte sich Griechenland an den VN-Sicherheitsrat und erklärte, daß der Frieden im Bereich des Ägäischen Meeres bedroht sei.[78] Der Sicherheitsrat untersuchte die Frage und verabschiedete eine Resolution, in der beide Seiten aufgerufen wurden, „äußerste Zurückhaltung zu üben“, alles in ihren Kräften stehende zur „Verringerung der gegenwärtigen Spannung in diesem Gebiet“ zu tun und von neuem in direkte Verhandlungen zur Regelung der

---

[76] Vo imja mira, bezopasnosti i sotrudničestva, Moskva, Verlag Politizdat, 1975, S. 10.

[77] Siehe *M. I. Lazarev*, Meždunarodno-pravovye problemy mirnogo ispol'zovanija Mirovogo okeana, in: Meždunarodnoe sotrudničestvo i meždunarodnoe pravo, Moskva 1977, S. 55.

[78] VN-Dok. S/12167; S/12168.

Meinungsverschiedenheiten der Beteiligten einzutreten.[79] Griechenland wandte sich auch an den Internationalen Gerichtshof mit der Bitte um Streitentscheidung. Obgleich sich beide Seiten mehrere Male trafen und Verhandlungen führten, konnte die Grenzziehung in dem umstrittenen Gebiet nicht gelöst werden. Die Aufzählung derartiger Konfliktsituationen zwischen Staaten ließe sich fortsetzen, jedoch ist schon aus den genannten Beispielen ersichtlich, daß diese Frage für die Sicherung des Friedens und der gutnachbarlichen Beziehungen zwischen den Staaten überragende Bedeutung besitzt. Eine der Ursachen für das Entstehen von derartigen Konflikten ist, daß es im Seevölkerrecht eine bedauerliche Lücke gibt. Es ist unklar, welche Prinzipien und Methoden bei maritimen Grenzziehungen angewandt werden sollen, vor allem bei gegenüberliegenden Staaten. Die Staatenpraxis ist äußerst unterschiedlich, und sie hat bislang keine völkerrechtliche Bestätigung gefunden. In diesem Zusammenhang sind die Untersuchungen sowjetischer Wissenschaftler über den Begriff der Lücke im modernen Völkerrecht von großem Interesse. Wie *D. I. Feld'man, V. V. Lazarev* und *V. N. Lichačev* darlegen, demonstrierte die stürmische Entwicklung der wissenschaftlich-technischen Revolution in den letzten Jahrzehnten die Existenz von Lücken in einer Reihe von Rechtsgebieten, wie z. B. im Weltraumrecht, im internationalen Umweltschutzrecht usw.[80] Nach unserer Auffassung entstanden derartige Lücken in erster Linie im modernen Seevölkerrecht in der Zeit vor der Verabschiedung der VN-Seerechtskonferenz von 1982. Diese Lücken betrafen in erster Linie die Erarbeitung einer einheitlichen Norm über die Breite des Küstenmeeres, die seewärtige Grenze des Festlandsockels, die Rechtsordnung der Wirtschaftszone, den Rechtsstatus des internationalen Gebietes des Meeresbodens, die Abgrenzung von Meeresräumen usw. Die Annahme der VN-Seerechtskonvention von 1982 ermöglichte es, die Zahl derartiger Lücken erheblich zu verringern.

Im Verlauf der Genfer Phase der Siebten Konferenzsitzung von März bis Mai 1978 wurde für die Erarbeitung von Kompromißvorschlägen zur Festlegung maritimer Grenzen zwischen benachbarten und gegenüberliegenden Staaten sowie für die Regelung der in diesem Zusammenhang auftretenden Streitigkeiten die „Arbeitsgruppe 7" unter dem Vorsitz des finnischen Richters *Manner* eingerichtet. Zum Auftrag dieser Gruppe gehörte die Erarbeitung einvernehmlicher Lösungen zu den Art. 15, 74, 83 und 297 des „Informellen Zusammengesetzten Verhandlungstextes". Trotz großer Anstrengungen des Vorsitzenden dieser Gruppe auf der Siebten und Achten Konferenzsitzung gelang es lediglich, ein gewisses Maß an Übereinstimmung über einige redaktionelle Berichtigungen in Art. 15 des genannten Textes zu erreichen, welche die Prinzipien der

---

[79] Siehe *S. A. Gureev, G. G. Šinkareckaja*, Problema delimitacii morskich prostranstv, in: Voprosy meždunarodnogo morskogo i vozdušnogo prava, Moskva 1979, S. 30.

[80] *D. I. Fel'dman, V. V. Lazarev, V. N. Lichačev*, O ponjatii probelov v sovremennom meždunarodnom prave, in: Sovetskij ežegodnik meždunarodnogo prava 1980, Moskva 1981, S. 135.

Abgrenzung des Küstenmeeres betrafen. Dieser Artikel wurde in den genannten Text praktisch in derselben redaktionellen Fassung aufgenommen, in der er in dem Genfer Abkommen von 1958 über das Küstenmeer und die Anschlußzone enthalten ist (Art. 12). Es gelang auf diesen Sitzungen nicht, eine einvernehmliche Lösung zu Art. 74 über die Abgrenzung der ausschließlichen Wirtschaftszone und zu Art. 83 über die Abgrenzung des Festlandsockels zu finden. Noch größere Schwierigkeiten bereitete Art. 297 Abs. 1 a über das Verfahren zur Beilegung von Streitigkeiten über maritime Grenzen. Im Verlauf der Siebten und Achten Sitzung hielt die „Arbeitsgruppe 7" insgesamt 41 Sitzungen ab, in deren Verlauf 39 Arbeitsdokumente verteilt wurden. Den Meinungsverschiedenheiten über Art. 74 und 83 lagen gegensätzliche Positionen zweier Staatengruppen zugrunde. Die eine war der Meinung, das Mittellinien- oder Äquidistanzprinzip müsse das Grundprinzip für die Abgrenzung maritimer Räume sein, während die andere Gruppe bei der Abgrenzung besonderen Nachdruck auf das Billigkeitsprinzip und die Berücksichtigung besonderer Umstände legte. In den „Informellen Zusammengesetzten Verhandlungstext" war ein Art. 74 aufgenommen worden, der die Interessen der letztgenannten Gruppe weitgehend berücksichtigte. Nach diesem Artikel erfolgte die Abgrenzung der ausschließlichen Wirtschaftszone zwischen Staaten mit gegenüberliegenden oder aneinander angrenzenden Küsten durch eine Übereinkunft in Übereinstimmung mit den Prinzipien der Billigkeit; dabei sollte, wo dies angemessen war, die Mittel- oder Äquidistanzlinie angewendet und alle einschlägigen Umstände berücksichtigt werden. Es war auch vorgesehen, daß die betroffenen Staaten das in Teil XV vorgesehene Verfahren einleiten, wenn nach Ablauf eines angemessenen Zeitraums eine Übereinkunft nicht erzielt werden konnte. In Art. 74 wurde weiter bestimmt, daß bis zum Abschluß einer Übereinkunft oder bis zur Erzielung einer Regelung die betroffenen Staaten vorläufige Maßnahmen vereinbarten. In Abs. 4 dieses Artikels wurde der Versuch unternommen, eine einheitliche Definition des Begriffs Mittellinie oder Äquidistanzlinie zu geben. In diesem Absatz hieß es, daß für die Zwecke der Seerechtskonvention die „Mittellinie oder Äquidistanzlinie" die Linie sei, auf der jeder Punkt den gleichen Abstand von dem nächsten Punkt derjenigen Basislinien habe, von denen aus die Breite des Küstenmeeres beider Staaten gemessen werde. Äußerst wichtig war die Bestimmung in Art. 74 über die geltenden Abkommen zwischen den beteiligten Staaten. Der entsprechende Absatz lautete: „Besteht zwischen den beteiligten Staaten eine Übereinkunft, so werden Fragen im Zusammenhang mit der Abgrenzung der ausschließlichen Wirtschaftszone nach Maßgabe der betreffenden Übereinkunft entschieden."[81]

Die schärfsten Auseinandersetzungen auf der Achten Konferenzsitzung entzündeten sich an Art. 74 Abs. 1, der die Prinzipien für die Abgrenzung der Wirtschaftszone festlegt. Die wichtigsten Vorschläge zu dieser zentralen Frage sind im Arbeitsdokument NG 7/2 enthalten, das von 22 Staaten verfaßt wurde

---

[81] VN-Dok. A/CONF.62/WP.10/Add.1 vom 22. Juli 1977.

(Großbritannien, Griechenland, Dänemark, DDR, Spanien, Italien, Kanada, Kolumbien, Malta, Norwegen, Schweden, Jugoslawien, Japan u.a.). Diese Länder traten dafür ein, daß die Abgrenzung der ausschließlichen Wirtschaftszone zwischen angrenzenden und gegenüberliegenden Staaten auf der Grundlage einer Übereinkunft unter Anwendung der Mittellinie oder der Äquidistanzlinie als allgemeines Prinzip und unter Berücksichtigung besonderer Umstände erfolgen solle, wo dies gerechtfertigt sei.[82] Wie zahlreiche Delegationen ausführten, besteht der grundlegende Mangel dieses Vorschlages darin, daß in ihm nichts über das Billigkeitsprinzip gesagt wird, obwohl dieses Prinzip die meisten wichtigen internationalen Verträge einschließlich der VN-Satzung förmlich durchdringt. In Art. 1 der VN-Satzung wird besonders hervorgehoben, daß alle Handlungen zur Aufrechterhaltung des internationalen Friedens und der Sicherheit nach den Prinzipien der Gerechtigkeit und des Völkerrechts durchgeführt werden müssen. Es ist charakteristisch, daß viele westeuropäische Länder für die Anwendung des Mittellinien- oder Äquidistanzprinzips als Grundprinzip für die Abgrenzung maritimer Räume eintraten. Besonders hartnäckig bestand die Delegation Großbritanniens auf einer alleinigen Anwendung des Mittellinien- oder Äquidistanzprinzips. Dieses Land wollte die Meeresgewässer mit Irland ausschließlich auf der Grundlage dieses Prinzips abgrenzen. Positiv an der Haltung dieser Staatengruppe war, daß sie entgegen ihrer früheren Haltung die Notwendigkeit einzusehen begann, „alle besonderen Umstände" zu berücksichtigen. Auf der Konferenz wurde keine Definition zum Begriff „besondere Umstände" erarbeitet. Aus den Ausführungen der Vertreter einer Reihe von Delegationen ergibt sich jedoch, daß man darunter zu verstehen hat: die Konfiguration der Küste, insbesondere Einschnitte, die Bevölkerungsdichte der Küstengebiete, historische und wirtschaftliche Faktoren, die derzeitige und frühere Gesetzgebung des betreffenden Küstenstaates sowie die gegenwärtig geltenden und die in der Vergangenheit in Kraft gewesenen internationalen Abkommen bezüglich bestimmter Gebiete. Alles das muß bei der Festlegung maritimer Grenzen berücksichtigt werden. Deshalb muß man logischerweise anerkennen, daß das Mittellinien- oder Äquidistanzprinzip nicht als das einzige Prinzip für die Abgrenzung von Meeresräumen angesehen werden kann. Es gibt geographische Bereiche, in denen die Konfiguration der Küste so kompliziert ist, daß die Anwendung allein des Mittellinienprinzips zu einer offensichtlichen Ungerechtigkeit führen würde, vergleichbar der Aneignung von Meeresgebieten durch einen Staat, die während einer langen historischen Periode von anderen Staaten genutzt wurden. Wie Professor *S. V. Molodcov* ausführt, ist die Äquidistanzmethode dann angemessen und richtig, wenn sie gleichzeitig die Situation und die Interessen aller betroffenen Beteiligten berücksichtigt, d.h. wenn sie für alle gerecht ist.[83] Nach unserer Auffassung wäre die Anwendung

---

[82] Siehe VN-Dok. NG 7/2 vom 20. April 1978.

[83] *S. V. Molodcov*, Razgraničenije morskich prostranstv meždu gosudarstvami, in: Aktual'nye problemy sovremennogo meždunarodnogo prava, Moskva 1980, S. 27.

der Mittellinie für die Abgrenzung von Wirtschaftszonen und Festlandsockeln in der Barents-See zwischen dem Spitzbergen-Archipel und den Inseln Novaja Semlja gänzlich ungerecht, weil die Wirtschaftszone Norwegens praktisch die gesamte Halbinsel Kola „bedrohen" würde. *S. V. Molodcov* schreibt in diesem Zusammenhang[84], daß die UdSSR im Bereich der Barents-See sowohl historisch entstandene Rechtsgrundlagen besitzt, wobei die im Jahre 1926 verkündeten Grenzen des sowjetischen Polarsektors und die Grenzen Spitzbergens gemeint sind, die durch den Pariser Vertrag von 1920 festgelegt wurden, als auch andere Rechtsgrundlagen wirtschaftlichen, geografischen und historischen Charakters. Sogar Spitzbergen selbst wurde zuerst von russischen Pomoren im 16. — 17. Jahrhundert entdeckt und erschlossen.

Bei der Erarbeitung einer einvernehmlichen Lösung für die Abgrenzung von Meeresräumen hatte der informelle Vorschlag einer großen Staatengruppe erhebliche Bedeutung, der auf das Billigkeitsprinzip als Grundvoraussetzung für jede Abgrenzungsmaßnahme abstellte.[85] Dieser Vorschlag wurde von folgenden Delegationen unterbreitet: Algerien, Argentinien, Bangladesch, Benin, Elfenbeinküste, Venezuela, Irak, Irland, Madagaskar, Mali, Marokko, Nigeria, Nicaragua, Pakistan, Papua-Neuguinea, Polen, Rumänien, Senegal, Syrische Arabische Republik, Somali, Türkei und Frankreich. In der Folgezeit bildeten die Initiatoren dieses Vorschlages die sogenannte Gruppe der 29 unter dem Vorsitz des Irländers *Hayes*. Der erste Absatz des Vorschlages dieser Länder war folgendermaßen formuliert: „1. Die Abgrenzung der ausschließlichen Wirtschaftszone oder des Festlandsockels zwischen benachbarten oder (und) gegenüberliegenden Staaten wird auf der Grundlage einer Übereinkunft in Übereinstimmung mit dem Billigkeitsprinzip und unter Berücksichtigung aller einschlägigen Umstände sowie gegebenenfalls irgendeiner Methode durchgeführt, die zu einer gerechten Regelung führt."[86] In diesem Vorschlag wird also nicht auf die Mittellinie oder Äquidistanzlinie verwiesen, sondern nur von der Möglichkeit gesprochen, „irgendeine Methode" anzuwenden. Das ist kein zufälliges Versehen, weil die Länder dieser Gruppe der Auffassung waren, daß die Bestimmungen über die Anwendung der Mittellinie oder Äquidistanzlinie nicht als Abgrenzungsprinzip angesehen werden können. Nach ihrer Meinung kann es nur als ein Abgrenzungsverfahren betrachtet werden, wobei aber die Hauptsache das Billigkeitsprinzip ist, bei dem die Interessen beider Staaten berücksichtigt werden.

Keiner der eingebrachten Vorschläge fand die Unterstützung einer Mehrheit von Konferenzteilnehmern, und bis zur Zehnten Konferenzsitzung fehlte es an einer festen Grundlage für einen Konsens. Dessen ungeachtet stellte der Vorsitzende der „Arbeitsgruppe 7" in seinem Bericht an die Konferenz eine

---

[84] A.a.O.

[85] VN-Dok. NG 7/10 vom 1. Mai 1978.

[86] *B. H. Oxman*, The Third United Nations Conference on the Law of the Sea: The Seventh Session (1978), in: AJIL 1979, Bd. 73, S. 1-41.

allgemeine Übereinstimmung fest, daß vier Hauptelemente in den Bestimmungen enthalten sein müssen, die in den verschiedenen Vorschlägen zum Ausdruck kommen: Jede Abgrenzungsmaßnahme muß auf einer Übereinkunft beruhen; alle einschlägigen oder „besonderen Umstände" müssen berücksichtigt werden; auf das Billigkeitsprinzip muß hingewiesen werden; und auch ein Hinweis auf die Äquidistanzlinie ist erforderlich. Von großem Interesse sind die Erläuterungen des Vorsitzenden der „Arbeitsgruppe 7" zu diesen Bestimmungen. In ihnen heißt es: „Die Bestimmung, daß die Abgrenzung durch Übereinkunft erfolgen soll, ist als solche eine Verfahrensregel. Aber sie enthält auch das Prinzip, daß jede (neue) Abgrenzung eine vereinbarte Abgrenzung sein muß und daß folglich weder die Äquidistanzlinie noch irgendeine andere Linie, die nicht auf einer Übereinkunft (oder auf einer anderen Regelung) beruht, an die Stelle einer vereinbarten (oder auf andere Weise geregelten) Abgrenzung gesetzt werden kann. Die Bestimmung über diese Übereinkunft kann als erste in der Definition erwähnt werden, weil sie eine ‚führende Rolle' spielt. Dies bedeutet jedoch nicht, daß die anderen Elemente von geringerer Bedeutung sind. Diese anderen Elemente sind materielle Kriterien, welche die Basis für die Übereinkunft bilden. Die besonderen oder relevanten Umstände haben natürlich einen unterschiedlichen Charakter und unterschiedliche Bedeutung. Es versteht sich von selbst, daß örtliche Bedingungen und Umstände in der Regel auf die Lösung der Abgrenzungsfrage sowie auf andere territoriale Abkommen Einfluß haben. Die als eines der drei materiellen Abgrenzungskriterien erwähnten besonderen Umstände müssen jedoch im Zusammenhang mit den zwei anderen Kriterien teilweise als ein unabhängiges Kriterium und zugleich teilweise als Element betrachtet werden, das Einfluß auf die Anwendung der anderen Kriterien hat. In bestimmten Fällen kann besonderen geographischen oder historischen Umständen der Vorzug vor der Anwendung der Äquidistanzlinie gegeben werden."[87] Unter Berücksichtigung verschiedener Vorschläge verfaßte der Gruppenvorsitzende einen neuen Text zu Art. 74 Abs. 1, der nach seiner Meinung als Grundlage für einen Kompromiß dienen konnte: „Die Abgrenzung der ausschließlichen Wirtschaftszone (oder des Festlandsockels) zwischen Staaten mit gegenüberliegenden oder aneinander angrenzenden Küsten wird auf der Grundlage einer Übereinkunft zwischen den betroffenen Ländern unter Berücksichtigung aller relevanten Kriterien und besonderen Umstände durchgeführt, um eine Lösung in Übereinstimmung mit dem Prinzip der Billigkeit zu finden, wobei die Äquidistanzregel oder andere Mittel angewandt werden können, die im konkreten Einzelfall angemessen sind."[88] Viele Delegationen werteten diesen Vorschlag als Fortschritt, aber es gelang nicht, Einvernehmen darüber während der fortgesetzten Achten Konferenzsitzung im Juli — August 1979 in New York zu erzielen. Von einer einvernehmlichen Lösung der Probleme dieses Absatzes hing die Lösung der in den anderen Absätzen des Art. 74 behandelten Fragen

[87] VN-Dok. NG 7/26 vom 26. März 1979.

[88] VN-Dok. NG 7/39 vom 20. April 1979.

ab, insbesondere der Frage, welche einstweiligen Maßnahmen bis zu einer endgültigen Abgrenzung ergriffen werden können. Viele Delegationen traten für Bestimmungen ein, welche die Vertragsparteien bei Differenzen wegen eines Abgrenzungsproblems verpflichten, vorläufige Übergangsvereinbarungen bis zur abschließenden Abgrenzung zu treffen.

Im Völkerrecht sind viele Fälle bekannt, in denen vorläufige Übereinkommen zur Festlegung von Grenzen abgeschlossen wurden. Eine solche Praxis widerspricht nicht den Grundprinzipien des Völkerrechts[89], weil sie der Erhaltung friedlicher, normaler Beziehungen zwischen den Staaten dient. Auf der Achten Konferenzsitzung schlugen einige Delegationen vor, ein Moratorium (vorläufiges Verbot) für die Ausbeutung der Ressourcen in streitigen Gebieten einzuführen, für die eine Abgrenzung erforderlich ist. Für die weitere Erörterung der Frage einstweiliger Maßnahmen schlug der Vorsitzende der „Arbeitsgruppe 7“, *Manner*, folgenden Text vor: „Bis zum Abschluß einer Übereinkunft nach Absatz 1 bemühen sich die beteiligten Staaten nach besten Kräften und im Geiste der Verständigung und Zusammenarbeit, vorläufige Maßnahmen zu treffen. Während dieser Übergangszeit werden sie sich dementsprechend einer Verschlechterung der Lage enthalten und die Erzielung einer endgültigen Übereinkunft nicht vereiteln. Derartige Vereinbarungen lassen die endgültige Abgrenzung unberührt.“[90] Als er diesen Vorschlag unterbreitete, ging *Manner* anscheinend davon aus, daß es eine große Zahl von Beispielen für den Abschluß einstweiliger Übereinkünfte bezüglich der Nutzung umstrittener Gebiete gäbe. Typisch ist etwa die vorläufige Vereinbarung, die durch einen Briefwechsel vom 11. Januar 1978 bei den sowjetisch-norwegischen Verhandlungen über die Abgrenzung der Fischereizonen in der Barents-See erzielt wurde. In dieser Vereinbarung heißt es: „Die Regierungen der UdSSR und Norwegens erkennen an, daß es bis zum Abschluß eines Abkommens über die Abgrenzung der Zonen ihrer jeweiligen Fischereijurisdiktion erforderlich ist, eine vorläufige Regelung für die Ausübung der Fischerei in einem an die Festlandküsten der UdSSR und Norwegens angrenzenden Gebiet in der Barents-See zu treffen.“[91] Der Abschluß dieser Vereinbarung war ein weiterer Beweis für das Bemühen der Sowjetunion, streitige Grenzfragen auf der Grundlage guter Nachbarschaft durch Verhandlungen zwischen den betroffenen Parteien zu lösen. Die Vorschläge *Manners* zu vorläufigen Übereinkünften wurden von der Konferenz gebilligt und in den Text der Konvention von 1982 aufgenommen. Auf der Siebten und Achten Sitzung wurde allgemeine Übereinstimmung aller Staaten über Abs. 4 des Art. 74 erzielt, der in Kraft befindliche Abkommen über die Abgrenzung von Meeresräumen betrifft. In diesem Absatz wird bestimmt: „Besteht zwischen

---

[89] *B. M. Klimenko, N. A. Ušakov*, Nerušimost granic — uslovie meždunarodnogo mira, Moskva 1975, S. 90-107.

[90] VN-Dok. NG 7/39 vom 20. April 1979.

[91] *V. K. Zilanov, L. V. Janek*, Rybolovstvo Norvegii, in: Mirovoe rybolovstvo 1979, Ausgabe 1, S. 71.

den beteiligten Staaten eine Übereinkunft, werden Abgrenzungsfragen bezüglich der ausschließlichen Wirtschaftszone nach Maßgabe der betreffenden Übereinkunft entschieden."[92] Es gibt zur Zeit schon viele zwischenstaatliche Verträge und Abkommen über die Abgrenzung der Wirtschaftszonen und des Festlandsockels. Als Beispiele können die für die Ostsee in Kraft befindlichen Abkommen angeführt werden, wie das Abkommen zwischen der UdSSR und Finnland über die Grenzen in den Meeresgewässern und auf dem Festlandsockel im Finnischen Meerbusen vom 20. Mai 1965, ein entsprechendes Abkommen zwischen der UdSSR und Finnland über die Grenze des Festlandsockels im nord-östlichen Teil der Ostsee vom 5. Mai 1967[93] sowie das Abkommen zwischen der UdSSR und der Türkei über die Abgrenzung des Festlandsockels im Schwarzen Meer, das am 23. Juni 1973 in Moskau unterzeichnet wurde.

Die Erarbeitung eines allgemein annehmbaren Textes für Art. 74 löste letztlich noch nicht die Probleme der Abgrenzung von Meeresräumen. Nicht weniger wichtig für diese Frage war das Problem der Beilegung von Streitigkeiten, die — wie oben bemerkt wurde — auch in unseren Tagen zwischen den Staaten entstehen. In dieser Frage konnten auf der Konferenz über lange Zeit hinweg ernsthafte Meinungsverschiedenheiten beobachtet werden.[94] Die UdSSR, die Mehrheit der sozialistischen Staaten und eine Reihe von Entwicklungsländern erklärten mit Nachdruck, daß sie niemals eine obligatorische Schiedsgerichtsbarkeit oder eine bindende Gerichtsentscheidung in Fragen hinnehmen würden, die eine Abgrenzung von Meeresräumen betreffen. Gerade deshalb traten die genannten Länder für Änderungen in Abs. 1 a des Art. 297 und in Abs. 2 der Art. 74 und 83 des Inhalts ein, daß Streitigkeiten über Seegrenzen auf der Grundlage einer Vereinbarung beider Streitparteien entschieden werden. Jedes Verfahren kann hierfür annehmbar sein, falls beide Seiten damit einverstanden sind. Berührt doch jede Grenzfrage die Souveränität oder konkrete souveräne Rechte eines jeden Küstenstaates. Die Vertreter der erwähnten Länder fragen zu Recht, ob man sich auf eine gerechte Lösung durch eine dritte Partei als Schiedsrichter bei der Entscheidung über Grenzfragen verlassen kann.[95] Dagegen schlug eine Reihe von Staaten sogar vor, daß die Entscheidung dieser dritten Partei für die Streitparteien bindend sein sollte. Die Abgrenzungsfragen wurden auch auf der Neunten Konferenzsitzung intensiv beraten. Auf dieser Sitzung erklärten viele Delegationen, daß die abschließende Entscheidung über den genannten Artikel nach ihrer Meinung in einer kurzen Formulierung gefunden werden kann. Diese Formulierung solle nur zwei

---

[92] Oficial'nye otčety (vgl. Fn. 5), Bd. 8, S. 22-23.

[93] Siehe Sbornik regional'nych soglašenij i zakonodatel'nych aktov zarubežnych gosudarstv po voprosam moreplavanija, Moskva 1968, Bd. 1, S. 43-46.

[94] Siehe *S. V. Molodcov*, Pravovoj režim morskich vod, Moskva 1982, S. 217.

[95] Siehe *R. F. Sorokin*, *V. F. Carev*, Problema delimitacii morskich prostranstv v svete rezul'tatov raboty Tret'ej Konferencii OON po morskomu pravu, in: Dejatel'nost gosudarstv v Mirovom okeane, Moskva 1983, S. 28.

äußerst fundamentale Abgrenzungselemente enthalten, nämlich daß die Abgrenzung durch Übereinkunft und auf der Grundlage des Völkerrechts erfolge. Von diesen Stellungnahmen ausgehend schlug der Vorsitzende der „Arbeitsgruppe 7" vor, den ersten Absatz dieses Artikels durch folgenden Text zu ersetzen: „Die Abgrenzung der ausschließlichen Wirtschaftszone (des Festlandsockels) zwischen Staaten mit gegenüberliegenden oder aneinander angrenzenden Küsten erfolgt durch Übereinkunft in Übereinstimmung mit dem Völkerrecht." Dieser Text fand breite Unterstützung auf dieser Sitzung und wurde in den überarbeiteten Entwurf der Seerechtskonvention aufgenommen. Große Unterstützung fanden auf der Neunten Sitzung in New York auch die Bemühungen der erwähnten Gruppe, die sich mit der Regelung von Streitigkeiten bei der Abgrenzung befaßte. Obwohl in dieser Frage kein Konsens erzielt wurde, war der Gruppenvorsitzende der Meinung, daß nur ein einziger Vorschlag einer realistischen Einschätzung der Möglichkeiten entspreche, eine abschließende Lösung dieser Frage zu erzielen. Dieser Vorschlag mußte ein vereinbartes Verfahren vorsehen, das auf Antrag einer der Streitparteien in Gang gesetzt wird.[96] Der weitere Verlauf der Konferenzarbeiten erhärtete die Wirklichkeitsnähe dieser Schlußfolgerung, und ein entsprechender Vorschlag wurde in Art. 298 des Entwurfs der VN-Seerechtskonvention von 1982 aufgenommen.[97]

Die Konsultationen zwischen der „Gruppe der 22", die von dem spanischen Vertreter *Lacleta* geleitet wurde, und der „Gruppe der 29" unter Vorsitz des irischen Vertreters *Hayes* führten schließlich im Verlaufe der Neunten und Zehnten Sitzung zur Ausarbeitung einer einvernehmlichen Kompromißformel über die Abgrenzungsprinzipien und -methoden für Seegrenzen. In der Plenarsitzung des abschließenden Teils der Zehnten Sitzung, die im Juli — August 1981 in Genf stattfand, schlugen die Vorsitzenden beider Gruppen vor, einen Art. 74 Abs. 1 folgenden Wortlauts in den Konventionsentwurf aufzunehmen: „Die Abgrenzung der ausschließlichen Wirtschaftszone zwischen Staaten mit gegenüberliegenden oder aneinander angrenzenden Küsten erfolgt durch Übereinkunft auf der Grundlage des Völkerrechts im Sinne des Artikels 38 des Statuts des Internationalen Gerichtshofs, um eine der Billigkeit entsprechende Lösung herbeizuführen."[98] Dieser Vorschlag fand die Unterstützung aller anderen Staatengruppen auf der Konferenz und wurde in die auf der Zehnten Sitzung erarbeitete Variante des Konventionsentwurfs aufgenommen.[99] In diesem Entwurf wurde die Bestimmung des Art. 38 des Statuts des Internationalen Gerichtshofs nicht im einzelnen dargelegt. Dieser Artikel enthält ein ganzes Spektrum von Prinzipien für die Beilegung von Streitigkeiten, die dem Gerichtshof zur Entscheidung vorgelegt werden. Im wesentlichen besagt

---

96 VN-Dok. A/CONF.62/L.47 vom 24. März 1980.

97 VN-Dok. A/CONF.62/L.78 vom 28. August 1981.

98 VN-Dok. A/CONF.62/WP.11 vom 27. August 1981.

99 VN-Dok. A/CONF.62/L.78 vom 28. August 1981.

Art. 38: 1. Der Gerichtshof, dessen Aufgabe es ist, die ihm unterbreiteten Streitigkeiten nach dem Völkerrecht zu entscheiden, wendet an: a) internationale Übereinkünfte allgemeiner oder besonderer Natur, in denen von den streitenden Staaten ausdrücklich anerkannte Regeln festgelegt sind; b) das internationale Gewohnheitsrecht als Ausdruck einer allgemeinen, als Recht anerkannten Übung; c) die von den Kulturvölkern anerkannten allgemeinen Rechtsgrundsätze; d) vorbehaltlich des Artikels 59[100] gerichtliche Entscheidungen und die Lehrmeinung der fähigsten Völkerrechtler der verschiedenen Nationen als Hilfsmittel zur Feststellung von Rechtsnormen. 2. Diese Bestimmung läßt die Befugnis des Gerichtshofs unberührt, mit Zustimmung der Parteien *ex aequo et bono*[101] zu entscheiden.[102]

Der neue Artikel des Konventionsentwurfs über die Prinzipien für die Abgrenzung der Wirtschaftszone umfaßt also folgende drei Hauptelemente: Die Abgrenzung erfolgt durch Abschluß einer Übereinkunft; sie wird auf der Grundlage des Völkerrechts durchgeführt, wie dies in Art. 38 des Statuts des Internationalen Gerichtshofs niedergelegt ist; ihr Hauptziel ist es, eine billige Lösung zu erreichen. Eine Analyse des Art. 38 des Statuts des Internationalen Gerichtshofs zeigt, daß die von allen Nationen anerkannten allgemeinen Rechtsprinzipien für die Abgrenzung der Wirtschaftszone eine äußerst wichtige Rolle spielen. Hier müssen offenkundig in erster Linie die Prinzipien angewandt werden, die in Art. 2 der Satzung der Vereinten Nationen niedergelegt sind: souveräne Gleichheit, Beilegung internationaler Streitigkeiten mit friedlichen Mitteln, Verzicht auf die Androhung von Gewalt, territoriale Unantastbarkeit, politische Unabhängigkeit eines jeden Staates, Nichteinmischung in innere Angelegenheiten. Was die anderen Bestimmungen des Art. 38 des Statuts des Internationalen Gerichtshofs angeht, so wird ihre Anwendung offensichtlich in jedem konkreten Einzelfall von den Anstrengungen der betroffenen Staaten abhängen, im Verlaufe der Verhandlungen eine Übereinkunft zwischen ihnen zu erzielen.

Während der neunjährigen Arbeit der 3. VN-Seerechtskonferenz ging die Sowjetunion davon aus, daß schwierige völkerrechtliche Fragen wie die Abgrenzung von Meeresräumen stets durch Verhandlungen gelöst werden müssen. Dies ist eine der Grundlagen der leninistischen Idee der friedlichen Koexistenz, die in unseren Tagen Wirklichkeit wurde und die in einer Reihe von sehr wichtigen internationalen Akten und Abkommen ihren konkreten Niederschlag und ihre völkerrechtliche Bestätigung gefunden hat. Verhandlungen unter Berücksichtigung der grundlegenden Prinzipien des Völkerrechts und aller

---

[100] Art. 59 bestimmt: „Die Entscheidung des Gerichtshofs ist nur für die Streitparteien und in bezug auf die Sache bindend, in der entschieden wurde."

[101] Über Billigkeit sowie Treu und Glauben, in: Latinskaja juridičeskaja fraseologija, Moskva 1979, S. 75.

[102] Satzung der Vereinten Nationen und Statut des Internationalen Gerichtshofs, New York: Informationsbüro der VN, Januar 1966, S. 94.

besonderen Umstände in jeder einzelnen geographischen Region sind ein grundlegendes Mittel, um Meinungsverschiedenheiten und Streitigkeiten zwischen den betroffenen Staaten auch über Fragen der Abgrenzung von Meeresräumen zu regeln.

2. Rechtsprobleme der Tätigkeit internationaler Fischereiorganisationen angesichts der Errichtung von Wirtschaftszonen

Die überall von den Küstenstaaten eingerichteten 200-sm-Wirtschafts- oder Fischereizonen überlagern das Tätigkeitsgebiet zahlreicher internationaler Fischereiorganisationen. Dadurch gehen einige wesentliche Rechte und Freiheiten, die früher dort allen Staaten zustanden, insbesondere die Freiheit des Fischfangs, auf die Küstenstaaten über. Aus diesem Grunde vollziehen sich wesentliche Veränderungen in den internationalen Fischereiorganisationen, und es entstehen ihrem Wesen nach neue, einer Lösung harrende Probleme des Rechtsstatus und der Tätigkeit dieser Organisationen. Die praktische Bedeutung dieser Fragen wird durch die Tatsache belegt, daß es um die Zukunft von etwa 60 bilateralen und multilateralen zwischenstaatlichen Fischereiorganisationen geht, die sich mit der Erforschung und der Regelung des Fangs der lebenden Naturschätze in den verschiedenen Teilen des Weltmeeres befassen.[102a] Wie oben bereits ausgeführt wurde, haben gegenwärtig mehr als 100 Staaten einseitig Küstenmeere, Wirtschaftszonen oder Fischereizonen von einer Breite bis zu 200 sm eingerichtet.[102b] Dennoch darf die Konzeption der Wirtschafts-(Fischerei-)Zone, unabhängig von der Zahl der Staaten, die derartige Maßnahmen ergriffen haben, auf keinen Fall als eine bereits in Kraft befindliche völkerrechtliche Norm angesehen werden. Aus der Tatsache, daß mehr als 130 Staaten die VN-Seerechtskonvention von 1982 angenommen und unterzeichnet haben, in der alle grundlegenden Fragen der Nutzung des Weltmeeres und seiner Naturschätze und der Errichtung ausschließlicher Wirtschaftszonen eine allseits annehmbare Kompromißlösung fanden, ist zu folgern, daß die Konzeption der Wirtschaftszone allgemein anerkannt wird und daß gegenwärtig ein Prozeß

[102a] Zur Tätigkeit zwischenstaatlicher Fischereiorganisationen siehe im einzelnen: Sovremennoe meždunarodnoe morskoe pravo: Naučnye issledovanija. Ochrana morskoj sredy. Torgovoe i voennoe moreplavanije, verantwortl. Redakteur *M. I. Lazarev*, Moskva 1978, S. 84-109; *S. I. Voronovskaja*, *O. V. Martynova*, *N. Ja. Rusina*, III Konferencija OON po morskomu pravu i meždunarodnye organizacii po upravleniju živymi resursami, Moskva 1983; Report on FAO Committee on Fisheries and International Regional Fishery Bodies: FID/C/331, Rome 1975, S. 18-47; *A. W. Koers*, International Regulations of Marine Fisheries. A Study of Regional Fisheries Organizations, London 1973; Activities of Regional Fishery Bodies and Other International Organizations Concerned with Fisheries, COFI/79/Inf.7 von September 1979; Review of the State of World Fishery Resources, COFI 81/Inf. vom 5. März 1981.

[102b] Im Widerspruch zum Völkerrecht haben Küstenmeere von über 12 sm Breite erklärt: Argentinien, Benin, Brasilien, Gabun, Gambia, Ghana, Guinea-Bissau, Kamerun, Mauritanien, Madagaskar, Nigeria, Peru, El Salvador, Senegal, Somalia, Sierra Leone, Tansania, Togo, Uruguay, Ekuador und andere Länder.

abläuft, durch den sie zu einer Vertragsnorm wird. Nach der Ratifizierung dieser Konvention durch die erforderliche Anzahl von Staaten und nach dem Inkrafttreten der Normen über die Wirtschaftszone werden letztere ein Teil des geltenden Völkerrechts sein. Danach kann man ohne zu übertreiben davon ausgehen, daß das Institut der Wirtschaftszone existiert. Die Errichtung von Wirtschaftszonen durch zahlreiche Staaten und deren Bestätigung durch entsprechende Normen in der VN-Seerechtskonvention von 1982 beweisen, daß die Wirtschafts-(Fischerei-)Zonen eine politische Realität der Gegenwart geworden sind und daß die Konzeption der Wirtschaftszone mit ihren Grundzügen im wesentlichen bereits ein *fait accompli* ist.

In diesem Zusammenhang stellt sich die Frage, ob die souveränen Rechte der Küstenstaaten einerseits und die Kompetenzen internationaler Fischereiorganisationen auf dem Gebiet der Erforschung und Nutzung der lebenden Naturschätze der 200-sm-Wirtschaftszone andererseits miteinander vereinbar sind. Weil dieses Problem unter theoretischen Aspekten ziemlich komplex und hinsichtlich der künftigen Organisation einer vernünftigen Nutzung der lebenden Naturschätze des Weltmeeres äußerst aktuell ist, hat es für alle Staaten grundsätzliche und große praktische Bedeutung. Es ist daher kein Zufall, daß ihm auf der 3. VN-Seerechtskonferenz und auf einer Reihe anderer internationaler Konferenzen große Aufmerksamkeit gewidmet wurde. Dieses Problem wird auch in der Spezialliteratur analysiert. Dennoch wird aber bis heute weder in der Völkerrechtsdoktrin, noch in der Praxis eine klare Antwort auf eine Reihe wichtiger Fragen gegeben. Insbesondere ist noch ungeklärt, welche Rolle internationale Fischereiorganisationen in einem internationalen System einer vernünftigen Nutzung der lebenden Naturschätze des Weltmeeres, einschließlich der Wirtschaftszonen, spielen und welchen Platz sie einnehmen. Zu fragen ist, welche Kompetenzen ihnen zustehen und wie die Grundtendenzen ihrer Tätigkeit unter den neuen Bedingungen aussehen sollen, des weiteren zu welchem Zweck schließlich die Zusammenarbeit dieser Organisationen und der Küstenstaaten in der Wirtschaftszone verwirklicht werden soll. Diese und andere Fragen sind von nicht geringem Interesse, besonders deshalb, weil die Konzeption der Wirtschaftszonen im Völkerrecht neu ist.

Eine Analyse der Staatenvorschläge zu Fragen der Fischerei und der Wirtschaftszone und der Stellungnahmen hierzu auf der 3. VN-Seerechtskonferenz zeigt, daß es zwischen den Staaten unterschiedliche Vorstellungen über Mittel und Wege zur Lösung der erörterten Fragen gibt. Eine Staatengruppe geht von der These der „fehlenden Effektivität" der Tätigkeit internationaler Fischereiorganisationen beim Schutz der lebenden Naturschätze des Meeres aus und bezweifelt die Notwendigkeit, diese Organisationen an der Bewirtschaftung der Ressourcen der Wirtschafts-(Fischerei-)Zonen zu beteiligen. Diese Staaten unterstreichen die „mangelnde Kompetenz" der Fischereiorganisationen für die Regelung und Erhaltung der Fischressourcen und sprechen sich gegen eine Zusammenarbeit der Fischereiorganisationen mit dem Küstenstaat aus.[102c]

Eine Reihe von Vorschlägen, die auf der Konferenz eingebracht wurden, nimmt allgemein zur Frage der Tätigkeit fischereiwirtschaftlicher Organisationen nicht Stellung. Der eigentliche Grund dafür liegt höchstwahrscheinlich darin, daß diese Länder zu Unrecht eine „Einmischung" der Fischereiorganisationen in die Zuständigkeiten des Küstenstaates in der Wirtschaftszone und eine „Schmälerung" der „Ausschließlichkeit" seiner souveränen Rechte zur Bewirtschaftung der Fischressourcen befürchten. Eine andere Gruppe von Ländern, die im Prinzip die Möglichkeit einer Zusammenarbeit der Küstenstaaten mit internationalen Fischereiorganisationen in ihrer Wirtschaftszone nicht ausschließen, schlug vor, eine solche Zusammenarbeit auf den Transfer oder den Austausch von Informationen und biologischen Daten zu beschränken. So sei es nach der von der amerikanischen Delegation auf der Konferenz geäußerten Meinung nicht notwendig, multilateralen Fischereikommissionen auf dem Gebiet der Fischerei einen Teil der Jurisdiktion des Küstenstaates zu übertragen.[103] Die Delegation Sri Lankas brachte einen Vorschlag ein, nach dem der Küstenstaat nur den wissenschaftlichen Informationen und entsprechenden Daten Aufmerksamkeit widmen muß, die von Fischereiorganisationen zur Verfügung gestellt werden. Diese Ländergruppe erkennt also die nützliche Rolle solcher Organisationen auf einigen Gebieten an, obgleich sie für eine Begrenzung der zwischenstaatlichen Fischereiorganisationen bei der Regelung der Fischerei in der Wirtschaftszone eintritt. Für eine Einbeziehung internationaler Fischereiorganisationen in das System der Bewirtschaftung der lebenden Naturschätze der Wirtschaftszonen und für die Aufrechterhaltung und Weiterentwicklung der Zusammenarbeit der zwischenstaatlichen Fischereiorganisationen mit den Küstenländern sprachen sich die weitaus meisten Staaten aus.[104] Die Delegation der DDR führte in ihrer Erklärung auf der Konferenz aus: „Die Küstenstaaten müssen besonders die Empfehlungen von Fischereiorganisationen zum Umfang des zulässigen Fangs für jede Fischart und zur jährlichen Quote für die in der Zone fischfangberechtigten Staaten berücksichtigen."[105] Der Vertreter Kubas bewertete den Beitrag der zwischenstaatlichen Fischereiorganisationen zur Regelung des Fischfangs positiv und sprach sich dafür aus, neue Organisationen zu schaffen und die existierenden Kommissionen zu stärken, um eine maximale,

---

[102c] Oficial'nye otčety (vgl. Fn. 5), Bd. 2, S. 319.

[103] A.a.O., S. 295.

[104] Eine Reihe von Ländern unterstrich die Bedeutung einer engen Zusammenarbeit der Küstenstaaten mit zwischenstaatlichen Fischereiorganisationen bei der Regelung der Bewirtschaftung der lebenden Naturschätze in der Wirtschaftszone und schlug vor, zu diesem Zwecke neue internationale Organisationen zu gründen. So trat z.B. Portugal dafür ein, für die Hilfeleistung an Küstenstaaten bei der Regelung der Fischerei in der Wirtschaftszone eine besondere internationale Kommission zu schaffen, der alle interessierten Staaten angehören sollten. Diesen Standpunkt teilten Sambia, Australien, Neuseeland, Spanien und einige andere Länder; siehe Oficial'nye otčety (vgl. Fn. 5), Bd. 2, S. 262.

[105] Oficial'nye otčety (vgl. Fn. 5), Bd. 2, S. 263-264.

vernünftige Ausbeutung der Fischressourcen zu erzielen.[106] Nach Meinung der Delegation der Polnischen Volksrepublik müssen regionale Fischereiorganisationen Empfehlungen zu allen Fragen aussprechen können, die mit der Erhaltung der lebenden Naturschätze in der Wirtschaftszone verbunden sind.[107] Die sowjetische Delegation betonte, daß die Beachtung der Empfehlungen internationaler Fischereiorganisationen Meinungsverschiedenheiten in Fragen der lebenden Naturschätze der Wirtschaftszone zwischen den Küstenstaaten und ihren Nachbarn oder anderen betroffenen Staaten verhüten oder auf ein Minimum reduzieren werde.[108] Dabei ging die Delegation der UdSSR davon aus, daß die Hilfe zwischenstaatlicher Fischereiorganisationen es dem Küstenstaat erlaube, seine finanziellen Aufwendungen für fischereiwirtschaftliche Forschungsvorhaben zu verringern.

Die Position der sozialistischen Länder in dieser Frage zeichnet sich durch Prinzipientreue und Folgerichtigkeit aus und wird von ihnen bei ihrer Tätigkeit in internationalen fischereiwirtschaftlichen Organisationen von Anfang an in die Tat umgesetzt. Es ist daher nur folgerichtig, daß die Tätigkeit dieser Organisationen bei der Regelung des Fischfangs in der Erklärung von Prinzipien für eine vernünftige Ausbeutung der lebenden Naturschätze des Weltmeeres im gemeinsamen Interesse aller Völker der Erde positiv bewertet wird und dort Wege zur weiteren Verbesserung dieser Tätigkeit aufgezeigt werden (Erweiterung der Aufgaben, Verbesserung des Informationsaustauschs, Möglichkeit der Teilnahme aller interessierten Länder, Übertragung von Überwachungsaufgaben an die Organisationen usw.).[109] Diese Erklärung wurde am 7. Juli 1972 auf der Konferenz der für Fragen der Fischerei zuständigen Minister der Volksrepublik Bulgarien, der Ungarischen Volksrepublik, der DDR, der Polnischen Volksrepublik, der UdSSR und der CSSR angenommen. Im Jahre 1974 schlugen die sozialistischen Länder in ihrem „Entwurf zur Wirtschaftszone" vor, daß der Küstenstaat bei der Ausübung seiner Rechte auf die lebenden Naturschätze in der Wirtschaftszone mit den zuständigen regionalen und universellen Organisationen zusammenarbeiten und ihre Empfehlungen zur Erhaltung des maximal zulässigen Fangs von Fischen und anderen Ressourcen berücksichtigen muß.[110]

---

[106] A.a.O., S. 264.

[107] A.a.O., S. 309.

[108] A.a.O., S. 339.

[109] Doklad Komiteta po mironomu ispol'zovaniju dna morej i okeanov za predelami dejstvija nacional'noj jurisdikcii. Generalnaja Assambleja: Oficial'nye otčety. Dvadcat sed'maja sessija. New York, OON, 1972, S. 100-102 (Report of the Committee on the Peaceful Uses of the Sea-Bed and the Ocean Floor beyond the Limits of National Jurisdiction, Official Records of the General Assembly, 27th Session, Suppl. 21).

[110] Third United Nations Conference on the Law of the Sea, Official Records, Vol. III, S. 214-216.

Die VN-Seerechtskonvention von 1982 enthält eine Reihe von Bestimmungen über die Tätigkeit von Fischereiorganisationen, die insgesamt den Standpunkt der sozialistischen Staaten widerspiegeln. Insbesondere Art. 63 der Konvention weist darauf hin, daß die Zusammenarbeit der betreffenden Staaten mit subregionalen oder regionalen Organisationen zum Schutze der sogenannten vergesellschafteten Fischbestände erwünscht ist (zu diesen Arten gehören die lebenden Naturschätze, die sowohl innerhalb der Wirtschaftszone als auch in einem seewärts an sie angrenzenden Gebiet vorkommen). Art. 64 behandelt die Harmonisierung der Interessen fernfischender Küstenstaaten, insbesondere den Fang weit wandernder Fischarten in den Wirtschaftszonen mit Hilfe der zuständigen internationalen Organisationen (Thunfische, Makrelenarten, Wale). Der Artikel enthält die Verpflichtung dieser Länder, über zwischenstaatliche Fischereiorganisationen zusammenzuarbeiten, um die Erhaltung der weitwandernden Arten zu sichern und ihre optimale Nutzung sowohl in der Wirtschaftszone als auch außerhalb derselben zu fördern. Nach Art. 61 muß der Küstenstaat unter Berücksichtigung der besten ihm zur Verfügung stehenden wissenschaftlichen Daten dafür sorgen, daß der Fortbestand der lebenden Naturschätze in der ausschließlichen Wirtschaftszone nicht durch übermäßige Ausbeutung gefährdet wird. Um dieses Ziel zu erreichen, wird es für notwendig erklärt, daß die Küstenstaaten je nach den Umständen mit den betreffenden subregionalen, regionalen und weltweiten Fischereiorganisationen zusammenarbeiten. Gegen diese genannten Bestimmungen in der Konvention erhob kein Staat Einwände. Daraus folgt, daß die Fragen einer vernünftigen Nutzung der lebenden Meeresressourcen innerhalb und außerhalb der Wirtschaftszone auf der Grundlage einer vernünftigen Harmonisierung nationaler und internationaler Maßnahmen gelöst werden müssen. Deshalb wird die Rolle und die Bedeutung internationaler Fischereiorganisationen im Lichte der überall errichteten Wirtschaftszonen nicht geringer, sondern schneller wachsen. Weiter ist wichtig, eine Analyse einzelner Regelungen in bilateralen Verträgen und Abkommen über Fragen der Fischerei in Wirtschaftszonen vorzunehmen.

Nach dem Erlaß des Präsidiums des Obersten Sowjets der UdSSR vom 10. Dezember 1976 über „Vorläufige Maßnahmen zur Erhaltung der lebenden Naturschätze und zur Regelung der Fischerei in den an die Küste der UdSSR anschließenden Meeresgebieten" erfolgt die optimale Nutzung der Fischressourcen und anderer lebender Naturschätze auf der Grundlage wissenschaftlicher Daten und gegebenenfalls unter Berücksichtigung der Empfehlungen zuständiger internationaler Organisationen.[111] Entsprechende Bestimmungen sind in einer Reihe von Rechtsakten anderer Staaten enthalten. Nach dem Gesetz Nr. 31 vom 2. Mai 1977 über vorläufige Maßnahmen bezüglich der Fischereizone wird Japan die Empfehlungen zwischenstaatlicher Fischereiorganisationen zur Erhaltung der Fischressourcen und bei der Bewirtschaftung in

---

[111] Vedomosti Verchovnogo Soveta SSSR, 1976, No. 50, Art. 728.

der Fischereizone beachten.[112] Nach dem Gesetzesdekret Nr. 126/77 der Republik Kap Verde vom 31. Dezember 1977 wird dieser Staat mit internationalen, regionalen und subregionalen Organisationen zusammenarbeiten, die für die Erhaltung der lebenden Meeresressourcen zuständig sind.[113] In diese Richtung geht auch die portugiesische Gesetzgebung. In dem Gesetz über die Festlegung der Breite und der Grenzen des Küstenmeeres und der 200-sm-Wirtschaftszone vom 28. Mai 1977 wird unterstrichen, daß die portugiesische Regierung mit zuständigen internationalen, subregionalen und regionalen Organisationen bei der Erhaltung der lebenden Meeresressourcen zusammenarbeiten wird.[114] In dem neuseeländischen Gesetz von 1977 über das Küstenmeer und die Wirtschaftszone wird bei der Bestimmung des gesamten zulässigen Fangs in der Zone *inter alia* auf die Notwendigkeit verwiesen, „allgemein empfohlene subregionale, regionale oder globale Standards“ zu berücksichtigen.[115] Die Staaten also, welche die zur Sicherung ihrer Interessen in den Küstenmeeren erforderlichen Maßnahmen ergriffen haben, erkennen die Bedeutung internationaler Fischereiorganisationen bei der vernünftigen Nutzung der lebenden Meeresressourcen an. Selbstverständlich sind nicht in allen Gesetzen Hinweise auf die Tätigkeit zwischenstaatlicher Fischereiorganisationen enthalten. Aber das Fehlen entsprechender Hinweise bedeutet keineswegs, daß die Küstenstaaten Kontakte oder Zusammenarbeit mit Fischereiorganisationen ablehnen oder deren Empfehlungen zur Regelung der Fischerei ignorieren. Man kann vielmehr der Auffassung beipflichten, nach der das Prinzip der internationalen Zusammenarbeit in diesem Bereich auf der „Notwendigkeit basiert, gemeinsam wissenschaftliche Untersuchungen durchzuführen, nationale Programme zur Lenkung der Fischerei und zur Sicherung der Einhaltung der Gesetze und Regeln zu koordinieren sowie personelle und finanzielle Ressourcen für die Verwirklichung einer Reihe angestrebter nationaler und internationaler Ziele auf dem Gebiet der Fischerei optimal zu nutzen“.[116]

Viele internationale Abkommen über Fischerei in den Wirtschaftszonen enthalten Bestimmungen, welche die Rolle zwischenstaatlicher Fischereiorganisationen bei der Regelung des Fangs lebender Naturschätze in diesen Zonen hervorheben. So wird in einer Reihe bilateraler Abkommen die aktive Beteiligung internationaler Fischereiorganisationen an der Bewirtschaftung der miteinander vergesellschafteten Arten und auch derjenigen Arten, die sich nur in den Grenzen nationaler Jurisdiktion aufhalten, anerkannt. In Art. 6 des Abkommens zwischen der UdSSR und der Volksrepublik Polen über die

---

[112] United Nations Legislative Series. National Legislation and Treaties Relating to the Law of the Sea, ST/LEG/SER.B/19 vom 13. Juni 1978, S. 226.

[113] Official Bulletin vom 13. Dezember 1977.

[114] Diario da Republica vom 28. Mai 1977.

[115] Sbornik zakonodatel'nych aktov zarubežnych gosudarstv po voprosam režima pribrežnych vod, Moskva, MRCH SSSR, CNIITEIRCH 1980, Teil II, S. 45.

[116] Ocean Development and International Law 1975, Bd. 3, Heft 2, S. 123.

gegenseitigen Beziehungen auf dem Gebiet der Fischerei in der Ostsee vom 11. Mai 1978[117] wurde z. B. die Verpflichtung beider Länder festgelegt, unmittelbar oder durch die betreffenden internationalen Organisationen zusammenzuarbeiten und damit die Erforschung und die notwendige Bewirtschaftung der lebenden Ressourcen des Meeres sowie ihre Erhaltung sicherzustellen. Eine solche Zusammenarbeit findet statt bei der Regelung des Fangs von Fischen und anderen lebenden Naturschätzen, die sich jenseits der 12-sm-Linie aufhalten, sowie anderer Fischbestände, die für beide Seiten von Interesse sind. Die Teilnahme internationaler Fischereiorganisationen an der vernünftigen Nutzung lebender Ressourcen ist auch in den Abkommen zwischen der UdSSR und Schweden über die gegenseitigen Beziehungen auf dem Gebiet der Fischerei vom 22. Dezember 1977[118], zwischen der UdSSR und Norwegen über die gegenseitigen Beziehungen auf dem Gebiet der Fischerei vom 15. Oktober 1976[119] sowie zwischen der UdSSR und der DDR über die gegenseitigen Beziehungen auf dem Gebiet der Fischerei in der Ostsee vom 13. September 1978 vorgesehen.[120] Das Abkommen zwischen den Regierungen Kubas und Kanadas über die gegenseitigen Beziehungen auf dem Gebiet der Fischerei vom 12. Mai 1977 verpflichtet die Parteien, bei der Regelung der Fischerei sowohl in der Wirtschaftszone als auch jenseits ihrer Grenzen zusammenzuarbeiten.[121] Nach Art. III dieses Abkommens bekräftigen Kuba und Kanada die Notwendigkeit, die Erhaltung der lebenden Naturschätze der Hohen See jenseits der nationalen Fischereijurisdiktion zu sichern und übernehmen die Verpflichtung, sowohl unmittelbar als auch durch zuständige internationale Organisationen zum Zwecke der Sicherung der Bewirtschaftung und Erhaltung der lebenden Meeresressourcen zusammenzuarbeiten. In bezug auf ein und dieselben Bestände miteinander vergesellschafteter Arten, die sich innerhalb der Fischereizone oder im seewärts angrenzenden Gebiet aufhalten, verpflichten sich beide Seiten, Maßnahmen sowohl unmittelbar als auch durch die zuständigen internationalen Organisationen zum Zwecke der Erhaltung dieser Bestände und zu ihrer Bewirtschaftung zu ergreifen.[122] Umfassendere Regelungen zur Rolle internationaler Fischereiorganisationen sieht das Abkommen zwischen Spanien und Marokko über die Zusammenarbeit auf dem Gebiet der Seefischerei vom 12. Februar 1977 vor. Nach Art. VII dieses Abkommens sind Spanien und Marokko verpflichtet, ihre Meinungen auszutauschen und sich gegenseitig über ihre weltweite Fischereipolitik im Rahmen regionaler und universeller Fischereiorganisationen zu konsultieren, um ihre Politik in Fragen von gegenseitigem Interesse zu koordinieren.[123]

---

[117] Izvestija vom 12. Mai 1978.

[118] A.a.O. vom 24. Dezember 1977.

[119] SP Pravitel'stva SSSR 1978, Nr. 7, Art. 51.

[120] Izvestija vom 14. September 1978.

[121] FAO, Committee on Fisheries. Bilateral Fishery Agreements, COFI/78/Inf.8, Mai 1978, S. 46.

[122] A.a.O.

[123] A.a.O.

Die verschiedenen Aspekte der Zusammenarbeit zwischen Küstenstaaten und internationalen fischereiwirtschaftlichen Organisationen in der Wirtschaftszone waren Gegenstand von Untersuchungen in der sowjetischen und ausländischen Rechtsliteratur. Nach Meinung von *K. A. Bekjašev* wird die Zusammenarbeit zwischen Küstenländern und zwischenstaatlichen Fischereiorganisationen von vielen wichtigen Faktoren und vor allem durch die Notwendigkeit bestimmt, die Größe der wirtschaftlich nutzbaren Bestände und die Festlegung des zulässigen Fangs auf einer streng wissenschaftlichen Grundlage zuverlässig zu bewerten.[124] Auf die große Bedeutung dieser Zusammenarbeit wird in den Arbeiten *M. I. Lazarevs*[125], *V. F. Carevs*[126] und anderer sowjetischer Wissenschaftler hingewiesen. In der westlichen Literatur werden zwei Grundauffassungen zur Frage der Stellung und der Rolle internationaler Fischereiorganisationen bei der Regelung des Seefischfangs vertreten. Der kanadische Wissenschaftler *B. Johnson* spricht sich dafür aus, die Fischereijurisdiktion des Küstenstaates in der Wirtschaftszone im wesentlichen nicht zu beschränken. Regionale Fischereiorganisationen dürfen nach seiner Meinung lediglich Konsultativorgane sein.[127] Davon ausgehend, daß die Küstenstaaten angeblich institutionalisierten Maßnahmen zur Regelung der Fischerei in der Wirtschaftszone „feindselig" gegenüberstehen, schlug der amerikanische Jurist *B. Oxman* vor, diese Maßnahmen auf die Schaffung eines — wie er sich ausdrückte — „gemeinsamen Pools" von Ressourcen zu beschränken, wobei nur weitwandernde Fischarten und Säugetiere (Wale) zum „Pool" gehören sollen.[128] Ein gegensätzlicher Ansatz findet sich in den Arbeiten anderer bekannter Wissenschaftler wie *F. Popper, D. Alverson* u. a. Insbesondere *D. Alverson* ist überzeugt, daß es selbst angesichts der Einführung erweiterter Jurisdiktion in den küstennahen Gewässern notwendig sein wird, international zusammenzuarbeiten und neue Lenkungsinstrumentarien für den Fischfang zu schaffen.[129] Nach der Meinung von *F. Popper* können und müssen regionale Organisationen und die FAO den Küstenstaaten bei der vernünftigen Lenkung des Fischfangs und des Bestandsschutzes der lebenden Meeresressourcen Hilfe leisten.[130]

---

[124] *K. A. Bekjašev*, O sotrudničestve pribrežnych gosudarstv i regional'nych rybochozjajstvennych organizacij v ekonomičeskoj zone, in: Meždunarodno-pravovye problemy Mirovogo okeana na sovremennom etape, Moskva 1976, S. 60 ff.

[125] *M. I. Lazarev*, The Sea Economic Zone — An Important Problem of the „Package", in: Indian Journal of International Law 1977, Bd. 17, S. 209-215; *ders.*, Teoretičeskie problemy meždunarodnogo morskogo prava, Moskva 1983, S. 40-46.

[126] *V. F. Carev*, Pravovye voprosy ispol'zovanija živych resursov ekonomičeskich zon na III Konferencii OON po morskomu pravu, in: Obzornaja informacija CNIITEIRCH, Ser. Mirovoe rybolovstvo 1978, Ausgabe 6, S. 35.

[127] *B. Johnson*, A Review of Fisheries Proposals Made at the Caracas Session of LOS-III, in: Ocean Management 1975, Heft 2, S. 292.

[128] *B. H. Oxman*, Institutional Arrangements and the Law of the Sea, in: Lawyer of the Americas 1978, Bd. 10, S. 703.

[129] *D. L. Alverson*, Management of the Ocean's Living Resources: An Essay Review, in: Ocean Development and International Law 1975, Bd. 3, Heft 2, S. 123.

Durch die Errichtung von 200-sm-Fischereizonen der Staaten des Gemeinsamen Marktes, der USA und Kanadas wurden die Zuständigkeitsbereiche zweier der wichtigsten Organisationen, der Internationalen Kommission für die Nordwestatlantische Fischerei (ICNAF) und die Kommission für die Fischerei im Nordostatlantik (NEAFC) in großem Umfang betroffen. Auf den diplomatischen Konferenzen über die Zukunft dieser Organisationen hielten es die Teilnehmerstaaten für zweckmäßig, ihre Struktur und ihre Vollmachten unter Berücksichtigung der neuen Umstände zu modifizieren. Insbesondere auf der diplomatischen Konferenz über die NEAFC (London, 20. Februar — 3. März 1978), auf der ein Entwurf für eine neue Konvention über die Fischerei im nordöstlichen Teil des Atlantischen Ozeans vorbereitet wurde, drückte der Delegierte der DDR die Hoffnung aus, daß die neue Organisation (die Nachfolgerin der NEAFC) fortfahren wird, eine positive Rolle beim Schutz der Naturschätze des Nordostatlantiks zu spielen. „Nach unserer Ansicht", sagte er, „muß die Grundaufgabe der neuen Organisation in der Koordinierung von Regelungsmaßnahmen bestehen, die sich auf Gebiete unter nationaler Fischereijurisdiktion beziehen sowie in der Durchführung von Regelungsaufgaben in Gebieten jenseits nationaler Jurisdiktion."[131] Der Vertreter Norwegens erklärte, daß er die Bewirtschaftung der Fischressourcen durch den Küstenstaat nicht als die Lösung aller Probleme ansehe und daß die internationale Zusammenarbeit nach wie vor ein wichtiger Faktor für die Regelung der Fischressourcen im Nordostatlantik bleibe.[132] Auf dem im Februar 1980 in Lissabon durchgeführten Treffen der Mitgliedsländer der NEAFC wurde der Entwurf einer neuen Konvention über die multilaterale Zusammenarbeit auf dem Gebiet der Fischerei im Nordostatlantik abschließend überarbeitet, und es konnte Einvernehmen über Fragen erzielt werden, die auf der diplomatischen Konferenz im Jahre 1978 ungeregelt geblieben waren. In der neuen Konvention ist die Bildung einer Kommission für die Fischerei im Nordostatlantik vorgesehen.

Im Oktober 1977 fand in Ottawa eine diplomatische Konferenz über die zukünftige multilaterale Zusammenarbeit auf dem Gebiet der Fischerei im Nordwestatlantik statt. In ihrer Erklärung auf dieser Konferenz betonte die Delegation der UdSSR, daß die neue Organisation die 25jährige Erfahrung der ICNAF nutzen und fortfahren müsse, eine wichtige Rolle bei der Erhaltung und Regelung der Fischressourcen im Nordwestatlantik zu spielen. Dies gelte sowohl für Fischbestände, die jenseits der Fischereizonen der Küstenstaaten

---

[130] *F. E. Popper*, The Role of FAO and of the Regional Organizations after the Conclusion of the Third United Nations Conference on the Law of the Sea, in: Law of the Sea. Caracas and beyond. Proceedings, Law of the Sea Institute, Ninth Annual Conference, 6-9 January 1975, Cambridge, Mass. 1975, S. 220.

[131] Report of the Diplomatic Conference on Future Multilateral Cooperation in the North-East Atlantic Fisheries, held in London 20 February — 3 March 1978, London 1978, S. 28.

[132] Greenwich Forum V. The North Sea: A New International Regime? Records of an International Conference, Greenwich 1979, Guildford 1980, S. 10.

anzutreffen seien, als auch für Vorkommen innerhalb der 200-sm-Fischereizonen.[133] Island, Dänemark, Polen, Kuba und andere Länder wiesen auf die Notwendigkeit hin, die regionalen Fischereikommissionen zu erhalten und unterstützten Vorschläge, der neuen Organisation, deren Gründung auf der Konferenz diskutiert wurde, einige Vollmachten zur Regelung der Fischerei in den Zonen nationaler Jurisdiktion zu verleihen. Insgesamt wurde diesem Standpunkt in der in Ottawa ausgearbeiteten Konvention über die multilaterale Zusammenarbeit auf dem Gebiet der Fischerei im nordwestlichen Teil des Atlantischen Ozeans Rechnung getragen. Auf der Grundlage dieser Konvention, die am 1. Januar 1979 in Kraft trat, wurde die Organisation für die Fischerei im Nordwestatlantik (NAFO) als Ersatz für die aufgelöste ICNAF gegründet. Zweck der NAFO ist es, die Zusammenarbeit der Mitgliedstaaten bei der optimalen Nutzung, der vernünftigen Bewirtschaftung und Erhaltung der lebenden Naturschätze im nordwestlichen Atlantik zu fördern. Obgleich das Zuständigkeitsgebiet der neuen Konvention die 200-sm-Zonen der Küstenstaaten einschließt, ist vorgesehen, daß Maßnahmen zur Regelung und zur Erhaltung der lebenden Naturschätze wie bei der NEAFC in den Zonen der Vertragsstaaten nur mit deren Einverständnis angewandt werden können.

Auch unter den neuen Bedingungen dienen die erwähnten Organisationen in der Praxis der Sache der internationalen Zusammenarbeit auf dem Gebiet der Fischerei und stellen ein wirksames Mittel zur Sicherung einer vernünftigen Nutzung der lebenden Meeresressourcen dar. Widerlegt werden die Voraussagen einiger westlicher Kritiker dieser Organisationen, die behaupteten, die Einführung von 200-sm-Zonen mache sie „zu einem veralteten und überflüssigen Debattierklub“. Die Aufgaben internationaler Fischereiorganisationen, die durch die Errichtung von Wirtschafts-(Fischerei-)Zonen in den verschiedenen Bereichen des Weltmeeres modifiziert werden müssen, könnten sich in verschiedene Richtungen entwickeln. Insbesondere könnten internationale Fischereiorganisationen einen wichtigen Beitrag bei der Festlegung des Umfangs des zulässigen Fangs von lebenden Naturschätzen in der Wirtschafts-(Fischerei-) Zone leisten. Schon auf der Caracas-Sitzung der 3. VN-Seerechtskonferenz unterbreiteten die sozialistischen Länder einen Vorschlag, wonach der Küstenstaat den Umfang des gesamtzulässigen Fangs in seiner Zone auf der Grundlage von Empfehlungen der für Fischereifragen zuständigen internationalen Organisationen festsetzen muß. Diese Position vertraten im wesentlichen auch Belgien, Dänemark, Irland, Italien, Luxemburg, Niederlande, BRD und Frankreich.[134] In der Praxis bildete sich folgender Weg heraus, um eine Entscheidung in dieser Frage herbeizuführen: Eine Arbeitsgruppe für die Überprüfung des Gründungspaktes der Internationalen Fischereikommission für die Ostsee arbeitete Ergänzungen zur Danziger Konvention über die Fischerei und die Erhaltung

---

[133] Siehe näher dazu Food and Agricultural Organization of the United Nations, COFI/79/Inf.7, September 1979, S. 2-3.

[134] Oficial'nye otčety (vgl. Fn. 5), Bd. 3, S. 323-326.

der lebenden Naturschätze in der Ostsee und in den Belten vom 13. September 1973 aus. Nach diesen Ergänzungen kann die Kommission Empfehlungen für den Umfang des zulässigen Fangs in den an die Küsten anschließenden Gebieten aussprechen, die unter nationaler Fischereijurisdiktion stehen. Für die Billigung solcher Empfehlungen durch die Kommission, die sich speziell auf die genannten Gebiete eines oder mehrerer Vertragsstaaten beziehen, ist jedoch die Zustimmung der betroffenen Staaten erforderlich. Die Empfehlungen für die Bemessung des zulässigen Fangs einzelner Arten in allen nationalen Fischereizonen müssen von allen Vertragsstaaten der Danziger Konvention von 1973 gebilligt werden. Wie oben erwähnt wurde, kann die Kommission für die Fischerei im Nordostatlantik Empfehlungen bezüglich des Fischfangs innerhalb des Gebietes, das sich unter der Fischereijurisdiktion von Vertragsstaaten befindet, unter der Bedingung aussprechen, daß der betreffende Staat dies beantragt und für diese Empfehlung stimmt. Außerdem kann die genannte Kommission den Küstenstaat auf seinen Antrag hin bezüglich der Probleme einer Regelung der Fischerei in der 200-sm-Zone konsultieren.

Die Fischereiorganisationen könnten auch eine nützliche Rolle bei der Regelung von Streitigkeiten spielen, die bei der Ausbeutung der lebenden Naturschätze der Wirtschaftszonen entstehen. Daneben könnten sie entscheidend bei der Koordinierung wissenschaftlicher Forschungsprogramme, die den Zustand der Naturschätze in der Wirtschaftszone und in den nahegelegenen Gebieten untersuchen, sowie bei der Übermittlung entsprechender wissenschaftlicher Daten an die Küstenländer mitwirken. Gemäß Art. VII der Internationalen Konvention von 1978 über die Fischerei im Nordwestatlantik kann der Wissenschaftliche Rat, eines der wichtigsten Organe der NAFO, auf Antrag des Küstenstaates jeden Aspekt der wissenschaftlichen Begründung von Maßnahmen zur Bewirtschaftung und Erhaltung der Fischressourcen in den Gewässern unter der Fischereijurisdiktion eines Staates untersuchen und dem Antragsteller darüber Bericht erstatten. Der oben erwähnte Entwurf der sozialistischen Länder zur Wirtschaftszone ging davon aus, daß eine Zusammenarbeit des Küstenstaates mit internationalen Fischereiorganisationen bei den Problemen des Transfers wissenschaftlicher Daten über die Entwicklungszyklen der Fischpopulationen zweckmäßig ist. Auf seiner 65. Sitzung im Oktober 1977 richtete der Internationale Rat für Meeresforschung einen Konsultativausschuß für Fischereifragen ein, zu dessen Aufgaben es u. a. gehört, internationalen Fischereikommissionen und den Ratsmitgliedern auf Antrag wissenschaftliche Informationen zu geben und Empfehlungen zu erteilen. Sinn und Bedeutung der Tätigkeit zwischenstaatlicher Fischereiorganisationen auf dem Gebiet wissenschaftlicher und fischereiwirtschaftlicher Forschungen könnten in Zukunft noch gesteigert werden, besonders wenn man berücksichtigt, daß eine Reihe von Staaten, insbesondere Entwicklungsländer, teure Forschungsarbeiten in den riesigen Gebieten ihrer 200-sm-Wirtschaftszonen nicht durchführen können. Für eine optimale und vernünftige Nutzung der lebenden Meeresressourcen sind Expertenuntersuchungen zur Frage notwendig, welchen gewerblichen Marktwert eine Fischart oder eine Kategorie von Bioressourcen im Vergleich zu anderen besitzt. Derartige Daten sind die Grundlage für die Berechnung des optimal zulässigen Fangs wertvoller Fischarten und einer vernünftigen Nutzung anderer Fische, für die eine geringere Nachfrage vorhanden ist. Fischereiorganisationen könnten sich auf Antrag des Küstenstaates mit der Einschätzung der Bestände konkreter Fischarten in der Wirtschaftszone und deren Ausbeutung sowie mit dem finanziellen Aufwand ihrer Reproduktion befassen. Wie der englische Wissenschaftler *K. Brander* zu Recht feststellt, sollen die regionalen Fischereiorganisationen dazu anspornen, die wirtschaftliche Effektivität der Fischerei in den Wirtschaftszonen zu erhöhen (einschließlich von Maßnahmen zur Verringerung des finanziellen Aufwandes für den Fischfang).[135]

Eine Reihe zwischenstaatlicher Fischereiorganisationen schlägt vor, das Spektrum der technischen Hilfe für die Entwicklungsländer erheblich zu erweitern, sowohl bezüglich der Fischerei in der Wirtschaftszone als auch hinsichtlich der Entwicklung der Fischindustrie. Insbesondere billigten im Jahre 1978 regionale Fischereiorganistionen unter der Schirmherrschaft der FAO ein allumfassendes Hilfsprogramm für Entwicklungsländer auf dem Gebiet der Fischerei. Dieses Programm sieht vor, daß den Entwicklungsländern bei der Lösung technischer, administrativer und rechtlicher Fragen der Seefischerei geholfen wird. Auf Antrag der Entwicklungsländer ergreifen die genannten Fischereiorganisationen Maßnahmen zur Harmonisierung der Fischereipolitik in den verschiedenen Regionen der Welt, beschließen Empfehlungen für die Erarbeitung einer entsprechenden Strategie für die Küstenfischerei, bilden in großem Umfang Kader aus und übermitteln Informationen.[136] Fischereiorganisationen können maßgeblich dazu beitragen, daß die internationalen Vorschriften zur Regelung der Fischerei eingehalten werden. Es handelt sich hierbei um Aufgaben zur Koordinierung von Überwachungs-, Beobachtungs- und Zwangsmaßnahmen für die angemessene Durchführung von Fangoperationen und die Einhaltung der Fischereivorschriften. Hierher gehört die Sammlung von Daten über die Größe des Fangs, die Menge der eingesetzten Schiffe, die Zusammensetzung der Mannschaft, die Fangzeiten usw. Auf der Grundlage einer zusammenfassenden Auswertung dieser grundlegenden Daten könnten die zwischenstaatlichen Fischereiorganisationen Empfehlungen für die Küstenstaaten zur Überwachung der Tätigkeit von ausländischen Fischereischiffen ausarbeiten. Praktisch kann jeder Staat unabhängig davon, ob er Fischfang im Geltungsbereich irgendeiner Konvention betreibt oder nicht, Mitglied in zwischenstaatlichen Fischereiorganisationen werden. Dies entspricht dem Prinzip der souveränen Gleichheit der Staaten. Dennoch vertreten einige westliche

[135] *K. M. Brander*, The Effect of 200-Mile Limit on Fisheries Management in the North-East Atlantic, in: FAO Fish. Techn. Papers 1978, Nr. 183, S. 15.

[136] The Work of FAO in Fisheries During 1980-1981, COFI/7917, 10. August 1979, S. 4.

Wissenschaftler einen anderen Standpunkt. So können nach der Meinung von *K. Brander* unter den neuen Gegebenheiten Teilnehmer regionaler Fischereiorganisationen nur diejenigen Staaten werden, die unmittelbare Fischereiinteressen in dem gegebenen Konventionsgebiet haben.[137] Dagegen sind in den Organisationsakten der NAFO und der NEAFC klare Bestimmungen darüber enthalten, daß jeder Staat das Recht hat, den Konventionen beizutreten.

Auf Grund des vorstehend Gesagten ist die Schlußfolgerung gerechtfertigt, daß die pessimistische Meinung, internationale Fischereiorganisationen seien veraltet und bei der Lösung der Probleme der Erhaltung der Fischressourcen nicht sehr effektiv, der wirklichen Sachlage nicht gerecht wird. Ungerechtfertigt sind auch Vorschläge, die Fischereiorganisationen wegen der Errichtung von Wirtschaftszonen oder Fischereizonen in den verschiedenen Teilen des Weltmeeres abzuschaffen. Die Erfahrungen internationaler Fischereiorganisationen in den letzten Jahren, in denen gleichsam wie Kettenreaktionen einseitige Handlungen zur Ausdehnung der souveränen Rechte der Küstenstaaten auf die lebenden Naturschätze im Geltungsbereich der Mehrheit internationaler Fischereikonventionen aufeinander folgten, beweisen gerade das Gegenteil. Praktisch hat sich in keiner der existierenden Fischereikommissionen die Frage gestellt, ob sie sich selbst auflösen oder ob man sie liquidieren solle. Es ging lediglich um eine Modernisierung der Strukturen und Aufgaben internationaler Fischereiorganisationen und um deren Anpassung an die neuen Bedingungen. Die Schlußfolgerung des Berichts des Fischereiausschusses der FAO ist berechtigt, daß sich die Bedeutung regionaler Organisationen durch Veränderungen im Seerecht nicht verringert habe, obgleich sich die Funktionen vieler Organisationen mit der Zeit wesentlich verändern werden.[138] Die Rolle und der wichtige Platz zwischenstaatlicher Fischereiorganisationen im Regelungssystem der Fischerei ist, wie oben festgestellt wurde, in einer Reihe von Bestimmungen der VN-Seerechtskonvention von 1982 anerkannt worden. Alles dies bekräftigt die Tendenz, die internationalen Fischereiorganisationen zu erhalten und weiter zu stärken sowie im Bedarfsfalle neue zu gründen. Die Notwendigkeit einer allseitigen Zusammenarbeit zwischen Küstenstaaten und internationalen Fischereiorganisationen bei der vernünftigen Nutzung der lebenden Ressourcen des Weltmeeres zum Wohl der gesamten Menschheit lag und liegt auf der Hand.

---

[137] *K. M. Brander* (Fn. 135), S. 15.

[138] FAO, Committee on Fisheries, COFI/78/5 vom April 1978, S. 3.

Vierter Teil

Verhütung und friedliche Beilegung internationaler maritimer Streitigkeiten

1. Bedeutung friedlicher Mittel zur Verhütung und friedlichen Beilegung von Streitigkeiten bei der Erforschung und Nutzung des Weltmeeres

Seit den ersten Tagen der Existenz des Sowjetstaates ist die friedliche, einvernehmliche Regelung von Meinungsverschiedenheiten mit anderen Staaten eines der grundlegenden Prinzipien seiner Außenpolitik. Das am 8. November 1917 verabschiedete Dekret über den Frieden rief alle Völker auf, sich an den Verhandlungstisch zu setzen und alle Streitigkeiten auf friedlichem Wege zu lösen, derentwegen das Blut auf den Schlachtfeldern floß. Seit jener Zeit durchdringt das Bestreben, alle Meinungsverschiedenheiten mit friedlichen Mitteln zu regeln, die außenpolitische Tätigkeit des Sowjetstaates, der bereit ist, im Wege von Verhandlungen alle Fragen zu erörtern — von den größten bis zu den kleinsten und „allerkleinsten".[1] Dieses Prinzip ist in der Verfassung der UdSSR von 1977 niedergelegt. Art. 29 bestimmt: „Die Beziehungen der UdSSR zu anderen Staaten beruhen auf der Einhaltung der Prinzipien der souveränen Gleichheit, des gegenseitigen Verzichts auf Gewaltanwendung und Gewaltandrohung ... (und) der friedlichen Regelung von Streitigkeiten ..." Die sowjetische Regierung ist ständig bemüht, die friedliche Zusammenarbeit zwischen allen Staaten auf der Grundlage der allgemein anerkannten Prinzipien des Völkerrechts zu fördern. Eines der wichtigsten Anwendungsgebiete des Prinzips der friedlichen Streitbeilegung sind die gegenseitigen Beziehungen der Sowjetunion zu anderen Staaten bei der Erforschung und Nutzung des Weltmeeres.

In der Geschichte der Menschheit wurden bis zum Ende des Zweiten Weltkrieges friedliche Mittel zur Beilegung von Streitigkeiten über maritime Aktivitäten nur gelegentlich angewandt. Die Staaten lösten ihre Gegensätze meistens durch Krieg, dieser nach *V. I. Lenin* „schrecklichsten Art der Regelung von Streitigkeiten".[2] In der VN-Satzung, die nach dem blutigsten Krieg in der Geschichte der Menschheit verabschiedet wurde, gibt es eine allgemeine Verpflichtung, Meinungsverschiedenheiten so beizulegen, daß der Weltfrieden und die internationale Sicherheit nicht gefährdet werden. Von diesem Zeitabschnitt an findet man in der maritimen Staatenpraxis nicht wenige Beispiele, in

---

[1] *V. I. Lenin*, Pol. sobr. coč., Bd. 35, S. 15.

[2] ders., a.a.O., Bd. 10, S. 340.

denen das Prinzip der friedlichen Regelung von Streitigkeiten mit völkerrechtlichen Mitteln konkrete Gestalt annahm. In Abkommen über die verschiedensten Aspekte maritimer Aktivitäten werden immer häufiger Bestimmungen über konkrete Mittel zur Beilegung von Streitigkeiten über die Auslegung und Anwendung völkerrechtlicher Vereinbarungen aufgenommen. Oft werden diese Aufgaben einem besonderen ständigen Organ übertragen (Flußkommission, Fischereikommission, Büro, Schiffahrtsausschuß usw.). Gegen Mitte der 50er Jahre wurde klar, daß die Normen für die friedliche Streitregelung ebenso einer Kodifikation bedürfen wie die Vorschriften zur Regelung der Beziehungen zwischen den Staaten auf anderen Gebieten maritimer Tätigkeit. Einige Schritte in dieser Richtung wurden während der Genfer Konferenz von 1958 unternommen, jedoch ohne Erfolg. Es fehlte damals noch an den Voraussetzungen für die Errichtung eines flexiblen, allseits annehmbaren Systems von Mitteln zur friedlichen Streitbeilegung. So hielten es damals bei weitem nicht alle westlichen Juristen für erforderlich, ein Institut der Streitregelung in das Völkerrecht einzuführen. Diese Situation war dadurch bedingt, daß lange Zeit hindurch insoweit eine Diskrepanz bestand, als es einerseits verboten war, zur Lösung von Streitigkeiten zwischen den Staaten Krieg zu führen, andererseits aber verhältnismäßig selten friedliche Mittel angewandt wurden. Infolge der internationalen Entspannung verbreitete sich Anfang der 70er Jahre unseres Jahrhunderts die Idee, besondere Mittel zur Beilegung maritimer Streitigkeiten zu schaffen. Auf der 3. VN-Seerechtskonferenz ertönten die Stimmen der Verfechter dieser Idee so einmütig, daß praktisch keine Gegenstimme zu vernehmen war. Ungeachtet der Tatsache, daß über das Problem der Streitbeilegung sehr scharfe Diskussionen geführt wurden, spiegelte sich in der Konferenzarbeit die fortschrittliche Entwicklung der Idee einer obligatorischen Regelung aller Meinungsverschiedenheiten mit Hilfe einer freien Wahl friedlicher Verfahren wider. Es verdient Beachtung, daß die Konferenzdokumente die VN-Satzung nicht einfach ersetzen, sondern ihre Bestimmungen ergänzen und weiterentwickeln. In der VN-Seerechtskonvention von 1982 werden alle Vertragsstaaten verpflichtet, jeglichen Streit auf friedlichem Wege zu lösen und nicht nur diejenigen Auseinandersetzungen, deren Dauer den Weltfrieden und die internationale Sicherheit gefährden können.

Konflikte und Spannungen durch die maritimen Tätigkeiten von Staaten entstehen und verstärken sich in dem Maße, in dem immer mehr Mitglieder der internationalen Gemeinschaft auf das Meer hinausdrängen und seine Erforschung und Nutzung intensivieren. Einer sehr großen Zahl von Streitigkeiten, die bei maritimen Aktivitäten entstehen, liegt der besondere Charakter des Bezugsobjekts, des Weltmeeres, zugrunde. Vor allem ist in keinem Teil des Weltmeeres eine willkürliche Nutzung zulässig, nirgends darf sich ein Staat frei fühlen von den Verpflichtungen und Verantwortlichkeiten gegenüber den anderen Staaten. In gewissem Maße gilt dieser Gedanke auch auf dem Festland. Es ist allgemein anerkannt, daß man sein Territorium niemals so nutzen darf, daß anderen Staaten ein Schaden zugefügt wird; aber besonders deutlich wird die Unteilbarkeit unseres Planeten im „flüssigen Territorium“ des Ozeans demonstriert. Hier können öfter als irgendwo anders die Handlungen eines Teilnehmers der internationalen Gemeinschaft die Interessen aller anderen Staaten schädigen. Dies gilt für alle Arten maritimer Aktivitäten (Festlegung maritimer Grenzen, Fischerei, wissenschaftliche Forschung, Kampf gegen die Verschmutzung der Meeresumwelt, Erholungstätigkeit usw.). Jede einseitige Vereinnahmung von Teilen der Gewässer oder des Meeresbodens verletzt die Interessen aller anderen Staaten, weil sie deren Möglichkeiten einer freien, vernünftigen Nutzung der Hohen See und des internationalen Meeresbodengebietes schmälert. Die Interessen der Mitglieder der internationalen Gemeinschaft können sogar berührt werden, wenn ein Staat die lebenden Ressourcen innerhalb der Grenzen seiner Jurisdiktion nutzt. Ein Überfischen wirkt sich im gesamten Ozean aus, und eine unzureichende Nutzung läßt Nahrungsvorräte unnötigerweise verkommen. Einen direkten und unmittelbaren Schaden für alle Völker bewirkt das Einleiten von Schmutzstoffen sowohl bei Havarien als auch in Fällen absichtlichen Einbringens. Das ungerechtfertigte Verbot oder eine ungerechtfertigte Einschränkung wissenschaftlicher Forschung verhindert, daß ein genaues Bild aller im Ozean ablaufenden Prozesse gewonnen wird; damit verringert sich das wichtige wissenschaftliche und praktische Potential der gesamten Menschheit.

Die internationalen Beziehungen der letzten Jahre haben gezeigt, daß Streitigkeiten besonders oft bei folgenden Maßnahmen entstanden: bei der Festlegung der Grenzen des Küstenmeeres, des Festlandsockels und der Wirtschaftszonen, bei dem Kampf um den Zugang zum Meer oder um einen breiteren Zugang zum Meer, beim Fang ein und derselben Art lebender Ressourcen oder beim Fang verschiedener Arten in ein und demselben Gebiet durch mehrere Staaten sowie bei der freien Schiffahrt in Gebieten unter der Jurisdiktion eines anderen Staates. Seinen „Beitrag“ zu dem Entstehen von Streitigkeiten in früher „glücklicheren“ Bereichen leistet auch der wissenschaftlich-technische Fortschritt. So verursachte früher in der Regel die Verschmutzung des Weltmeeres keine zwischenstaatlichen Streitigkeiten. Heute gibt es infolge des dadurch verursachten Sterbens von Fischen, Meerestieren und Algen sowie der Beeinträchtigung von Strand- und Kurbetrieben eine Menge einschlägiger Streitigkeiten. Den Anstoß dazu gab die „Katastrophe des Jahrhunderts“ mit dem Tanker „Torrey Canyon“ im Jahre 1967, als vor den Küsten Englands 160.000 t Öl ins Meer flossen. Dagegen würden auf dem Weltmeer eine entscheidend geringere Anzahl von Spannungen und Meinungsverschiedenheiten entstehen, wenn bei maritimen Aktivitäten ein einheitliches, allgemein anerkanntes System präziser Normen beachtet würde. Jedoch gilt auf dem Weltmeer ein ganzer Komplex einzelner Regimes, die sich auf unterschiedliche Vertrags- und Gewohnheitsrechtsquellen gründen und nicht selten zueinander im Widerspruch stehen oder den Staaten eine viel zu große Ermessensfreiheit lassen. In den kommenden Jahren verspricht das Bild wegen der Einführung neuer Regimes wie desjenigen der ausschließlichen Wirtschaftszone oder der

Archipelgewässer noch bunter zu werden. Obwohl mehr als 120 Staaten die VN-Seerechtskonvention von 1982 unterzeichneten, kann man schwerlich erwarten, daß die Vielfalt der Regimes, die in den verschiedenen Bereichen des Weltmeeres gelten, sofort verschwinden. Der Kompromißcharakter vieler Formulierungen der Konvention läßt den Meeresnutzern große Ermessensfreiheit.

Die Wissenschaftler vieler Länder erkennen heute an, daß es dringend notwendig ist, ein harmonisch abgestimmtes System von Mitteln zur Lösung maritimer Streitigkeiten zu schaffen. Der französische Forscher *G. Martray* schreibt: „Die Einführung von 200 sm-Zonen, die Komplexität der neuen Meeresräume, die Verflechtung der Linien zwischen benachbarten oder gegenüberliegenden Staaten und das gewaltige Ausmaß der diesbezüglichen wirtschaftlichen und strategischen Anstrengungen: alle diese Faktoren — ohne die Einwirkungen der Weltpolitik zu berücksichtigen — werden künftig zu einem Anstieg der Meinungsverschiedenheiten und, konsequenterweise, auch der Risiken maritimer Konflikte führen.“[3] Der Wissenschaftler aus der BRD, *R. Bernhardt*, bemerkte: „Die auf der 3. VN-Seerechtskonferenz erarbeiteten Dokumente spiegeln alle Schwierigkeiten der zeitgenössischen internationalen Beziehungen wider; es ist allgemein anerkannt, daß es nicht nur wünschenswert, sondern notwendig war, in die Seerechtskonvention ein allumfassendes System der Streitschlichtung als ein rechtliches Schutzinstrument aufzunehmen.“[4] Die erstrangige Bedeutung der Mittel zur Regelung von Streitigkeiten wurde im Memorandum des Präsidenten der 3. VN-Seerechtskonferenz, *G. Amerasinghe*, unterstrichen, das für die fünfte Sitzung vorbereitet worden war. In diesem Dokument wurde die Frage der Streitbeilegung als eines der sechs Hauptprobleme aufgeführt, die von der Konferenz gelöst werden mußten.

Die klare und eindeutige Erfüllung internationaler Verpflichtungen ist der sichere Weg, Streitigkeiten und Konflikte bei der Erforschung und Nutzung des Weltmeeres zu verhüten. Die Staaten als Wächter der Rechtsordnung wenden die Mittel zur friedlichen Streitregelung auf zweierlei Art und Weise an. Zum einen können diese Mittel „Auslöser“ für das Institut der Haftung sein. Wenn eine Partei behauptet, die Handlungen der anderen Partei oder Parteien fügten ihr oder der gesamten Staatengemeinschaft Schaden zu und die Gegenseite bestreitet dies, so kann das Streitbeilegungsorgan, an das sich die Parteien wenden oder welches sie schaffen, den Sachverhalt feststellen und sich dazu äußern, ob infolge der Verletzung oder Nichterfüllung einer internationalen Verpflichtung ein Schaden eingetreten ist. Falls beide Streitparteien mit den Schlußfolgerungen des Streitbeilegungsorgans einverstanden sind (oder durch Verhandlungen eine Übereinstimmung erzielen), ist der Streit entschieden. Der Ersatz des Schadens, der bei der Streitbeilegung festgestellt wurde, gehört bereits zum Institut der Haftung.

---

[3] *J. Martray*, A qui appartient l'océan?, Paris 1977, S. 224.

[4] *R. Bernhardt*, Die Streitbeilegung im Rahmen der Neuordnung des Seerechts, in: ZaöRV 1978, Bd. 38, S. 981.

Zum anderen spielen friedliche Mittel zur Beilegung maritimer Streitigkeiten eine gewisse Rolle bei der Rechtsentwicklung. Dies ist besonders wichtig für Rechtszweige wie das Seevölkerrecht, die eine stürmische Entwicklung durchgemacht haben und für die das Vorhandensein von Lücken charakteristisch ist. Die Bedeutung der Streitbeilegung für die Förderung der Rechtsentwicklung ist nicht in gleichem Ausmaß vorhanden. Allem Anschein nach hat sie diese Funktion vornehmlich bei zweiseitigen Streitigkeiten, besonders wenn der Streit um Normen geht, die bilaterale Beziehungen regeln. Dabei ist es ziemlich schwierig festzustellen, wo die Bedeutung etwa von Verhandlungen als Mittel der Streitbeilegung aufhört und wo die Rolle der Streitbeilegung als Motor bestimmter neuer juristischer Normen anfängt. Diese Funktion üben oft die ständigen Organe aus, die für die Überwachung der Einhaltung eines Abkommens geschaffen wurden. Zusammengesetzt aus Vertretern der Unterzeichnerstaaten haben diese Kommissionen (Ausschüsse, Büros etc.) die Aufgabe, „die beide Vertragsparteien berührenden Fragen zu untersuchen und zu lösen, die mit der Durchführung des vorliegenden Vertrages zusammenhängen" (so wurde die Aufgabe formuliert, die den Bevollmächtigten nach dem sowjetisch-finnischen Vertrag über die Verpachtung des sowjetischen Teils des Sajmen-Kanals und der Insel Malyj Vysotskij an Finnland vom 27. September 1962 gestellt wurde).[5] Besonders zahlreich sind derartige Organe auf dem Gebiet der Fischerei. Ihre Hauptaufgabe ist es sicherzustellen, daß ein bestimmtes Abkommen mit Leben erfüllt wird. Insbesondere kontrollieren sie die Erfüllung des Vertrages und arbeiten hierfür Empfehlungen aus. Gleichzeitig sind diese Organe Mittel zur Beilegung von Meinungsverschiedenheiten, die bei der Durchführung des Vertrages auftreten, weil die Vertreter der Parteien in diesen Fällen gemeinsame Maßnahmen ergreifen, um die Fakten festzustellen und die Parteien auszusöhnen. Die weite Verbreitung der verschiedenen Arten von Fischereikommissionen zeigt ihre große Bedeutung. Einige Wissenschaftler vertreten die Meinung, daß diese Organe als Vorbild für eine Regelung der Fischerei auf dem gesamten Weltmeer dienen könnten.[6]

Die Juristen der angelsächsischen Schule des Völkergewohnheitsrechts messen der Rolle internationaler Gerichte und Schiedsgerichte für die Entwicklung des Völkerrechts große Bedeutung bei. In konzentrierter Form ist diese Einstellung im Expertenbericht „Der Internationale Gerichtshof der VN" dargelegt, der auf dem internationalen Symposium des Max-Planck-Instituts im Jahre 1974 über die gerichtliche Regelung internationaler Streitigkeiten erstattet wurde. Der Verfasser des Expertenberichts, *H. Steinberger*, schreibt insbesondere: „Die eigentliche Rolle des Internationalen Gerichtshofs (in den internationalen Beziehungen) besteht darin, daß er durch die gerichtliche Entscheidung konkreter Rechtsprobleme zur Klarstellung und, im Rahmen seiner richterli-

---

[5] Vedomosti Verchovnogo Soveta SSSR, 1963, Nr. 36.

[6] *Sh. Oda*, The Law of the Sea in our Time, Leiden 1977, Bd. 1, S. 195.

chen Aufgaben, zur Entwicklung des Völkerrechts beiträgt."[7] Sehr konsequent wird der Gedanke von der Bedeutung gerichtlicher Entscheidungen in den Arbeiten des australischen Juristen *D. P. O'Connel* entwickelt, und zwar sowohl in der allgemeinen Theorie des Völkerrechts[8], als auch bezüglich des Seerechts. Es ist nur natürlich, daß bürgerliche Juristen darauf bestanden, im Zusammenhang mit der neuen Seerechtskonvention allumfassende Gerichtsverfahren vorzusehen, welche die materiellen Normen dieser Konvention unmittelbar ergänzen und entwickeln sollten.[9] Dieser Gedanke kam auch in den Ausführungen des Delegierten der USA, *Stevenson*, zum Ausdruck, als er den amerikanischen Entwurf zum Meeresbodenregime erläuterte.[10]

In der sowjetischen Literatur wurde eine derartige Übertreibung der Rolle von Gerichten bei der Entstehung von Völkerrecht im allgemeinen und von Seevölkerrechtsnormen im besonderen seit langem als nicht stichhaltig abgelehnt. Über dieses Thema haben *A. N. Nikolaev*[11], *A. P. Movčan*[12] und *M. I. Lazarev*[13] geschrieben. Besonders gründlich analysierte *G. I. Tunkin* die Bedeutung von Entscheidungen internationaler Gerichte und Schiedsgerichte. Er schreibt, daß diese Entscheidungen, soweit es sich um die Feststellung des Vorhandenseins einer Völkerrechtsnorm oder deren Auslegung handelt, als Teil der internationalen Praxis zum Prozeß der Normbildung gehören.[14] Sie können nach *Tunkin* zum Abschluß des Prozesses der Normbildung im Wege der Anerkennung dieser Normen durch die Staaten führen und dadurch im Völkerrecht verankert werden. Diesen Gedanken entwickelt *I. P. Bliščenko* weiter, der zur Schlußfolgerung gelangt, daß Gerichtsentscheidungen durchaus einen realen Einfluß auf die Entwicklung des Völkerrechts haben können, weil sie sowohl die Prinzipien als auch die Entwicklungstendenzen seiner Normen im konkreten Bereich bestimmen.[15] Weiter erwähnt *I. P. Bliščenko* die Bedeutung von Präzedenzfällen im Seevölkerrecht, wobei er die „Seevölkerrechtsverfahren" anführt, die vom Internationalen Gerichtshof der VN entschieden worden sind.[16] In der Tat muß man die Rolle dieser Entscheidungen bei der Bildung von

---

[7] *H. Steinberger*, The International Court of Justice, in: Judicial Settlement of International Disputes, Berlin, Heidelberg, New York 1974, S. 210.

[8] *D. P. O'Connel*, International Law, Vol. 1, London 1970, S. 28.

[9] Siehe z. B. *L. B. Sohn*, Problems of Dispute Settlement, in: Law of the Sea: Conference Outcomes and Problems of Implementation. Proceedings of the Law of the Sea Institute. Tenth Annual Conference. June 22-25, 1976, Cambridge 1977, S. 223-232.

[10] US Department of State Bulletin 1974, Bd. 71, S. 232, 235.

[11] *A. N. Nikolaev*, Problema territorial'nych vod v meždunarodnom prave, Moskva 1954.

[12] *A. P. Movčan*, Mirnye sredstva razrešenija meždunarodnych sporov, Moskva 1957.

[13] *M. I. Lazarev*, Meždunarodno-pravovye sredstva mirnogo razrešenija sporov meždu gosudarstvami, Moskva 1965.

[14] *G. I. Tunkin*, Teorija meždunarodnogo prava, Moskva 1970, S. 208.

[15] *I. P. Bliščenko*, Precedenty v meždunarodnom prave, Moskva 1977, S. 9.

[16] A.a.O.

Normen und Prinzipien des Seerechts anerkennen. Besonders aufschlußreich ist in diesem Zusammenhang das Beispiel des Urteils des Internationalen Gerichtshofs im englisch-norwegischen Fischereistreit.[17] Das Gericht stand vor der Aufgabe, die Rechtmäßigkeit des norwegischen Systems für die Bemessung der Breite des Küstenmeeres vom Standpunkt des Völkerrechts zu beurteilen. Die vom Gericht gefällte Entscheidung hatte unmittelbaren Einfluß auf die weitere Entwicklung des Seevölkerrechts. Sie wurde berücksichtigt bei der Formulierung der grundlegenden Bestimmungen der Genfer Abkommen von 1958 über die ausschließliche Souveränität des Küstenstaates innerhalb seines Küstenmeeres und über die Niedrigwasserlinie entlang der Küste als normaler Basislinie für die Bemessung der Breite des Küstenmeeres (später wurde diese Linie die Basislinie für die Bemessung des Festlandsockels und der Wirtschaftszone). Jedoch bleibt es eine unverrückbare Tatsache, daß nicht Gerichte und Schiedsgerichte, die Organe der Rechtsanwendung sind, sondern Staaten als Organe der Rechtsschöpfung durch internationale Verträge und in einigen Fällen durch völkerrechtliche Übung Völkerrechtsnormen schaffen. Die Entscheidung eines Gerichts oder Schiedsgerichts, die nicht direkt oder indirekt von den Staaten gebilligt wird, kann nicht als Völkerrechtsnorm betrachtet werden, weder als vertragliche noch als gewohnheitsrechtliche.

Insgesamt läßt sich deshalb feststellen, daß das bestehende völkerrechtliche System von Mitteln zur friedlichen Streitbeilegung durch ein wichtiges Spezialsystem für den Bereich der Erforschung und Nutzung des Weltmeeres ergänzt wird. Obgleich seit langem ein großes Potential von friedlichen Mitteln existierte, wurde es jedoch nicht oft und nicht effektiv genutzt, und letztendlich erbrachte es keine großen positiven Ergebnisse. Es reicht aus zu erwähnen, daß die Ständige Kammer des Schiedsgerichts in Den Haag in den mehr als 80 Jahren ihres Bestehens nur 25 zweitrangige Angelegenheiten verhandelte, die für die Staatengemeinschaft keine große Bedeutung hatten. Die Angelegenheiten, die vom Internationalen Gerichtshof des Völkerbundes sowie vom Internationalen Gerichtshof der VN entschieden wurden, waren ebenfalls zahlenmäßig gering. Die Ursache dafür liegt in der Befürchtung eines jeden souveränen gleichberechtigten Staates, daß die Richter und Superschiedsrichter eine unter Klassengesichtspunkten unannehmbare Entscheidung fällen. Die Klassennatur der Gerichte innerhalb eines Landes ist bestens bekannt. Der Klassencharakter der internationalen Mittel der Justiz ist weniger bemerkbar, er ist aber wichtiger, weil er nicht die Interessen einzelner natürlicher oder juristischer Personen, sondern ganzer Völker betrifft.

In der bürgerlichen Völkerrechtsliteratur zur Zeit des Völkerbundes und sogar noch danach war es Mode, die Sowjetunion zu beschuldigen, nur selten internationale Gerichts- oder Schiedsgerichtsverfahren zu nutzen. Dies, ob-

---

[17] Fisheries Case (United Kingdom v. Norway), Judgment of December 18th, 1951, International Court of Justice, Reports of Judgments, Advisory Opinions and Orders (im folgenden: ICJ-Reports) 1951, S. 116 ff.

gleich die Fakten beweisen, daß die bürgerlichen Staaten selbst sich nicht allzu oft ihrer bedienten, ungeachtet der klassenmäßigen Gleichartigkeit ihrer Partner. Mit anderen Worten, sogar souveräne bürgerliche Staaten befürchteten einen Mangel an Objektivität von seiten der Richter und Schiedsrichter, die aus solchen Staaten stammten. Es ist leicht zu verstehen, daß die UdSSR als erster sozialistischer Staat in der Welt und die Mongolische Volksrepublik, die von kapitalistischen Staaten umgeben waren, mit gutem Grund eine gerichtliche Intervention dieser klassenmäßig feindlichen Umwelt, die den Sozialismus mit jedem nur möglichen Mittel erdrosseln wollte, zu verhindern suchten. Nichtsdestoweniger gibt es eine umfangreiche Praxis gerichtlicher und schiedsgerichtlicher Entscheidungen von Streitigkeiten durch ausländische und internationale Gerichte und Schiedsgerichte, an denen sowjetische Außenhandelsvereinigungen, natürliche und juristische Personen beteiligt waren. Nach dem Zweiten Weltkrieg, als ein ganzes System sozialistischer Staaten entstand und die Gruppe der Entwicklungsländer an Bedeutung gewann, erhielt auch das System völkerrechtlicher Mittel zur friedlichen Beilegung internationaler maritimer Streitigkeiten eine große Erfolgschance. Man darf jedoch diese friedlichen Mittel nicht idealisieren und ihre Bedeutung nicht überzeichnen. So sehr sie auch vervollkommnet wurden und wie juristisch genau die Prozedur ihrer Einsetzung und ihre Verfahrensordnung auch sein mögen, sie bleiben nach wie vor Instrumente in den Händen der herrschenden Klassen und ihrer Politiker. Nur ein Übergewicht der Kräfte des Friedens und der Demokratie über die Kräfte der Reaktion und der Aggression sowie ein aktiver Kampf der Völker für den Frieden, die internationale Sicherheit und die Völkerrechtsordnung gewährleisten eine richtige, vom Standpunkt allgemeindemokratischer Forderungen der Völker gerechte Anwendung dieser Mittel. Nur ein aktiver, energischer Kampf der Völker und ihr Übergewicht über die Kanonenbootpolitik und -diplomatie können ein Wiederauftreten des Imperialismus, des Kolonialismus und des Neokolonialismus verhindern. Die Politik der Staaten in ihren gegenseitigen Beziehungen muß sowohl auf dem festen Teil des Planeten als auch auf dem Weltmeer den Forderungen der VN-Satzung sowie den Prinzipien des Völkerrechts und der VN-Seerechtskonvention von 1982 entsprechen. Unter diesen Bedingungen werden die friedlichen Mittel zur Streitregelung den ihnen zukommenden Stellenwert einnehmen, normal funktionieren und ihre friedenstiftende Aufgabe erfüllen können.

2. Moderne friedliche Mittel zur Beilegung internationaler Sreitigkeiten, die sich aus der Tätigkeit auf dem Weltmeer ergeben

Das Problem der Instrumente der friedlichen Streitregelung ist von großer Bedeutung. In unserer heutigen Welt ist die Verpflichtung allgemein anerkannt, Meinungsverschiedenheiten friedlich zu regeln. Wenn es jedoch um die Nutzung eines konkreten Instruments geht, ist es manchmal sehr schwierig, Einvernehmen zu erzielen. Das wirksamste und ein weit verbreitetes Mittel zur friedlichen Streitregelung sind Verhandlungen. Ihre primäre Rolle wird in vielen internationalen Akten bestätigt. Gewöhnlich werden bei der Aufzählung der Instrumente zur friedlichen Streitregelung die Verhandlungen an erster Stelle genannt. Eine besondere Rolle wird Verhandlungen auch in der VN-Seerechtskonvention von 1982 beigemessen. Art. 283 enthält eine unmittelbare Empfehlung an die Streitparteien, vor allem Verhandlungen zu führen: „Die Parteien eines Streites nehmen unverzüglich einen Meinungsaustausch über seine Beilegung durch Verhandlungen oder andere friedliche Mittel auf." Eine der Formen von Verhandlungen ist der Meinungsaustausch, den die Staaten sofort nach Entstehen eines Streites oder immer dann aufnehmen müssen, wenn ein anderes Verfahren nicht die gewünschten Ergebnisse bringt. Auf die Wirksamkeit von Verhandlungen wies der Internationale Gerichtshof der VN wiederholt hin (z. B. in dem Verfahren über Südwest-Afrika[18] und in Sachen „Interhandel"[19]). Ein ähnlicher Hinweis ist in den Materialien eines der internationalen Schiedsgerichtsverfahren enthalten.[20] In dem Verfahren „Minquiers and Ecrehos" untersuchte der Internationale Gerichtshof den Zusammenhang zwischen den Verhandlungen der Parteien und der gerichtlichen Untersuchung und führte aus, daß die Verhandlungen sowohl als Hilfsmittel zum Sachvortrag vor dem Gericht dienen, als auch eine selbständige Methode sein können.[21] Deshalb empfahl der Gerichtshof später den Streitparteien, in direkte Verhandlungen mit dem Ziel einzutreten, die Sache im wesentlichen auf der Grundlage der von ihm gegebenen Erläuterung der juristischen Prinzipien zu lösen.[22] Nach unserer Meinung wurde die Einstellung des Internationalen Gerichtshofs zu Verhandlungen noch vollständiger in der Entscheidung über den englisch-isländischen Fischereistreit dargelegt: „Die am ehesten geeignete Methode für die Lösung des vorliegenden Streites ist offenbar die der Verhandlung. Ihr Ziel sollte die Abgrenzung der Rechte und Interessen der Parteien sein, der vorrangigen Rechte des Küstenstaates auf der einen und der Rechte des Klägers auf der anderen Seite, (darüber hinaus) des Ausgleichs und der Regulierung berechtigter Fragen wie der der Fangmengenbegrenzung, der Aufteilung der Kontingente und diesbezüglicher Beschränkungen für Bereiche, in denen Fischerei verboten ist, für Anzahl und Typ der zugelassenen Schiffe und für Möglichkeiten der Kontrolle über die vereinbarten Vorschriften. Dies erfordert detaillierte wissenschaftliche Erkenntnisse der Fischgründe. Es ist offenkundig, daß die entsprechenden Informationen und Expertisen hauptsächlich im Besitz der Streitparteien sind."[23] Der Internationale Gerichtshof hatte damit aufgezeigt, daß der Streit

[18] South-West Africa Cases (Preliminary Objections), ICJ-Reports 1962, S. 319 ff.

[19] Interhandel Case, ICJ-Reports 1959, S. 27-29.

[20] Lac Lanoux Arbitration, Revue général de droit international public 1958, Bd. 62, S. 79 ff.

[21] Minquiers and Ecrehos Case, ICJ-Reports 1953, S. 47.

[22] Haya de la Torre Case, ICJ-Reports 1950, S. 266 ff.; North Sea Continental Shelf Cases, ICJ-Reports 1969, S. 47 f.

aus der Natur der Sache heraus nicht anders entschieden werden konnte als durch Verhandlungen. Er erinnerte sodann an seine frühere Entscheidung zum Festlandsockel in der Nordsee und verwies auf die Bestimmung des Art. 33 der VN-Satzung. Damals zog der Gerichtshof folgende Schlußfolgerung: die Verpflichtung, Verhandlungen zu führen, fließe aus dem Wesen der entsprechenden Rechte der Parteien; deshalb erfülle der Gerichtshof in der vorliegenden Sache seine Aufgabe am korrektesten durch die Aufforderung an die Parteien, Verhandlungen zu führen. Eine solche Entscheidung entspreche in vollem Umfang den Prinzipien und Normen der VN-Satzung über die friedliche Streitbeilegung.[24]

Der Internationale Gerichtshof stellte also fest, daß eine Verbindung zwischen der Natur der streitigen Probleme und der Verpflichtung der Parteien besteht, in Verhandlungen über ihre Lösung einzutreten. Die Mitglieder des Internationalen Gerichtshofs waren der Auffassung, daß es ihnen schwer fallen würde, ein konkretes Schema zur Lösung derartiger Streitigkeiten zu entwickeln. Natürlich bestehen die Schwierigkeiten, die vom Gericht vorhergesehen wurden, für jedes Verfahren zur Streitregelung unter Beiziehung Dritter. Deshalb müssen direkte Verhandlungen als ein untrennbarer Teil eines jeden Streitregelungssystems betrachtet werden. Das Verfahren direkter Verhandlungen hat in der Tat offenkundige Vorzüge, weil es Experten, Regierungsvertretern und anderen interessierten Personen einer jeden Partei die Möglichkeit gibt, sich an der Lösung des Streits zu beteiligen. Es erlaubt den Parteien, den Streitgegenstand herauszuarbeiten und diejenige Methode der Entscheidungsfindung anzuwenden, die am ehesten ihren Interessen entspricht. Es wird deshalb ein breites Spektrum für Kompromisse und zur Ermittlung eines gemeinsamen Willens eröffnet. Die Bereitschaft, Verhandlungen über eine konkrete Situation zu beginnen, muß nicht unbedingt voraussetzen, daß die Parteien zuvor die gegebene Situation als durch Verhandlungen lösbar ansehen. Die Prozedur kann sich hinziehen, vor allem im Falle der Einrichtung gemeinsamer Kommissionen oder anderer Organe für die Prüfung der Situation, den Austausch von Informationen und die Entscheidung wissenschaftlicher oder technischer Probleme, die bei der Durchführung ihrer Vorhaben entstehen. In einigen Fällen ist es möglich, daß die Parteien Einvernehmen über eine Reihe kleiner Kompromisse erzielen, die keine abschließende Lösung des gesamten Streites darstellen.

Die Effektivität und Wirksamkeit direkter Verhandlungen unterlag auf der 3. VN-Seerechtskonferenz keinem Zweifel. Es ist richtig, daß einige Verfechter einer Regelung durch Dritte darauf hinweisen, daß in Verhandlungen leicht die stärkere Partei Druck auf die schwächere ausüben kann. Diese Auffassung wird auch in der wissenschaftlichen Literatur vertreten.[25] Derartigen Befürchtungen

---

23 Fisheries Jurisdiction Case, Merits, Judgment, ICJ-Reports 1974, S. 201.

24 North Sea Continental Shelf Cases (Fn. 22), S. 46-53.

25 *A. Levin*, Protecting the Human Environment: Procedures and Principles for Preventing and Resolving International Controversies, New York 1977, S. 19 f.

darf man nicht die Berechtigung absprechen. Es genügt, sich an den Streit über die Gewässer im Grenzgebiet zwischen den USA und Mexiko aus dem Jahre 1944 zu erinnern, der traurige Berühmtheit erlangt hat.[26] Eine Streitentscheidung, die auf Kosten einer der Parteien erzielt wurde, kann nicht als endgültig und effektiv angesehen werden. Die verborgene Unzufriedenheit der Streitbeteiligten bildet eine neue Grundlage für künftige Konflikte. Jedoch sind derartig einseitige Entscheidungen nicht natürliche Folge von Verhandlungen, sondern deren mißbräuchlicher Ausübung. Die Grundlagen für solch eine widernatürliche Praxis können beseitigt werden, wenn man friedliche und gerechte internationale Beziehungen auf der Grundlage der Prinzipien und Normen des Völkerrechts schafft. Unzweifelhaft dienen Verhandlungen als zuverlässiges Instrument, um normale Beziehungen der Staaten auch auf dem Feld maritimer Aktivitäten zu unterhalten. Jedoch verdienen einige rein juristische Probleme bei der Anwendung dieses Instruments zur Beilegung von Streitigkeiten Aufmerksamkeit.

In Art. 286 des Entwurfs einer Seerechtskonvention war vorgesehen, daß die Verhandlungen beendet werden und die Sache nach den vorgeschriebenen Verfahren (durch ein Gericht oder Schiedsgericht) untersucht wird, falls der Streit nicht beigelegt werden konnte. Aber hier taucht die Frage auf: Wer bestimmt und auf welche Weise muß festgestellt werden, daß der Streit nicht beigelegt wurde und daß die Verhandlungsmöglichkeiten völlig ausgeschöpft worden sind? Aus Art. 286 kann man folgern, daß diese Frage von einer der Parteien entschieden werden kann, weil es heißt, daß der nicht beigelegte Streit „auf Antrag einer der Streitparteien" dem Gericht oder Schiedsgericht unterbreitet wird. Jedoch kann die andere Partei oder können die anderen Parteien die durchgeführten Verhandlungen als unzureichend ansehen, auf ihrer Fortsetzung bestehen und die Zuständigkeit des betreffenden Gerichts oder Schiedsgerichts ablehnen. Allem Anschein nach hat dann das Schiedsgerichtsorgan selbst das letzte Wort, weil in Art. 288 Abs. 4 vorgesehen ist, daß jede Meinungsverschiedenheit darüber, ob das Gericht oder das Schiedsgericht zuständig ist, von diesem Gericht oder Schiedsgericht entschieden wird. Auf dieses Problem ging der Internationale Gerichtshof in dem Verfahren „Ambatielos" näher ein, in dem er sich erst dann berechtigt fühlte, seine Jurisdiktion auszuüben, nachdem er festgestellt hatte, daß die Möglichkeiten von Verhandlungen erschöpft waren.[27]

Die Staatenpraxis kennt verschiedene Formen von Verhandlungen: Zusammentreffen von Vertretern der Parteien, Konferenzen, Konsultationen, gemeinsame Kommissionen usw. Der Konsultationsmechanismus hat in letzter Zeit sowohl in den bilateralen als auch in den multilateralen Beziehungen immer größere Popularität erlangt. In der gegenwärtigen völkerrechtlichen Praxis

---

[26] *K. J. Anderson*, A History and Interpretation of the Water Treaty of 1944, Natural Resources Journal 1972, Bd. 12, S. 607-611.

[27] Ambatielos Case (Jurisdiction), ICJ-Reports 1952, S. 39.

werden Konsultationen zu verschiedenen Zwecken genutzt: als Hilfsmittel bei der Suche nach Methoden zur Vermeidung unerwünschter Situationen oder zur Streitentscheidung, als Grundform einer Koordinierung der Politik und als Mittel der Streitregelung.[28] Leider gibt es in der VN-Seerechtskonvention von 1982 keine Norm, die den Staaten die juristische Verpflichtung auferlegt, Konsultationen zur Lösung internationaler Streitigkeiten durchzuführen. Von allen Entwürfen war eine solche Verpflichtung lediglich im „Informellen Verhandlungstext“ enthalten. Der Präsident der 3. VN-Seerechtskonferenz nahm eine bestimmte Form von Konsultationen sowie den Austausch von Informationen in den Anhang III auf. In der Konvention selbst werden Konsultationen jedoch im wesentlichen nur als Mittel zur Koordinierung der Politik und der jeweiligen Positionen genutzt. So heißt es in Art. 283 Abs. 2, daß Staaten einander „über die Art der Durchführung“ einer Streitentscheidung konsultieren, d.h. über die Verwirklichung einer solchen Entscheidung. Die Konvention erwähnt auch die Durchführung von Konsultationen im Regime der Förderung von Bodenschätzen im internationalen Gebiet. Art. 5 Abs. 5 des genannten Anhangs der Konvention weist darauf hin, daß eine Gruppe von Staaten „gemeinsame Konsultationen durchführt und wirksame Maßnahmen ergreift“, um sicherzustellen, daß dem Unternehmen der Meeresbodenbehörde die Technologie „zu gerechten und annehmbaren kommerziellen Bedingungen“ zur Verfügung gestellt wird. Entsprechend ist Art. 210 Abs. 5 der Konvention formuliert: „Das Einbringen (von Schmutzstoffen) innerhalb des Küstenmeeres und der ausschließlichen Wirtschaftszone oder auf dem Festlandsockel darf nicht ohne ausdrückliche vorherige Genehmigung des Küstenstaates erfolgen; dieser hat das Recht, das Einbringen nach gebührender Prüfung der Frage mit anderen Staaten, die wegen ihrer geographischen Lage dadurch vielleicht nachteilige Auswirkungen erleiden, zu erlauben, zu regeln und zu überwachen.“

Die Durchführung von Konsultationen im engeren Sinne, verstanden als Verpflichtung zur Unterrichtung, ist auch in anderen Artikeln, so in Art. 147, 198 und 211 der Konvention vorgesehen. Konsultationen und Zusammenarbeit stellen die Grundlage der Bestimmungen der Art. 216-237 dar. Dabei fehlen in der Konvention jedoch Pflichten zu Konsultationen über Maßnahmen, die es ermöglichen könnten, Meinungsverschiedenheiten früh zu erkennen und zu vermeiden. So heißt es in Art. 59, der mit „Grundlage für die Lösung von Konflikten über die Zuweisung von Rechten und Jurisdiktion in der ausschließlichen Wirtschaftszone“ überschrieben ist, daß in den Fällen, in denen die Konvention weder dem Küstenstaat noch anderen Staaten in der ausschließlichen Wirtschaftszone Rechte oder Jurisdiktion zuweist und ein Konflikt zwischen den Interessen des Küstenstaates und denen eines oder mehrerer anderer Staaten entsteht, dieser Konflikt auf der Grundlage der Billigkeit und unter Berücksichtigung aller maßgeblichen Umstände gelöst werden soll, wobei

---

[28] *E. Evgen'eva, E. Usenko,* Institut konsul'tacij v sovremennom meždunarodnom prave, in: Sovetskoe gosudarstvo i pravo 1980, No. 10, S. 108-109.

aber den Staaten nicht die Verpflichtung auferlegt wird, in Konsultationen einzutreten.

Die Wirksamkeit von Konsultationen als Mittel der friedlichen Streitregelung beruht darauf, daß mit ihrer Hilfe der Faktor der Überraschung beseitigt wird. Es werden Handlungen vermieden, die ohne Not die Durchführung bereits begonnener oder beabsichtigter Programme stören könnten. So können die berechtigten Interessen der Staaten vor Schaden bewahrt werden. Durch derartige Konsultationen ist es den Parteien möglich, in Situationen zu einer Aussöhnung zu gelangen, die anderenfalls unabwendbar zu einer Ausweitung der Meinungsverschiedenheiten oder sogar zum Konflikt führen würden. Worin liegt das Wesen des Konsultationsmechanismus? Gewöhnlich werden Konsultationen zusammen mit dem Austausch von Informationen betrachtet. Aus der Theorie ebenso wie aus der Rechtsprechung der Gerichte kann man die Schlußfolgerung ziehen, daß Konsultationen eher ein Verfahren zum Austausch von Informationen und Mitteilungen sind als eine juristische Verpflichtung, die der benachrichtigten Partei das Recht gibt, eine beabsichtigte Handlung zu verbieten. Im Vergleich zu anderen Mitteln zur Regelung internationaler Streitigkeiten sind Konsultationen kein besonders spezialisiertes technisches Mittel der friedlichen Beilegung von Meinungsverschiedenheiten, sondern eher ein Hilfsmittel, um gegenseitig annehmbare Entscheidungen zu ermöglichen. Als selbständiges Mittel können Konsultationen offensichtlich erfolgreich genutzt werden, um Präventivmaßnahmen zu vereinbaren. Mit ihrer Hilfe kann man künftige Streitigkeiten verhüten oder bereits entstandene eindämmen. Konsultationen könnten ohne jeden Zweifel eine positive Rolle spielen, um die friedliche Zusammenarbeit der Staaten auf dem Gebiet der Erforschung und Nutzung des Weltmeeres zu organisieren.

Die bislang gesammelten praktischen Erfahrungen mit dem Konsultationsmechanismus sind nicht groß. Eine unmittelbare Anwendung des Konsultationsmechanismus ist im Weltraumvertrag von 1967 vorgesehen. Er bestimmt in Art. IX: Falls ein Staat, der den Start eines Weltraumkörpers plant, Grund zu der Annahme hat, daß sein Vorhaben möglicherweise anderen Staaten Schaden zufügen könnte, ist er verpflichtet, in Konsultationen mit diesem Staat einzutreten. In der Resolution der VN-Generalversammlung No. 1962 (XVIII) vom 13. Dezember 1963 heißt es insbesondere: „Falls ein Staat Grund zu der Annahme hat, daß eine Tätigkeit im Weltraum oder ein von ihm oder von seinen Staatsbürgern geplantes Vorhaben zu einer schadenbringenden Einmischung in die Tätigkeit anderer Staaten zur friedlichen Erforschung oder Nutzung des Weltraums führen kann, so muß er entsprechende internationale Konsultationen einleiten, bevor er seine Tätigkeit fortsetzt.“ Ähnliche Bestimmungen sind in der am 26. März 1975 in Washington abgeschlossenen internationalen Konvention über Tätigkeiten, die auf die meteorologischen Bedingungen einwirken, enthalten.[29] Die juristische Verpflichtung, den Konsultationsmechanismus als

[29] International Legal Materials 1975, Vol. 14, S. 589-594.

Mittel zur Bereinigung von Meinungsverschiedenheiten zu nutzen, sieht auch das auf Initiative der Sowjetunion am 18. Mai 1977 abgeschlossene Übereinkommen über das Verbot der militärischen oder einer sonstigen feindseligen Nutzung umweltverändernder Techniken vor[30], dessen Geltung sich unmittelbar auf das Weltmeer als Teil der Hydrosphäre erstreckt (Art. II). Die Vertragsstaaten erklärten in Art. V, daß sie sich verpflichten, einander zu konsultieren und bei der Lösung aller Fragen, die bezüglich der Ziele oder im Zusammenhang mit der Durchführung der Bestimmungen dieses Übereinkommens entstehen können, miteinander zusammenzuarbeiten. Eine allgemeine Anerkennung von Konsultationen findet sich in der Resolution der VN-Generalversammlung No. 3129 (XXVIII) „Zusammenarbeit auf dem Gebiet des Umweltschutzes betreffend natürliche Ressourcen, an denen zwei oder mehr Staaten teilhaben", in der es heißt: „Die Zusammenarbeit zwischen Staaten, die sich derartige natürliche Ressourcen teilen und die an ihrer Ausbeutung interessiert sind, muß sich auf der Grundlage eines Informationsaustauschs und vorheriger Konsultationen im Rahmen der bestehenden normalen Beziehungen entwickeln."[31] UNEP soll die Durchführung der Resolutionen und die Klärung der Standards und Prinzipien wesentlich unterstützen. In allen angeführten Beispielen beschränkt sich der Umfang der Verpflichtung, Konsultationen durchzuführen, darauf, daß die beabsichtigten Handlungen notifiziert werden müssen. In einigen Bereichen zwischenstaatlicher Beziehungen beinhaltet der juristische Kern der Konsultationsverpflichtung nicht nur die Mitteilung geplanter Tätigkeiten, sondern auch, daß die Beteiligten ein ausdrücklich erklärtes Einvernehmen und dessen Billigung durch die andere Partei herbeiführen. Dies ist insbesondere für die Abkommen zur Erforschung und Nutzung internationaler Flüsse charakteristisch. Als Beispiele können der Vertrag von 1909 über die Grenzgewässer zwischen USA und Kanada und die Konvention über das Einzugsgebiet des Flusses Chad genannt werden.[32] Die Staatenpraxis bei der Durchführung von Konsultationen bezüglich der Erforschung und Nutzung von Flüssen ist in einem gewissen Maße in dem Entwurf über das Recht der Internationalen Flüsse zusammengefaßt, der im Jahre 1973 von dem Juristischen Konsultativkomitee der Länder Asiens und Afrikas ausgearbeitet wurde. In ihm wird denjenigen Fällen besondere Aufmerksamkeit gewidmet, in denen die Tätigkeit eines Staates im Einzugsgebiet den Interessen anderer Staaten dieses Gebietes Schaden zufügen kann. In derartigen Fällen sieht der Entwurf obligatorische Konsultationen und die Zustimmung des Staates vor, dessen Interessen berührt werden können. Falls ernsthafte Meinungsverschiedenheiten zwischen Staaten eines und desselben Flußbassins entstehen, schlägt

---

30 Siehe Novoe vremja 1977, No. 24.

31 VN-Dok. UNEP/GC/44 vom 20. Februar 1975.

32 Siehe *C. B. Bourne*, Procedures in the Development of International Drainage Basins: The Duty to Consult and to Negotiate, in: Canadian Yearbook of International Law 1972, S. 212-234.

der Entwurf vor, die Dienste eines internationalen Gerichts oder einer Schiedskommission vor Beginn der geplanten Arbeiten in Anspruch zu nehmen.[33]

Als Konsultationsform eigener Art kann man die sogenannten gemischten Kommissionen ansehen, die in bilateralen und multilateralen Beziehungen der Staaten über die Nutzung von Grenzflüssen und im Zusammenhang mit der Erforschung und Nutzung des Weltmeeres weite Verbreitung gefunden haben. Eines der allerersten Organe dieses Typs unter Beteiligung der Sowjetunion war die Donaukommission, die auf der Grundlage der Konvention über die Schiffahrt auf der Donau vom 18. August 1948 eingerichtet wurde.[34] Bald danach wurde die gemischte Kommission „für die Ausarbeitung und Koordinierung von Maßnahmen zur Anwendung des Abkommens über die Fischerei in den Gewässern der Donau vom 29. Januar 1958“ geschaffen.[35] Obgleich es sich in beiden Fällen um multilaterale Verträge handelt, fanden Kommissionen und Ausschüsse im Bereich bilateraler Beziehungen die weiteste Verbreitung. Später fanden die gemischten Kommissionen vor allem bei der Regelung der Fischerei Anwendung. Sie sind in einem großen Teil bilateraler und multilateraler Abkommen vorgesehen. Oft werden sie auch in den Schiffahrtsbeziehungen genutzt. Mit der Verbreitung neuer Arten maritimer Tätigkeit wurden sie auch bei der Regelung des Fangs anderer biologischer Ressourcen, im Kampf gegen die Verschmutzung und bei der Durchführung wissenschaftlicher Forschungen angewandt. Heute ist es bereits unmöglich, auch nur eine einzige Sphäre maritimer Tätigkeit zu nennen, in der auf Kommissionen verzichtet wird. Die Aufgaben derartiger Organe im maritimen Bereich und ihre Bedeutung für die Verhütung und Beilegung internationaler Konflikte sind in der sowjetischen Literatur noch nicht untersucht worden. Deshalb gehen wir auf sie näher ein. Die untersuchten internationalen Organe sind in unterschiedlichem Umfang mit Kompetenzen ausgestattet, je nach dem Inhalt des entsprechenden Abkommens und des geographischen Geltungsbereichs. Man kann aber auch gemeinsame Aufgaben herausstellen. Die gemischten Fischereikommissionen arbeiten z. B. gewöhnlich Pläne für die Zusammenarbeit und für die gegenseitige Unterstützung aus und führen sie durch. Sie erarbeiten Maßnahmen zur Regelung des Fischfangs, organisieren einen gegenseitigen Erfahrungsaustausch, bestimmen Art und Umfang der Materialien, die von jeder Vertragspartei der Kommission zur Verfügung gestellt werden, und erarbeiten und verabschieden Pläne für gemeinsame wissenschaftliche Forschungsvorhaben. Darüber hinaus sind sie mit der Untersuchung von Fragen der gegenseitigen Gewährung von Diensten

[33] VN-Dok. A/CN.4/274, Bd. 1, 25. März 1974.

[34] Sbornik dejstvujuščich dogovorov, soglašenij i konvencij, zaključennych s inostrannymi gosudarstvami, Moskva 1957, vypusk 14, S. 338-339 (im folgenden: Sbornik dejstvujuščich dogovorov).

[35] Siehe Sbornik meždunarodnych konvencij, dogovorov i soglašenij o rybolovstve i rybochozajstvennych issledovanijach, Moskva 1961, S. 361.

und allen sonstigen Fragen befaßt, die ihnen von den Parteien übertragen werden. Vor derartigen Aufgaben standen u. a. die bereits erwähnte sowjetisch-japanische Kommission und die Internationale Fischereikommission für die Ostsee, die in der Konvention vom 13. September 1973 vorgesehen ist.[36] Mit ähnlichen Aufgaben wurde die auf Grund des Abkommens von 1972 eingerichtete gemischte sowjetisch-amerikanische Kommission für die Zusammenarbeit auf dem Gebiet des Umweltschutzes betraut.[37]

Für internationale Schiffahrtsvereinbarungen wurde es charakteristisch, daß eine entsprechende Aufzählung von Aufgaben für das internationale Organ fehlt. Beispielsweise wird in den Abkommen zwischen der UdSSR und Dänemark vom 17. Oktober 1973[38] sowie zwischen der UdSSR und der Belgisch-Luxemburgischen Wirtschaftsunion vom 17. November 1972[39] lediglich gesagt (Art. 17), daß die aus Vertretern der beteiligten Regierungen bestehende gemischte Kommission zusammentritt, um Fragen der Anwendung des Abkommens zu untersuchen, wobei sie befugt ist, den Vertragsparteien diejenigen Empfehlungen zu unterbreiten, die sie als nützlich erachtet. Manchmal fällen internationale Organe Entscheidungen über einen ganzen Komplex von Fragen. So gehört zum Tätigkeitsbereich der gemeinsamen sowjetisch-finnischen Kommission, die nach dem Abkommen über die Grenzgewässer vom 24. April 1964 geschaffen wurde[40], u.a. die Regelung der Schiffahrt, der Fischerei und der Navigationssicherheit. Hauptzweck der Einrichtung derartiger Organe ist es, die Verwirklichung des betreffenden Abkommens sicherzustellen. In diesem Zusammenhang kontrollieren sie die Erfüllung des Vertrages und arbeiten entsprechende Empfehlungen aus. Analysiert man die Funktionen von Kommissionen und Komitees, so muß man den Autoren zustimmen, die sie als Organe der Mitgliedstaaten zum Zwecke der Koordinierung und Kontrolle betrachten.[41] Diese Bewertung trifft auch in vollem Umfang auf die oben untersuchten ständigen Ausschüsse zu. Sie ist gleichermaßen auf alle anderen Formen internationaler Organe anwendbar, die geschaffen werden, um die Erfüllung eines Abkommens sicherzustellen.

In diesem Bereich besteht eine große Formenvielfalt. Manchmal handelt es sich um gemischte Kommissionen, die nicht regelmäßig zusammentreten, sondern auf Antrag einer Partei einberufen werden (wie z. B. die gemischte Kommission, die nach dem sowjetisch-schwedischen Abkommen über See-

---

[36] Signatarstaaten dieser Konvention sind die UdSSR, DDR, Polen, Dänemark, Finnland, BRD und Schweden, siehe Sbornik dejstvujuščich dogovorov (Fn. 34), 1976, vyp. 30, S. 236-241.

[37] Siehe Izvestija vom 3. Juni 1972.

[38] Siehe Sbornik dejstvujuščich dogovorov (Fn. 34), 1976, vyp. 30, S. 289-293.

[39] A.a.o., S. 272-278.

[40] Siehe Vedomosti Verchovnogo Soveta SSSR 1965, No. 36.

[41] Siehe z. B. *L. V. Korbut*, Sovremennye meždunarodnye rečnye komissii, in: Sovetskoe gosudarstvo i pravo 1968, No. 4, S. 109-113.

schiffahrt vom 5. April 1973 eingerichtet wurde)[42], oder um ein einzelnes, speziell organisiertes Treffen, z. B. die Vertreterkonferenz auf Antrag einer der Parteien, wie im Abkommen zwischen den Regierungen der UdSSR und Norwegens über die Regelung der Fischerei und den Schutz der Fischbestände in den Flüssen Vor'ema (Grense-Jakobsel'v) und Patsojoki (Pasvikel'v) vom 7. Dezember 1971.[43] Nicht selten werden die von Kommissionen übernommenen Funktionen auch auf bevollmächtigte Personen übertragen, auf Vertreter von Flotten (nach dem Abkommen zwischen der UdSSR und den USA über Fragen der Fischerei im nordöstlichen Teil des Stillen Ozeans vom 21. Februar 1973)[44] oder Vertreter der Vertragsparteien. Bevollmächtigte erhalten für gewöhnlich die Aufgabe, Programme für die technische Unterstützung und Zusammenarbeit auszuarbeiten und zu verabschieden (siehe z. B. das Abkommen zwischen der Sowjetunion und Mauritius über die Zusammenarbeit auf dem Gebiet der Fischerei vom 17. April 1974).[45] Manchmal werden diese Verpflichtungen auch unmittelbar auf ein staatliches wissenschaftliches oder administratives Organ übertragen, das von den vertragschließenden Parteien entsprechende Vollmachten erhält (sowjetisch-amerikanisches Abkommen über den Schutz von Zugvögeln und ihrer Wohngebiete, das sich auf das gesamte Gebiet unter der Jurisdiktion der UdSSR erstreckt).[46] Auch eine gemischte Durchführung derartiger Funktionen durch eine spezielle Kommission und ein Staatsorgan kann vorkommen. So ist z. B. in dem Abkommen zwischen der UdSSR und den USA über die Zusammenarbeit bei der Erforschung des Weltmeeres vom 19. Juni 1973 vorgesehen, daß für seine Durchführung jährlich eine gemeinsame sowjetisch-amerikanische Kommission zusammentritt, in dem Zeitraum zwischen ihren Sitzungen aber staatliche Exekutivorgane miteinander Verbindung halten und alle Tätigkeiten gemeinsam koordinieren.[47] Zwischen den erörterten Formen von Organen zur Überwachung der Vertragserfüllung gibt es also keine grundlegenden Unterschiede. Sowohl ständige als auch nur periodisch zusammentretende gemischte Kommissionen und einzelne Amtspersonen sowie speziell bevollmächtigte wissenschaftliche oder administrative Staatsorgane sind Vertreter ihrer Regierung. In diesem Sinne stellen auch einzelne Amtspersonen und ihre Vertreter, die zu ständigen gemischten Kommissionen gehören, Staatsorgane dar. Die Meinung *B. M. Klimenkos* ist völlig gerechtfertigt, daß faktisch und ihrem Wesen nach die Tätigkeit von Bevollmächtigten sich nur wenig von der Tätigkeit vieler internationaler Kommissionen unterscheidet.[48] Der Mehrheit der untersuchten Organe ist nicht die

---

[42] Siehe Sbornik dejstvujuščich dogovorov (Fn. 34), 1976, vyp. 30, S. 351-353.

[43] A.a.O. (Fn. 34), 1974, vyp. 27, S. 144-146.

[44] A.a.O. (Fn. 34), 1975, vyp. 29, S. 207-212.

[45] A.a.O. (Fn. 34), 1976, vyp. 30, S. 166-167.

[46] Siehe SP Pravitel'stva SSSR 1979, No. 1.

[47] Sbornik dejstvujuščich dogovorov (Fn. 34), 1975, vyp. 29, S. 212-214.

[48] *B. M. Klimenko*, Meždunarodnye reki, Moskva 1969, S. 167.

Aufgabe übertragen worden, Streitigkeiten über die Auslegung und Anwendung des betreffenden Abkommens zu untersuchen, d.h. gewöhnlich sind sie kein Mittel zur Beilegung internationaler Streitigkeiten. Ihre Verpflichtung ist es, die erfolgreiche Zusammenarbeit der Parteien bei der Verwirklichung eines bestimmten Vertrages zu fördern. Zu diesem Zweck werden den Kommissionen, staatlichen Organen und Bevollmächtigten folgende Vollmachten verliehen: Zusammenstellung von Daten über die Erfüllung des Abkommens, Feststellung von Tatsachen und Gegebenheiten auf dem Tätigkeitsgebiet, welches das Abkommen regelt, Ermittlung der Bewertung der gesammelten Daten durch die in dem betreffenden Organ vertretenen Parteien sowie Ausarbeitung von Empfehlungen zur Beseitigung entstandener Meinungsverschiedenheiten. Im wesentlichen kann man alle diese Vollmachten unter dem Begriff des Meinungsaustauschs und der politischen Koordinierung im Rahmen eines bilateralen Organs ohne Hinzuziehung eines neutralen Elements zusammenfassen. Dabei werden Meinungsverschiedenheiten gleich bei ihrem Entstehen ausgeräumt, sie wachsen sich nicht erst zu einem Steit aus. Der Konflikt wird im frühen Stadium seiner Entwicklung getilgt. Diese beiden Charakterzüge, das Fehlen einer dritten Partei und die Aufgabe, Konflikte bereits zu verhüten und nicht erst nach ihrem Entstehen beizulegen, unterscheiden ständige gemischte Kommissionen von einem Schlichtungsverfahren. Deshalb muß man gemischte Kommissionen als eine Form ständiger Konsultationen charakterisieren. Diese Meinung vertreten auch westliche Juristen. So wird z.B. im Expertenbericht zur Schiedsgerichtsbarkeit und Schlichtung, der für das internationale Symposium über die Beilegung internationaler Streitigkeiten erstellt wurde, ausgeführt, daß die Mehrheit der Abkommen, in denen die Schaffung gemischter Kommissionen vorgesehen ist, nicht so sehr die Lösung entstandener Streitigkeiten als vielmehr ihre Verhütung durch Konsultationen in (ständigen) gemischten Kommissionen gewährleistet.[49]

Aber auch die Fälle sind nicht selten, in denen gemischten Kommissionen über Konsultationen hinaus eine andere Funktion auferlegt wird, die Aufgabe nämlich, Streitigkeiten beizulegen. In dieser Hinsicht ist das Verfahren zur Beilegung von Meinungsverschiedenheiten typisch, das nach dem sowjetisch-finnischen Vertrag über die Verpachtung des sowjetischen Teils des Sajmen-Kanals und der Insel Malyj Vysotskij an die Finnische Republik vom 27. September 1962 gilt.[50] Nach Art. 14 muß jede Partei ihren Bevollmächtigten für die Untersuchung und Entscheidung aller beide Seiten betreffenden Fragen benennen, die mit der Durchführung des vorliegenden Vertrages zusammenhängen. Dies bedeutet, daß die Bevollmächtigten die Aufgabe haben, zu kontrollieren und Empfehlungen auszusprechen und dadurch die Verhütung von Streitigkeiten zu fördern, die innerhalb des Rahmens ihrer Zuständigkeit

---

[49] *H. Mangoldt*, Arbitration and Conciliation, in: Judicial Settlement of International Disputes (Fn. 7), S. 460, Fn. 187.

[50] Siehe Vedomosti Verchovnogo Soveta SSSR, 1963, No. 36.

entstehen könnten. Art. 16 sieht vor, daß die Bevollmächtigten auch erste Instanz für die Entscheidung über Streitigkeiten bei der Auslegung und Anwendung des Vertrages sind. Die nach dem Vertrag über den Sajmen-Kanal Bevollmächtigten haben dieselben Verpflichtungen wie die oben angesprochenen Kontroll- und Überwachungsorgane. Darüber hinaus wurden ihnen aber auch Vollmachten für die Bereinigung von Streitigkeiten übertragen, und sie sollen auch die Voraussetzungen für die nachfolgende Etappe der friedlichen Streitregelung schaffen: Falls der Streit von den Bevollmächtigten nicht beigelegt wird, muß eine gemischte Kommission gebildet werden, für welche die UdSSR und Finnland jeweils zwei Mitglieder benennen (Art. 16). Es sind auch einige Fälle bekannt, in denen ständige gemischte Kommissionen ausschließlich zum Zweck der Streitbeilegung durch Konsultationen geschaffen werden. Solche Bestimmungen sind meistens in Abkommen über die Bereinigung von Meinungsverschiedenheiten im Zusammenhang mit der Beschädigung von Fischfangausrüstung enthalten. So ist die Ernennung spezieller Amtspersonen für die Regelung von Konflikten aus der Beschädigung von Fischfangausrüstung im sowjetisch-kanadischen Abkommen über vorläufige Maßnahmen für die Sicherheit der Schiffahrt und die Durchführung des Fischfangs im nordöstlichen Teil des Stillen Ozeans vor den Küsten Kanadas vom 22. Januar 1971 vorgesehen.[51]

Deutlicher wird diese Funktion gemischter Kommissionen am sowjetisch-amerikanischen Abkommen über die Untersuchung von Ansprüchen im Zusammenhang mit der Beschädigung von Fischereischiffen oder ihrer Fangausrüstung und über Maßnahmen zur Verhütung von Fischereikonflikten, das am 21. Februar 1973 unterzeichnet wurde.[52] In Art. I wurde die Einrichtung von zwei Kommissionen vorgesehen, jeweils eine in Moskau und in Washington. Jede besteht aus vier Personen (jeweils zwei von jeder Partei). Möglich ist auch die Ernennung von jeweils einem technischen Experten ohne Stimmrecht. Hat sich ein Kläger an eine dieser Kommissionen gewandt, kann sie als Schlichtungsorgan fungieren (Art. IV). Diese Schlichtungsfunktion der Kommission ist nicht auf vermögenswerte Fragen beschränkt. Deshalb kann sie auf zwischenstaatliche öffentlich-rechtliche Beziehungen erstreckt werden. Die Einschaltung derartiger gemischter Kommissionen hat bereits Geschichte. So wurde das norwegisch-englische Abkommen über das Verfahren zur Regelung von Ansprüchen im Zusammenhang mit der Beschädigung von Fischereigerät bereits im Jahre 1934 abgeschlossen.[53] Später schloß Norwegen noch eine Reihe weiterer entsprechender Verträge ab, z. B. mit Dänemark im Jahre 1952 und mit der Sowjetunion im Jahre 1959.[54] Die Streitbeilegung durch gemischte Kommis-

---

[51] Siehe Dopolnenie No. 1 k Sborniku regional'nych soglašenij i zakonodatel'nych aktov zarubežnych gosudarstv po voprosam moreplavanija, Moskva 1972, Bd. 4, S. 5-11.

[52] Sbornik dejstvujuščich dogovorov (Fn. 34), 1975, vyp. 29, S. 79-83.

[53] Siehe Sbornik meždunarodnych soglašenij o rybolovstve, Moskva 1961, S. 40-42.

[54] A.a.O.

sionen ähnelt einem Schlichtungsverfahren, der Unterschied besteht jedoch darin, daß die gemischten Kommissionen die Aufgabe haben, den Streit abschließend zu regeln, während eine Schlichtungskommission nur die Voraussetzungen für eine Vereinbarung zwischen den Parteien schafft. In der internationalen Praxis wird das Schlichtungsverfahren oder die Schlichtung[55] als formaler Prozeß verstanden, in dem alle Umstände des Konfliktes von einer Gruppe von Experten oder Schiedsrichtern untersucht werden, welche die Empfehlungen der Parteien über mögliche Wege einer Bereinigung des Konflikts berücksichtigen.[56]

Das Schlichtungsverfahren liegt gleichsam zwischen Vermittlung und Schiedsgerichtsverfahren und weist eine Reihe von Verschiedenartigkeiten gegenüber diesen beiden Mitteln zur friedlichen Streitregelung auf. Von der Vermittlung unterscheidet sich das Schlichtungsverfahren dadurch, daß bei diesem eine Kommission unter Beteiligung eines neutralen Vertreters die Sache dem Grunde nach untersucht und ihre Ansicht bekannt gibt. In Art. 33 der VN-Satzung wird der Begriff „Vergleich" verwandt. In der VN-Seerechtskonvention von 1982 wird an seiner Stelle der Ausdruck „Schlichtungsverfahren" verwandt. Von der Schiedsgerichtsbarkeit unterscheidet sich das Schlichtungsverfahren in mehreren Punkten. Letzteres ist gewöhnlich weniger als ein Schiedsgerichtsverfahren mit seinen streng zu beachtenden Verfahrensregeln, und es kann in den verschiedenen Fällen sehr unterschiedliche Formen annehmen. Im Unterschied zur Schiedsgerichtsbarkeit wird für das Schlichtungsverfahren nicht ein bestimmter Kompromiß vorausgesetzt. Dies kann natürlich die Annahme einer Entscheidung erschweren, gibt aber sowohl den Parteien als auch der Kommission die Möglichkeit, sich zu beschränken und nicht danach zu trachten, eine Vereinbarung der Parteien über das gesamte Spektrum der streitigen Probleme zu erzielen. Auf Wunsch der Parteien kann das Verfahren jedoch auch formalisiert werden, insbesondere kann von den Parteien gefordert werden, Schriftsätze einzureichen. Außerdem müssen sich die Ergebnisse der Schlichtungskommission nicht unbedingt auf vereinbartes Recht stützen, die Kommission kann verschiedene sachbezogene Faktoren berücksichtigen. Ein weiterer Vorzug dieses Mittels zur friedlichen Streitregelung besteht darin, daß das Schlichtungsverfahren auf Wunsch der Parteien streng vertraulich und ohne die Veröffentlichung detaillierter Informationen durchgeführt werden kann. Außer der gewöhnlich benutzten Form der Schlichtungskommission ist auch ein gemeinsamer Meinungsaustausch der Parteien mit der Kommission unter Vorsitz einer neutralen Person möglich. Das Schlichtungsverfahren ist also freiwillig und flexibel. Es kann daher zum Erfolg führen, wenn die Streitparteien

---

[55] Siehe im einzelnen zu dem Schlichtungsverfahren als Mittel zur Regelung internationaler Streitigkeiten *E. A. Pušmin*, Mirnoe razrešenie meždunarodnych sporov, Moskva 1974.

[56] *S. D. Metzger*, Settlement of International Disputes by Non-Judicial Methods, in: AJIL 1954, Bd. 48, S. 408 ff.; *R. Krishnamurti, D. Cordovez*, Conciliation Procedures in UNCTAD, in: Journal of World Trade Law 1968, Bd. 2, S. 445 ff.

eine gemeinsame Basis für die Erzielung eines Kompromisses auf der Grundlage der Initiativen der Kommission finden können.

Die Flexibilität des Schlichtungsverfahrens macht es besonders geeignet für die Lösung von Streitigkeiten, die sich aus den vom Seevölkerrecht geregelten Beziehungen ergeben. In diesem Bereich ist es in der Regel schwierig, genaue Prinzipien zu nennen, von denen sich das Vermittlungsorgan leiten lassen muß. Es kommt hinzu, daß die streitigen Fragen eng miteinander verflochten sein können. Das Schlichtungsverfahren ist deshalb annehmbar, weil sein Gang und die Methode, eine abschließende Entscheidung zu erreichen, genügend Raum für eine freundschaftliche Bereinigung der Meinungsverschiedenheit sogar in dem Falle lassen, daß die Parteien nicht über den genauen Umfang oder den Inhalt der anzuwendenden Norm übereinzustimmen vermögen.[57] Die Anwendung des Schlichtungsverfahrens ist in vielen zweiseitigen Verträgen sowie in einer Reihe multilateraler Abkommen vorgesehen. Insbesondere ist es als Mittel zur Streitbeilegung in den Satzungen wichtiger regionaler politischer Organisationen niedergelegt, wie der Organisation Amerikanischer Staaten und der Organisation für Afrikanische Einheit.[58] Jedoch zeigt die vorhandene internationale Praxis, daß das Schlichtungsverfahren bislang nur beschränkt angewendet wurde. Es wird nur gelegentlich genutzt, im Grunde nur zwischen europäischen Staaten und nur in zweitrangigen Fragen.

In der VN-Seerechtskonvention von 1982 ist die Anwendung des Schlichtungsverfahrens in Art. 284 niedergelegt: „Ein Vertragsstaat, der Partei einer Streitigkeit über die Auslegung oder Anwendung dieser Konvention ist, kann die andere Partei oder die anderen Parteien auffordern, die Streitigkeit einem Schlichtungsverfahren nach Anlage V Abschnitt 1 oder einem anderen Schlichtungsverfahren zu unterwerfen." Einsetzung und Verfahren der Schlichtungskommission werden durch Anhang V zur Konvention bestimmt. Die Schlichtungskommission wird, soweit die Parteien nichts anderes vereinbaren, aus den Vermittlern gebildet, deren Namen in einer besonderen, beim VN-Generalsekretär geführten Liste enthalten sind. Diese Liste wird aus den Vorschlägen der Vertragsstaaten gebildet, wobei jeder von ihnen vier Personen benennt. Für die Einsetzung einer Schlichtungskommission wählt jede Streitpartei zwei Mitglieder aus. Die auf diese Weise benannten vier Vermittler wählen aus derselben Liste einen fünften Vermittler zum Vorsitzenden. Können sich die Parteien nicht über die personelle Zusammensetzung der Kommission einigen, so bildet das kein Hindernis, weil in diesem Falle der Generalsekretär der Vereinten Nationen die Aufgabe übernehmen muß, die Kommissionsmitglieder zu benennen. Die Parteien können jedoch eine Vereinbarung über eine andere Form der Einsetzung der Kommission treffen.

---

[57] *J.-P. Cot*, International Conciliation, London 1972.

[58] A Survey of Treaty Provisions for the Peaceful Settlement of International Disputes 1949-1962, UN — New York 1966.

Die Schlichtungskommission beschließt selbst ihr Verfahren, sofern die Parteien nichts anderes vereinbaren. Beachtenswert ist, daß gemäß Art. 4 des Anhangs V die Kommission das Recht hat, mit Zustimmung der Streitparteien jeden Vertragsstaat der Konvention aufzufordern, ihr seine Ansichten mündlich oder schriftlich darzulegen. Ziel der Kommissionsarbeit ist es, den Parteien eine gütliche Beilegung des Streites zu ermöglichen. Sie kann den Streitparteien Möglichkeiten aufzeigen, die eine Beilegung des Streites erleichtern können (Art. 5); sie hört die Parteien an, prüft ihre Ansprüche und Einwendungen und macht den Parteien konkrete Vorschläge mit dem Ziel einer Bereinigung des Konflikts. Innerhalb von 12 Monaten nach ihrer Einsetzung muß die Kommission einen Bericht vorlegen, in dem auch Empfehlungen über mögliche Lösungswege enthalten sein können. In diesem Bericht muß die Kommission alle erzielten Vereinbarungen wiedergeben und, falls keine Einigung erzielt wurde, alle Schlußfolgerungen bezüglich der tatsächlichen oder rechtlichen Fragen im Zusammenhang mit dem Streitfall. Der Bericht wird beim Generalsekretär der Vereinten Nationen hinterlegt. Jedoch haben dieses Dokument, seine Schlußfolgerungen und Empfehlungen keine bindende Kraft für die Parteien. Die Anrufung der Schlichtungskommission nach Anhang V ist nicht beschränkt *ratione materiae*, und ein Verfahren kann wegen jeder Streitigkeit angestrengt werden. Damit die Kommission mit der Arbeit beginnen kann, ist formal nicht irgendein Kompromiß erforderlich, jedoch müssen die Parteien im Sinne des Art. 6 ihre „Ansprüche und Einwendungen“ formulieren. Die Schlichtungskommission, die in Übereinstimmung mit Anhang V bestellt wird, ist faktisch ein ständiges Schlichtungsorgan. Ihre ständige Verfügbarkeit befreit die Parteien von der Notwendigkeit, über die Bildung der Kommission, über besondere Bedingungen der Parteifähigkeit, über ihre Zusammensetzung, Zuständigkeiten und ihr Verfahren gerade dann zu verhandeln, wenn die Schärfe des Konflikts ein hohes Niveau erreicht hat und der Kontakt zwischen den Parteien in allen diesen Fragen erschwert sein kann.

Das Schlichtungsverfahren ist gemäß Art. 284 der Konvention ein freiwilliges Mittel zur Beilegung von Streitigkeiten, das nur nach einer Vereinbarung zwischen den Parteien in Aktion tritt. Jedoch kann dieses Schlichtungsverfahren auch zwangsweise für die Durchführung einer friedlichen Streitregelung auf Antrag nur einer Partei angewandt werden. Dies ist bei drei Kategorien von Streitigkeiten möglich: Streitigkeiten über den Fischfang in der Wirtschaftszone (Art. 297 Abs. 3), Streitigkeiten bezüglich wissenschaftlicher Forschungstätigkeit in der Wirtschaftszone und auf dem Festlandsockel (Art. 297 Abs. 2) und Streitigkeiten, die mit der Auslegung und Anwendung der Art. 15, 74 und 83 (über die Abgrenzung maritimer Bereiche) zusammenhängen oder die mit historischen Buchten oder Rechtstiteln verbunden sind (Art. 298 Abs. 1 a). Hier soll das Schlichtungsverfahren nicht nur im Kontext des Abschnitts 1 des Teils XV, sondern auch bei den im Abschnitt 2 des Teils XV vorgesehenen Verfahren eine wichtige Rolle spielen. Wie dieses Verfahren in den genannten Fällen in Gang gesetzt wird, bestimmt sich nach den Vorschriften des Abschnitts 2 des

Anhangs V. In Art. 11 heißt es, daß das Schlichtungsverfahren für eine der genannten Kategorien von Streitigkeiten von jeder Partei durch eine Notifikation eingeleitet werden kann, die an die andere Partei oder die anderen Parteien gerichtet ist. Letztere sind verpflichtet, sich diesem Verfahren zu unterwerfen. Dabei stellt gemäß Art. 12 die Nichtbeantwortung der Notifikation über die Eröffnung des Verfahrens durch eine Streitpartei oder die Streitparteien oder ihre Weigerung, sich dem Verfahren zu unterwerfen, kein Verfahrenshindernis dar. Die Kategorien von Streitigkeiten, die der obligatorischen Behandlung im Schlichtungsverfahren unterliegen, sind in Art. 297 Abs. 2 und 3 sowie in Art. 298 Abs. 1 genannt. Streitigkeiten, die sich aus wissenschaftlicher Forschungstätigkeit ergeben, können der obligatorischen Schlichtung dann unterworfen werden, wenn der die Forschungen durchführende Staat behauptet, daß der Küstenstaat sein Recht, ein konkretes Projekt nicht zuzulassen oder zu beenden, im Widerspruch zu den Bestimmungen der Konvention ausübt. Auf ähnlichen Gründen beruhen die Vorschriften, nach denen Streitigkeiten über die Fischerei in der ausschließlichen Wirtschaftszone einer Schlichtung unterworfen werden. Sie sehen die Anwendung dieses Verfahrens in folgenden Fällen vor: 1) wenn der Küstenstaat seine Verpflichtungen offensichtlich nicht eingehalten hat, durch geeignete Erhaltungs- und Bewirtschaftungsmaßnahmen dafür zu sorgen, daß die Erhaltung der lebenden Naturschätze in der ausschließlichen Wirtschaftszone nicht ernsthaft gefährdet wird; 2) wenn es ein Küstenstaat willkürlich abgelehnt hat, auf Ersuchen eines anderen Staates die zulässige Fangmenge und seine Kapazität zur Entnahme lebender Naturschätze in bezug auf die Bestände festzulegen, an deren Fang dieser andere Staat interessiert ist; und 3) wenn es ein Küstenstaat willkürlich abgelehnt hat, nach den Art. 62, 69 und 70 auf Grund der von ihm im Einklang mit der Konvention festgelegten Bedingungen einem anderen Staat den Überschuß, der nach seiner Erklärung vorhanden ist, ganz oder zum Teil zuzuweisen. Ein Schlichtungsverfahren auf Antrag nur einer der Streitparteien ist eine ziemlich seltene Methode der Streitbeilegung. Derartige Bestimmungen kann man nur in einigen Dokumenten finden: in dem UNCTAD-Abkommen über einen Verhaltenskodex von Linienkonferenzen, in der Wiener Konvention über das Recht der völkerrechtlichen Verträge von 1969[59], in der Wiener Konvention über die Vertretung der Staaten bei internationalen Organisationen universellen Charakters und über ihre Beziehungen mit ihnen von 1975[60] sowie in der Konvention über die Rechtsnachfolge von Staaten in Verträge von 1978. Die Bestimmungen über das Schlichtungsverfahren sind im Text dieser Dokumente enthalten und stellen einen integralen Bestandteil dar.

Die Aufnahme eines obligatorischen Schlichtungsverfahrens für Streitigkeiten über den Fischfang in der Wirtschaftszone sowie über wissenschaftliche

---

[59] Siehe Rabota Komissii meždunarodnogo prava OON, New York 1972 (The Work of the International Law Commission, UN — New York 1972).

[60] VN-Dok. A/CONF.67/16 (1975).

Forschung in der Wirtschaftszone und auf dem Festlandsockel in die VN-Seerechtskonvention von 1982 ist ein Kompromiß, der zustande kam, um obligatorische Verfahren mit verbindlicher Sachentscheidung zu vermeiden. Dabei bleibt der Rahmen des Schlichtungsverfahrens derselbe wie in den genannten multilateralen Konventionen. Im Verlauf der 3. VN-Seerechtskonferenz wurde der Versuch unternommen, den Charakter des Schlichtungsverfahrens zu ändern. Während der siebten Sitzung schlugen einige Delegationen vor, in die Seerechtskonvention eine Bestimmung aufzunehmen[61], nach der bei bestimmten von der Schiedskommission ausgewählten Streitigkeiten jede Partei einseitig erklären konnte, daß sie sich den sie betreffenden Schlußfolgerungen oder Empfehlungen im Bericht der Kommission unterwerfe. Dieser Vorschlag stützte sich auf den Präzedenzfall in Art. 85 Abs. 5 der Wiener Konvention über die Vertretung der Staaten bei internationalen Organisationen universellen Charakters und über ihre Beziehungen mit ihnen. Die Annahme dieses Vorschlages hätte das Wesen des Schlichtungsverfahrens im Kern verändert, da dieses dadurch in ein obligatorisches Schiedsgerichtsverfahren verwandelt worden wäre. Deshalb verwarfen die Konferenzteilnehmer diesen Vorschlag. Die „Verhandlungsgruppe 5", welche die Kompromißformel der obligatorischen Unterwerfung von Streitigkeiten über die Fischerei in der Wirtschaftszone unter ein Schlichtungsverfahren entwickelt hatte, vertrat die Auffassung, daß der von ihr erzielte Konsens auf dem festen Verständnis beruhe, daß die Kommissionsberichte nicht als bindend anzusehen seien. Die obligatorische Verhandlung in einem Schlichtungsverfahren ist auch bezüglich solcher Streitigkeiten vorgesehen, in denen im Verlauf einer vernünftigen Zeitspanne durch Verhandlungen zwischen den Parteien keine Einigung erzielt worden ist. Obgleich für die Beilegung dieser Streitigkeiten dasselbe Schlichtungsverfahren wie für Streitigkeiten über wissenschaftliche Forschungen und über Fischerei in der Wirtschaftszone angewandt wird, dient es lediglich dazu, den Parteien eine Grundlage zu geben, auf der sie Verhandlungen über den Abschluß einer Vereinbarung führen können.

Bei der Möglichkeit einer obligatorischen Schlichtung für Streitigkeiten über wissenschaftliche Forschung stellt sich die Frage nach der Parteifähigkeit in diesem Verfahren. Diese Frage wird weder in Art. 284, noch in Anhang V ausdrücklich geregelt. In Art. 284 Abs. 1 der VN-Seerechtskonvention von 1982 heißt es nur, daß „ein Vertragsstaat" ein Schlichtungsverfahren einleiten kann. Dadurch scheint der Zugang zu diesem Verfahren auf Staaten begrenzt zu sein. Im Bereich der Fischerei, in dem nach der Konvention nur Staaten wegen der Gewährung von Rechten auf den Fang lebender Ressourcen in der Wirtschaftszone in Kontakt miteinander treten können, bestehen in dieser Frage keine Zweifel. Noch klarer ist, daß nur Staaten Subjekte von Rechtsbeziehungen im Bereich von Seegrenzen sein können. Ein wenig anders verhält sich die Sache bei

---

[61] VN-Dok. A/CONF.62/WG.5/SR.1 vom 11. Mai 1978.

der wissenschaftlichen Forschungstätigkeit, weil es in Art. 246 heißt, daß der Küstenstaat seine Zustimmung zur Durchführung eines Projekts wissenschaftlicher Meeresforschung „anderen Staaten oder zuständigen internationalen Organisationen" erteilt oder verweigert. Hieraus kann man offenkundig schließen, daß auch internationale Organisationen Partei in einem Schlichtungsverfahren sein können. Es stellen sich auch noch andere Fragen: Nach welchem Verfahren müssen z. B. die Vermittler bestellt werden, da die Kandidaten in der vom VN-Generalsekretär geführten Liste der Vermittler nur von den Staaten benannt werden? Bleibt es für die Staaten bei der Verpflichtung, eine obligatorische Schlichtung zu akzeptieren, falls das Verfahren von einer internationalen Organisation angestrengt wird? Die Frage der Parteifähigkeit im Schlichtungsverfahren stellt sich auch im Zusammenhang mit Art. 285, der ausdrücklich vorsieht, daß jedes Verfahren des Abschnitts 1 des Teils XV (einschließlich also des Schlichtungsverfahrens nach Art. 284) auf Streitigkeiten nach Abschnitt 5 des Teils XI angewendet werden kann. Ist Streitpartei ein „Rechtssubjekt, das nicht Vertragsstaat ist", findet Teil XV *mutatis mutandis* Anwendung. Dadurch wird das Schlichtungsverfahren auch für natürliche und juristische Personen zugänglich. Zu fragen ist, ob nach Art. 285 Abs. 1 ein Schlichtungsverfahren nur durch einen Staat gegen eine natürliche oder juristische Person eingeleitet werden kann oder ob diese Person selbst das Recht hat, ein Verfahren gegen einen Staat anzustrengen. Der internationalen Praxis ist, so scheint es, bislang nur ein Fall bekannt, in dem Bestimmungen über die Streitbeilegung zwischen Staaten und Bürgern, und zwar sowohl natürlichen als auch juristischen Personen, in einen internationalen Vertrag aufgenommen worden sind. Es handelt sich um die Konvention über die Beilegung von Investitionsstreitigkeiten zwischen Staaten und Angehörigen anderer Staaten von 1965, in der neben anderen Verfahren auch die Einleitung einer Schlichtung vorgesehen ist, die nach der Terminologie der VN-Seerechtskonvention von 1982 mit dem Schlichtungsverfahren gleichbedeutend ist. Eine Analyse der vorhandenen Mittel zur friedlichen Beilegung internationaler Streitigkeiten ohne bindende Entscheidung zeigt im maritimen Bereich also eine Tendenz zu ihrer Weiterentwicklung. Denn diese Mittel nehmen in zunehmendem Maße neue Formen an, und für die einzelnen Bereiche der maritimen Beziehungen werden immer mehr Methoden gefunden.

Es gibt zwei Formen von Mitteln, die eine bindende Entscheidung nach sich ziehen: Gerichte und Schiedsgerichte. Sie werden bereits seit vielen Jahrhunderten in der Praxis angewandt. In den letzten Jahrzehnten dienten sie nicht selten zur Bereinigung von Meinungsverschiedenheiten auf dem Gebiet maritimer Aktivitäten. Fast von Anfang der 3. VN-Seerechtskonferenz an begannen einige Wissenschaftler davon zu reden, daß es ohne Einführung eines obligatorischen Gerichtsverfahrens niemals möglich sein werde, die mit der künftigen Konvention zusammenhängenden Gegensätze auszuräumen. Besonders viele derartige Aussagen fanden sich in der amerikanischen Literatur.[62] Die Delegationen der USA und ihrer „atlantischen Partner" traten auf der Konferenz ohne Ausnahme für die Vereinbarung einer obligatorischen Zuständigkeit internationaler Gerichtsorgane ein.[63] Die Seerechtskonferenz nahm bekanntlich eine Reihe von Organen in das System zur Beilegung künftiger Streitigkeiten auf, die bindende Entscheidungen fällen. Hier sind zunächst die *Gerichtsverfahren* zu nennen. In der heutigen Welt gibt es einige internationale Gerichtshöfe. Sie werden gewöhnlich bei großen internationalen Organisationen eingerichtet. Man kann hier beispielhaft den Internaionalen Gerichtshof der Vereinten Nationen, den Gerichtshof der Europäischen Gemeinschaft, das Internationale Tribunal bei der Organisation Erdölexportierender Arabischer Staaten nennen. Für die Zwecke unserer Untersuchung ist der Internationale Gerichtshof der VN, der universellsten aller internationalen Organisationen, von größtem Interesse. Dieser Gerichtshof besteht schon einige Jahrzehnte. Verschiedene Aspekte seiner Tätigkeit sind bereits genau untersucht worden. Dem Internationalen Gerichtshof wurden auch einige Streitfälle vorgelegt, die sich aus maritimen Aktivitäten ergaben, von denen zwei von besonderem Interesse sind: der englisch-norwegische Fischereistreit und die Fälle betreffend den Festlandsockel der Nordsee.

Im Jahre 1951 nahm der Internationale Gerichtshof den Streit zwischen England und Norwegen über die Rechtmäßigkeit der Seegrenzen Norwegens an.[64] Das Verfahren wurde von England anhängig gemacht mit der Begründung, die bei der Grenzziehung von Norwegen angewandten Methoden widersprächen dem Völkerrecht. Es ging darum, daß der Verlauf der norwegischen Küste sehr kompliziert ist. Der Küste sind kleine Inseln, die Schären, vorgelagert, und das Ufer ist durch zahlreiche Buchten eingeschnitten. Norwegen hielt es für möglich, die Basislinie für die Bemessung des Küstenmeeres nicht entlang der Niedrigwasserlinie zu ziehen, sondern am äußersten Rand der Schärenkette. Diese Basislinie durchschnitt jedoch eine Reihe von Meeresbuchten, deren Eingangsbreite über 10 sm betrug (d.h. sie überschritt die zweifache Breite des norwegischen Küstenmeeres). In der Entscheidung des Internationalen Gerichtshofs in dieser Sache waren einige Argumente enthalten, die zweifellos die Weiterentwicklung des Seevölkerrechts, insbesondere auf dem Gebiet der Abgrenzung, beeinflußten. Zunächst erklärte der Gerichtshof, daß die Basislinie des Küstenmeeres der allgemeinen Richtung der Küste folgen

---

[62] So schrieb zum Beispiel ein amerikanischer Autor, daß die Instrumente zur Streitbeilegung zum Überleben die Kompetenz besitzen müßten, in jedem Streitfall eine verbindliche Entscheidung zu fällen, siehe *W. H. Haubert*, Toward Peaceful Settlement of Ocean Space Disputes: A Working Paper, in: San Diego Law Review 1974, Bd. 11, S. 752.

[63] In diesem Zusammenhang schrieb *R. H. Hull*, daß die amerikanische Delegation, wenn sie auf die Aufnahme von Streitbeilegungsregelungen in die Seerechtskonvention dringe, in eine peinliche Situation gerate und eine Quelle ständiger Belustigung sei, weil andererseits die USA faktisch den Internationalen Gerichtshof ignorierten, siehe *R. H. Hull*, Much Ado about Something — Dispute Settlement and the Law of the Sea, in: International Lawyer 1977, Bd. 11, S. 366.

[64] Fisheries Case (Fn. 17).

müsse und daß gerade Linien zwischen ins Meer vorspringenden Teilen des Ufers gezogen werden dürften. Dieser Aussage des Internationalen Gerichtshofs wurde von der Völkerrechtskommission bei der Vorbereitung des Entwurfs von Artikeln für die Genfer Konferenz von 1958 Rechnung getragen; sie war Grundlage für Art. 4 des Genfer Abkommens über das Küstenmeer und die Anschlußzone. In der Folgezeit wurde die Methode gerader Basislinien einer der Ecksteine der Konzeptionen des Archipelstaates und der Archipelgewässer. Die Rechtmäßigkeit der Abgrenzungsmethoden, die in dem Genfer Abkommen niedergelegt sind, wurde auch auf der 3. VN-Seerechtskonferenz bestätigt. Die Konzeption der Archipelgewässer war Anstoß für die Entwicklung einer ganzen Reihe neuer rechtlicher Regelungen. Eine andere wichtige Feststellung des Internationalen Gerichtshofs besagt, daß die Abgrenzung von Meeresräumen immer internationalen Charakter hat. Sie wird zwar einseitig durchgeführt, aber ohne Billigung anderer Staaten ist ihre juristische Bedeutung gleich null. Diese Aussage spielte eine Rolle, als in den Genfer Abkommen von 1958 ebenso wie in den Dokumenten der 3. VN-Seerechtskonferenz bestätigt wurde, daß immer eine Vereinbarung Grundlage der Festlegung maritimer Grenzen zwischen benachbarten und gegenüberliegenden Staaten sein muß.

Die Verfahren über den Festlandsockel in der Nordsee verhandelte der Internationale Gerichtshof in den Jahren 1968-1969.[65] Streitparteien waren in dieser Sache die Bundesrepublik Deutschland und Dänemark in dem einen, sowie die Bundesrepublik Deutschland und die Niederlande im zweiten Verfahren. Dem Gerichtshof wurde folgende Frage vorgelegt: „Welche Prinzipien und Normen des Völkerrechts müssen zur Abgrenzung derjenigen den Ländern zugehörigen Festlandsockelteile in der Nordsee angewandt werden, die jenseits der Grenzen liegen, die in den Verträgen vom 1. Dezember 1964 und vom 9. Juni 1965 niedergelegt sind?". Der Kern des Verfahrens bestand darin, daß Art. 6 des Genfer Abkommens über den Festlandsockel von 1958 benachbarten Staaten empfiehlt, die ihnen zugehörenden Sockelteile einvernehmlich gegeneinander abzugrenzen. Kommt eine Einigung nicht zustande, so muß die Grenze nach dem Äquidistanzprinzip auf der Linie gezogen werden, auf der alle Punkte gleich weit entfernt sind von den nächstgelegenen Punkten der Basislinien, von denen aus die Breite des Küstenmeeres eines jeden dieser Staaten gemessen wird. Mit anderen Worten, dem Äquidistanzprinzip wurde in Art. 6 Priorität gegenüber dem Prinzip der Vereinbarung eingeräumt. Das Verdienst des Internationalen Gerichtshofs in diesem Streit nun liegt darin, daß er, gestützt auf die Bestimmungen des Gewohnheitsrechts, die Vereinbarung voranstellte und zu Recht das Äquidistanzprinzip als Hilfsprinzip einstufte. Der Gerichtshof erklärte, daß es keine einzelne Abgrenzungsmethode gibt, deren Anwendung unter allen Umständen obligatorisch ist. Aus diesem Grunde muß die Abgrenzung im Wege einer Übereinkunft unter Berücksichtigung aller

[65] North Sea Continental Shelf Cases, ICJ-Reports 1969, S. 3 ff.

einschlägigen Umstände durchgeführt werden. Diese Feststellung des Internationalen Gerichtshofs hat große Bedeutung, weil in ihr die Notwendigkeit unterstrichen wird, bei der Entscheidung internationaler Probleme von dem Wesen des Völkerrechts selbst auszugehen, das Ergebnis einer Willensübereinstimmung souveräner Staaten ist. Die Entscheidung des Gerichtshofs und seine Argumentation spielten bei der Entscheidung der Abgrenzungsfragen und der Probleme der friedlichen Beilegung von solchen Konflikten im Verlaufe der 3. VN-Seerechtskonferenz eine gewisse Rolle. Das Urteil in den Nordsee-Festlandsockel-Fällen erregte auch die Aufmerksamkeit der Theoretiker des Völkerrechts, weil in ihm einige Aussagen über die Rolle des Gewohnheitsrechts bei der zeitgenössischen Herausbildung völkerrechtlicher Normen sowie über die Rolle des Gewohnheitsrechts im allgemeinen enthalten sind.

Welchen Stellenwert hat der Internationale Gerichtshof der VN im System der Beilegung von Streitigkeiten über die Auslegung und Anwendung der VN-Seerechtskonvention von 1982? Von den Teilnehmern der genannten Konferenz als obligatorisches Mittel zur Beilegung internationaler maritimer Streitigkeiten ausersehen, wird der Internationale Gerichtshof selbstverständlich in Übereinstimmung mit den Bestimmungen seines Statuts tätig werden. Im Text der Artikel des Teils XV gibt es einige Hinweise auf die Priorität der Konvention gegenüber anderen Quellen des Völkerrechts. So ist ein Gericht oder ein Schiedsgericht zuständig für jede Streitigkeit, die ihm „nach Maßgabe dieses Teils" unterbreitet wird (Art. 288 Abs. 1). Bei der Entscheidung muß das Gericht oder das Schiedsgericht die Konvention und sonstige „mit der Konvention nicht unvereinbare" Normen des Völkerrechts anwenden (Art. 293 Abs. 1). Art. 289 (Sachverständige), Art. 290 (Vorverfahren), Art. 295 (Notwendigkeit der Erschöpfung der innerstaatlichen Rechtsmittel) und Art. 296 (Endgültigkeit und Verbindlichkeit der Entscheidungen) enthalten ausdrückliche Vorschriften über das Verfahren eines jeden Gerichts oder Schiedsgerichts, einschließlich des Internationalen Gerichtshofs der VN. Die Tätigkeit dieses Gerichtshofs wird also von zwei Regelungswerken bestimmt: seinem eigenen Statut und dem Abschnitt 2 des Teils XV der VN-Seerechtskonvention von 1982. Abweichungen zwischen ihnen können gewisse Schwierigkeiten bei der Anrufung des Gerichtshofs verursachen.

Nach Art. 287 nimmt ein Vertragsstaat der Konvention, der den Internationalen Gerichtshof als obligatorisches Mittel der Streitbeilegung wählt, mit diesem Akt dessen verbindliche Jurisdiktion im Bereich der Beilegung internationaler maritimer Streitigkeiten an. Jedoch kann eine Sache dem Internationalen Gerichtshof nicht nur im Rahmen der obligatorischen Jurisdiktion unterbreitet werden, sondern auch auf Grund einer speziellen Vereinbarung der Parteien des betreffenden konkreten Streites. Nichts im Statut des Internationalen Gerichtshofs oder in der VN-Seerechtskonvention von 1982 hindert daran, den Gerichtshof gemäß Art. 287 anzurufen. Nach Art. 36 Abs. 1 seines eigenen Statuts „erstreckt sich die Zuständigkeit des Gerichtshofs auf alle ihm von den

Parteien unterbreiteten Rechtssachen". Hier ist bereits auch die Möglichkeit vorgesehen, dem Internationalen Gerichtshof eine spezielle Zuständigkeit auf Grund eines Abkommens zu verleihen: Er ist für alle Fragen zuständig, die in der Satzung der Vereinten Nationen oder in geltenden Verträgen und Konventionen besonders vorgesehen sind. In Art. 288 der VN-Seerechtskonvention von 1982 heißt es: „Ein Gericht oder Schiedsgericht nach Art. 287 ist für jede Streitigkeit über die Auslegung oder Anwendung dieser Konvention zuständig, die ihm nach Maßgabe dieses Teils unterbreitet wird" (Abs. 1) und: „Ein Gericht oder Schiedsgericht nach Art. 287 ist auch für jede Streitigkeit über die Auslegung oder Anwendung einer internationalen Übereinkunft im Zusammenhang mit den Zwecken dieser Konvention zuständig, die ihm nach Maßgabe der Übereinkunft unterbreitet wird" (Abs. 2). Dabei steht die abschließende Entscheidung der Zuständigkeitsfrage in dem anhängigen Streitfall dem Gericht selbst zu (Art. 36 Abs. 6 des Statuts und Art. 288 Abs. 4 der Konvention).

Der Umfang der obligatorischen Jurisdiktion des Internationalen Gerichtshofs im System der friedlichen Streitbeilegung nach der Konvention kann stark eingeschränkt werden. Nach dem Sinn des Artikels 287 kann ihm ein Streit nur dann unterbreitet werden, wenn ihn alle Parteien gewählt haben; anderenfalls kommt nur ein Schiedsgericht in Betracht (Abs. 5). Die Zuständigkeit des Internationalen Gerichtshofs kann auch durch Vorbehalte nach Art. 36 seines Statuts beschränkt werden. Bekanntlich sind sehr viele Erklärungen von Staaten über die Anerkennung der obligatorischen Jurisdiktion des Internationalen Gerichtshofs von einer Reihe von Vorbehalten und Einschränkungen begleitet. So ist fast in allen Deklarationen ein Vorbehalt für Angelegenheiten enthalten, die ihrem Wesen nach zu den inneren Kompetenzen des Staates gehören. Länder des Britischen Commonwealth erklären gewöhnlich, daß die obligatorische Jurisdiktion des Internationalen Gerichtshofs für Streitigkeiten zwischen ihnen ausgeschlossen ist. Nach Art. 36 erklärte Vorbehalte begrenzen seine Zuständigkeit auch in maritimen Angelegenheiten. Bereits während der 3. VN-Seerechtskonferenz überprüften einige Staaten ihre Erklärungen nach Art. 36 und nahmen einige Änderungen vor. So wurden in der revidierten Erklärung Indiens aus der Jurisdiktion des Gerichtshofs ausgenommen: „Streitigkeiten über die Auslegung und Anwendung multilateraler Konventionen, falls nicht alle Vertragsstaaten auch Streitparteien in der bei dem Gerichtshof anhängigen Angelegenheit sind." Die in Art. 287 vorgesehene Erklärung über die Annahme der Zuständigkeit des Internationalen Gerichtshofs in maritimen Angelegenheiten ist ihrem Wesen nach ein Unterfall der Erklärung nach Art. 36 seines Statuts. Als solcher Unterfall muß die Erklärung nach Art. 287 auch mit Vorbehalten versehen werden dürfen. In Teil XV ist vorgesehen, daß der Streit dem Internationalen Gerichtshof sogar dann unterbreitet wird, wenn der Kläger diese Bestimmungen nicht akzeptiert hat. Es handelt sich um Art. 292, nach dem die Frage der sofortigen Freigabe von zurückgehaltenen Schiffen oder ihrer Mannschaft dann einem von dem Beklagten, d.h. dem zurückhaltenden Staat, anerkannten Gericht oder Schiedsgericht unterbreitet werden kann, wenn es unmöglich ist, Einvernehmen über das Organ zu erzielen, das für diesen Streit zuständig sein soll. Falls der Beklagte den Internationalen Gerichtshof als obligatorisches Mittel der Streitbeilegung gewählt hat, wird die Sache ihm vorgelegt.

Es gibt einige Unvereinbarkeiten zwischen den Artikeln des Teils XV und dem Statut des Internationalen Gerichtshofs. Das betrifft vor allem die Bestimmungen über einstweilige Maßnahmen und über das anzuwendende Recht. Nach Art. 290 können vorsorgliche Maßnahmen nur auf Antrag einer der Streitparteien und nachdem den Parteien die Möglichkeit zur Stellungnahme gegeben wurde, vorgeschrieben, geändert oder aufgehoben werden. Demgegenüber gewährt Art. 41 des Statuts dem Gerichtshof das Recht, von Amts wegen darüber zu entscheiden, ob einstweilige Maßnahmen erlassen werden sollen. Es gibt auch Divergenzen zwischen Art. 293 der Konvention und Art. 38 des Statuts, in denen von dem Recht die Rede ist, das der Gerichtshof bei der Verhandlung der Sache anzuwenden hat. Gemeinsam sind diesen beiden Artikeln zwei Bestimmungen: nach Art. 38 Abs. 1 a des Statuts wendet der Internationale Gerichtshof „internationale Übereinkünfte allgemeiner oder besonderer Natur an, in denen von den streitenden Staaten ausdrücklich anerkannte Regeln festgelegt sind“. Das entspricht Art. 293 Abs. 1 der Konvention, in dem es heißt, daß das Gerichtsorgan „diese Konvention anwendet“. Nach Art. 38 Abs. 1 hat der Gerichtshof das Recht, im Einverständnis der Parteien die Sache *ex aequo et bono* zu entscheiden, was mit Art. 293 Abs. 2 übereinstimmt. Aber in Art. 38 sind noch andere Rechtsquellen aufgeführt: internationale Übung, allgemeine Rechtsprinzipien sowie Gerichtsentscheidungen und Lehrmeinungen. In Art. 293 gibt es keine derartige Aufzählung. Kann man annehmen, daß sie von dem Ausdruck „sonstige mit dieser Konvention nicht unvereinbare Normen des Völkerrechts“ erfaßt wird? Im Teil XV der Konvention gibt es eine Reihe von Bestimmungen, die in dem Statut nicht vorkommen. Dies betrifft die Verpflichtung des Gerichtshofes, einige Vorverfahren durchzuführen. Er muß entscheiden, ob das Begehren einen Mißbrauch des Gerichtsverfahrens darstellt oder ob es *prima facie* voll begründet erscheint (Art. 294), und sich davon überzeugen, ob die innerstaatlichen Rechtsmittel erschöpft worden sind (Art. 295). Zur Feststellung der Begründetheit des Klagevorbringens ist das Gericht bei Fehlen eines diesbezüglichen Antrages der Parteien nicht verpflichtet, sondern berechtigt („das Gericht kann von Amts wegen feststellen“). Die Norm über das Ausschöpfen der innerstaatlichen Rechtsmittel trägt obligatorischen Charakter. Ist diese Voraussetzung nicht erfüllt, kann die Sache dem Gericht nicht vorgelegt werden.

Im Verlauf der 3. VN-Seerechtskonferenz ist ein völlig neues Gerichtsorgan, das *Seerechtstribunal*, geschaffen worden. Dieses Tribunal ist der erste internationale Gerichtshof, der nach dem Kreis der Beteiligten und nach dem Bereich der in seine Zuständigkeit fallenden internationalen Beziehungen spezialisiert ist. In der Anfangsphase der Ausarbeitung eines Systems der friedlichen

Streitregelung wurde dem Seegerichtshof äußerst große Bedeutung beigemessen. Einige Konferenzteilnehmer schlugen vor, es nach dem Beispiel des Internationalen Gerichtshofs der VN zu einem ständig tagenden Gericht zu machen. Die Argumente für eine solche Lösung waren fast identisch mit denjenigen, die gewöhnlich zugunsten dieses Gerichtshofs angeführt werden: Seine ständige Existenz schaffe eine Kontinuität der gefällten Entscheidungen und trage damit erfolgreich zur Rechtsentwicklung bei; der verbindliche Charakter der Entscheidungen zwinge die Streitparteien, sich diesen zu unterwerfen und gewährleiste damit die endgültige Beilegung der Meinungsverschiedenheiten. Die Delegationen der Entwicklungsländer gaben dem Tribunal den Vorzug vor dem Internationalen Gerichtshof der VN, wobei sie davon ausgingen, daß die Zusammensetzung des Seegerichtshofes nach demokratischen Regeln erfolgt. Für die Einrichtung eines Tribunals traten u.a. die Vertreter Syriens, Nepals und Indiens ein. In der VN-Seerechtskonvention von 1982 ist das Tribunal nur noch eines von mehreren Mitteln zur friedlichen Streitbeilegung, während die Hauptfunktion der „letzten Instanz" der Schiedsgerichtsbarkeit und der Schlichtung übertragen wurde. Dennoch ist die Rolle des Tribunals recht beachtlich. Es weist die Richtung für die Rechtsprechung des wichtigsten gerichtlichen Organs für Angelegenheiten, die mit der Ausbeutung des Meeresbodens zu tun haben, nämlich der Kammer für Meeresbodenstreitigkeiten, die ein wesentlicher Bestandteil des Seegerichtshofes ist. Außerdem ist es das einzige ständig existierende Gerichtsorgan speziell für maritime Angelegenheiten. Es spielt eine besondere Rolle bei der Verhandlung von Angelegenheiten über die Zurückhaltung von Schiffen.

Die Vorschriften über die Einsetzung und das Verfahren des Seerechtstribunals sind in seinem Statut (Anhang VI der VN-Seerechtskonvention von 1982) niedergelegt. Nach Art. 2 dieses Statuts besteht das Gericht aus einem Kollegium von 21 unabhängigen Mitgliedern. Diese werden unter Personen ausgewählt, die wegen ihrer Gerechtigkeit und Ehrenhaftigkeit höchstes Ansehen genießen und Sachverständige von anerkanntem Ruf in Fragen des Seerechts sind. Bei der Zusammensetzung des Gerichts sind eine Vertretung der hauptsächlichen Rechtssysteme der Welt und eine gerechte geographische Verteilung sicherzustellen. Dies wird durch die Bestimmung in Art. 3 gewährleistet, wonach im Gericht mindestens drei Mitglieder aus jeder der von der VN-Generalversammlung festgelegten geographischen Gruppen vertreten sein müssen. Art. 3 Abs. 1 sieht insbesondere vor, daß nicht mehr als ein Mitglied des Gerichts Angehöriger ein und desselben Staates sein darf. Das Verfahren bei der Auswahl der Mitglieder des Tribunals, niedergelegt in Art. 4, weist Besonderheiten auf. Die erste Wahl findet nicht später als sechs Monate nach dem Inkrafttreten der VN-Seerechtskonvention von 1982 statt. Anfangs (bei den ersten Wahlen) stellt der VN-Generalsekretär und danach der Kanzler des Gerichts Kandidatenlisten für die Mitgliedschaft auf. Diese Kandidaten werden von den Vertragsstaaten vorgeschlagen (nicht mehr als zwei Personen von jedem Staat). Die ersten Wahlen müssen auf einer Konferenz der Vertragsstaaten durchgeführt werden, die vom VN-Generalsekretär einberufen wird. Für nachfolgende Wahlen müssen die Vertragsstaaten selbst ein Verfahren ausarbeiten. Nach Art. 5 wird jedes Mitglied des Tribunals für die Dauer von neun Jahren mit der Möglichkeit der Wiederwahl gewählt. Sieben Mitglieder der ersten Amtszeit werden für drei Jahre gewählt, weitere sieben für sechs Jahre. Das Tribunal wählt seinen Präsidenten und seinen Vizepräsidenten für die Dauer von drei Jahren. In Art. 7 des Statuts des Seegerichtshofes ist ein besonderer Vorbehalt dahingehend gemacht, daß die Mitglieder dieses Organs weder ein politisches, noch ein administratives Amt ausüben und sich auch nicht aktiv an den Arbeiten eines Unternehmens zur Erforschung und Ausbeutung der Naturschätze des Meeres oder Meeresbodens oder an einer sonstigen kommerziellen Nutzung des Meeres oder Meeresbodens beteiligen oder ein wirtschaftliches Interesse daran haben dürfen. Bei der Wahrnehmung ihres Richteramtes genießen die Mitglieder des Gerichts diplomatische Vorrechte und Immunitäten (Art. 10). Das Gericht ist beschlußfähig, wenn 11 seiner Mitglieder anwesend sind. Es erläßt Vorschriften für die Wahrnehmung seiner Aufgaben, insbesondere legt es seine Verfahrensordnung fest. In Art. 15 ist die Einrichtung von Sonderkammern aus drei oder mehr Mitgliedern vorgesehen, die das Gericht für die Behandlung bestimmter Arten von Streitigkeiten für erforderlich hält. Nach Art. 16 Abs. 1 kann eine besondere Kammer gebildet werden, wenn die Parteien in einem konkreten Streitfall dies beantragen. Die Zusammensetzung einer solchen Kammer wird vom Gericht mit Zustimmung der Parteien festgelegt.

Von besonderem Interesse ist, wie im Statut des Seegerichtshofes die Frage gelöst wurde, wer vor diesem Organ als Partei auftreten kann. Erstmals in der diesbezüglichen Staatenpraxis erhielten in einem internationalen Gerichtsverfahren neben den Staaten „Rechtssubjekte, die keine Vertragsstaaten sind" Zugang zum Gericht. Dieser Frage ist Art. 20 gewidmet. In ihm ist zunächst eine Bestimmung über die Parteifähigkeit der Vertragsstaaten enthalten: „Die Vertragsstaaten sind berechtigt, als Parteien vor dem Gericht aufzutreten" (Abs. 1). Nichtstaatliche Gebilde haben eine eingeschränkte Parteifähigkeit: „Rechtssubjekte, die keine Vertragsstaaten sind, haben das Recht, in all den Fällen als Partei aufzutreten, die in Teil XI ausdrücklich vorgesehen sind, oder nach Maßgabe sonstiger von allen Streitparteien angenommener Übereinkünfte, die dem Gericht die Zuständigkeit übertragen" (Art. 20 Abs. 2). In den Plenardebatten der 3. VN-Seerechtskonferenz betonten einige Teilnehmer, daß die Parteifähigkeit nichtstaatlicher Rechtsträger vor dem Gericht eine absolut notwendige Neuerung sei. In diesem Sinne äußerten sich die Delegationen Kolumbiens[66], Italiens[67] und Irlands.[68] Diese Länder vertraten die Position, daß das Recht, sich an das Gericht zu wenden, auch internationalen Organisa-

66 VN-Dok. A/CONF.62/SR.60.

67 A.a.O.

68 A.a.O., SR.64.

tionen sowie natürlichen und juristischen Personen gewährt werden muß. Die Vertreter anderer Länder wie Madagaskar[69], Kenia[70] und Syrien[71] schlugen vor, die Frage der Parteifähigkeit ein wenig anders zu lösen. Nach ihrer Meinung dürfte das Recht, vor dem Gericht aufzutreten, nur Staaten und internationalen Organisationen eingeräumt werden. Eine Reihe sozialistischer Länder, die UdSSR[72], Mongolische Volksrepublik[73], DDR[74], und ebenso Großbritannien[75] und Uruguay[76] sprachen sich gegen das Recht auf Zugang von nichtstaatlichen Rechtsträgern zum Seegerichtshof aus. Faktisch wird in der VN-Seerechtskonvention von 1982 die Parteifähigkeit von Rechtssubjekten, die keine Staaten sind, nur im Zusammenhang mit Teil XI anerkannt. Teil XI des Entwurfs, überschrieben „Internationales Gebiet", ist gänzlich der Regelung von Fragen der Erforschung und Ausbeutung des Meeresbodens jenseits des Festlandsockels gewidmet. Da es sich hierbei um Probleme handelt, die besonders spezifisch sind, wurde entschieden, am Seegerichtshof eine besondere Kammer für Meeresbodenstreitigkeiten einzurichten. Mit dieser befaßt sich Abschnitt 5 von Teil XI. Laut Art. 187 in diesem Abschnitt 5 ist die Kammer zuständig für Streitigkeiten zwischen: a) Vertragsstaaten; b) Vertragsstaaten und der Meeresbodenbehörde; c) Parteien eines Vertrages, die Vertragsstaaten der Konvention sind, der Meeresbodenbehörde oder ihrem Unternehmen, staatlichen Unternehmen und natürlichen oder juristischen Personen; d) der Meeresbodenbehörde und einem künftigen Vertragsnehmer, der von einem Staat befürwortet worden ist; e) der Meeresbodenbehörde und einem Vertragsstaat, staatlichen Unternehmen oder einer natürlichen oder juristischen Person, die von einem Vertragsstaat befürwortet worden ist. Nach dem Sinn des Art. 20 des Anhangs VI ist ein anderer Fall der Parteifähigkeit vor dem Gericht von nichtstaatlichen Rechtsträgern nur möglich, falls eine solche Parteifähigkeit in einem Abkommen besonders vorgesehen ist, vorausgesetzt, daß dieses Abkommen von allen Streitparteien angenommen worden ist. Die Zuständigkeit kann dem Gericht also auch durch andere Abkommen als der VN-Seerechtskonvention von 1982 übertragen werden.

Ein weiterer Aspekt spezieller Kompetenz des Gerichts ergibt sich aus dem Verfahren zur sofortigen Freigabe von Schiffen oder ihren Besatzungen nach Art. 292. Wenn der Küstenstaat die entsprechenden Bestimmungen der Konvention über die sofortige Freigabe eines Schiffes und seiner Besatzung nach Hinterlegung einer angemessenen Kaution oder einer sonstigen finanziellen

---

[69] A.a.O., SR.61.

[70] A.a.O.

[71] A.a.O., SR.63.

[72] A.a.O., SR.58.

[73] A.a.O., SR.62.

[74] A.a.O., SR.59.

[75] A.a.O.

[76] A.a.O., SR.62.

Sicherheit nicht erfüllt, ignoriert oder es ablehnt, sie zu beachten, und wenn die Parteien nicht binnen 10 Tagen Einvernehmen darüber erzielen, den Fall einem Gericht oder einem Schiedsgericht zu unterbreiten, so kann die Sache dem Seegerichtshof vorgelegt werden. Dieser hat unverzüglich eine Entscheidung über die Freigabe des Schiffes oder seiner Mannschaft zu fällen. Nach dem Sinn des Art. 292 ist die Jurisdiktion des Gerichts automatisch gegeben. Jedoch sind dem Gerichtsverfahren nach diesem Artikel offensichtlich Grenzen gesetzt, die in Art. 295 enthalten sind. Diese Bestimmung verpflichtet die Streitparteien, die innerstaatlichen Rechtsmittel auszuschöpfen, bevor die Klage dem Gericht eingereicht wird. Man kann sich vorstellen, daß es schwierig sein wird, beide Bedingungen zu erfüllen: die innerstaatlichen Rechtsmittel auszuschöpfen und die Sache innerhalb von 10 Tagen dem Gericht zu übergeben.

Dem Gericht wurde eine besondere Zuständigkeit übertragen, einstweilige Anordnungen zu erlassen. Art. 25 des Statuts dieses Organs verleiht ihm und der Kammer für Meeresbodenstreitigkeiten das Recht, einstweilige Verfügungen zu treffen. Nach Art. 290 Abs. 5 kann das Gericht auch Maßnahmen in einer Sache ergreifen, die es in der Hauptsache gar nicht verhandeln wird: „Bis zur Errichtung eines Schiedsgerichts, dem eine Streitigkeit nach diesem Abschnitt unterbreitet wird, kann ein von den Parteien vereinbartes Gericht oder Schiedsgericht oder, falls eine derartige Vereinbarung nicht binnen zwei Wochen nach dem Tag der Antragstellung auf vorsorgliche Maßnahmen zustandekommt, der internationale Seegerichtshof oder bezüglich der Tätigkeiten in dem Gebiet die Kammer für Meeresbodenstreitigkeiten vorsorgliche Maßnahmen anordnen". Voraussetzung ist, daß sie der Auffassung sind, daß das Schiedsgericht, dem der Streit unterbreitet werden wird, zuständig wäre und die Dringlichkeit der Sache diese Maßnahme erfordert.

Wie für jedes internationale Gerichtsorgan hat auch für den Seegerichtshof große Bedeutung die Frage, ob seine Entscheidungen verbindlich sind. In Art. 33 des Statuts heißt es, daß die Entscheidungen endgültig sind und „für die Parteien und nur bezüglich des vorliegenden Streitfalles" verbindliche Kraft haben. Ein wichtiger Aspekt einer jeden Methode friedlicher Streitbeilegung ist ihre Wirtschaftlichkeit. Im Statut des Seerechtstribunals (Art. 19) wird ausgeführt, daß seine Kosten von den Vertragsstaaten und der Meeresbodenbehörde „zu den auf einer Konferenz der Vertragsstaaten festgelegten Bedingungen und in der dort bestimmten Weise" getragen werden. Dieser Aspekt kann für die Entscheidung der Staaten bezüglich ihrer Einstellung gegenüber dem Seerechtstribunal noch bedeutsam werden.

Die Idee eines Seegerichtshofes wurde nicht von vielen Konferenzteilnehmern gebilligt. Gegen die Schaffung eines neuen Gerichtsorgans sprachen sich viele Delegationen aus, die auf seine Ähnlichkeit mit dem Internationalen Gerichtshof der VN hinwiesen und der Auffassung waren, daß hier zwei Organe mit teilweise gleicher Zuständigkeit geschaffen würden. So erklärte der Vertreter der Delegation Venezuelas, daß keine Notwendigkeit bestehe, für die Entscheidung von Fragen der Auslegung und Anwendung der Seerechtskonvention einen besonderen Gerichtshof zu gründen, weil diese Aufgaben von dem Internationalen Gerichtshof übernommen werden könnten.[77] Entsprechende Überlegungen waren in den Stellungnahmen des Vertreters Griechenlands enthalten.[78] Wie der Vertreter Trinidads und Tobagos ausführte[79], erinnert die Struktur des Seerechtstribunals in der Tat an die Struktur des Internationalen Gerichtshofs. Seine Mitglieder werden unter fast identischen Voraussetzungen gewählt, mit dem einzigen Unterschied, daß das Tribunal faktisch als eine Liste von Kandidaten gedacht ist, die von den Vertragsstaaten vorgeschlagen werden, während die Mitglieder des Internationalen Gerichtshofs der VN in der Generalversammlung und im Sicherheitsrat gewählt werden. Viele Gemeinsamkeiten dieser beiden Organe kann man auch in anderer Hinsicht feststellen. So ist die Kammer für Meeresbodenstreitigkeiten der Sache nach eine der in Art. 26 des Statuts des Internationalen Gerichtshofs vorgesehenen ständigen Kammern „für die Verhandlung bestimmter Kategorien von Angelegenheiten". Bei beiden Gerichten muß jährlich für ein vereinfachtes Verfahren eine aus fünf Richtern bestehende Kammer gebildet werden. Die Verfahrensordnungen beider Gerichte sind fast identisch, sie unterscheiden sich lediglich in Einzelheiten. Einige Unterschiede zwischen ihnen können beim Umfang ihrer Zuständigkeit und bei der Parteifähigkeit festgestellt werden. Der Internationale Gerichtshof der VN verhandelt jede Sache, die ihm von den Streitparteien unterbreitet wird; das Seerechtstribunal kann nur in Angelegenheiten urteilen, die sich auf maritime Aktivitäten beziehen. Parteifähigkeit vor dem Internationalen Gerichtshof haben nur Staaten, an das Tribunal können sich auch „Nichtstaaten" wenden.

Schließlich gibt es auch noch eine *Schiedsgerichtsbarkeit*. Dies ist das am häufigsten genutzte Verfahren gerichtlicher Regelung internationaler Streitigkeiten. In den Haager Konventionen von 1899 und 1907 wird die Schiedsgerichtsbarkeit als das „wirksamste und zugleich der Billigkeit am meisten entsprechende Mittel" anerkannt, „um die Streitigkeiten zu erledigen, die nicht auf diplomatischem Wege haben beseitigt werden können", besonders „in Fragen der Auslegung und Anwendung internationaler Vereinbarungen" (Art. 38). Im Verlauf der Beratungen über die Frage der Mittel zur Streitregelung auf der 3. VN-Seerechtskonferenz gewann die Schiedsgerichtsbarkeit nach und nach immer mehr Verfechter, und zur Zeit der Abfassung des „Informellen Zusammengesetzten Verhandlungstextes" (1977) nahm die Schiedsgerichtsbarkeit eine zentrale Stellung unter den obligatorischen Mitteln zur friedlichen Streitregelung ein. Nach Art. 287 Abs. 1 ist die allgemeine Schiedsgerichtsbarkeit neben dem Seegerichtshof, dem Internationalen Gerichtshof der VN und der besonderen Schiedsgerichtsbarkeit eines der obligatorischen Mittel zur

[77] A.a.O.

[78] A.a.O., SR.65.

[79] A.a.O., SR.62.

Streitbeilegung. Jedoch ist der Bereich ihrer Anwendung weiter als bei allen anderen Gerichtsorganen, die in diesem Artikel vorgesehen sind. Gemäß Art. 287 Abs. 3 wird angenommen, daß ein Vertragsstaat, der Partei einer nicht von einer gültigen Erklärung erfaßten Streitigkeit ist, dem Schiedsgerichtsverfahren zugestimmt hat. Haben die Streitparteien unterschiedliche Streitregelungsverfahren gewählt und konnten sie auch keine Vereinbarung über eine Streitentscheidung in einem anderen Verfahren erzielen, so kann nach Art. 287 Abs. 5 dieser Streit nur dem Schiedsgerichtsverfahren unterworfen werden.

Das Verfahren zur Bildung des Schiedsgerichts und die Grundzüge für das allgemeine Schiedsgerichtsverfahren sind im Anhang VII niedergelegt. Bei der Einsetzung des Schiedsgerichts werden die Mitglieder aus der Kandidatenliste der Schiedsrichter gewählt, die vom Generalsekretär der VN erstellt und geführt wird. Jeder Vertragsstaat hat das Recht, für diese Liste 4 Personen vorzuschlagen (Art. 2). Zu Beginn eines Verfahrens muß nach Art. 3 ein Schiedsgericht aus fünf Personen gebildet werden. Jede Streitpartei bestellt ein Mitglied, das vorzugsweise aus der Liste ausgewählt wird und ihr eigener Staatsangehöriger sein kann. Die Partei, die das Schiedsgerichtsverfahren beantragt, bestellt ihr Mitglied bei der Antragstellung. Die drei anderen Mitglieder werden von den Parteien einvernehmlich bestellt; sie werden vorzugsweise aus der Liste ausgewählt und müssen Angehörige dritter Staaten sein, sofern die Parteien nichts anderes vereinbaren. Die Wahl dieser drei Mitglieder ist wichtig, denn nach Art. 8 werden Entscheidungen des Schiedsgerichts mit der Mehrheit seiner Mitglieder gefällt. Diese Mehrheit besteht aus drei Stimmen, daher können die drei neutralen Mitglieder den Ausgang des Verfahrens entscheiden. Wenn es den Parteien nicht gelingt, sich über die Benennung dieser drei Mitglieder zu einigen, können sie die Wahl einer dritten Person oder einem dritten Staat übertragen. Sollte es ihnen auch nicht gelingen, hierüber Einvernehmen herbeizuführen, so wird auf Antrag der Partei, die den Streit dem Schiedsgerichtsverfahren unterbreitet hat, diese Ernennung vom Präsidenten des Seerechtstribunals vorgenommen (Art. 3 c). Während die Frage von Kollisionen bei der Wahl der Schiedsrichter im Anhang VII ausreichend detailliert geregelt ist, bleiben bei der Bestellung des Präsidenten des Schiedsgerichts einige Unklarheiten. Gemäß Buchstaben a) des Art. 3 wird der Präsident von den Streitparteien aus den drei Mitgliedern bestellt, die Angehörige dritter Länder sind. Falls sie sich nicht einigen können, so erfolgt seine Bestellung in derselben Weise wie bei den drei neutralen Schiedsrichtern. Es ist also unklar, worauf der Präsident des Seegerichtshofes bei seiner Wahl des Schiedsgerichtspräsidenten aus diesen drei Kandidaten abstellen soll. Zudem kann die Wahl des Schiedsgerichtspräsidenten große Bedeutung haben, weil nach Art. 8 im Falle von Stimmengleichheit die Stimme des Präsidenten den Ausschlag gibt.

Nach Art. 5 beschließt das Schiedsgericht selbst sein Verfahren, falls keine gegenteilige Vereinbarung zwischen den Streitparteien vorliegt. In diesem Verfahren muß jeder Partei uneingeschränkt rechtliches Gehör gewährt und

Gelegenheit gegeben werden, ihre Argumente darzulegen. Eine wichtige Bestimmung ist in Art. 9 enthalten: Falls eine der Parteien nicht erscheint, so kann das Schiedsgericht das Verfahren dennoch fortsetzen und eine Entscheidung fällen, nachdem es sich vergewissert hat, daß es für die Streitigkeit zuständig ist und daß das Begehren tatsächlich und rechtlich begründet ist. Das Fernbleiben oder Nichterscheinen einer Partei ist also kein Hinderungsgrund für die Durchführung des Verfahrens. Diese Bestimmung zusammen mit Art. 8 („Die Abwesenheit oder Stimmenthaltung von weniger als der Hälfte der Mitglieder steht einer Entscheidung des Schiedsgerichts nicht entgegen") kann zu unerwarteten Konsequenzen führen, insbesondere wenn man berücksichtigt, daß ein Schiedsgerichtsverfahren auch dann eingeleitet werden kann, wenn eine Partei gegen jede andere Prozedur schiedsrichterlicher Regelung Widerspruch erhebt, und daß das Schiedsgericht selbst entscheidet (Art. 294), ob das Begehren einen Mißbrauch des Prozeßverfahrens darstellt und ob es ausreichend begründet ist. Es ist vorstellbar, daß unter bestimmten Bedingungen diese Vorschriften ein Schiedsgerichtsverfahren noch strenger machen können als ein Gerichtsverfahren. Sofern die Parteien nichts anderes vereinbaren, ist der Spruch des Schiedsgerichts endgültig. In Art. 12 ist vorgesehen, daß das Schiedsgericht, das den Spruch gefällt hat, auf Antrag einer der Parteien eine zusätzliche Entscheidung über die Auslegung des Schiedsspruchs und die Art seiner Durchführung fällen kann. Jedoch kann auf Grund einer Vereinbarung aller Streitparteien die Entscheidung des Schiedsgerichts einem anderen Gericht zur Auslegung vorgelegt werden (Art. 287 der Konvention). Auch Art. 7 verdient Aufmerksamkeit, in dem die Methoden niedergelegt sind, nach denen die Kosten des Schiedsgerichtsverfahrens verteilt werden. Gemäß diesem Artikel müssen die Streitparteien die Auslagen zu gleichen Teilen tragen. Jedoch kann das Schiedsgericht „wegen der besonderen Umstände der Sache" anders entscheiden. Diese Art der Kostenregelung des Schiedsgerichtsverfahrens unterscheidet sich offenkundig von der Art und Weise der Auslagenerstattung, die in Art. 20 des Anhangs VII für den Seegerichtshof vorgesehen ist. Art. 7 sieht vor, daß das Schiedsgericht die finanzielle Bürde einer Partei erleichtern kann. Diese Bestimmung kann verständlicherweise zu einigen Schwierigkeiten führen, zumal die mögliche Abberufung eines Schiedsrichters nach Art. 8 die Kostenberechnung zusätzlich komplizieren kann.

Mit Hilfe der *Sonderschiedsgerichtsbarkeit* können Streitigkeiten über technische oder wissenschaftliche Fragen von einer Gruppe von Experten oder anerkannten Spezialisten auf dem strittigen Gebiet untersucht werden. Einsetzung und Verfahren der besonderen Schiedsgerichtsbarkeit sind in Anhang VIII niedergelegt. Gemäß Art. 1 kann jede Partei eines Streites über die Auslegung oder Anwendung von Artikeln der Konvention bezüglich der Fischerei, des Schutzes und der Erhaltung der Meeresumwelt, der wissenschaftlichen Meeresforschung und der Schiffahrt, einschließlich der Verschmutzung durch Schiffe und durch Einbringen von Schmutzstoffen, diesen Fall einem besonderen Schiedsgerichtsverfahren unterwerfen, das in diesem Anhang vorgesehen ist.

Dies geschieht durch eine an die andere Streitpartei oder die anderen Streitparteien gerichtete Notifikation. Das Verfahren des besonderen Schiedsgerichts erinnert an die Tätigkeit des allgemeinen Schiedsgerichts — mit der Ausnahme, daß in ihm die Teilnahme von Experten gewährleistet wird. Nach Art. 2 erstellen und führen die entsprechenden internationalen Organisationen des VN-Systems Expertenlisten für jedes der vier Gebiete. Jeder Vertragsstaat der Konvention soll zwei Sachverständige für jeden Bereich benennen. Die Listen werden von der Ernährungs- und Landwirtschaftsorganisation der Vereinten Nationen (FAO) für Streitigkeiten über Fischerei, vom Umweltprogramm der VN (UNEP) für Streitigkeiten über den Kampf gegen die Verschmutzung, von der Zwischenstaatlichen Ozeanographischen Kommission (IOC) für Streitigkeiten über wissenschaftliche Meeresforschung und von der Internationalen Seeschiffahrts-Organisation (IMO) für Streitigkeiten über die Schiffahrt einschließlich der Fragen der Verschmutzung durch Schiffe geführt. Diese Organisationen haben keinen Einfluß auf den Gang des Verfahrens, weil sie über die Führung der Namenslisten hinaus keine anderen Rechte und Pflichten haben. Die Listen der von den Staaten vorgeschlagenen Kandidaten können dieselben Namen enthalten, die sich in der Liste der Schiedsrichter für das allgemeine Schiedsgerichtsverfahren befinden. Die Wahl der Mitglieder des besonderen Schiedsgerichts wird durch die entsprechenden Listen nicht begrenzt. Nach Art. 3 bestellt jede Streitpartei zwei Mitglieder, von denen eines ihr Staatsangehöriger sein kann. Diese werden vorzugsweise aus der oder den entsprechenden Listen ausgewählt, die sich auf den Streitgegenstand beziehen. Es wird nicht gefordert, daß die Vertragsstaaten nur ihre Staatsangehörigen für die Expertenlisten benennen, und der Hinweis auf die Staatsbürgerschaft erscheint lediglich bei der Beschreibung der Einsetzung des besonderen Schiedsgerichts. Jede Streitpartei muß zwei Mitglieder benennen, von denen nur einer ihr Staatsangehöriger sein darf. Falls sich die Parteien nicht auf die Wahl des fünften Mitgliedes des Schiedsgerichts einigen können, d. h. auf seinen Präsidenten, so wird diese Wahl vom VN-Generalsekretär getroffen. Buchstabe e) des Art. 3 ermächtigt den Generalsekretär, mit den Parteien und interessierten zwischenstaatlichen Organisationen über diese Ernennung zu konsultieren und den Präsidenten aus der entsprechenden Expertenliste auszuwählen.

Die Befürworter des Systems von Sonderschiedsgerichten führen gewöhnlich zwei positive Charakterzüge an. Erstens erlaubt das Sonderschiedsgerichtsverfahren den Parteien, den Gang des Verfahrens in größerem Maße zu kontrollieren als beim Verfahren vor dem Internationalen Gerichtshof der VN. Als zweiter Punkt wird angeführt, daß in dem Sonderschiedsgericht sowohl Juristen als auch Spezialisten der einzelnen Wissenschaftszweige zusammenarbeiten, ohne deren Teilnahme eine Entscheidung der strittigen Fragen maritimer Aktivitäten der Staaten nicht möglich ist. Diesen Aspekt der besonderen Schiedsgerichtsbarkeit charakterisierte der Vertreter Frankreichs, *G. de Lacharrière,* dahin, daß auf bestimmten Gebieten die Inanspruchnahme von Diensten qualifizierter Spezialisten die beste Möglichkeit sei, Probleme von einem technischen

Standpunkt aus objektiv zu untersuchen; gerade dadurch sei es möglich, das Risiko von Entscheidungen zu vermeiden, die von solchen Erwägungen geprägt würden, die dem Streitgegenstand fremd seien.[80] Außerdem gibt diese Prozedur den internationalen Sonderorganisationen eine bedeutendere Rolle bei der Regelung der Erforschung und Nutzung des Weltmeeres und steigert dadurch möglicherweise die Effektivität der künftigen Konvention. Jedoch gibt es bislang keine Erfahrungen mit der Anrufung besonderer Schiedsgerichte und den auftauchenden neuen Fragen. Bei der Unterbreitung von Streitigkeiten technischen Charakters kann sich bei der besonderen Schiedsgerichtsbarkeit z. B. die Notwendigkeit ergeben, die zuständige Sonderorganisation selbst als Zeugen für Tat- und Rechtsfragen zu laden. Parteien sind in dem Sonderschiedsgerichtsverfahren die Vertragsstaaten der VN-Seerechtskonvention von 1982. Obgleich nach dem Wortlaut des Art. 3 alle Streitparteien die Sonderschiedsgerichtsbarkeit anrufen können, scheiden „Nichtstaaten" als Parteien aus. Es gibt einige Gründe für diesen in Art. 13 des Anhangs VII geregelten Ausschluß. Art. 13 stellt fest, daß die Bestimmungen der Anlage VII (über die allgemeine Schiedsgerichtsbarkeit) auf Streitigkeiten, an denen „Nichtstaaten" beteiligt sind, *mutatis mutandis* Anwendung finden. Diese Vorschrift ist offensichtlich nicht bestimmt, auf die Sonderschiedsgerichtsverfahren in Streitigkeiten angewendet zu werden, in denen eine oder beide Parteien nichtstaatliche Rechtsträger sind.

Bei mindestens drei der in Art. 1 des Anhangs VIII erwähnten vier Kategorien können im internationalen Gebiet „Nichtstaaten" beteiligt sein. Man kann nicht sagen, daß die Konvention zu diesem Problem gänzlich schweigt. In Art. 139 wird nämlich die Verantwortung für die Einhaltung der Bestimmungen und die zivilrechtliche Haftung für Schäden aus der Tätigkeit derartiger natürlicher Personen den Vertragsstaaten auferlegt, deren Angehörige diese natürlichen Personen sind. Der Anwendungsbereich des Art. 139 hängt von den „anwendbaren Prinzipien des Völkerrechts" und von Art. 16 des Anhangs II[80a] ab, in dem das Wesen der zivilrechtlichen Haftung wie folgt umschrieben wird: „Jede öffentlich-rechtliche oder zivilrechtliche Haftung für Schäden aus der Durchführung von Operationen des Vertragsnehmers trägt der Vertragsstaat ... Die zivilrechtliche Haftung erstreckt sich in jedem Falle auf die tatsächliche Höhe des Schadens." Das Sonderschiedsgerichtsverfahren, einschließlich des Überprüfungsmechanismus in Art. 5, kann sich für die Entscheidung technischer Fragen wissenschaftlichen Charakters als nützlich erweisen. Die Flexibilität des Überprüfungsverfahrens gibt den Streitparteien einige Möglichkeiten, ihre Positionen, die als Grundlage für den Streit dienen, vorab zu klären und gegebenenfalls zu korrigieren.

---

[80] A.a.O., SR.59.

[80a] Anm. d. Übers.: Der Verfasser bezieht sich hier anscheinend auf Art. 16 in Anhang II des ICNT von 1977, aus dem dann Art. 22 in Anhang III der Seerechtskonvention entstanden ist.

3. Kodifizierung der friedlichen Mittel zur Beilegung internationaler maritimer Streitigkeiten

Versuche, die Normen über die friedliche Regelung internationaler maritimer Streitigkeiten zusammenzufassen und zu kodifizieren, wurden seit dem Ende des vergangenen Jahrhunderts wiederholt unternommen. Die erste Haager Friedenskonferenz (1898) wurde mit der Unterzeichnung eines Abkommens zur friedlichen Erledigung internationaler Streitfälle abgeschlossen. Die Vertreter der verschiedenen Länder auf dieser Konferenz zählten viele Arten internationaler maritimer Tätigkeiten auf, für welche die Ausarbeitung zuverlässiger Mittel zur Streitregelung erforderlich war. Insbesondere Rußland schlug vor, Streitigkeiten aus Abkommen über das Legen unterseeischer Kabel, aus Zwischenfällen auf Hoher See und aus der Nutzung internationaler Flüsse und interozeanischer Kanäle einer obligatorischen Schiedsgerichtsbarkeit zu unterwerfen. Dieser Vorschlag fand die Unterstützung der Delegationen Serbiens, der Schweiz und Großbritanniens. Weil damals die Idee vorherrschte, die Schaffung eines universellen Systems von Mitteln zur Lösung von Streitigkeiten sei notwendig und möglich, wurden die maritimen Fragen nicht besonders geregelt. Erst gegen Mitte der 50er Jahre unseres Jahrhunderts tendierte man zur Entwicklung eines speziellen Systems für die Lösung internationaler maritimer Streitigkeiten in vollem Umfang.

Bei der Vorbereitung und Durchführung der Genfer Seerechtskonferenzen von 1958 und 1960 wurde ernsthaft versucht, die Abkommen zur Regelung der maritimen Tätigkeit durch eine Anzahl spezieller Normen zu ergänzen, welche die Instrumente zur Bereinigung von Meinungsverschiedenheiten über die Auslegung und Anwendung der erwähnten Abkommen enthalten sollten. Bei der Ausarbeitung von Entwürfen für die Konferenz beriet die Völkerrechtskommission der VN neben materiellen Normen des Seerechts auch prozedurale Normen über die Beilegung von Streitigkeiten. Der „Bericht über das Regime der Hohen See" für die siebte Sitzung, erarbeitet von dem Sonderberichterstatter der Kommission, *J. François*, enthielt einen besonderen Teil über die „Beilegung von Streitigkeiten".[81] Jedoch gelang es dem Berichterstatter nicht, einen Entwurf zu erarbeiten, der das Verfahren zur Regelung von Streitigkeiten in die einzelnen Abschnitte verlagerte, die sich auf die verschiedenen Gewässerbereiche und die unterschiedlichen Arten staatlicher Aktivitäten in ihnen beziehen. Die Ursache hierfür lag darin, daß in den von der Kommission zur Frage der Streitbeilegung angenommenen Texten große Varianten zum Ausdruck kamen. Lediglich bei den Streitigkeiten über die Fischerei auf Hoher See waren die Mitglieder dieses VN-Organs einer Meinung und erachteten es als notwendig, diese Streitigkeiten einer obligatorischen Schiedsgerichtsbarkeit zu unterwerfen. „Muß man diese Methode der Bereinigung von Meinungsverschiedenheiten auf andere Aktivitäten ausdehnen?" — Diese Frage wurde auf der achten Kommis-

[81] VN-Dok. A/CN.4/79.

sionssitzung gestellt. Mit der Begründung, daß die entscheidende Antwort von der künftigen VN-Seerechtskonferenz gegeben werden müsse, ließen sich die Kommissionsmitglieder von der Idee überzeugen, daß die Schaffung eines vielschichtigen Systems ohne Beschränkung auf die obligatorische Schiedsgerichtsbarkeit notwendig sei. Einige von ihnen waren der Auffassung, daß für die neuen Probleme, wie z. B. die Tätigkeit auf dem Festlandsockel, die obligatorische Schiedsgerichtsbarkeit die angemessenste Form sei. „In diesem Bereich", erklärte der Engländer *J. Fitzmaurice*, „gibt es einige Elemente, die einen gerichtlichen Mechanismus für die Auslegung besonders nebulöser Artikel erforderlich machen." „Aber diese Bestimmung darf nicht zu einer allgemeinen Regel gemacht werden", widersprach der Schwede *Sandström*. In der Intervention des Vertreters der CSSR kam die vernünftigste Position zum Ausdruck: „Es ist erforderlich, eine Formel zu finden, die den Staaten ein gewisses Maß an Freiheit in der Auswahl des Verfahrens zur friedlichen Streitregelung gibt, das sie als am ehesten angemessen erachten".[82]

Alle Mitglieder der Völkerrechtskommission waren der Meinung, daß ein zuverlässiges Streitregelungsverfahren besonders für die Normen über die Erhaltung und Nutzung der lebenden Ressourcen geschaffen werden müsse.[83] Deshalb nahm die Kommission bei der Formulierung von Entwürfen Regeln über die Streitbeilegung lediglich in den Teil auf, der sich auf die Fischerei auf der Hohen See bezog (Art. 57 - 59). In ihnen wurde die Einrichtung einer besonderen Schiedskommission für die Regelung von Streitigkeiten vorgesehen, die aus der Fischerei auf Hoher See entstehen können. Der vorgeschlagenen Prozedur lagen die Prinzipien einer obligatorischen Schiedsgerichtsbarkeit zugrunde, wobei die Schiedsrichter durch den VN-Generalsekretär ernannt werden sollten. Auf der Genfer Konferenz von 1958 kam es über diese Artikel zu erbitterten Auseinandersetzungen. Es wurden einige Änderungsvorschläge eingebracht, und zwar von Mexiko, Jugoslawien, Südkorea und gemeinsam von Griechenland und den USA.[84] Die Sowjetunion legte ebenfalls einen Vorschlag vor.[85] In ihm hieß es, daß jeder Streit über Fragen der Fischerei auf Hoher See dann, wenn die Parteien innerhalb einer angemessenen Frist keine Einigung erzielen könnten, dem Internationalen Gerichtshof der VN oder einem Schiedsgericht in Übereinstimmung mit dem Statut des Gerichtshofs und geltenden Abkommen unterbreitet werden könne. Die Einschaltung von Gerichtsorganen wäre fakultativ gewesen und hätte völlig der geltenden Praxis entsprochen. Im Verlauf der Plenarsitzungen führten die Vertreter vieler Länder aus, daß das Prinzip der obligatorischen Schiedsgerichtsbarkeit zur Folge habe, daß die Staaten, die sich

---

[82] Yearbook of the International Law Commission, Summary Records of the Eighth Session, 23 April — 4 July 1956, New York 1956, Bd. 1, S. 7.

[83] A.a.O., S. 7-8.

[84] VN-Dok. A / CONF.13 / C.3 / L.1; A / CONF.13 / C.3 / L.14; A / CONF.13 / C.3 / L.64; A / CONF.13 / C.3 / L.67.

[85] VN-Dok. A/CONF.13/C.3/L.61.

nicht einem obligatorischen Gerichtsverfahren unterwerfen wollten, die Konvention über die Fischerei nicht akzeptieren würden. Der Vertreter der Sowjetunion, *G. I. Tunkin*, unterstrich in seiner Intervention, daß die betreffende Bestimmung ohne Berücksichtigung der realen Umstände in der internationalen Praxis formuliert worden sei und in scharfem Widerspruch zu den Entwicklungstendenzen des Völkerrechts stehe.[86] Ungeachtet des Widerspruchs vieler Delegationen wurden jedoch die im Entwurf der Völkerrechtskommission niedergelegten Prinzipien in Art. 9-12 des Abkommens über die Fischerei und den Schutz der lebenden Naturschätze der Hohen See bestätigt, das von der Genfer Seerechtskonferenz am 29. April 1958 angenommen wurde.[87]

Diese Artikel bestimmen das Verfahren zur Regelung von Streitigkeiten als Folge einseitiger Fischereischutzmaßnahmen eines Staates, die er in Übereinstimmung mit dem Abkommen ergreift. Solche Streitigkeiten müssen auf Antrag einer der Parteien einer besonderen Kommission unterbreitet werden. Dabei verdienen zwei Eigenschaften der Kommission Aufmerksamkeit, die Art und Weise ihrer Einsetzung und die juristische Verbindlichkeit ihrer Entscheidungen. Nach Art. 9 Abs. 2 werden die Kommissionsmitglieder im gegenseitigen Einvernehmen der am Streit beteiligten Staaten bestellt. Fehlt es an einem Einvernehmen, werden sie auf Antrag eines der streitenden Staaten vom VN-Generalsekretär bestimmt, und zwar „nach Konsultation mit den streitbeteiligten Staaten, dem Präsidenten des Internationalen Gerichtshofs und dem Generaldirektor der Ernährungs- und Landwirtschaftsorganisation der Vereinten Nationen. Es muß sich um fachlich qualifizierte Angehörige der streitbeteiligten Länder und um Fachleute für Fischereifragen aus dem rechtlichen, administrativen und wissenschaftlichen Bereich handeln." Bezüglich der juristischen Kraft der Entscheidungen dieser speziellen Kommission wird in Art. 11 ausgeführt, daß sie für die beteiligten Staaten verbindlich sind, wobei auf diese Entscheidungen die Bestimmungen des Art. 94 Abs. 2 der VN-Satzung angewendet werden.[88] Für die Streitregelung auf dem Gebiet der Fischerei zwang das Abkommen den Staaten somit eine obligatorische Schiedsgerichtsbarkeit auf. Dies konnte eine Verletzung der Souveränität der Staaten zur Folge haben. Auf der Genfer Konferenz von 1958 wurden einzelne Stimmen laut, daß die Einrichtung von Mechanismen zur Streitregelung über die Fischerei hinaus bei anderen Aspekten des Seerechts notwendig sei und daß ein ganzes System von

---

[86] VN-Dok. A/CONF.13/38: United Nations Conference on the Law of the Sea, Official Records, Vol. II, 13th plenary meeting, S. 31.

[87] Siehe Sbornik dokumentov o porjadke plavanija i vedenija promysla sovetskimi sudami v otkrytom more, Moskva 1962, S. 97.

[88] In Abs. 2 des Art. 94 der Satzung der Vereinten Nationen wird die Ausführung von Entscheidungen des Internationalen Gerichtshofs der VN geregelt. Hier heißt es insbesondere: „Kommt eine Streitpartei ihren Verpflichtungen aus einem Urteil des Gerichtshofs nicht nach, so kann sich die andere Partei an den Sicherheitsrat wenden; dieser kann, wenn er es für erforderlich hält, Empfehlungen abgeben oder Maßnahmen beschließen, um dem Urteil Wirksamkeit zu verschaffen."

Instrumenten zur friedlichen Streitregelung für alle Abkommen geschaffen werden müsse. Einige Delegationen sprachen sich für die Erstreckung der in den Artikeln über die Fischerei vorgesehenen obligatorischen Schiedsgerichtsbarkeit auf andere Bestimmungen künftiger Abkommen aus. Das war z. B. die Zielrichtung eines von Holland eingebrachten Entwurfs.[89]

Eine umfangreiche Diskussion fand über einen von der Schweiz vorgelegten Entwurf statt.[90] Er nannte sich „Protokoll über die Beilegung von Streitigkeiten". Bei der Vorlage sagte *P. Ruegger*, daß es nach Ansicht seiner Regierung am praktischsten sei, Bestimmungen über eine obligatorische Streitregelung nicht in den Konventionstext selbst aufzunehmen, sondern ihnen fakultativen Charakter in einem besonderen Protokoll zu geben. Da es sich um einen informellen Entwurf handelte, erregte er bei den Konferenzteilnehmern keinen besonderen Widerspruch. Der Entwurf wurde an den Redaktionsausschuß der Konferenz überwiesen und am 29. April 1958 von einer Reihe von Staaten unterzeichnet. Er trug die Bezeichnung „Fakultatives Unterzeichnungsprotokoll über die obligatorische Beilegung von Streitigkeiten".[91] Dieses Fakultativprotokoll besteht aus sieben Artikeln. Seine Grundidee liegt darin, alle Streitigkeiten über die Auslegung und Anwendung des Abkommens obligatorisch dem Internationalen Gerichtshof der VN zur Entscheidung zu unterbreiten. In der Präambel des Protokolls wird davon gesprochen, daß die Vertragsstaaten den Wunsch haben, soweit sie betroffen sind, eine obligatorische Entscheidung des Internationalen Gerichtshofs für alle Streitigkeiten herbeizuführen, die sich auf Auslegung oder Anwendung der Bestimmungen der Abkommen beziehen. In Übereinstimmung hiermit ist in Art. I folgende Bestimmung niedergelegt: „Streitigkeiten über die Auslegung oder Anwendung der Seerechtsabkommen unterliegen der obligatorischen Jurisdiktion des Internationalen Gerichtshofs, dem deshalb von jeder Streitpartei Anträge unterbreitet werden können". Art. II des Protokolls nimmt einige Artikel des Abkommens über die Fischerei und den Schutz der lebenden Naturschätze der Hohen See von 1958 aus seinem Geltungsbereich aus, auf die Art. 10, 11 und 12 dieses Abkommens anwendbar sind. (Von der Streitregelung auf dem Gebiet der Fischerei war bereits oben die Rede.) In Art. III wird die Möglichkeit eröffnet, daß die Sache anstelle des Internationalen Gerichtshofes einem Schiedsgericht vorgelegt wird, wenn die Parteien im Verlauf von zwei Monaten nach der Feststellung eines Streites Einvernehmen darüber erzielen. Jedoch kann nach Ablauf dieser Frist jede Partei durch eine Erklärung die Sache vor den Internationalen Gerichtshof bringen. Beispielhaft ist das Verfahren für den Beginn der obligatorischen Prozedur in Art. IV, das innerhalb von zwei

---

[89] VN-Dok. A/CONF.13/BUR/L.6.

[90] VN-Dok. A/CONF.13/BUR/L.3.

[91] Das Protokoll war das fünfte Dokument, das von der Genfer Konferenz von 1958 zusammen mit den Abkommen über die Hohe See, das Küstenmeer und die Anschlußzone, die Fischerei und den Festlandsockel angenommen wurde, siehe VN-Dok. A/CONF.13/L.57.

Monaten eingeleitet werden kann. Die Vergleichskommission, die nach dieser Regelung einzurichten ist, arbeitet innerhalb von fünf Monaten ihre Empfehlungen aus. Werden diese Empfehlungen nicht innerhalb von zwei weiteren Monaten von den Parteien angenommen, wird die Sache auf Antrag einer der Parteien dem Internationalen Gerichtshof vorgelegt. Obwohl das Protokoll den Parteien die Möglichkeit gibt, sich an ein Schiedsgericht zu wenden oder den Weg der Schlichtung zu beschreiten, ist also letzte Instanz für die Streitregelung der Internationale Gerichtshof.

Nach den Genfer Abkommen von 1958 erhielten die Staaten nicht nur unzureichende Freiheit in der Auswahl der Mittel zur Regelung maritimer Streitigkeiten, darüber hinaus wurde ihnen sogar noch ein sehr enger Rahmen gesteckt. Es war völlig unrealistisch zu erwarten, daß bei Meinungsverschiedenheiten über den Inhalt der materiellen Normen der Genfer Abkommen von 1958 die Staaten eine ihnen unverhohlen aufgezwungene obligatorische Jurisdiktion des Internationalen Gerichtshofs der VN hinnehmen würden. Die Sowjetunion nahm das Abkommen über die Fischerei nicht an und unterzeichnete auch nicht das Fakultativprotokoll. Aus diesem Grunde erstrecken sich die in diesen Dokumenten enthaltenen Bestimmungen über die Streitregelung nicht auf sie. Das Protokoll fand auch nicht die Zustimmung anderer Staaten der Welt. Am Tage seines Inkrafttretens, am 30. September 1962, war es lediglich von 10 der 86 Staaten unterzeichnet worden, die an den Genfer Konferenzen teilgenommen hatten.[92] Das Protokoll spielte deshalb für die Entwicklung der Instrumente zur Regelung internationaler maritimer Streitigkeiten keine große Rolle.

Die Beratungen des Problems der friedlichen Streitregelung auf der 3. VN-Seerechtskonferenz gestalteten sich kompliziert und schwierig. Ein Vergleich mit anderen, früher unternommenen Versuchen einer Kodifizierung auf diesem Gebiet — auch etwa mit den Verhandlungen von San Francisco über die Vorschläge eines Streitregelungssystems für die VN-Satzung — zeigt, daß niemals zuvor in der Geschichte der internationalen Rechtsschöpfung die vielzähligen und schwierigen Fragen der Bereinigung zwischenstaatlicher Konflikte so systematisch erörtert und analysiert worden sind. Es ist bemerkenswert, daß die prozeduralen Normen über die Regelung von Meinungsverschiedenheiten bezüglich des Inhalts materieller Normen gleichzeitig mit der Erarbeitung genau dieser materiellen Normen beraten wurden. Die Frage der Streitregelung stellte sich schon während der Arbeiten des VN-Ausschusses für die friedliche Nutzung des Meeresbodens jenseits der Grenzen nationaler Jurisdiktion, als es noch lediglich um die Erarbeitung der Rechtsordnung für die Erforschung und Ausbeutung der Naturschätze des Meeresbodens ging. Im Jahre 1970 erstellte der Unterausschuß für Wirtschaft und Technik dieses VN-Organs eine Liste von Fragen über die wirtschaftlichen und technischen Bedingungen und Regeln der Ausbeutung der Naturschätze des Meeresbodens. In Teil V der Liste war als

---

[92] Rabota Komissii meždunarodnogo prava OON, New York 1975, S. 151-152 (The Work of the International Law Commission, UN — New York 1972, S. 36).

Ziff. 24 folgendes enthalten: „Es müssen Bestimmungen ausgearbeitet werden, welche die notwendige Regelung von Streitigkeiten sicherstellen, die zwischen Staaten oder zwischen Staaten und der internationalen Behörde oder zwischen Operateuren und anderen Subjekten der Nutzung der Meeresumwelt entstehen können. Diese Frage muß auch zur weiteren Erörterung dem juristischen Unterausschuß vorgelegt werden.“[93] Als der Ausschuß später daran ging, die Materialien für die Seerechtskonferenz vorzubereiten, erörterte er unter anderem auch Vorschläge für ein Streitbeilegungssystem, das alle maritimen Tätigkeiten erfassen sollte. Der zweite Unterausschuß, der sich unmittelbar mit der Vorbereitung der Themenliste und der Fragen für die künftige VN-Seerechtskonferenz befaßte, konnte diese Arbeit innerhalb des Jahres 1971 nicht abschließen. Im Verlauf der Beratungen über die Liste im Jahre 1972 zeigte sich, daß die Delegationen der Frage der Streitregelung die gleiche Bedeutung beimaßen wie vielen materiellen Normen des Seerechts. Die Ziff. 20 „Streitregelung“ war in dem Entwurf einer Liste enthalten, die im Namen einer Gruppe von Entwicklungsländern Asiens, Afrikas und Lateinamerikas am Ende der Frühjahrssitzung 1972 vorgelegt wurde.[94] Später wurde dieser Entwurf von den genannten Ländern überarbeitet[95], und die „Streitregelung“ wurde Ziff. 21 der Konferenzthemen. Beide Entwürfe bildeten die Grundlage für die informellen Konsultationen im Rahmen des zweiten Unterausschusses. Hier wurden viele Änderungs- und Zusatzanträge eingebracht, die jedoch nicht die Berechtigung des Punktes über die Streitregelung betrafen. Auf der Sommersitzung 1972 billigte der zweite Unterausschuß eine überarbeitete Liste mit entsprechenden Ergänzungen und legte sie in seinem Namen dem VN-Meeresbodenausschuß vor, der sie am 18. August 1972 als sein eigenes Dokument bestätigte.[96] Anläßlich der Verteilung der Zuständigkeiten unter den Unterausschüssen dieses Organs im Frühjahr 1973 wurde auf Vorschlag des Ausschußvorsitzenden beschlossen, den Punkt „Streitregelung“ nicht einem einzigen Unterausschuß zuzuweisen, sondern von allen Unterausschüssen in dem Umfang beraten zu lassen, in dem er ihre Zuständigkeiten betraf.[97]

Zu Beginn der 3. VN-Seerechtskonferenz wurde die Entschlossenheit ihrer Teilnehmer, den gesamten Fragenkomplex zum Seerecht gleichzeitig zu behandeln, in dem bekannten „Gentlemen's Agreement“ über die „Paketlösung“ formuliert. Dadurch war es den Staaten möglich, Zurückhaltung zu zeigen. Sie mußten sich nicht danach drängen, strenge Pflichten im Bereich der Bereinigung von Meinungsverschiedenheiten auf sich zu nehmen, die in Zukunft über die Normen entstehen könnten, deren Inhalt noch nicht im Konsens vereinbart war.

---

93 VN-Dok. A/AC.138/SC.II/L.6 App.I.

94 VN-Dok. A/AC.138/66.

95 VN-Dok. A/AC.138/66/Rev.1.

96 General'naja Assambleja OON: Oficial'nye otčety. Dvadcat sed'maja sessija. Dop. No. 21 (A/8721) p. 23 (GAOR 27th Session, Suppl. 21, para. 23).

97 VN-Dok. A/AC.138/L.13/Rev.1.

Deshalb wurden im Meeresbodenausschuß ebenso wie auf der 3. VN-Seerechtskonferenz fast keine Einzelentwürfe von Artikeln über die Streitregelungsmittel im Namen von Staaten oder Staatengruppen vorgelegt. Vorschriften über die Regelung von Meinungsverschiedenheiten befanden sich meist in Entwürfen, die sich auf konkrete maritime Tätigkeiten bezogen: Abgrenzung (Entwurf der Türkei)[98], Nutzung der Hohen See (Entwurf Maltas über das „nationale Meer“)[99] oder Fischerei (Entwurf Panamas, Perus und Ekuadors).[100] In den Entwürfen einzelner Staaten traf man auch Verweisungen an. So hieß es z. B. in Art. IV des gemeinsamen Entwurfs Australiens, Afghanistans, Belgiens, Boliviens, Nepals und Singapurs über die Jurisdiktion der Küstenstaaten bezüglich der Naturschätze jenseits der Grenzen des Küstenmeeres: „Jeder Streit, der bei der Auslegung und Anwendung der Bestimmungen der oben genannten Artikel entsteht, unterliegt einer Entscheidung unter Anwendung der obligatorischen Streitregelungsverfahren, die in der Konvention vorgesehen sind.“[101]

Bis zum Beginn der 3. VN-Seerechtskonferenz wurde nur ein einziger Entwurf vorgelegt, der gänzlich der Bereinigung von Streitigkeiten gewidmet war, der amerikanische „Entwurf für ein Kapitel über die Streitbeilegung“.[102] Er enthielt einige nicht aufeinander abgestimmte Vorschriften, die eine obligatorische gerichtliche Regelung aller internationalen maritimen Streitigkeiten vorsahen. Die Zurückhaltung der Mehrheit der Staaten hinsichtlich der Streitregelung führte dazu, daß diese Fragen nicht in dem Ausmaß diskutiert werden konnten wie andere Aspekte des Seevölkerrechts. Das erste wichtige Dokument auf diesem Gebiet erschien erst gegen Ende der zweiten Konferenzsitzung, die in Caracas im Jahre 1974 stattfand. Es handelte sich um ein Arbeitsdokument zur Streitregelung im Seevölkerrecht vom 27. August 1974, das von einer Arbeitsgruppe aus 9 Staaten erstellt worden war (Australien, Belgien, Bolivien, Kolumbien, El Salvador, Luxemburg, Niederlande, Singapur und USA).[103] Es umfaßte 11 Punkte mit alternativen Texten. Zusätzlich waren Auszüge aus anderen Dokumenten aufgenommen worden, die zur Klärung der Bedeutung der vorgeschlagenen Texte beitragen konnten. Dieses Arbeitsdokument bildete die Grundlage für Verhandlungen im Rahmen der sogenannten Arbeitsgruppe für Streitregelung, die am Ende der Caracas-Sitzung ihre Tätigkeit aufnahm und dann regelmäßig zusammentrat. Diese Gruppe trug einen äußerst informellen Charakter. Sie war offen für alle Konferenzteilnehmer. Nicht alle Delegationen zeigten ein gleiches Interesse an der Tätigkeit der Arbeitsgruppe für die Streitregelung. Einige von ihnen nahmen fast ständig an ihr teil, andere

---

98 VN-Dok. A/AC.138/SC.II/L.22.

99 VN-Dok. A/AC.138/SC.II/L.28.

100 VN-Dok. A/AC.138/SC.II/L.54.

101 VN-Dok. A/AC.138/SC.II/L.39.

102 VN-Dok. A/AC.138/97.

103 VN-Dok. A/CONF.62/L.7.

entsandten ihre Vertreter nur zu ein oder zwei Sitzungen. Bis zum Ende der Genfer Sitzung beteiligten sich aber immerhin mehr als 60 Staaten an der Arbeit dieser Gruppe.

Die drei Vorsitzenden der Arbeitsgruppe für Streitregelung (*A. O. Adede* aus Kenia, *R. Galindo-Pohl* aus El Salvador und *R. L. Harry* aus Australien) vertraten die Auffassung, daß ein von ihnen zusammengestelltes Dokument den Delegationsleitern und dem Präsidenten der Konferenz ausschließlich „zum Zwecke der Information" zugeleitet werden konnte.[104] Nur die vier ersten von 17 Artikeln wurden zur Diskussion durch die Konferenz gestellt, weil die Mitglieder der Gruppe lediglich über diese vier Artikel Einvernehmen erzielen konnten. Sie enthielten die allgemeine Verpflichtung der Parteien eines Streites, ihre Meinungsverschiedenheiten über die Auslegung oder Anwendung der künftigen Konvention gemäß Art. 33 der VN-Satzung mit friedlichen Mitteln beizulegen oder mit Hilfe derjenigen Methoden, die sich aus bereits abgeschlossenen regionalen Übereinkommen ergeben. Darüber hinaus verpflichtete Art. 4 die Parteien zu einem Meinungsaustausch sowohl zur Beilegung von Streitigkeiten als auch für den Fall, daß die unternommenen Schritte zur Bereinigung der Meinungsverschiedenheiten erfolglos bleiben würden. Auf der Frühjahrssitzung 1976 der 3. VN-Seerechtskonferenz wurde das Dokument über die Streitregelung zunächst erneut im Rahmen der Arbeitsgruppe und sodann im Plenum beraten, wo die Vertreter der Staaten ihre offizielle Position darlegten. Aus den Stellungnahmen kristallisierte sich folgende gemeinsame Haltung der Konferenz heraus: Es sei nötig, ein Streitregelungssystem zu schaffen, das zuverlässig die Entscheidung auftretender Meinungsverschiedenheiten gewährleistet und dabei gleichzeitig in den verschiedenen Situationen leicht anwendbar ist. Viele Redner unterstrichen, daß das System zur Regelung von Streitigkeiten über die Auslegung und Anwendung der Konvention nicht nur ausreichend wirksam, sondern auch flexibel sein müsse, um den unterschiedlichen Interessen der verschiedenen Gruppen gerecht zu werden. Dies sei deshalb nötig, weil die Konvention das Ergebnis eines Konsenses sein würde, der auf der „Paketlösung" beruhe. Die sowjetische Delegation und die Vertreter anderer sozialistischer Länder traten konsequent für die Aufnahme solcher Streitregelungsverfahren in die künftige Konvention ein, die den bestehenden Realitäten der internationalen Beziehung gerecht würden. Der Vertreter der UdSSR, Genosse *S. P. Kozyrev*, betonte z. B., daß die Festigung des Friedens und der Sicherheit sowie die Entwicklung der internationalen Zusammenarbeit als grundlegende Leitprinzipien für die Anwendung juristischer Bestimmungen der Konvention und die Lösung der mit ihr verbundenen Probleme dienen müßten.[105]

Die Debatten erlaubten es dem Konferenzpräsidenten, ein Dokument vorzubereiten, das als Teil IV in den „Überarbeiteten Informellen Einheitlichen Verhandlungstext" Eingang fand. Bei der Vorlage wies der Präsident darauf hin,

---

[104] VN-Dok. SD/Gp/2nd Session/N I/Rev.5, S. 1.

[105] VN-Dok. A/CONF.62/SR.58, S. 13.

daß das Dokument lediglich informellen Charakter habe, die Position keiner Delegation präjudiziere und nicht beanspruche, ein abgestimmter Text oder Kompromiß zu sein.[106] Der Teil IV des „Überarbeiteten Informellen Einheitlichen Verhandlungstextes" bestand aus 18 Artikeln, die in zwei Abschnitte gegliedert waren. In 6 Artikeln, die zum ersten Abschnitt gehören, werden die allgemeinen Prinzipien der Regelung von Streitigkeiten über die Auslegung und Anwendung der Konvention dargelegt, und in 12 Artikeln, die den zweiten Abschnitt bilden, wird eine Beschreibung der Auswahl und Anwendung der einzelnen Verfahren gegeben. Der Teil hatte 7 Anlagen: Schlichtung, Schiedsgericht, Seerechtstribunal und besondere Verfahren, die bei der Regelung von Streitigkeiten in den Bereichen Fischerei, Verschmutzung der Meeresumwelt, wissenschaftliche Meeresforschung und Schiffahrt angewendet werden. Jedoch waren nicht alle Bestimmungen über die Beilegung von Meinungsverschiedenheiten in Teil IV konzentriert. Nicht in diesen Teil einbezogen waren die Normen über Streitigkeiten betreffend die Tätigkeit zur Erforschung und Ausbeutung des Meeresbodens. Diese waren mit den materiellen Bestimmungen im Teil I verbunden, in dem es um die Tätigkeit im internationalen Gebiet des Meeresbodens ging und der Gegenstand der Beratungen im ersten Konferenzausschuß war. Für diese Streitigkeiten war ein gesondertes System zur Bereinigung von Streitigkeiten durch ein Meeresbodentribunal vorgesehen, das eines der Organe der damals vorgeschlagenen internationalen Meeresbodenbehörde war. Der „Informelle Einheitliche Verhandlungstext" sah also formal zwei getrennte Streitregelungssysteme vor.

Im Jahre 1976 erörterte der erste Ausschuß Einzelheiten der Probleme einer Regelung von Streitigkeiten über den Meeresboden überhaupt nicht und 1977 lediglich am Ende der sechsten Konferenzsitzung. Einige Tage nach Abschluß dieser Sitzung legte der Konferenzpräsident ein Dokument unter der Bezeichnung „Informeller Zusammengesetzter Verhandlungstext" vor.[107] Er unterschied sich in bezug auf die Streitregelung beträchtlich von dem vorhergehenden Entwurf, in dem das System zur Regelung von Streitigkeiten über Tätigkeiten auf dem Meeresboden gänzlich mit dem für die ganze Konvention vorgesehenen Streitregelungssystem vereinigt worden war. Der neue Text sah bereits nicht mehr die Schaffung eines gesonderten Meeresbodentribunals vor; an seiner Stelle sollte die Meeresbodenkammer tätig werden, die ein Teil des Seerechtstribunals bilden sollte. Die Artikel über die Streitbeilegung bei allen Aspekten maritimer Tätigkeit außer der Ausbeutung des Meeresbodens waren in Teil XV konzentriert. Letzterer enthielt 19 Artikel, unterteilt in zwei Abschnitte. Zu ihm gehörten auch vier Anhänge, die am Ende des „Informellen Zusmmengesetzten Verhandlungstextes" beigefügt waren. Teil XV wies im wesentlichen den gleichen Aufbau wie Teil IV des „Informellen Einheitlichen Verhandlungstextes" auf. Bei der weiteren Verbesserung des „Informellen Zusammengesetzten

106 VN-Dok. A/CONF.62/WP.9/Rev.I, S. 1.

107 VN-Dok. A/CONF.62/WP.10.

Verhandlungstextes" in den Jahren 1978 - 1980 wurden nur in einzelnen Artikeln des Teils XV einige Veränderungen vorgenommen. Diese Artikel fanden mit weiteren Änderungen und Ergänzungen Eingang in Teil XV des informellen Entwurfs einer Seerechtskonvention, der im Sommer 1980 erschien.[108] Einige unbedeutende Veränderungen erfuhr Teil XV auch bei der Umwandlung des „Informellen Zusammengesetzten Verhandlungstextes" in die VN-Seerechtskonvention von 1982.

4. Grundlegende Strukturen des Systems zur friedlichen Regelung internationaler Streitigkeiten, das auf der 3. Seerechtskonferenz der Vereinten Nationen erarbeitet wurde

Teil XV der VN-Seerechtskonvention von 1982 besteht aus drei Abschnitten: Im ersten sind allgemeine Bestimmungen enthalten, welche die generelle Einstellung der Teilnehmer der 3. VN-Seerechtskonferenz zur friedlichen Streitbeilegung und ihren bilateralen Mitteln wiedergeben. Sodann werden im zweiten Abschnitt schiedsgerichtliche und gerichtliche Verfahren beschrieben; im dritten folgen Einschränkungen und Ausnahmen von der Anwendung des zweiten Abschnitts. Die Beratungen des Problems der friedlichen Streitregelung zeigten die Einsicht aller Konferenzteilnehmer in die Notwendigkeit, alle Konflikte bei der Auslegung der Bestimmungen der Konvention zügig und endgültig zu regeln. Deshalb wurde das Prinzip der friedlichen Streitregelung zu einem der grundlegenden Prinzipien dieses völkerrechtlichen Vertrages, so wie es neben anderen allgemein anerkannten Völkerrechtsprinzipien in der VN-Satzung niedergelegt ist. Die Präambel der Konvention gibt die Überzeugung der Vertragsstaaten wieder, „daß die in dieser Konvention verwirklichte Kodifizierung und fortschreitende Entwicklung des Seerechts zur Stärkung des Friedens, der Sicherheit, der Zusammenarbeit und der freundschaftlichen Beziehungen zwischen allen Nationen in Übereinstimmung mit den Grundsätzen der Gerechtigkeit und Gleichberechtigung beitragen und den wirtschaftlichen und sozialen Fortschritt aller Völker der Welt in Übereinstimmung mit den Zielen und Grundsätzen der Vereinten Nationen fördern wird, wie sie in deren Charta festgelegt sind." Einen ausdrücklichen Verweis auf die VN-Satzung enthält auch Teil XV. In Art. 279, der überschrieben ist „Verpflichtung zur Beilegung von Streitigkeiten durch friedliche Mittel", heißt es: „Die Vertragsstaaten legen Streitigkeiten untereinander über die Auslegung und Anwendung dieser Konvention durch friedliche Mittel im Einklang mit Art. 2 Abs. 3 der Satzung der Vereinten Nationen bei; sie bemühen sich zu diesem Zweck um eine Beilegung durch die in Art. 33 Abs. 1 der Satzung angegebenen Mittel."[109] Das Prinzip der

---

[108] VN-Dok. A/CONF.62/WP.10/Rev.3 vom 27. August 1980.

[109] In Art. 2 Abs. 3 der VN-Satzung heißt es: „Alle Mitglieder legen ihre internationalen Streitigkeiten durch friedliche Mittel so bei, daß der Weltfriede, die internationale Sicherheit und die Gerechtigkeit nicht gefährdet werden."

friedlichen Streitregelung kommt auch in einigen Bestimmungen der Teile I — XIV zum Ausdruck, in denen die materiellen Normen konzentriert sind. So heißt es in Art. 59 unter der Überschrift „Grundlage für die Lösung von Konflikten über die Zuweisung von Rechten und Jurisdiktion in der ausschließlichen Wirtschaftszone“: „In Fällen, in denen diese Konvention weder dem Küstenstaat noch anderen Staaten Rechte oder Jurisdiktion innerhalb der ausschließlichen Wirtschaftszone zuweist und ein Konflikt zwischen den Interessen des Küstenstaates und denen eines oder mehrerer anderer Staaten entsteht, soll dieser Konflikt auf der Grundlage der Billigkeit und unter Berücksichtigung aller maßgeblichen Umstände gelöst werden, wobei der Bedeutung dieser Interessen für die einzelnen Parteien sowie für die internationale Gemeinschaft als Ganzes Rechnung zu tragen ist.“ An anderer Stelle (Art. 264 in Teil XIV über „Wissenschaftliche Meeresforschung“) findet sich eine Verweisung auf Teil XV, in dem das Prinzip der friedlichen Streitbeilegung geregelt ist: „Streitigkeiten über die Auslegung oder Anwendung dieser Konvention in bezug auf wissenschaftliche Meeresforschung werden nach Teil XV Abschnitte 2 und 3 beigelegt.“ Jedoch ist das Prinzip der friedlichen Streitbeilegung in der Seerechtskonvention nicht einfach wiederholt, sondern weiterentwickelt worden. So ruft Art. 33 Abs. 1 der VN-Satzung diejenigen Parteien zur Nutzung friedlicher Mittel auf, die an einem Streit beteiligt sind, dessen „Fortdauer geeignet ist, die Wahrung des Weltfriedens und der internationalen Sicherheit zu gefährden“. Die Konvention enthält keine derartige Einschränkung. In Art. 279 heißt es, daß die Vertragsstaaten alle Streitigkeiten beilegen.

Das System der friedlichen Streitbeilegung in der VN-Seerechtskonvention von 1982 beruht auf zwei Prinzipien, auf dem der obligatorischen, unverzüglichen und endgültigen Regelung aufgetretener Meinungsverschiedenheiten und auf dem der völligen Freiheit der Wahl der Mittel zur friedlichen Streitbeilegung. Das erste Prinzip setzt sich aus Normen zusammen, welche die Streitparteien verpflichten, friedliche Mittel zu ergreifen, sobald ein Streit entstanden ist und dies bis zur Lösung fortzusetzen. Die Lösung muß so geartet sein, daß sie beide Seiten befriedigt und die Ursachen für die Entstehung des Streites beseitigt. Die Vertragsstaaten sind nicht nur verpflichtet, ihre Streitigkeiten zu regeln, sie müssen dies auch unverzüglich tun. „Entsteht zwischen Vertragsparteien eine Streitigkeit über die Auslegung oder Anwendung dieser Konvention, so nehmen die Streitparteien unverzüglich einen Meinungsaustausch über ihre Beilegung ... auf“ (Art. 283 Abs. 1). Die Versuche einer friedlichen Beilegung müssen solange fortgesetzt werden, bis sie zur völligen Bereinigung des Streites führen. Die Parteien sind verpflichtet, „auch dann einen Meinungsaustausch aufzunehmen, wenn ein Verfahren zur Streitbeilegung ohne Ergebnis beendet worden ist oder wenn eine Beilegung zwar erzielt wurde, die Umstände jedoch weitere Konsultationen über die Art ihrer Durchführung erforderlich machen.“ (Art. 283 Abs. 2). Am klarsten findet das Prinzip der unverzüglichen obligatorischen und endgültigen Streitregelung in der Eingangsbestimmung der Konvention zu dem

Kapitel über obligatorische Verfahren Ausdruck, die im Abschnitt 2 des Teils XV enthalten sind. Art. 286 bestimmt: „Vorbehaltlich des Abschnitts 3 wird eine Streitigkeit über die Auslegung oder Anwendung dieses Übereinkommens, soweit eine Beilegung aufgrund des Abschnitts 1 nicht erzielt wurde, auf Antrag einer der Streitparteien dem nach dem vorliegenden Abschnitt zuständigen Gerichtshof oder Gericht unterbreitet." Es ist also die Möglichkeit vorgesehen, ein Gerichtsverfahren einzuleiten, wenn der Streit nicht anderweitig beigelegt wurde.

Das zweite Prinzip des Systems friedlicher Streitregelung in der Seerechtskonvention von 1982 ist die Freiheit der Wahl der Mittel. Diesem Prinzip liegt die allgemeine Anerkennung der Tatsache zugrunde, daß, ausgehend vom Prinzip der souveränen Gleichheit, ein Staat niemals gezwungen werden darf, einen Streit, an dem er beteiligt ist, mit Hilfe eines Verfahrens entscheiden zu lassen, das von ihm nicht freiwillig akzeptiert worden ist.[110] Dies wird in der Satzung der Vereinten Nationen (Art. 33) und durch die Staatenpraxis bekräftigt. Das Prinzip der freien Wahl der Mittel für die friedliche Streitregelung wurde auf der Konferenz keineswegs sofort vereinbart. Ungeachtet des klaren Mißerfolges des obligatorischen Streitbeilegungssystems, das auf der Genfer Konferenz von 1958 verabschiedet worden war, schlugen einige Teilnehmer der 3. VN-Seerechtskonferenz von neuem vor, ein derartiges System zu billigen. Jedoch wurde fast sofort klar, daß diese Idee keinerlei Unterstützung fand.[111] Als Gegengewicht zu ihr wurde die Idee des „funktionalen" Ansatzes entwickelt, d.h. es sollten je nach Streitkategorie spezialisierte Verfahren geschaffen werden. Jedoch konnten auch die Verfechter dieses „funktionalen" Ansatzes keine Einigkeit untereinander herstellen. Einige von ihnen schlugen vor, sich auf die Schaffung eines Seerechtstribunals zu beschränken, andere traten für die Anpassung der Verfahren an die einzelnen Arten von Streitigkeiten ein, d.h. sie forderten Instrumente, die speziell auf die Lösung von Meinungsverschiedenheiten gerade dieser Art abgestimmt waren. Solche speziellen Mittel wurden für die Beilegung von Streitigkeiten auf dem Gebiet der Fischerei, des Kampfes gegen die Umweltverschmutzung, für wissenschaftliche Forschung und für die Schiffahrt vorgeschlagen. Der VN-Meeresbodenausschuß seinerseits verteidigte die Notwendigkeit, ein spezielles Gericht für die Verhandlung der Angelegenheiten im Zusammenhang mit der Ausbeutung des Meeresbodens einzurichten.

Die Delegationen der sozialistischen Länder traten auf der Konferenz entschieden für die Bestätigung des Rechts der freien Wahl in der Konvention ein. Der Vertreter der bulgarischen Delegation, *Karasimeonov*, sagte z.B.: „Was

---

[110] Siehe den Bericht des Sonderausschusses für die Prinzipien des Völkerrechts betreffend freundschaftliche Beziehungen und Zusammenarbeit zwischen den Staaten, VN-Dok. A/6230 vom 27. Juni 1966, Absätze 86-272; VN-Dok. A/5746 vom 16. November 1964, Kapitel IV; Dok. A/6799 vom 26. September 1967, Kapitel IV.

[111] Siehe *V. Jaroslavcev*, Konferencija OON po morskomu pravu, in: Meždunarodnaja žizn 1976, No. 7, S. 101.

die Wahl des Verfahrens durch die betroffenen Parteien angeht, so ist die bulgarische Delegation der Ansicht, daß man ihnen die freie Wahl einräumen muß. Man muß jedoch davon ausgehen, daß einem dieser Verfahren eine dominierende Rolle eingeräumt wird."[112] Die Diskussionen auf der Konferenz bestätigten, daß ein obligatorisches gerichtliches, schiedsgerichtliches oder sonstiges Verfahren unter Teilnahme einer dritten Partei keine Anerkennung findet, soweit es um eine Streitbeilegungsmethode geht, die nicht nur einen engen, begrenzten Anwendungsbereich hat, sondern die als ein allgemeines Mittel angesehen werden soll, das auf unterschiedliche Kategorien von Streitigkeiten anwendbar ist.[113] Deshalb wird in der Konvention die Freiheit der Parteien anerkannt, nach ihrer Wahl die Verpflichtung zu übernehmen, ihre Streitigkeiten zur Entscheidung einem der Verfahren zur friedlichen Streitregelung zu unterwerfen. Das Prinzip der freien Wahl des ihnen am angemessensten erscheinenden Verfahrens kommt darin zum Ausdruck, daß die Streitparteien die Möglichkeit haben, aus einem ganzen Spektrum von Mitteln eines oder mehrere zu nutzen. In Art. 33 Abs. 1 der VN-Satzung, auf den Art. 279 der Konvention verweist, sind aufgeführt: Verhandlungen, Untersuchung, Vermittlung, Vergleich, Schiedsspruch, gerichtliche Entscheidung, Inanspruchnahme regionaler Einrichtungen oder Abmachungen. Jedoch ist die Auswahl nicht auf diese Liste beschränkt. In Art. 280 der Konvention heißt es: „Dieser Teil beeinträchtigt nicht das Recht der Vertragsstaaten, jederzeit zu vereinbaren, eine Streitigkeit zwischen ihnen über die Auslegung oder Anwendung dieses Übereinkommens durch friedliche Mittel eigener Wahl beizulegen." Ein Mittel zur friedlichen Streitregelung kann z. B. ein Verfahren sein, das in einem universellen, regionalen oder speziellen Vertrag vorgesehen ist: „Haben die Vertragsstaaten, die an einer Streitigkeit über die Auslegung oder Anwendung dieser Konvention beteiligt sind, im Rahmen einer allgemeinen, regionalen oder besonderen oder einer sonstigen Übereinkunft die Verpflichtung übernommen, Streitigkeiten durch ein Verfahren beizulegen, das eine bindende Entscheidung bewirkt, so wird die Streitigkeit auf Ersuchen der Streitparteien diesem Verfahren unterworfen. In diesem Fall findet kein anderes in diesem Teil vorgesehenes Verfahren Anwendung, sofern die Streitparteien nichts anderes vereinbaren" (Art. 282). Hierbei handelt es sich um ein Verfahren, das mit einer verbindlichen Entscheidung endet. In der Konvention selbst werden eine Reihe von gerichtlichen und schiedsgerichtlichen Organen angeführt, unter denen jeder Vertragsstaat seine Wahl treffen kann. Art. 287 bestimmt: „Bei der Zeichnung, Ratifikation oder dem Beitritt zu dieser Konvention oder zu jedem späteren Zeitpunkt steht es dem Staat frei, durch eine schriftliche Erklärung eine oder mehrere der folgenden Mittel zur Beilegung von Streitigkeiten über die Auslegung oder Anwendung der Konvention zu wählen", nämlich a) den

---

[112] VN-Dok. A/CONF.62/SR.60.

[113] *Ju. Rybakov, E. Vylegžanina*, O formach i metodach uregulirovanija sporov, in: Meždunarodnaja žizn 1979, No. 5.

Internationalen Seegerichtshof, b) den Internationalen Gerichtshof der Vereinten Nationen, c) ein allgemeines Schiedsgericht nach Anhang VII, d) ein besonderes Schiedsgericht, dessen Einsetzung in Anhang VIII geregelt wird (für Streitigkeiten über die Fischerei, den Kampf gegen die Meeresverschmutzung, wissenschaftliche Meeresforschung und Schiffahrt).

Das Prinzip der Freiheit der Wahl findet auch in der Möglichkeit Ausdruck, die Anwendung obligatorischer Verfahren für ganze Kategorien von Streitigkeiten auszuschließen. In Teil XV der Seerechtskonvention gibt es einige Artikel, die den Geltungsbereich dieser Verfahren wesentlich einschränken. Art. 297 regelt die Anwendung obligatorischer Mittel auf Streitigkeiten „in bezug auf die Ausübung seiner souveränen Rechte oder seiner Jurisdiktion durch einen Küstenstaat". In ihm wird ausdrücklich festgestellt, in welchen Fällen solche Streitigkeiten einem obligatorischen Verfahren zur Entscheidung unterbreitet werden können: a) wenn behauptet wird, daß ein Küstenstaat gegen die Bestimmungen dieser Konvention hinsichtlich der Freiheiten und der Rechte der Schiffahrt oder des Überfluges oder der Verlegung von unterseeischen Kabeln oder Rohrleitungen oder sonstiger völkerrechtlich zulässiger Nutzungen des Meeres nach Art. 58 verstoßen hat; b) wenn behauptet wird, daß ein Staat bei der Ausübung der genannten Freiheiten, Rechte oder Nutzungen gegen diese Konvention oder gegen Gesetze oder sonstige Vorschriften des Küstenstaates verstoßen hat, die dieser im Einklang mit der Konvention und sonstigen Regeln des Völkerrechts erlassen hat und die mit der Konvention nicht unvereinbar sind; c) wenn behauptet wird, daß ein Küstenstaat gegen bestimmte auf ihn anwendbare internationale Regeln und Normen zum Schutz und zur Erhaltung der Meeresumwelt verstoßen hat, die durch diese Konvention oder durch eine zuständige internationale Organisation oder eine diplomatische Konferenz im Einklang mit dieser Konvention festgelegt worden sind. In Art. 297 werden die Bedingungen konkretisiert, unter denen die aus wissenschaftlicher Forschungs- und Fischereitätigkeit folgenden Streitigkeiten einem obligatorischen Regelungsverfahren unterworfen werden können. Gemäß Abs. 2 dieses Artikels können obligatorische Verfahren auf alle Streitigkeiten über wissenschaftliche Forschungen angewandt werden. Jedoch gibt es zwei Fälle, in denen der Küstenstaat nicht verpflichtet ist zuzustimmen, daß der Streit auf diese Weise beigelegt wird. Dies ist dann der Fall, wenn der Streit sich „aus der Ausübung eines Rechts oder einer Ermessensfreiheit nach Artikel 246 durch den Küstenstaat" ergibt. Das bedeutet den Ausschluß fast aller Streitigkeiten über wissenschaftliche Forschungstätigkeit in der ausschließlichen Wirtschaftszone und auf dem Festlandsockel, weil Art. 246 die Bedingungen für die Ausübung des Rechts durch den Küstenstaat festlegt, wissenschaftliche Meeresforschung in diesen Bereichen des Weltmeeres „in Ausübung seiner Jurisdiktion zu regeln, zu genehmigen und zu betreiben". Ein obligatorisches Verfahren darf auch in dem Fall nicht stattfinden, in dem sich der Streit aus einer Entscheidung des Küstenstaates ergibt, ein Forschungsvorhaben gemäß Art. 253 auszusetzen oder einzustellen. Diese Bestimmung wiederholt in gewissem Sinne Art. 246, weil das hier niedergelegte „Recht zu regeln und zu genehmigen“ offensichtlich auch das Recht einschließt, eine geregelte oder erlaubte Tätigkeit auszusetzen oder zu beenden. Diese beiden Ausnahmen haben den Zweck, die Rechte des Küstenstaates zu schützen.

Die Rechte des Nichtküstenstaates seinerseits werden durch die Einführung der sogenannten obligatorischen Schlichtung in den Fällen garantiert, in denen das Verhalten des Küstenstaates bei der Regelung wissenschaftlicher Forschungsvorhaben von dem abweicht, was in der Konvention vorgeschrieben ist, oder wenn der die Forschungen durchführende Staat behauptet, daß der Küstenstaat hinsichtlich eines konkreten Vorhabens seine Rechte nach den Artikeln 246 und 253 nicht in einer mit den Bestimmungen der Konvention zu vereinbarenden Weise ausübt. Hier kann der Streit auf Antrag einer der Parteien einem Schlichtungsverfahren unterzogen werden. Dies steht jedoch unter der Bedingung, daß die Schlichtungskommission die Ausübung der Ermessensfreiheit durch den Küstenstaat nicht in Zweifel ziehen darf. In ähnlicher Weise ist in Art. 297 die obligatorische Beilegung von Streitigkeiten über die Fischerei in der Wirtschaftszone geregelt. Gemäß Abs. 3 a werden Streitigkeiten über die Auslegung oder Anwendung der Konvention in bezug auf die Fischerei nach Abschnitt 2 beigelegt. Der Küstenstaat ist jedoch nicht verpflichtet, einer solchen Regelung im Falle einer Streitigkeit zuzustimmen, die seine souveränen Rechte oder deren Ausübung hinsichtlich der lebenden Naturschätze der ausschließlichen Wirtschaftszone betrifft. Dies gilt auch in bezug auf seine Ermessensbefugnis, die zulässige Fangmenge, seine Fangkapazität, die Zuweisung des Überschusses an andere Staaten sowie die in seinen Rechtsvorschriften zur Erhaltung und Bewirtschaftung der lebenden Ressourcen enthaltenen Bedingungen zu bestimmen. Es werden drei Fälle aufgeführt, in denen der Streit einer obligatorischen Schlichtung zugeführt werden kann, wenn er nicht mit Hilfe der in Abschnitt I des Teils IV genannten bilateralen Mittel beigelegt wird: 1) wenn behauptet wird, daß ein Küstenstaat seine Verpflichtungen offensichtlich nicht eingehalten hat, durch geeignete Erhaltungs- und Bewirtschaftungsmaßnahmen dafür zu sorgen, daß die Erhaltung der lebenden Naturschätze in der ausschließlichen Wirtschaftszone nicht ernsthaft gefährdet wird, 2) wenn behauptet wird, daß es ein Küstenstaat willkürlich abgelehnt hat, auf Ersuchen eines anderen Staates die zulässige Fangmenge und seine Kapazität zur Ausbeutung der lebenden Naturschätze in bezug auf die Bestände festzulegen, an deren Fang dieser andere Staat interessiert ist, 3) wenn behauptet wird, daß es ein Küstenstaat willkürlich abgelehnt hat, nach den Artikeln 62, 69 und 70 und aufgrund der von ihm im Einklang mit diesem Übereinkommen festgelegten Bedingungen einem anderen Staat die nicht ausgenutzte Fangmenge, die nach seiner Erklärung vorhanden ist, ganz oder zum Teil zuzuweisen. Ersichtlich wird auch hier betont, daß die Schlichtungskommission nicht die Ermessensfreiheit des Küstenstaates durch ihre eigene Ermessensfreiheit ersetzen darf.

In Art. 298 — „Fakultative Ausnahmen“ — sind drei Kategorien von Streitigkeiten aufgeführt, bezüglich derer der Staat bei der Zeichnung, Ratifikation oder dem Beitritt zu dieser Konvention oder zu jedem späteren Zeitpunkt erklären kann, daß er einzelne oder mehrere Verfahren der obligatorischen Streitregelung nicht annimmt. Die erste dieser Kategorien umfaßt Streitigkeiten über die Auslegung oder Anwendung der Art. 15, 74 und 83 betreffend die Abgrenzung von Meeresgebieten (Abs. 1 a). In den genannten Artikeln handelt es sich um die Festlegung von Grenzen zwischen Staaten, deren Küsten nebeneinander oder einander gegenüber liegen. In Art. 15 wird die Art und Weise der Abgrenzung der Küstenmeere dargelegt, in Art. 74 die der ausschließlichen Wirtschaftszone und in Art. 83 die des Festlandsockels. Zur selben Kategorie gehören Streitigkeiten „über historische Buchten oder Rechtstitel". In Abs. 1 a ist gleichzeitig der Vorbehalt gemacht, daß ein Staat, der durch eine Erklärung die Abgrenzungsstreitigkeiten aus der Zuständigkeit obligatorischer Prozeduren ausgeschlossen hat, verpflichtet ist, solche Streitigkeiten zur Beilegung einem obligatorischen Schlichtungsverfahren zu unterbreiten. Dies gilt nur für Streitigkeiten, die nach Inkrafttreten der Konvention entstanden und nicht mit der Prüfung einer anderen, nicht beigelegten Streitigkeit verbunden sind. Der Unterwerfung der Streitigkeiten unter die obligatorische Schlichtung müssen Verhandlungen vorangegangen sein, die innerhalb eines angemessenen Zeitraums nicht zu einer Einigung geführt haben. Die Schlichtungskommission, die als obligatorisches Mittel zur friedlichen Streitbeilegung dient, wurde bereits oben untersucht. Deshalb ist es nicht notwendig, in diesem Zusammenhang näher auf sie einzugehen. Zu bemerken ist lediglich, daß die Entscheidung der Schlichtungskommission keine verbindliche Kraft besitzt. Nach Art. 298 Abs. 1 a muß der Bericht der Kommission die Grundlage bilden, um eine Einigung zwischen den Parteien zu erzielen. Falls eine solche Einigung unmöglich ist, wird den Parteien von neuem das Recht gewährt, eines der in Abschnitt 2 des Teils XV dargelegten obligatorischen Verfahren einzuleiten. Jetzt ist jedoch die Anrufung nicht einseitig möglich, sondern nur nach gegenseitiger Übereinkunft. In Unterabsatz 1 a iii des Art. 298 wird klargestellt, daß die dargelegten Bestimmungen nicht auf Streitigkeiten anwendbar sind, die durch eine Vereinbarung zwischen den Parteien endgültig beigelegt wurden. Ebensowenig gelten diese Regeln für Streitigkeiten, die auf Grund einer bilateralen oder multilateralen, für diese Parteien verbindlichen Übereinkunft beizulegen sind.

Die zweite Kategorie von Streitigkeiten, für welche obligatorische Verfahren ausgeschlossen werden können, sind Streitigkeiten über militärische Handlungen. Art. 298 schließt in diesen Begriff militärische Handlungen von staatlichen Schiffen und Luftfahrzeugen ein, die anderen als kommerziellen Zwecken dienen. Nach dieser Bestimmung ist ein Ausschluß auch für Streitigkeiten über Vollstreckungshandlungen in Ausübung souveräner Rechte oder von Jurisdiktion möglich, die von der Gerichtsbarkeit eines Gerichts oder Schiedsgerichts nach Art. 297 Abs. 2 oder 3 ausgenommen sind. Diese Bestimmung beruht auf dem anerkannten Prinzip der Immunität von Kriegsschiffen. Die Verantwortung für ihre Tätigkeit obliegt dem Flaggenstaat. Die dritte Kategorie ausgeschlossener Streitigkeiten sind diejenigen, bei denen der Sicherheitsrat der Vereinten Nationen die ihm durch die VN-Satzung übertragenen Aufgaben wahrnimmt, sofern der Sicherheitsrat nicht beschließt, den Gegenstand von seiner Tagesordnung abzusetzen, oder die Parteien auffordert, die Streitigkeit mit den in der Konvention vorgesehenen Mitteln beizulegen. Betrachtet man diese Bestimmung aus der Sicht der VN-Satzung, kann man sagen, daß es sich um Streitigkeiten handelt, die den Frieden und die Sicherheit bedrohen.

Das Prinzip der obligatorischen, unverzüglichen und endgültigen Streitregelung und das Prinzip der freien Wahl der Verfahren stehen in einem engen gegenseitigen Abhängigkeitsverhältnis. Falls ein Staat sein Wahlrecht in der Weise ausübt, daß nicht alle seine Streitigkeiten von einer obligatorischen Jurisdiktion erfaßt werden, so greift ein gewisses Zwangselement ein. Nach Art. 287 Abs. 3 wird angenommen, daß ein solcher Staat dem allgemeinen Schiedsgerichtsverfahren zugestimmt hat. Vom Augenblick der Geltendmachung von Ansprüchen, d.h. von Anbeginn eines Streites an, entsteht ein gewisser Druck für beide Seiten (sowohl für den Kläger als auch für den Beklagten) nicht nur deshalb, weil das obligatorische Verfahren auf Antrag nur einer der Parteien möglich ist, sondern auch deshalb, weil einem Gerichtsverfahren jeder Streit unterliegt, der nicht auf bilateralem Wege beigelegt wird. Jedoch bleibt in jedem Streit ein Element der freien Wahl erhalten, obgleich vorgesehen ist, daß dann, wenn die Streitparteien ein und dasselbe Regelungsverfahren für eine Kategorie von Streitigkeiten angenommen haben, dieser Streit nur diesem Verfahren unterworfen werden kann. Beide Parteien können nämlich etwas anderes vereinbaren (Art. 287 Abs. 4). Das Prinzip der freien Wahl gilt nicht für Streitigkeiten, die den Meeresboden betreffen. Eine gemäß Art. 287 Abs. 1 abgegebene Erklärung berührt die Verpflichtung der Vertragsstaaten nicht, die Jurisdiktion der Kammer für Meeresbodenstreitigkeiten des Seegerichtshofes anzuerkennen. Das bedeutet offensichtlich, daß das Wahlrecht nicht für Streitigkeiten über den Meeresboden gilt. Jedoch wird in Art. 288 Abs. 3 für derartige Streitigkeiten auch dem Schiedsgericht eine Zuständigkeit übertragen: „Die Kammer für Meeresbodenstreitigkeiten oder jede andere Kammer oder jedes Schiedsgericht nach Teil XI Abschnitt 5 ist für jede Angelegenheit zuständig, die ihnen in Übereinstimmung damit unterbreitet wird.“ Und im Statut des Seerechtstribunals (Art. 20) heißt es, daß „Rechtssubjekte, die keine Staaten sind, berechtigt sind, vor dem Tribunal aufzutreten, wenn Angelegenheiten verhandelt werden, die in Teil XI ausdrücklich vorgesehen sind“ (d.h. Sachen, die den Meeresboden betreffen).

Die Normen über die friedliche Streitbeilegung stellen also ein flexibles und effektives System dar. Die vorstehenden Ausführungen erlauben es, einige Entwicklungstendenzen der friedlichen Streitregelung im Seevölkerrecht aufzuzeigen:

1. Der Anwendungsbereich des allgemein anerkannten, imperativen Prinzips der friedlichen Regelung internationaler Streitigkeiten erweitert und vertieft

sich. Er streckt sich buchstäblich auf alle internationalen Kontakte bei der Erforschung und Nutzung des Weltmeeres.

2. Die juristische Regelung der friedlichen Beilegung von Meinungsverschiedenheiten entwickelt sich weiter. Es wächst die Zahl der Fälle, in denen juristisch verbindlich sowohl die allgemeine Verpflichtung der Staaten festgelegt wird, alle ihre Konflikte auf friedlichem Wege beizulegen, als auch die konkrete Verpflichtung, vorher bestimmte Mittel friedlicher Streitregelung zu nutzen. Immer öfter sind die Normen über eine Streitbeilegung in den Texten internationaler Abkommen selbst zusammen mit den Bestimmungen über Sachfragen enthalten und nicht in Fakultativprotokollen oder Anhängen.

3. Es wächst die Vielartigkeit der für die friedliche Streitregelung genutzten Mittel. Neben altbekannten Verfahren werden neue ausgearbeitet; aus der Zahl der „alten" ergeben sich Kombinationen, die „neue" Verfahren darstellen. Dieser Prozeß führt dazu, daß die Grenzen eines jeden Instruments verwischt werden. Es kommt gleichsam zu einem fließenden Übergang von einem Verfahren zum anderen.

4. Es ändern sich die Methoden der Anwendung bereits bekannter Verfahren. Obligatorische Mittel werden freiwillig genutzt, ebenso wie Mittel zwangsweise angewendet werden, die traditionell als freiwillige betrachtet wurden.

5. Die aufgezeigten Tendenzen entwickeln sich in zwei Richtungen: Zum einen wird die allgemeine Verpflichtung zur friedlichen Streitregelung verstärkt, zum anderen wird die Ermessensfreiheit der Staaten bezüglich der Methoden zur Erfüllung dieser Verpflichtung erweitert.

Fünfter Teil

Völkerrechtliche Aspekte der Begrenzung des Wettrüstens auf See

1. Die Sowjetunion als konsequenter Verfechter einer Begrenzung des maritimen Wettrüstens

Die imperialistischen Kräfte zwangen der Welt einen in diesem Ausmaß noch nie dagewesenen Rüstungswettlauf auf. Um eine militärische Überlegenheit über die UdSSR und die sozialistischen Bruderländer zu erreichen, nutzen sie maximal alle Möglichkeiten des wissenschaftlich-technischen Fortschritts aus. Die Streitkräfte der imperialistischen Mächte werden schon in Friedenszeiten weit außerhalb ihrer Staatsgrenzen stationiert. Einen bedeutenden Platz in der Strategie des Imperialismus, in erster Linie in der amerikanischen Strategie, nimmt die Militarisierung des Weltmeeres ein. Die Nutzung der maritimen Räume durch die Seestreitkräfte der USA und ihrer Verbündeten steht unter dem Vorzeichen, einen Kurs zur Verschärfung der internationalen Spannung, der Schmälerung der nationalen Unabhängigkeit und Souveränität der Staaten und der Festigung und Neuverteilung von „Einflußsphären" zu verwirklichen. Das beweisen anschaulich Vorfälle wie die amerikanische Blockade Kubas, die Aggression der amerikanischen Söldner gegen Nicaragua, der Einfall der USA in Grenada, die grobe militärische Einmischung des amerikanischen Imperialismus in die Angelegenheiten des Libanon usw. Die im Pentagon erarbeitete „ozeanische Strategie" ist darauf angelegt, die Mittel des bewaffneten Kampfes auf See in vollem Umfang einzusetzen. Sie bildet den maritimen Aspekt der Bemühungen, den Kurs des amerikanischen Imperialismus zur Erringung der Weltherrschaft in die Praxis umzusetzen. Die amerikanischen Militaristen nutzen die freien Räume der Meere und Ozeane in großem Maßstab für die Dislozierung von Startvorrichtungen für einen nuklearen Überfall, mit dem aus verschiedenen Richtungen der erste „entwaffnende" Schlag mit Atomraketen gegen die Sowjetunion und die anderen Länder des sozialistischen Lagers geführt werden soll. In der UdSSR sehen sie das Haupthindernis für ihre hegemonistischen Pläne. Die Nutzung des Weltmeeres zu militärischen Zwecken durch die imperialistischen Mächte, die ernsthafte Folgen für die Sache des Friedens und der Sicherheit der Völker hat, macht es erforderlich, wirksame völkerrechtliche Maßnahmen zu ergreifen, um die Möglichkeiten eines rechtswidrigen Einsatzes von Seestreitkräften einzuschränken und um den maritimen Rüstungswettlauf zu zügeln.

Das Völkerrecht verpflichtet die Staaten, sich der Androhung oder Anwendung von Gewalt gegen die territoriale Unversehrtheit oder die politische Unabhängigkeit eines Staates zu enthalten. Trotz des Verbots von Angriffskriegen läßt das Völkerrecht es zu, daß Streitkräfte zum Zwecke der Ausübung des Rechtes auf individuelle oder kollektive Selbstverteidigung nach Art. 51 der VN-Satzung eingesetzt werden. Diese allgemein anerkannte Bestimmung des Völkerrechts bildet die Grundlage für die Rechtsordnung auf dem Weltmeer. Ihre strikte Einhaltung durch alle Staaten soll die ausschließlich friedliche Nutzung der Meere und Ozeane gewährleisten und einen rechtswidrigen Einsatz von Seestreitkräften auf dem Weltmeer unterbinden.[1] Zweifellos wird die VN-Seerechtskonvention von 1982 mit ihrer allumfassenden Rechtsordnung für die Nutzung maritimer Räume die Beachtung des Prinzips der Nichtanwendung von Gewalt begünstigen. Die in dieser Konvention formulierte Norm, daß „die Hohe See friedlichen Zwecken vorbehalten ist“ (Art. 88) betrifft alle Staaten. Kein Staat, der es aus irgendwelchen eigensüchtigen Erwägungen ablehnt, Vertragsstaat der Konvention zu werden, kann dies ignorieren.

Alle Friedensinitiativen, welche die UdSSR allein oder gemeinsam mit anderen Ländern der sozialistischen Gemeinschaft ergriffen hat, um die Tätigkeit der Seekriegsflotten auf dem Weltmeer zu begrenzen, wurden im Jahre 1982 in dem Memorandum „Die wachsende nukleare Gefahr beseitigen und das Wettrüsten zügeln“ zu einem Komplex zusammengefaßt. Dieses Memorandum legte die sowjetische Delegation auf der zweiten Sondersitzung der Generalversammlung über Abrüstung vor.[2] Darin wurde insbesondere vorgeschlagen, zum Zwecke der Schaffung einer stabileren Lage in den Bereichen, in denen die Gefahr von Konfliktsituationen am größten ist, folgende Maßnahmen zu ergreifen: Abzug raketentragender U-Boote aus Gebieten, in denen militärische Patrouillen durchgeführt werden und Einschränkung ihres Bewegungsraumes durch gegenseitig zu vereinbarende Grenzen; Begrenzung der Entwicklung neuer ballistischer Raketensysteme für U-Boote; Verzicht auf die Entwicklung von seegestützten Marschflugkörpern mit großer Reichweite; Ausdehnung vertrauensbildender Maßnahmen auf die Gewässer der Meere und Ozeane, besonders auf die Bereiche, in denen die belebtesten Schiffahrtswege verlaufen. Die Sowjetunion, die einen Kurs zur Beseitigung der Kriegsgefahr verfolgt, ist bereit, alle erforderlichen Anstrengungen zu unternehmen, um die Fragen einer Begrenzung des Wettrüstens, einschließlich des maritimen Rüstungswettlaufs, und von Vereinbarungen über vertrauensbildende Maßnahmen betreffend die Aktivitäten der Seestreitkräfte im Interesse einer wirklichen Abrüstung praktischen Lösungen näherzubringen. Auf der 38. Sitzung der VN-Generalversammlung im Jahre 1983 unterstützte die UdSSR eine Resolution, die alle großen Seemächte aufforderte, jede Verstärkung ihrer Flottenaktivitäten in Konfliktge-

---

[1] Siehe dazu im einzelnen *S. V. Molodcov*, Pravovoj režim morskich vod, Moskva 1982, S. 148-151.

[2] Pravda vom 18. Juli 1982.

bieten bzw. in weiter Entfernung von ihren eigenen Küsten zu unterlassen, und in der die dringende Notwendigkeit von Verhandlungen zwischen diesen Mächten über diese Frage und über die Rüstungsbegrenzung anerkannt wurde.[3]

2. Einrichtung von kernwaffenfreien Zonen und von Friedenszonen als wichtiger Faktor für die Aktivitäten der Seestreitkräfte auf dem Weltmeer

Die Einrichtung kernwaffenfreier Zonen oder von Zonen des Friedens in den verschiedenen Bereichen unseres Planeten entspricht den Interessen einer Stärkung der Sicherheit der Staaten, des Abbaus der internationalen Spannungen und der Beseitigung der Kriegsgefahr. Der Status solcher Zonen kann je nach ihrer geographischen Lage ein völkerrechtliches Verbot beinhalten, maritime Anschlußräume, einschließlich derjenigen Gebiete, in denen die traditionelle Freiheit der Hohen See gilt, für kriegerische Auseinandersetzungen zu benutzen, ebenso wie ein Verbot, dort große Einheiten ihrer Seekriegsflotten zu dislozieren oder Marinebasen und -stützpunkte zu unterhalten, und ein Verbot, seegestützte Kernwaffen zu stationieren. Wenn man berücksichtigt, welchen Beitrag solche Zonen für die Beseitigung der Kriegsgefahr und für die internationale Entspannung leisten können, ist vorstellbar, daß gegenwärtig die Verwandlung Nordeuropas, des Balkans und Afrikas in atomwaffenfreie Zonen sowie die Deklaration des Mittelmeeres, des Indischen Ozeans und Südostasiens zu Zonen des Friedens aktuell ist. Die Einrichtung von kernwaffenfreien Zonen oder Zonen des Friedens in diesen Gebieten darf sich nicht nur auf das Festlandsterritorium der Staaten beschränken, sondern muß auch maritime Räume erfassen: Eigengewässer und das Küstenmeer, Archipelgewässer, die Hohe See einschließlich der Wirtschaftszone, internationale Kanäle und Meerengen. Es können auch Bereiche des Weltmeeres berührt werden, die sich unter der Jurisdiktion oder der Kontrolle von Staaten befinden. In maritimen Räumen, für die der völkerrechtliche Status einer atomwaffenfreien Zone oder einer Zone des Friedens gilt, kann folglich die Tätigkeit der Seekriegsflotten eines Staates eingeschränkt werden. Die Verwirklichung des Vorschlages Finnlands aus dem Jahre 1963, eine kernwaffenfreie Zone in Nordeuropa zu schaffen, würde einen wichtigen Beitrag zur Festigung der Stabilität und Sicherheit in Europa leisten. Im Unterschied zu den USA, welche die Idee einer Verwandlung des europäischen Nordens in eine nuklearfreie Zone zurückwiesen, unterstützte die UdSSR nachhaltig den Vorschlag Finnlands. Die UdSSR ist bereit, sich zu verpflichten, keine Kernwaffen gegen die Länder Nordeuropas einzusetzen, die sich dieser Zone anschließen. Darüber hinaus würde sie von ihrer Seite aus nicht zur Bedingung machen, daß die Kernwaffenstaaten der NATO eine entsprechende Garantie gäben.[4] Weiterhin wurde von der Sowjet-

---

[3] Pravda vom 16. Oktober 1983.

[4] Pravda vom 11. Mai 1983.

union ein neuer wichtiger Schritt unternommen, um eine allgemein annehmbare Lösung zu finden, damit Nordeuropa einen nuklearfreien Status erhält. Die Sowjetunion erklärte sich dazu bereit, den Status einer solchen Zone zu respektieren und die Frage zu prüfen, ob sie einige — und zwar wesentliche — Maßnahmen bezüglich ihres eigenen Staatsgebietes ergreifen könnte, das an die Zone angrenzt. Derartige Maßnahmen würden den nuklearfreien Status der Zone festigen. Die Sowjetunion könnte auch zusammen mit allen interessierten Parteien die Frage prüfen, ob die Ostsee einen atomfreien Status erhalten soll.[5]

Ein wirksamer Beitrag zur Entspannung wäre die Einrichtung einer kernwaffenfreien Zone auf dem Balkan. Man kann davon ausgehen, daß das völkerrechtliche Regime einer solchen Zone für das gesamte Territorium der Vertragsstaaten, einschließlich ihrer Küstenmeere, gelten würde. Eines der Gebiete, in denen schon seit vielen Jahren militärische Spannungen bestehen, ist das Mittelmeer. Hauptursache dafür ist das Bemühen der militärischen Kreise der USA und der NATO, die Gewässer dieses Bereichs als Operationsgebiet für eine Politik des Diktats und der Drohung, für Polizeiaktionen gegenüber den Ländern des Mittelmeerraumes sowie für die fortgesetzte Aggression Israels gegen arabische Länder und Völker zu nutzen. Die Sowjetunion ist ein entschiedener Verfechter einer Umwandlung des Mittelmeeres in eine Zone des Friedens und der Zusammenarbeit. Bereits im Jahre 1963, als die gefährlichen Pläne der USA bekannt wurden, im Mittelmeerraum Atom-U-Boote mit „Polaris"-Raketen zu dislozieren, schlug die UdSSR vor, den gesamten Mittelmeerraum zu einer Zone zu erklären, die frei ist von Raketen mit Nuklearsprengköpfen. Dabei erklärte die sowjetische Regierung ihre Bereitschaft, sich zu verpflichten, in den Gewässern dieses Meeres weder Kernwaffen noch Trägersysteme zu stationieren, wobei sie erwartete, daß entsprechende Verpflichtungen auch von anderen Mächten übernommen würden. Außerdem erklärte die UdSSR ihre Bereitschaft, gemeinsam mit westlichen Ländern feste Garantien dafür zu geben, daß der Mittelmeerraum als ein Gebiet angesehen wird, in dem keine Nuklearwaffen eingesetzt werden dürfen.[6] Die USA lehnten diesen Vorschlag jedoch ab, da sie einen Kurs verfolgen, der auf die Vornestationierung von Atomwaffen im Mittelmeer hinausläuft, die für einen nuklearen Schlag gegen das Territorium der UdSSR bestimmt sind. Die Konzentration dieser amerikanischen Waffen im Mittelmeer birgt in sich auch eine Bedrohung für die Sicherheit der Mittelmeerländer. Dies betrifft in erster Linie diejenigen Mittelmeerstaaten, die mit den USA in militärisch-politischen Blöcken verbündet sind und in deren Häfen amerikanische Atomunterseeboote oder Flugzeugträger mit Atommunition an Bord stationiert sind. Da sie das Einlaufen amerikanischer Atomwaffenträger in ihr Küstenmeer gestatten, werden diese Staaten zu Teilnehmern der aggressiven Vorbereitungen der USA. Folglich können sie nicht damit rechnen, einem Gegenschlag mit Nuklearwaffen zu

---

[5] Pravda vom 7. Juni 1983.

[6] Pravda vom 22. Mai 1963.

entgehen, falls derartige Waffen gegen die Sowjetunion oder gegen ihre Verbündeten eingesetzt werden. Die Verwandlung des Mittelmeeres in ein amerikanisches nukleares Aufmarschgebiet zieht eine tödliche Gefahr auch für andere Küstenstaaten nach sich. Es kann keine Garantie dafür geben, daß ein amerikanisches Raketen-U-Boot in getauchtem Zustand nicht in den Küstenmeeren von Mittelmeerstaaten Zuflucht sucht, nachdem es seine Kampfmunition verschossen hat. Man kann auch niemals ausschließen, daß ballistische Raketen aus dem Küstenmeer selbst abgeschossen werden.

Die Dislozierung von amerikanischen Nuklearwaffen in den Gewässern des Mittelmeeres, d. h. in unmittelbarer Nähe der Grenzen der UdSSR, die für einen nuklearen Schlag gegen sowjetisches Territorium bestimmt sind, ist ein aggressiver Schritt, der unmittelbar die Sicherheitsinteressen der Sowjetunion berührt. Deshalb war es völlig gerechtfertigt, daß die Sowjetunion als Schwarzmeer- und folglich Mittelmeermacht Gegenmaßnahmen ergriff, indem sie ihre Kriegsschiffe in das Mittelmeer entsandte. Dieser notwendige Schritt sollte die Voraussetzungen für wirksame Gegenaktionen gegen die nukleare Bedrohung schaffen, die von den im Mittelmeer dislozierten amerikanischen Einheiten mit Nuklearraketen ausging. Die Anwesenheit der sowjetischen Seekriegsflotte im Mittelmeer ist ein wichtiger Friedensfaktor, weil sie einen ernüchternden Einfluß auf die 6. amerikanische Flotte und die Seestreitkräfte der NATO ausübt, indem sie sie zwingt, sich kriegerischer Abenteuer gegen die arabischen Länder zu enthalten. Die Sowjetunion läßt jedoch nicht nach, Anstrengungen mit dem Ziel zu unternehmen, eine Verringerung der Spannungen im Mittelmeer und eine „Entnuklearisierung" dieses Gebietes zu erreichen. Eine neue konstruktive Initiative für die Umwandlung des Mittelmeeres von einer Zone militärisch-politischer Konfrontation in eine Zone dauerhaften Friedens und der Zusammenarbeit war der Vorschlag der Sowjetunion im Jahre 1981, ein internationales Abkommen über folgende Fragen abzuschließen: Erstreckung von Maßnahmen zur Vertrauensbildung im militärischen Bereich, die sich in der internationalen Praxis bereits als richtig erwiesen haben, auf das Gebiet des Mittelmeeres; Vereinbarungen über die Verringerung der Streitkräfte in diesem Gebiet; Abzug von Schiffen mit Kernwaffen aus dem Mittelmeer; Verzicht auf die Stationierung von Kernwaffen auf dem Territorium von Mittelmeerländern, die keine Kernwaffenstaaten sind; Übernahme der Verpflichtung durch die Kernwaffenstaaten, keine Atomwaffen gegen ein Mittelmeerland einzusetzen, das keine Stationierung derartiger Waffen bei sich zuläßt.[7] Die praktische Verwirklichung dieses sowjetischen Vorschlages läge im Interesse aller Staaten, deren Sicherheit in der einen oder anderen Form von der Lage im Mittelmeer abhängt.

Von Jahr zu Jahr wird das Problem einer Verwandlung des Indischen Ozeans in eine Zone des Friedens immer aktueller. Zu berücksichtigen ist dabei, daß das Anwachsen des Kriegspotentials der USA in diesem Bereich der Hemisphäre ernsthafte Folgen für den internationalen Frieden generell hat. Die Verstärkung

---

[7] Pravda vom 10. Juni 1981.

des imperialistischen Eindringens in den Bereich des Indischen Ozeans, das in der Schaffung eines ganzen Netzes von Stützpunkten in diesem Gebiet zum Ausdruck kam, mußte die Besorgnis der Anrainerstaaten des Indischen Ozeans hervorrufen. Sie sahen und sehen zu Recht in der imperialistischen Militarisierung des Indischen Ozeans eine Bedrohung für ihre Unabhängigkeit und Sicherheit. Aus diesem Grund treten viele Länder Asiens und Afrikas bereits seit mehr als einem Jahrzehnt dafür ein, den Indischen Ozean in eine Zone des Friedens zu verwandeln, in dem die Militärbasen beseitigt und die Flotten der imperialistischen Mächte abgezogen werden. Die Idee zur Schaffung einer solchen Zone wurde erstmals auf der dritten Konferenz der Staats- und Regierungschefs der blockfreien Länder in Lusaka im Jahre 1971 vorgetragen. Die Generalversammlung der VN verabschiedete eine Deklaration, die den Indischen Ozean zusammen mit dem über ihm befindlichen Luftraum und dem unter ihm befindlichen Meeresboden „für alle Zeiten“ zu einer Zone des Friedens erklärte. Der Inhalt dieser Deklaration entsprach der Aufgabe, die militärische Präsenz im Indischen Ozean zu beschränken und die Sicherheit der Staaten des indoozeanischen Raumes zu festigen. Große Bedeutung hatten in diesem Zusammenhang die Bestimmungen, die dazu aufriefen, ausländische Militärbasen im Bereich des Indischen Ozeans zu beseitigen, dort keine Kernwaffen zu stationieren und nicht zuzulassen, daß dieser Ozean in Verletzung der Ziele und Prinzipien der Satzung der Vereinten Nationen von Kriegsschiffen oder Militärflugzeugen für die Androhung oder Anwendung von Gewalt gegen die Souveränität, territoriale Unversehrtheit oder Unabhängigkeit eines Küsten- oder Binnenstaates im Einzugsgebiet des Indischen Ozeans genutzt wird. Mit konstruktivem Charakter sah eine in die Deklaration aufgenommene Bestimmung vor, daß bei der Beachtung der Verbote von militärischer Tätigkeit im Indischen Ozean sowie der Normen und Prinzipien des Völkerrechts das Recht der freien und ungehinderten Nutzung dieser Zone durch die Schiffe aller Nationen nicht berührt wird.

Die Sowjetunion ist ein konsequenter Verfechter der Errichtung einer Zone des Friedens im Indischen Ozean. Ihrer Position liegt der allgemeine Kurs der UdSSR für eine Festigung des Friedens und die Beseitigung der Kriegsgefahr zugrunde, sowie ihre Bereitschaft, Maßnahmen zu fördern, die zu konkreten praktischen Ergebnissen bei der Begrenzung des Wettrüstens führen können. Daß die Sowjetunion alle Bemühungen unterstützt, welche die Festigung und Stärkung des Friedens im Indischen Ozean fördern, ergibt sich daraus, daß die sowjetische Regierung bereits im Jahre 1964 zur Entscheidung der Regierung Ceylons positiv Stellung nahm, Kriegsschiffen mit Kernwaffen an Bord die Einfahrt in ceylonesische Häfen und Küstengewässer zu verbieten.[8] Die Zone des Friedens im Indischen Ozean könnte nicht nur die Gewässer dieses Ozeans selbst umfassen, sondern auch alle an seiner Peripherie liegenden Randmeere wie das Rote Meer, den Persischen Golf u.a. Auf diese Weise würden die

---

[8] Pravda vom 25. Februar 1964.

Versuche der imperialistischen Kräfte abgeblockt, einen Spannungsherd in diesem Gebiet zu schaffen, wozu insbesondere die Verwirklichung der Pläne reaktionärer arabischer Regierungen führen könnte, für das Rote Meer ein völkerrechtliches Regime festzulegen, das die Freiheit der Schiffahrt der sozialistischen und anderen fortschrittlichen Staaten willkürlich beschränken würde. Die Sowjetunion verurteilte derartige Versuche der imperialistischen Kräfte und trat gemeinsam mit Äthiopien und der Volksrepublik Jemen dafür ein, daß das Rote Meer unter genauer Beachtung der Rechte und Interessen aller Küstenstaaten und der Nichteinmischung in ihre inneren Angelegenheiten mit Rücksicht auf die Interessen der internationalen Schiffahrt in eine Zone des Friedens verwandelt wird.[9] Entscheidend für die Umwandlung des Indischen Ozeans in eine Zone des Friedens ist die Liquidierung ausländischer Militärbasen in seinem Einzugsgebiet. Gestützt auf Militärbasen, die in den Gewässern des Indischen Ozeans disloziert sind, wie z. B. insbesondere der wichtigste und vielen Zwecken der amerikanischen Strategie in dieser Region dienende Stützpunkt auf der Insel Diego Garcia, verstärken die USA von Jahr zu Jahr ihre militärische Präsenz im Indischen Ozean, um Polizeifunktionen gegenüber unabhängigen indoozeanischen Staaten auszuüben und die hier verlaufenden maritimen Verbindungswege zu kontrollieren. Die Errichtung von Militärbasen im Indischen Ozean richtet sich auch gegen die Sowjetunion, weil sich aus militärisch-strategischer Sicht viele Bereiche dieses Ozeans in unmittelbarer Nähe der südlichen Grenze der UdSSR befinden. Die militärischen Aktivitäten des Imperialismus im Indischen Ozean, insbesondere die Schaffung von Militärbasen der USA, bedroht die Sicherheit der UdSSR von Süden her. So operieren auch die amerikanischen strategischen U-Boote, die Ziele auf dem Territorium der Sowjetunion im Visier haben, von den Militärbasen im Indischen Ozean aus. Soweit es sich um die rechtliche Regelung der staatlichen Tätigkeit bei der Nutzung maritimer Räume handelt, muß die Errichtung einer Zone des Friedens im Indischen Ozean unter strenger Beachtung der allgemein anerkannten Normen des Völkerrechts entschieden werden, die das Regime der maritimen Gewässerbereiche im Einzugsgebiet des Indischen Ozeans bestimmen. Durch den Indischen Ozean führen wichtige Weltschiffahrtswege, über die in großem Maßstab der Gütertransport zwischen Ländern verschiedener Kontinente abgewickelt wird. Durch ihn verläuft auch der einzige eisfreie Seeweg, der die europäischen Häfen der UdSSR mit ihren Häfen im Fernen Osten verbindet. Aus diesem Grund ist die Sowjetunion daran interessiert, daß die freie Fahrt ihrer Schiffe im Indischen Ozean nicht gestört wird. Ebenso nutzen Schiffe einer großen Gruppe von Staaten diejenigen Gewässer des Indischen Ozeans, die den Status der Hohen See haben, und fahren durch seine internationalen Meerengen, die zwei Teile der Hohen See miteinander verbinden. Grundlegende völkerrechtliche Normen für die Schiffahrt im Indischen Ozean sind die allgemein anerkannten Regeln über die Freiheit der Schiffahrt

---

[9] Pravda vom 18. September 1979 und vom 27. September 1979.

auf Hoher See und über den freien Transit durch internationale Meerengen. Es wäre unzulässig, das Recht der Staaten auf ungehinderte Nutzung der Meeresräume des Indischen Ozeans, die den Status der Hohen See haben, und der Meerengen, die zur Kategorie der internationalen Meerengen gehören, in irgendeiner Weise zu schmälern oder von der Erfüllung konstruierter Bedingungen abhängig zu machen. Wie der sowjetische Wissenschaftler *B. G. Chabirov* bemerkte, ist die Gewährleistung der freien Passage für alle Schiffe und der Überflugfreiheit für alle Flugzeuge in Meerengen, die von der internationalen Schiffahrt genutzt werden und die in Gewässerbereichen liegen, in denen man beabsichtigt, Zonen des Friedens und der Sicherheit zu errichten, ebenso wie die Berücksichtigung der Interessen der internationalen Seeschiffahrt in diesen Gewässern eine der Schlüsselbedingungen für die Schaffung solcher Zonen.[10]

Das Problem der Errichtung einer Zone des Friedens im Indischen Ozean wird seit 1971 jährlich auf den Sitzungen der VN-Generalversammlung diskutiert. Befaßt ist damit auch der Sonderausschuß für den Indischen Ozean, der von der Generalversammlung eingesetzt wurde, um praktische Schritte für die Erreichung der Ziele der Deklaration von 1971 zu erarbeiten. Die Verabschiedung dieser Deklaration durch die VN-Generalversammlung konnte den Indischen Ozean nicht in eine Zone des Friedens verwandeln, weil sie nur empfehlenden Charakter hat. Es wurde gefordert, die Idee der Errichtung einer Zone des Friedens im Indischen Ozean in eine vertraglich-rechtliche Form umzusetzen, d.h. diese Frage durch ein einschlägiges internationales Abkommen zu lösen, an dem sich alle interessierten Parteien beteiligen sollten. Die Versuche des Sonderausschusses, den toten Punkt in dieser Sache zu überwinden, hatten viele Jahre keinerlei Erfolg, was hauptsächlich dadurch bedingt war, daß die Frage einer Zone des Friedens im Indischen Ozean in den VN-Organen grundsätzlich in den Kontext einer künstlichen These von der „Konkurrenz der Großmächte“ gestellt wurde. Dadurch wurde die Frage einer Festigung der Sicherheit der Staaten dieser Region in eine falsche Perspektive gestellt.

Im Jahre 1977 begannen zweiseitige sowjetisch-amerikanische Verhandlungen über eine Einschränkung und nachfolgende Beendigung militärischer Aktivitäten im Indischen Ozean. Als Teilnehmer an diesen Verhandlungen ging die UdSSR davon aus, daß nach einer Vereinbarung über ein „Einfrieren“ oder eine „Stabilisierung“ der militärischen Aktivitäten im Indischen Ozean eine entschiedene Verringerung vertraglich vereinbart werden müsse, einschließlich der Liquidierung ausländischer Militärbasen. Dadurch würde ein bedeutender Beitrag zur praktischen Lösung des Problems der Umwandlung des Indischen Ozeans in eine Zone des Friedens geleistet. Die Sowjetunion ist bereit, diese Verhandlungen fortzusetzen. Sie geht davon aus, daß im Falle ihres erfolgreichen Abschlusses die Idee der Umwandlung des Indischen Ozeans in eine Zone

---

[10] *B. G. Chabirov*, Problema sozdanija bez'jadernych zon i zon mira i bezopasnosti v Mirovom okeane, in: Meždunarodnaja bezopasnost' i Mirovoj okean, Moskva 1982, S. 270.

des Friedens realere Konturen erhält. Jedoch sind die USA, die im Jahre 1978 die Verhandlungen einseitig abbrachen, nicht bereit, sie wieder aufzunehmen. Es ist offensichtlich, daß die amerikanischen Militaristen nicht einmal minimale Verpflichtungen auf sich nehmen wollen, die in irgendeiner Form die Verstärkung ihrer militärischen Präsenz im Indischen Ozean stören könnten.

Ein wichtiger Schritt auf dem Wege zur Verwirklichung der Idee, eine Zone des Friedens im Indischen Ozean einzurichten, war die im Jahre 1979 durchgeführte Konferenz der Küsten- und Binnenstaaten des Einzugsgebietes dieses Ozeans, die Grundprinzipien eines möglichen Abkommens über die Schaffung einer Zone des Friedens im Indischen Ozean formulierte.[11] Diese Prinzipien erfassen das Wesen des Problems richtig. Sie könnten deshalb mit einigen Ausnahmen als Ausgangspunkt für die weitere Arbeit an einem Vertragstext für ein solches Abkommen dienen. Die Frage einer Zone des Friedens im Indischen Ozean wurde realistisch vorangetrieben, als die Generalversammlung auf ihrer 34. Sitzung eine Resolution verabschiedete, im Jahre 1981 in Colombo eine Konferenz über den Indischen Ozean einzuberufen mit dem Zweck, eine Erklärung des Indischen Ozeans zu einer Zone des Friedens in die Tat umzusetzen. Die UdSSR nahm aktiv an der Vorbereitung dieser Konferenz teil und wurde Mitglied des Sonderausschusses der VN über den Indischen Ozean. Diesem Sonderausschuß wurden die Vorbereitungsarbeiten für den Entwurf eines internationalen Abkommens übertragen, durch das der Indische Ozean in eine Zone des Friedens verwandelt werden sollte. Die Errichtung einer solchen Zone wurde in der Folgezeit dadurch wesentlich erschwert, daß die Administration der USA ihre militärischen Aktivitäten in diesem Bereich bedeutend verstärkte. Sie verwandelte den Indischen Ozean in ein Aufmarschgebiet für eine Aggression, und die amerikanische Diplomatie begann, auf eine Vereitelung der geplanten Konferenz über den Indischen Ozean hinzuarbeiten. Seit 1981 fordern die USA den VN-Sonderausschuß über den Indischen Ozean in ultimativer Form auf, die Konzeption einer Zone des Friedens aufzugeben, die in der Deklaration von 1971 enthalten ist. Sie argumentieren dabei mit unbegründeten verleumderischen Lügen über eine „sowjetische Bedrohung". Wie zu erwarten war, wies die erdrückende Mehrheit der Mitgliedsländer des Sonderausschusses diese Provokation der USA zurück. In der Überzeugung, daß die fortlaufende Verschlechterung der politischen Lage und der Bedingungen für die Sicherheit im Indischen Ozean es erfordern, baldmöglichst eine Zone des Friedens in diesem Gebiet zu schaffen, sprach sich die VN-Generalversammlung auf ihren letzten Sitzungen ungeachtet der Obstruktionshaltung der USA und der mit ihnen in militärisch-politischen Blöcken verbündeten Staaten für die Fortsetzung der Bemühungen aus, den Indischen Ozean zu einer Zone des Friedens zu machen.

---

[11] Siehe Doklad soveščenija pribrežnych i materikovych gosudarstv bassejna Indijskogo okeana. Generalnaja Assambleja. Oficial'nye otčety: 34aja sessija. Dop. No. 45 (A/34/45), New York 1979 (GAOR 34th Session, Suppl. 45).

Die UdSSR arbeitet in der Frage der Umwandlung des Indischen Ozeans in eine Zone des Friedens, frei von Militärbasen und Kernwaffen, mit den blockfreien Ländern der Region zusammen. Ihre Position ist im Interesse der Gewährleistung des Friedens und der Sicherheit der indoozeanischen Länder auf die baldige Lösung dieser Frage gerichtet. Ein erneuter Ausdruck der konstruktiven Haltung der UdSSR gegenüber dem Gedanken, dem Indischen Ozean den Status einer Zone des Friedens zu geben, war der Vorschlag, den der Außenminister der UdSSR, *A. A. Gromyko*, auf der 38. Sitzung der VN-Generalversammlung unterbreitete. Er sah vor, daß die Staaten, deren Schiffe diesen Ozean benutzen, die Einberufung einer Konferenz über den Indischen Ozean nicht abwarten und sich verpflichten sollten, sich jeder Maßnahme zu enthalten, die geeignet sein könnte, die Lage in diesem Gebiet zu erschweren. „Dies bedeutet", erklärte *A. A. Gromyko*, „dorthin keine großen Verbände von Kriegsschiffen zu entsenden, keine militärische Ausbildung durchzuführen und Militärbasen der Nichtanliegerstaaten im Einzugsbereich des Indischen Ozeans nicht auszuweiten und zu modernisieren."[12]

Im Interesse der Gewährleistung eines sicheren Friedens in Südwestasien läge es, auch den Persischen Golf in eine Zone des Friedens und der Sicherheit umzuwandeln. Diese Aufgabe wurde im Zusammenhang mit der ungewöhnlichen Konzentration von Streitkräften der USA in dieser Region unter dem erfundenen Vorwand der Verteidigung eigener „lebenswichtiger Interessen" aktuell. In diesem Gebiet wurde nämlich eine Armada von Kriegsschiffen der US-Seestreitkräfte stationiert, um massiven Druck auf die Länder des Persischen Golfes auszuüben. Die Sowjetunion stellte diesen abenteuerlichen Handlungen der USA ein allumfassendes konstruktives Programm zur Gewährleistung der Sicherheit im Bereich des Persischen Golfes entgegen. Sie schlug vor: im Bereich des Persischen Golfes und auf den anliegenden Inseln werden keine Militärbasen eingerichtet; ebensowenig werden dort Kernwaffen oder andere Arten von Massenvernichtungswaffen stationiert; es unterbleibt die Anwendung oder Androhung von Gewalt gegen die Länder des Gebietes des Persischen Golfes und die Einmischung in ihre inneren Angelegenheiten; der Status der Blockfreiheit, der von den Staaten im Bereich des Persischen Golfes gewählt wird, wird respektiert, und sie werden nicht in militärische Gruppierungen unter Beteiligung von Atommächten hineingezogen; das souveräne Recht der Staaten dieses Gebietes auf ihre natürlichen Ressourcen wird beachtet; es werden keine Hindernisse oder Gefahren für den normalen Handelsaustausch und die Nutzung der Seeverbindungen geschaffen, welche die Staaten dieser Region mit anderen Ländern der Welt verbinden.[13] Dieser sowjetische Vorschlag eröffnet einen realen Weg zur Gewährleistung eines gefestigten Friedens in einem der explosivsten Gebiete der Erde. Eine Vereinbarung auf der Grundlage dieser Vorschläge könnte den Anfang bilden für die Verringerung des Niveaus und eine

---

[12] Pravda vom 2. Oktober 1982.

[13] Pravda vom 11. Dezember 1980.

Begrenzung der beiderseitigen militärischen Präsenz in den verschiedenen Bereichen des Weltmeeres, insbesondere dort, wo wichtige maritime Verbindungswege verlaufen.

Ferner läge es im Interesse einer gefestigten Sicherheit und Souveränität der Staaten in Südostasien, auch in diesem Gebiet eine Zone des Friedens einzurichten. Die Initiative dazu haben die Sozialistische Republik Vietnam, die Laotische Volksdemokratische Republik und die Volksrepublik Kamputschea ergriffen, die vorschlugen, eine Regionalkonferenz der Staaten Indochinas und der Mitgliedstaaten von ASEAN einzuberufen, um den Frieden, die Stabilität und die Freundschaft in Südostasien zu sichern, und zwar auf der Grundlage der Prinzipien der Gleichheit, des gegenseitigen Einvernehmens, der Achtung der Unabhängigkeit, der Souveränität und der territorialen Unverletzlichkeit eines jeden Landes sowie des Verzichts darauf, daß eine Gruppe von Staaten einer anderen Gruppe ihren Willen aufzwingt, und auf die Einmischung von außen. In der Sowjetunion wurde die Idee einer Zone des Friedens in Südostasien begrüßt, und man erklärte sich bereit, eine entsprechende Vereinbarung der Länder dieser Region über diese Frage zu garantieren, falls auch die anderen ständigen Mitglieder des VN-Sicherheitsrates diese Bereitschaft zeigten.[14] Nach den Prinzipien der Gleichheit und der gleichen Sicherheit, die nach Auffassung der interessierten Staaten am wichtigsten sind, haben diese selbstverständlich das Recht, Vereinbarungen zu treffen, nach denen bestimmten Bereichen der Hohen See der Status einer kernwaffenfreien Zone verliehen wird. Genauso verhielten sich die Staaten, die an der Ausarbeitung des Antarktisvertrages von 1959 beteiligt waren, der faktisch den Status einer kernwaffenfreien Zone auf die Gewässer der Hohen See südlich des 60sten Breitengrades südlicher Breite ausdehnt.[15]

Dagegen wurden diese Prinzipien von den kernwaffenfreien Ländern Zentral- und Südamerikas bei der Ausarbeitung des Vertrages von Tlatelolco über das Verbot von Kernwaffen in Lateinamerika von 1967 nicht konsequent angewandt, als den Atommächten keine Möglichkeit gegeben wurde, an den Verhandlungen zum Abschluß dieses Vertrages teilzunehmen. Der Vertrag von Tlatelolco kann nach seinem Inkrafttreten seine Geltung in vollem Umfang auf weite Räume des Atlantischen und Stillen Ozeans erstrecken: auf 1.000 Meilen von der Küste Lateinamerikas in den Atlantischen Ozean und auf 2.500 Meilen in den Stillen Ozean. Außerdem haben nach diesem Vertrag die beteiligten Küstenstaaten, die für ihre maximalistische Haltung in der Frage der Breite des Küstenmeeres bekannt sind, faktisch das Recht, die Seegrenze der kernwaffenfreien Zone weit über die völkerrechtlich zulässige 12-sm-Grenze des Küstenmeeres hinaus zu erstrecken. Die Sowjetunion ist Vertragsstaat des Zusatzproto-

---

[14] Pravda vom 22. Februar 1981.

[15] Siehe *B. M. Klimenko*, Demilitarizacija i nejtralizacija v meždunarodnom prave, Moskva 1963, S. 119-129.

kolls II zum Vertrag von Tlatelolco[16] und hat damit die Verpflichtung auf sich genommen, den Erwerb von Kernwaffen durch lateinamerikanische Länder nicht zu unterstützen und derartige Waffen nicht gegen die Vertragsstaaten einzusetzen. Es ist durchaus verständlich, daß die Sowjetunion den Schwachstellen des Vertrages Aufmerksamkeit widmete. Sie erklärte bei der Unterzeichnung des Zusatzprotokolls, daß die Tatsache der Unterzeichnung in keiner Weise die Anerkennung der Möglichkeit bedeutet, den Geltungsbereich des Vertrages über die völkerrechtlich anerkannten Grenzen des Territoriums der Vertragsstaaten einschließlich des Luftraums und des Küstenmeeres hinaus auszudehnen.[17] Außerdem wurde unter dem Druck der USA, die ihre militärisch-strategischen Interessen im Geltungsbereich des Vertrages sichern wollten, in Abweichung von dem allgemeinen Stationierungsverbot für Kernwaffen innerhalb der Grenzen der Vertragsstaaten in dem Vertrag von Tlatelolco niedergelegt, daß jeder Vertragsstaat das Recht hat, nach seinem Ermessen einem Nichtsignatarstaat den Transit von Kernwaffen zu erlauben. Dies bedeutet letztendlich, daß die USA ein Recht zur Durchfahrt ihrer mit Kernwaffen ausgerüsteten Schiffe durch den Panama-Kanal oder durch die Magellan-Straße auf bilateraler Ebene erhalten können.[18] Unter dem Vorwand des Transits können die Schiffe der Seestreitkräfte der USA auch die Häfen lateinamerikanischer Länder anlaufen oder unter Ausnutzung des Rechts der friedlichen Passage die Küstenmeere durchfahren, obwohl diese formal zur kernwaffenfreien Zone Lateinamerikas gehören. Auf diese Weise wurde eine Hintertür offengelassen, die ein Kernwaffenstaat ausnutzen kann, wenn er seine nuklearen seegestützten Waffen innerhalb der lateinamerikanischen kernwaffenfreien Zone auf großem Raum dislozieren will. Auch verbietet nichts im Vertrag von Tlatelolco einem Kernwaffenstaat, diese Waffen einzusetzen, wenn seine Schiffe sich innerhalb dieser kernwaffenfreien Zone aufhalten. In der von der Sowjetunion bei der Unterzeichnung des Zusatzprotokolls II zum Vertrag von Tlatelolco abgegebenen Erklärung wurde die wiederholt von ihr zum Ausdruck gebrachte Position unterstrichen, daß die Zulassung des Transits von Kernwaffen in jeder Form den Zielen des Vertrages widerspricht, nach denen Lateinamerika völlig frei von Kernwaffen sein soll, und mit dem kernwaffenfreien Status der Vertragsstaaten und ihren vertraglichen Verpflichtungen unvereinbar ist.

Die Sowjetunion tritt konsequent gegen die Militarisierung der Meere und Ozeane ein. Die Annahme der sowjetischen Vorschläge zur Umwandlung weiter Bereiche der Erde, einschließlich der Meeresgewässer, in kernwaffenfreie Zonen oder Zonen des Friedens wäre ein wesentlicher Beitrag zur Begrenzung des Wettrüstens und zur Beseitigung der Kriegsgefahr.

---

[16] Die Regierung der UdSSR unterzeichnete das Zusatzprotokoll II zu dem Vertrag von Tlatelolco am 18. Mai 1978 in Moskau.

[17] Siehe Pravda vom 19. Mai 1978.

[18] Siehe dazu im einzelnen *F. Nikolaev, J. Konstantinov*, Dezatomizacija Latinskoj Ameriki, in: Sovetskoe gosudarstvo i pravo 1969, No. 5, S. 113.

3. Begrenzung des Wettrüstens auf dem Boden der Meere und Ozeane

Ein wesentliches Element der Rechtsordnung des Meeresbodens ist das Verbot, auf ihm Massenvernichtungswaffen anzubringen. Dieses Verbot hat den Charakter einer geltenden völkerrechtlichen Norm. Grundlage ist der multilaterale Vertrag von 1971 über das Verbot der Anbringung von Kernwaffen und anderen Massenvernichtungswaffen auf dem Meeresboden und im Meeresuntergrund, der die Weiterentwicklung eines Vorschlages der UdSSR zur Nutzung des Meeresbodens ausschließlich zu friedlichen Zwecken darstellt.[19] Nach diesem Vertrag von 1971 wurde das Regime einer teilweisen Demilitarisierung des Meeresbodens jenseits der Grenzen eines 12-sm-Meeresgürtels um die Küstenstaaten errichtet. Der Vertrag enthält ein völkerrechtliches Verbot, weder Kernwaffen noch sonstige Arten von Massenvernichtungswaffen, Bauten, Abschußrampen oder sonstige eigens für die Lagerung, Erprobung oder Verwendung derartiger Waffen vorgesehene Einrichtungen auf dem Meeresboden einzubauen oder anzubringen. Damit hat der Meeresboden in der Geltungszone des Vertrages den Status einer kernwaffenfreien Zone erhalten. Der Vertrag von 1971 sollte eine Ausweitung des Wettrüstens auf den Meeresboden verhindern und den Raum für die Dislozierung von nuklearen Raketenwaffen einschränken. Darüber hinaus sollte er die Gefahr eines Atomkrieges verringern. Der Vertrag wurde abgeschlossen, als jeder Staat die reale Möglichkeit besaß, sich mit der durch diesen völkerrechtlichen Akt verbotenen Tätigkeit zu befassen. Auf diese Weise wurden die bekannt gewordenen Pläne des Pentagon vereitelt, die eine „Besiedlung" des Bodens des Weltmeeres mit Unterwasservorrichtungen für den Abschuß von ballistischen Interkontinentalraketen vorsahen.[20] Der Vertrag von 1971 wurde so formuliert, daß er mit dem völkerrechtlichen Regime der maritimen Räume völlig übereinstimmt. Keine seiner Bestimmungen verletzt die Prinzipien und Normen, die in den Genfer Seerechtsübereinkommen von 1958 niedergelegt sind.

Der Meeresbodenvertrag wurde abgeschlossen, um die Stationierung von Massenvernichtungswaffen auf dem Meeresboden zu verhindern; dabei präjudizierte er aber nicht die Entscheidung vieler komplizierter Rechtsprobleme über die Grenzen der Geltung nationaler Jurisdiktion oder den Umfang der Rechte von Staaten in den küstennahen Gewässern, die im VN-Ausschuß für die friedliche Nutzung des Meeresbodens jenseits der Grenzen nationaler Jurisdiktion untersucht wurden. Gleichfalls enthielt der Vertrag nichts, was hätte verwendet werden können, um unrechtmäßige Ansprüche extremistisch gesinnter Staaten auf eine Ausdehnung ihrer nationalen Jurisdiktion auf Kosten der Hohen See zu begründen. Insgesamt erweiterte sein Abschluß den Kreis der

---

[19] Siehe Memorandum der Regierung der UdSSR über einige dringende Maßnahmen zur Beendigung des Wettrüstens und zur Abrüstung, in: Pravda vom 2. Juli 1968.

[20] Siehe dazu im einzelnen *G. F. Kalinkin, A. J. Ostrovskij*, Morskoe dno: komu ono prinadležit, Moskva 1970, S. 120-122.

vertraglichen Normen über die Tätigkeit von Staaten auf Hoher See und festigte die Grundlagen der Rechtsordnung auf dem Weltmeer. Der Meeresbodenvertrag von 1971 entspricht völlig den Kriterien der Rechtmäßigkeit und Wirksamkeit, die das moderne Völkerrecht an Verträge und Abkommen stellt. Die in ihm enthaltene Konzeption seines Geltungsbereichs gründet sich auf die Achtung des Prinzips der Gleichheit der Staaten. Es wird ein für alle Signatarstaaten gültiges Verbot ausgesprochen, Massenvernichtungswaffen auf dem Meeresboden jenseits der 12-sm-Grenze und innerhalb der genannten 12-sm-Zone anzubringen. Eine Ausnahme besteht insoweit, als dieses Verbot nicht für den Küstenstaat innerhalb seiner eigenen 12-sm-Zone und nicht für den Meeresboden innerhalb seines Küstenmeeres gilt. Der Vertrag behandelt also alle Vertragsstaaten völlig gleich in bezug auf das Verbot der Anbringung von Massenvernichtungswaffen vor den Küsten eines anderen Staates, unabhängig von der Breite des Küstenmeeres des letzteren. Die Formel für die Abgrenzung seines Geltungsbereichs entspricht auch dem Prinzip der Achtung der staatlichen Souveränität und der territorialen Unversehrtheit der Staaten. Der Vertrag sieht die Nichtanwendung der vertraglichen Verpflichtungen bezüglich des Meeresbodens „unter dem Küstenmeer" der Küstenstaaten innerhalb einer 12-sm-Zone vor (Art. I Abs. 2) und garantiert damit die Unversehrtheit der staatlichen Seegrenzen der Vertragsstaaten in allen den Fällen, in denen die Breite ihres Küstenmeeres dem Völkerrecht entspricht und der Küstenstaat nicht beansprucht, seine Souveränität auf die Hohe See auszudehnen. Unter Bezugnahme auf diese Bestimmung des Vertrages erklärte der Vertreter der UdSSR am 16. November 1970 im ersten Ausschuß der VN-Generalversammlung: „Keine Auslegung des Art. I Abs. 2 kann nach unserer Meinung der Souveränität eines Küstenstaates bezüglich seines Küstenmeeres und des Meeresbodens unter diesen Gewässern innerhalb der 12-sm-Zone, die in diesem Absatz erwähnt wird, Schaden zufügen, und folglich muß man die Bestimmungen dieses Absatzes so verstehen, daß sie alle Rechte der Küstenstaaten unberührt lassen, die in Übereinstimmung mit dem Völkerrecht aus dieser Souveränität fließen."[21]

Der Vertrag über die Nichtstationierung von Massenvernichtungswaffen auf dem Meeresboden trat am 18. Mai 1972 in Kraft. Ihm beigetreten ist ein weiter Kreis von Staaten, einschließlich der Seemächte, die über ein bedeutendes Seekriegspotential verfügen. Entsprechend Art. VII des Vertrages trat im Juni/Juli 1977 in Genf unter Teilnahme der Sowjetunion eine Konferenz der Signatarstaaten zusammen, auf der geprüft wurde, ob die Bestimmungen des Vertrages während der ersten fünf Jahre seiner Geltung erfüllt wurden. Am Schluß der Konferenz wurde im Konsens eine Abschlußerklärung angenommen, in der die einheitliche Bewertung der Durchführung der grundlegenden, operativen Vertragsbestimmungen dargelegt wurde. In dieser Erklärung wurde festgestellt, daß alle Vertragsstaaten ihre Verpflichtungen erfüllt haben, auf dem

[21] Dok. OON A/C.I/PV.1762, S. 47 (GAOR 25th Session, 1st Committee, Vol. I).

Meeresboden jenseits der 12-sm-Zone keine Kernwaffen oder andere Massenvernichtungswaffen zu stationieren oder die für Lagerung, Erprobung oder Verwendung derartiger Waffen vorgesehenen Einrichtungen einzubauen oder anzubringen. Die Vertragsstaaten bekräftigten ihre Unterstützung des Vertrages und ihre Verpflichtung, seine Bestimmungen zu erfüllen. Sie bestätigten auch ihr Interesse, ein nukleares Wettrüsten auf dem Meeresboden zu verhüten und erklärten ihre Entschlossenheit, sich aller Handlungen zu enthalten, welche die Erforschung und Ausbeutung der natürlichen Ressourcen des Meeresbodens durch die Staaten für ihre wirtschaftliche Entwicklung stören könnten. Unter Betonung der Tatsache, daß der Vertrag universellen Charakter erlangt habe, forderte die Konferenz alle Drittstaaten zum Beitritt auf, insbesondere diejenigen von ihnen, die Kernwaffen oder andere Arten von Massenvernichtungswaffen besitzen.

Der Vertrag von 1971 ist ein völkerrechtliches Dokument, dessen Bedeutung sich nicht in einem Verbot des Anbringens von Massenvernichtungswaffen auf dem Meeresboden erschöpft. Er legt den Vertragsstaaten auch die Verpflichtung auf, „in redlicher Absicht Verhandlungen über weitere Maßnahmen auf dem Gebiet der Abrüstung zur Verhinderung eines Wettrüstens auf dem Meeresboden und im Meeresuntergrund zu führen" (Art. V). Dadurch wird im Grunde genommen eine völkerrechtliche Norm geschaffen, kraft derer die Vertragsparteien Verhandlungen mit dem Ziel führen müssen, Einvernehmen über ein völliges Verbot der Nutzung des Meeresbodens für militärische Zwecke, d.h. über eine völlige Demilitarisierung des Meeresbodens zu erreichen. Unter Berücksichtigung dieser Tatsache wurde auf der Konferenz von 1977 der Frage große Aufmerksamkeit gewidmet, wie die Verpflichtung erfüllt werden soll, weitere Maßnahmen auf dem Gebiet der Abrüstung zur Verhütung eines Wettrüstens auf dem Boden der Meere und Ozeane und in seinem Untergrund zu ergreifen. Im Verlauf der Diskussion wurde ausgeführt, daß in den Jahren seit Abschluß des Vertrages von 1971 der Meeresboden nach wie vor als Ort militärischer Aktivitäten der imperialistischen Kräfte diente, wenn auch nicht für die Dislozierung von Massenvernichtungswaffen.

Die Ergebnisse der Konferenz von 1977 überzeugten die Vertragsstaaten des Meeresbodenvertrages, daß die durch ihn geschaffene Verpflichtung zur teilweisen Demilitarisierung des Bodens der Meere und Ozeane strikt erfüllt werden muß. Die Konferenz bestätigte auch, daß dieser Vertrag ein wichtiges Glied in der Kette von Verträgen für einen Rüstungsstopp ist und einen Beitrag zum Kampf der Völker für eine Beseitigung der Kriegsgefahr und für die Aufrechterhaltung des internationalen Friedens und der Sicherheit leistet. Die Beendigung des Wettrüstens auf dem Meeresboden und die Annahme weiterer Maßnahmen hierfür war auch Gegenstand der Beratungen auf der Sondersitzung der VN-Generalversammlung über Abrüstung im Jahre 1978. Unter Hinweis auf die Notwendigkeit, die geltenden internationalen Verträge zur Begrenzung des Wettrüstens zu bekräftigen, unterstrich die UdSSR auf dieser

Sitzung, daß eine universelle Beteiligung aller Staaten an dem Vertrag über die Nichtanbringung von Massenvernichtungswaffen auf dem Meeresboden unverzichtbar ist, damit diesem Akt eine noch größere Wirksamkeit und noch größeres politisches Gewicht gegeben werden könne.[22] Gemeinsam mit anderen sozialistischen Ländern rief sie zugleich zur alsbaldigen Ausarbeitung eines neuen Abkommens über die völlige Demilitarisierung des Meeresbodens auf. Dieser Gedanke fand bei den Teilnehmern der Sitzung große Unterstützung. Ein Beweis hierfür ist die Tatsache, daß in das Abschlußkommuniqué, mit dessen Verabschiedung die Konferenz beendet wurde, eine Aufforderung an den Abrüstungsausschuß aufgenommen wurde, unverzüglich weitere Maßnahmen auf dem Gebiet der Abrüstung zur Verhütung eines Wettrüstens auf dem Boden der Meere und Ozeane und in seinem Untergrund zu untersuchen. Die Sowjetunion und die anderen sozialistischen Länder im Abrüstungsausschuß sind bereit, im Rahmen dieses Gremiums ein Abkommen über die völlige Demilitarisierung des Meeresbodens auszuarbeiten. Die USA und die anderen Länder der NATO, die eine größtmögliche Militarisierung der Meere und Ozeane anstreben, blockieren jedoch eine Übereinkunft über neue Maßnahmen zur Begrenzung der Nutzung des Meeresbodens für militärische Zwecke.

[22] Siehe O praktičeskich putjach k prekraščeniju gonki vooruženij: Predloženija Sovetskogo Sojuza, in: Pravda vom 31. Mai 1978.

Nachwort

In der vorliegenden Arbeit wurden Probleme untersucht, für die das Element einer gewissen Neuheit charakteristisch ist: Eine Reihe von Aspekten des modernen Seevölkerrechts, die in der Arbeit erörtert wurden, finden in der Literatur nur unvollkommen Ausdruck oder sind nur wenig erforscht. Das sind vor allem die völkerrechtlichen Aspekte der maritimen Zusammenarbeit der sozialistischen Staaten untereinander, diejenigen der Tätigkeit internationaler maritimer Organisationen, die rechtlichen Perspektiven der ausschließlichen Wirtschaftszone, die friedlichen völkerrechtlichen Mittel der Beilegung von Streitigkeiten auf dem Weltmeer sowie die rechtlichen Aspekte einer möglichen maritimen Abrüstung.

Die Zusammenarbeit der sozialistischen Länder auf den Meeren ist, wie jede andere Zusammenarbeit dieser Länder auf anderen Gebieten, auf das Prinzip des sozialistischen Internationalismus und andere Prinzipien des Völkerrechts und des Seevölkerrechts gegründet. „Alle Pläne der sozialistischen Staatengemeinschaft sind Pläne des Friedens und der schöpferischen Gestaltung", wurde auf dem Novemberplenum (1982) des ZK der KPdSU betont.[1] Die sozialistischen Länder gehen den kapitalistischen Ländern in Fragen meereswirtschaftlicher und rechtlicher Zusammenarbeit voran, weil es bei ihnen eine Herrschaft des Privateigentums, die jegliche gesellschaftlich nützliche Reformen hemmt, nicht gibt. Ihnen sind die Elemente der kapitalistischen Produktion und des Marktes nicht eigen, über ihnen schwebt nicht das moralische und materielle Unglück eines Ungeheuers der kapitalistischen Lebensweise wie die Massenarbeitslosigkeit. Das kollektive gesellschaftliche und staatliche sozialistische Eigentum, das Prinzip der Planung, das Fehlen von Arbeitslosigkeit, das Fehlen von Ausbeuterklassen und trennender gesellschaftlicher Unterschiede erlaubten es den sozialistischen Ländern, Pioniere auf dem wichtigen Weg maximaler Vervollkommnung der brüderlichen Zusammenarbeit auf dem Gebiet der internationalen maritimen Beziehungen zu werden. Das betrifft insbesondere die Vereinheitlichung der Normen des staatlichen und des internationalen Seerechts, wovon die Theoretiker und Praktiker maritimer Angelegenheiten und die Seerechtler Jahrzehnte träumten. Äußerst wichtig ist in diesem Zusammenhang die Rolle des RGW.[2] Das Prinzip des sozialistischen Internationalismus ist

---

1 Materialy Plenuma Central'nogo Komiteta KPSS, 22 nojabrja 1982 g. Moskva, Politizdat 1982, S. 18.

2 Siehe *T. M. Kalinina*, Sotrudničestvo socialističeskich stran v oblasti morskogo sudochodstva (Pravovye problemy), in: Dejatel'nost gosudarstv v Mirovom okeane, Moskva 1983, S. 62-68.

die äußerst feste und fortschrittliche Plattform dieser Zusammenarbeit und der Anwendung aller anderen Prinzipien und Normen des Völkerrechts.

Man kann darüber streiten, ob es schon ein selbständiges sozialistisches Völkerrecht als herauskristallisiertes Rechtssystem gibt oder ob es zu früh ist, davon zu sprechen (diese beiden Standpunkte sind in der sowjetischen theoretischen Völkerrechtsliteratur bereits vertreten worden), man kann aber nicht leugnen, daß sich zwischen den sozialistischen Ländern schon lange ein neuer sozialistischer Typ der internationalen Beziehungen entwickelt und es dementsprechende bestimmte völkerrechtliche Garantien gibt. Obgleich sich der sozialistische Typ der internationalen Beziehungen bezüglich des Meeres aus einer Reihe von Gründen bedeutend später als in anderen geographischen Bereichen herausbildete, festigt und verbreitert er sich heute immer mehr. In die internationalen maritimen Beziehungen der sozialistischen Staaten werden auch diejenigen Mitglieder der sozialistischen Gemeinschaft einbezogen, die selbst keine Küsten haben (Tschechoslowakei, Ungarn, Mongolische Volksrepublik). Sie verwirklichen ihre maritime Rechtsfähigkeit über die Handlungsfähigkeit anderer maritimer sozialistischer Länder, die sich auf die umfassenden Möglichkeiten stützen, die durch das Prinzip des sozialistischen Internationalismus für die brüderliche und uneigennützige Zusammenarbeit eröffnet werden.

Die Zusammenarbeit der sozialistischen Länder auf dem Gebiet des Seevölkerrechts vollzieht sich durch die Vereinheitlichung von Normen des internationalen und des innerstaatlichen Rechts, die Regelung der Handelsschiffahrt und der Kriegsschiffahrt (zum Beispiel offizielle Besuche von Kriegsschiffen) und die Nutzung der lebenden Naturschätze. Hierher gehört auch die Zusammenarbeit in internationalen Organisationen für Fragen der Nutzung der lebenden und mineralischen Naturschätze der Meere sowie die solidarische fortschrittliche Haltung auf internationalen maritimen Konferenzen. Ebenso wie im Bereich des „Festlandes" sind auch in maritimen Angelegenheiten internationale Organisationen in vielen Fällen das einzige Mittel, um bestimmte Rechte eines Staates zu verwirklichen und zu verteidigen. Bekanntlich können internationale Ziele wie die Verteidigung des Friedens, die Gewährleistung der internationalen Sicherheit auch auf den Meeren, der Kampf gegen Epidemien, Rechtsverletzungen und Verbrechen internationalen Charakters nicht durch einzelne Staaten und nicht mit individuellen Mitteln erreicht werden. Einziges Mittel zu ihrer Verwirklichung sind kollektive Anstrengungen von Staaten, die sich in internationalen Organisationen zusammengeschlossen haben.

Die internationalen maritimen Organisationen sind eine wichtige Einrichtung der internationalen Beziehungen und des Völkerrechts in der Gegenwart und in der Zukunft. Der Beitritt von Staaten zu internationalen maritimen (ebenso wie zu allgemeinen) Organisationen faßt nicht nur die Kräfte der Mitgliedstaaten der Organisation zusammen, sondern vergrößert vielfach diese Kräfte. Daraus erklärt sich das bedeutende zahlenmäßige Anwachsen internationaler maritimer Organisationen in den letzten Jahren. Insbesondere ist das Auftauchen völlig neuer Organisationen zu erwähnen, die eine große Bedeutung für die Zukunft haben wie u. a. die Internationale Meeresbodenbehörde und die Internationale Maritime Satellitenorganisation (INMARSAT). Alle grundlegenden Fragen der Theorie und Praxis der allgemeinen internationalen Organisationen sind charakteristisch auch für die internationalen maritimen Organisationen, wobei allerdings deren besondere Ziele und Aufgaben sowie ihre Durchsetzbarkeit zu berücksichtigen sind.

Die internationale Zusammenarbeit von Staaten unterschiedlicher Systeme und ihre friedliche Koexistenz führen zur Erstarkung des organisatorischen Prinzips in ihren Beziehungen und — wie einige Wissenschaftler (beispielsweise *S. G. Kargopolov*) annehmen — zur stufenweisen Ersetzung der modernen völkerrechtlichen Regelung durch eine völkerrechtliche „Verwaltung". Unter letzterer wird eine große völkerrechtliche Disziplin verstanden, eine tiefere wissenschaftliche Begründung der völkerrechtlichen Regelung, ein in bedeutendem Umfang auf Prognosen abgestütztes Herangehen an die Dinge und eine bestimmte Ausrichtung auf die Zukunft. Es muß besonders unterstrichen werden, daß eine derart strengere Regelung (oder Verwaltung) nichts mit der Idee einer Weltregierung oder einer überstaatlichen Regelung gemein hat, weil die fundamentalen, imperativen Prinzipien des modernen Völkerrechts, in erster Linie die Prinzipien der Souveränität, der Gleichberechtigung der Staaten und der Nichteinmischung in ihre inneren Angelegenheiten, aufrechterhalten bleiben.

Ein völlig neues Institut des Seevölkerrechts ist die ausschließliche Wirtschaftszone. Sie verkörpert einen Kompromiß einerseits zwischen den wirtschaftlichen Interessen der an einem bestimmten Meeresgebiet liegenden Küstenstaaten und andererseits zwischen den globalen oder regionalen Interessen aller anderen Staaten, die das Meer nutzen. Die ausschließliche Wirtschaftszone ist ein wichtiges und komplexes Institut, das im allgemeinen „Paket" aller Fragen des modernen Seevölkerrechts, die im Rahmen der VN-Seerechtskonvention von 1982 kodifiziert worden sind, gleichsam ein „Paket" von Sonderproblemen darstellt. Es liegt die Schlußfolgerung nahe, daß die ausschließliche Wirtschaftszone das ausgewogene Ergebnis verschiedener extremer Konzeptionen und Positionen ist, die von den Staaten im Verlauf des letzten Jahrzehnts der Kodifikationsarbeiten auf dem Gebiet des Seerechts entwickelt wurden, so insbesondere des 200-sm-Küstenmeeres, des Patrimonialmeeres, des gemeinsamen Erbes der Menschheit, einer Weltregierung und der Meeresökologie als imperativer Grundlage des gesamten internationalen und nationalen Seerechts. Nach den Bestimmungen der VN-Seerechtskonvention von 1982, der nationalen Gesetzgebung der Staaten und der Staatenpraxis zu urteilen, ist die ausschließliche Wirtschaftszone eines der Schlüsselinstitute des modernen Seevölkerrechts.

Dieses Institut muß bei der Anwendung der entsprechenden Bestimmungen der Konvention in der Praxis zum Zwecke einer völligen Ausgeglichenheit und Achtung der Rechte sowohl des Küstenstaates als auch der internationalen

Gemeinschaft so aufgefaßt werden, daß vor allem die Wassersäule dieses Gebietes den Status der Hohen See hat. Das Wort „ausschließlich“ muß restriktiv verstanden werden, d. h. als ein Begriff mit rein wirtschaftlicher und keiner sonstigen Bedeutung, so wie dies in der Konvention vorgesehen ist. Bei richtiger Anwendung des Regimes, das durch diesen völkerrechtlichen Akt errichtet wurde, kann die ausschließliche Wirtschaftszone nicht nur zu einem wichtigen Instrument für die wirtschaftliche Entwicklung der jungen Staaten werden, sondern auch zu einem wirklichen Schutz der maritimen Bioressourcen und des gesamten Ökosystems führen. Im übrigen steht die Aufgabe noch bevor, Unvereinbarkeiten im Umfang der Rechte der Küstenstaaten in ihren Wirtschaftszonen zu beseitigen, da faktisch die nationale Gesetzgebung trotz der Konvention verschiedene einseitige Sanktionen gegen ausländische Seefahrer in Gestalt von Freiheitsstrafen, obligatorischer Anwendung nationaler Standards für die Konstruktion von Schiffen, für die Meeresverschmutzung oder vielzähliger Verbote der Kriegsschiffahrt, von wissenschaftlichen Forschungen usw. zuläßt. Angesichts der Errichtung von ausschließlichen Wirtschaftszonen erlangt die Tätigkeit internationaler Fischereiorganisationen besondere Bedeutung. Diese Organisationen sind aufgerufen, die Rolle objektiver, auf wissenschaftlicher Grundlage arbeitender Zentren und Schiedsrichter zu spielen, welche die Biomasse prognostizieren und einseitige Handlungen der Küstenstaaten verhindern.

Die Tatsache, daß sich die allgemein anerkannten Regeln des Völkerrechts auf die ausschließliche Wirtschaftszone erstrecken, weist unmittelbar auf ihre Zugehörigkeit zum Gewässerbereich der Hohen See hin. Weil die Küstenstaaten in dieser Zone eine Reihe von Vorrechten erlangt haben, müssen von nun an in diesem Gewässerbereich von den traditionellen allgemein anerkannten Freiheiten der Hohen See bestimmte, vernünftige und wissenschaftlich begründete Ausnahmen gelten, hauptsächlich im Interesse der Entwicklungsländer mit Meeresküsten. Diese Ausnahmen sind durchaus wesentlich, aber bekanntlich verändert eine Ausnahme von der Regel nicht die Regel selbst, sondern betont sie nur. Der Gewässerbereich der Hohen See ist von nun an daher in zwei Teile aufzugliedern: der eine ist die Hohe See in der ausschließlichen Wirtschaftszone, der andere ist die Hohe See jenseits der Grenzen der ausschließlichen Wirtschaftszone. Alles was über das Institut der ausschließlichen Wirtschaftszone und über andere Institute des modernen Völkerrechts nach ihrer Kodifikation und progressiven Weiterentwicklung gesagt wurde, bringt die sehr großen Probleme dieses Rechtssystems zum Ausdruck, das bereits unterschiedliche Auslegungen in Theorie und Praxis hervorruft und in der Tat hervorrufen kann. Aus diesem Grunde haben die Kodifikatoren besondere Aufmerksamkeit auf die Schaffung eines besonderen Systems der völkerrechtlichen Mittel zur friedlichen Beilegung internationaler maritimer Streitigkeiten verwandt.

Die friedlichen Mittel zur Beilegung und Verhütung internationaler maritimer Streitigkeiten sind ein neuer und wichtiger Teil des modernen Seevölkerrechts. Maritime Streitigkeiten wurden schon früher von alters her von den Staaten gelöst, vor allem auf dem Gebiet der international-privatrechtlichen Interessen. Neu an der VN-Seerechtskonvention von 1982 ist ein ganzes System spezialisierter maritimer Gerichtsorgane, die Ermächtigung der Beteiligten, sie zu nutzen, und die Tatsache, daß das Gewicht nicht nur auf der notwendigen Konfliktlösung, sondern auch auf der Verhütung und Verhinderung von maritimen Streitigkeiten liegt. Hervorzuheben sind in erster Linie der Internationale Seegerichtshof und die Kammer für Meeresbodenstreitigkeiten, Institute, die dem Völkerrecht zuvor unbekannt waren. Der Verhütung von Streitigkeiten und Konflikten zwischen den Staaten wegen ihrer maritimen Interessen wäre auch eine anfangs teilweise und später vollständige maritime Abrüstung dienlich. Die Abrüstung war und ist als ein Ideal des Sozialismus der beste und kürzeste Weg, eine Abwendung von den militärischen oder Seekriegsmitteln hin zu friedlichen Mitteln für die Lösung maritimer Probleme und Meinungsverschiedenheiten zu erreichen. Bekanntlich unternimmt die sowjetische Regierung ständig alles in ihren Kräften stehende, um Bewegung bei dem Problem der Abrüstung, insbesondere der maritimen Abrüstung, zu erzielen. In der Sowjetunion und in den anderen sozialistischen Staaten fehlen die aus Gewinnstreben am Wettrüsten interessierten gesellschaftlichen und politischen Kreise. Das bezeugen insbesondere die Vorschläge zu einer maritimen Abrüstung, die schon in den 20er Jahren vom sowjetischen Rußland unterbreitet wurden, und viele andere Aktionen der letzten Jahre und Monate, die auch in dem vorliegenden dreibändigen Werk erwähnt worden sind. Die Neutralisierung und Entmilitarisierung der maritimen Gewässerbereiche, die Schaffung von Zonen des Friedens (beispielsweise im Indischen Ozean), das Verbot der Dislozierung von Kernwaffen und konventionellen Waffen auf dem Boden der Meere und Ozeane, die Überstellung von Kriegsschiffen in den Dienst des Friedens, des Fortschritts und der Wissenschaft (beispielsweise die erstmalig in der Welt erfolgte Übergabe des sowjetischen Unterseebootes „Severjanka" in die Hände von Wissenschaftlern) und viele andere Ideen liegen den friedliebenden Aktionen des sowjetischen Staates im Kampf für die Abrüstung zugrunde. Unter bestimmten Umständen können die Kräfte des Friedens und des Fortschritts durchaus eine Abrüstung, einschließlich der maritimen Abrüstung, erreichen und die Kräfte des Krieges und der Reaktion zügeln. Die Seekriegsbasen können in nationale und internationale zivile und offene Häfen verwandelt werden, und die Produktion der Rüstungsindustrie kann auf eine zivile Produktion umgestellt werden.

Die Behandlung der Rechtsfragen der Abrüstung auf den Meeren und Ozeanen im dritten Band des Werkes „Modernes Seevölkerrecht" unterstreicht die Bedeutung dieses Aspekts der zeitgenössischen und zukünftigen internationalen maritimen Beziehungen. Ist doch eine wirkliche Abrüstung der Schlüssel zur Gewährleistung eines festen Friedens und der internationalen Sicherheit, der Mehrung des Wohlstandes aller Völker sowie das beste Mittel zur Sicherung der wirtschaftlichen Entwicklung der schwachentwickelten Länder in der Nähe von Meeresgewässern und der Nutzung ihres großen Potentials. Eine wirkliche Abrüstung darf sich nicht auf das Festland beschränken, sondern muß die

Weltmeere einbeziehen. Es ist bekannt, daß die klügsten Köpfe der Menschheit, die Theoretiker und Praktiker des Kampfes um Abrüstung und Frieden, ihre Aufmerksamkeit auch der maritimen Abrüstung widmeten. In diesem Zusammenhang muß man an die Vorschläge des russischen Wissenschaftlers und Völkerrechtlers *L. A. Kamarovskij* zur vertraglichen Neutralisierung der Hohen See erinnern, an die unvollkommene Erfahrung mit der Neutralisierung des Schwarzen Meeres, die vertragliche Neutralisierung von Meerengen und Kanälen, die besondere Entnuklearisierung in dem Vertrag von Tlatelolco, die Verhandlungen zur Zeit des Völkerbundes über die maritime Abrüstung der Großmächte und die bekannten Initiativen der Sowjetunion zur Abrüstung, einschließlich der Abrüstung auf den Meeren.

In hohem Maße wichtig sind die Akte aus neuester Zeit, bei deren Annahme die Sowjetunion eine Hauptrolle spielte: der Antarktisvertrag von 1959, der Moskauer Vertrag über das Verbot von Kernwaffenversuchen in der Atmosphäre, im Weltraum und unter Wasser von 1963 und der Vertrag über das Verbot der Anbringung von Kernwaffen und anderen Massenvernichtungswaffen auf dem Boden der Meere und Ozeane von 1971. Abrüstungsverhandlungen über die Meere und Ozeane sind auch notwendig, weil einerseits das Weltmeer in einer Reihe von Gegenden schon mit Waffen gesättigt ist und es andererseits — soweit bedeutende Räume des Weltmeeres noch frei von Waffen sind — objektiv leichter ist, Vereinbarungen über Abrüstung oder über die Verhütung einer Militarisierung zu treffen, wie das Beispiel der Antarktis zeigt.

Die Rolle der Sowjetunion und der anderen Länder der sozialistischen Gemeinschaft bei der Schöpfung und Entwicklung der Rechtsinstitute, die im vorliegenden dritten und letzten Band untersucht wurden, ist bekannt: diese Rolle ist fortschrittlich und demokratisch. Wären nicht die Sowjetunion und die ständigen hartnäckigen Anstrengungen ihrer leninistischen Diplomatie im Kampf für den Frieden, die internationale Sicherheit und die Unabhängigkeit der Völker, so sähen die Weltkarte und die Karte des Weltmeeres heute wie ein Feld uneingeschränkter Herrschaft der starken kapitalistischen Mächte über die schwachen, kleinen und abhängigen Staaten, wie ein Feld ihrer unbarmherzigen Ausbeutung aus. Zum Glück für die Menschheit ist dies nicht eingetreten. Wie das Mitglied des Politbüros des ZK der KPdSU, der Erste Stellvertreter des Vorsitzenden des Ministerrates der UdSSR und Minister für auswärtige Angelegenheiten der UdSSR, *A. A. Gromyko*, betonte: „Die Welt entwickelt sich nicht nach den Plänen der Monopole der USA und der einflußreichen amerikanischen Geschäftswelt und nicht nach den Plänen derjenigen Staatsmänner in Washington, die das Steuer der Außenpolitik dieses Landes in den Händen halten. Die Welt entwickelt sich nach den objektiven Gesetzen, welche die Wissenschaft des Marxismus-Leninismus entdeckt hat; die Zukunft gehört der Welt des Sozialismus.[3]

[3] *A. A. Gromyko*, Vnešnjaja ekspansija kapitala: Istorija i sovremennost', Moskva 1982, S. 6.

Schlußbemerkung zu den drei Bänden

Die Arbeit an dem dreibändigen Werk „Modernes Seevölkerrecht“ durch ein Autorenkollektiv erstreckte sich auf eine zehnjährige Periode (der erste Band erschien im Jahre 1974, der zweite 1978 und der dritte im Jahre 1984) und fiel in zeitlicher Hinsicht mit der Kodifikationsarbeit der 3. VN-Seerechtskonferenz zusammen. Der erste Band erläuterte die Rechtsordnung der Gewässer und des Bodens des Weltmeeres und die Probleme, die bis zum Beginn der Arbeit der genannten Konferenz entstanden waren, die sich mit der Kodifikation und fortschrittlichen Entwicklung des Seevölkerrechts befaßte. Im zweiten Band wurden die völkerrechtlichen Fragen der Durchführung wissenschaftlicher Forschung auf dem Weltmeer, des Schutzes seiner Umwelt sowie Fragen der Handels- und Kriegsschiffahrt untersucht. Der vorliegende Band widmet sich den völkerrechtlichen Fragen der Zusammenarbeit der sozialistischen Länder in den maritimen Beziehungen, den internationalen maritimen Organisationen, der ausschließlichen Wirtschaftszone, den friedlichen Mitteln der Beilegung maritimer Streitigkeiten sowie dem Problem der maritimen Abrüstung.

Die Flexibilität und Wandelbarkeit sowie die gleichzeitige Stabilität des Seevölkerrechts insgesamt war überall feststellbar, angefangen von den großen Instituten und Zweigen des Seevölkerrechts bis hin zu einzelnen detaillierten Normen. Die Seevölkerrechtsordnung ebenso wie die Völkerrechtsordnung allgemein verändert sich zwar ständig, bleibt insgesamt aber beständig und für alle gleichermaßen verpflichtend. Dies ist in bedeutendem Umfang bedingt durch die Stabilität der imperativen Prinzipien des Völkerrechts wie der Souveränität, der Nichteinmischung, des Aggressionsverbots, der internationalen Sicherheit u. a. Das Seevölkerrecht verändert sich trotz seiner Stabilität — über historisch lange Zeiträume hinweg betrachtet — periodisch. Die drei Bände des vorliegenden Werkes sind deshalb ein Versuch, bestimmte wichtige Veränderungen des Seevölkerrechts darzustellen, die sich in dieser Zehnjahresperiode vollzogen haben. Darin liegt die analytische, normative, historische und interpretative Bedeutung dieses Werkes.

Das Autorenkollektiv setzte sich zum Ziel, in der seevölkerrechtlichen Typologie aufzuzeigen:

— was das Seevölkerrecht war und was es sein wird;

— welche wesentlichen Grundprobleme ihrer Lösung harrten und wie sie gelöst wurden;

— mit welchen Mitteln und von welchen Positionen aus dies erreicht wurde;

— worin das Wesen der traditionellen und der neuen Zweige des Seevölkerrechts besteht, die unter dem Einfluß der wissenschaftlich-technischen Revolution und der gesellschaftlichen Veränderungen in der Welt entstanden sind;

— wie sich die moderne Völkerrechtsordnung auf den Meeren und Ozeanen zusammensetzt;

— den Prozeß der Ausarbeitung der allumfassenden, universellen und globalen VN-Seerechtskonvention von 1982 mit seinen Zwischen- und Endergebnissen;

— den wesentlichen Inhalt der neuen Seevölkerrechtsordnung, der in der Konvention von 1982 enthalten ist;

— die Arbeit der Juristen und Diplomaten bei der Formulierung bestimmter Normen des Seevölkerrechts;

— die russische und ausländische Literatur, Dokumente sowie die Terminologie des Seerechts;

— die fortschrittliche Rolle der Sowjetunion, der anderen sozialistischen Staaten und vieler Entwicklungsländer bei der Schaffung der Konvention und der Bekräftigung ihrer demokratischen und antimonopolistischen Bestimmungen, die den Status der Entwicklungsländer auf den Meeren durch bestimmte Vorzugsrechte angleichen;

— die Widerspiegelung der Klassengegensätze sowie des ideologischen und diplomatischen Kampfes dreier Staatengruppen im Seevölkerrecht, den Sieg der Vernunft und die Niederlage der Kräfte des Imperialismus, des Kolonialismus und des Neokolonialismus bei der Arbeit an dem Entwurf einer Rechtsordnung für das Weltmeer;

— die Kontinuität der VN-Seerechtskonvention von 1982 mit den Konventionen und Gewohnheiten des Seevölkerrechts, der VN-Satzung insgesamt und den imperativen Prinzipien sowie die Weitergabe der „Stafette";

— die Notwendigkeit der Lösung der schwierigen und wichtigen Aufgabe, die nationale Gesetzgebung in Übereinstimmung mit den Normen der genannten Konvention und mit den Normen des Seevölkerrechts zu bringen;

— die stetige Ausdehnung des Anwendungsbereichs des Seevölkerrechts

— und die Tatsache, daß in der zeitgenössischen Epoche das Seevölkerrecht auf der Seite der Kräfte des Friedens steht, gegen die Kräfte der Anarchie und der Aggression, und daß es einen großen immateriellen und materiellen Wert der Menschheit darstellt.

Die immateriellen Werte haben, wie *F. Engels* bemerkte, auch eine große materielle Bedeutung. „In einem vernünftigen System, das über eine Zerstückelung der Interessen, wie dies bei den Wirtschaftsfachleuten der Fall ist, hinausgeht", sagte *F. Engels*, „wird natürlich das immaterielle Element zu den Elementen der Produktion gehören und seinen Platz unter den Produktionskosten und in der politischen Ökonomie finden. Und dort erkennen wir mit

Befriedigung, daß sich die Arbeit auf dem Gebiet der Wissenschaft auch materiell bezahlt macht; erkennen wir, daß ein einziges Ergebnis der Wissenschaft wie die Dampfmaschine von James Watt der Welt innerhalb der ersten fünfzig Jahre mehr einbrachte als die Welt von Urbeginn an für die Entwicklung der Wissenschaft ausgegeben hat."[1] Es ist anzunehmen, daß die Materialien, welche die Arbeit der Kodifikatoren des Völkerrechts, einschließlich des Seevölkerrechts, hervorbrachten, von dauerhaftem Interesse sind und trotz der schnellen Vergänglichkeit der Zeit nicht veralten werden. Obwohl das vorliegende Werk nicht besonders der 3. VN-Seerechtskonferenz gewidmet ist, die noch ihrer Aufarbeitung in Monographien harrt, ist es dennoch angebracht, hier auf die große Rolle dieses internationalen Forums sowie auf die hier von der Sowjetunion und den anderen sozialistischen Ländern geleistete Arbeit hinzuweisen, da in diesem Werk die Materialien der Konferenz intensiv genutzt wurden. Während vieler Jahrzehnte stand die sowjetische Diplomatie, gestützt auf die friedliebenden Programme und außenpolitischen Prinzipien der KPdSU und der Sowjetregierung, fest auf den Grundsätzen des Völkerrechts und verfolgte nicht die Positionen der Gewalt, tat alles für die Erzielung eines vernünftigen diplomatischen und völkerrechtlichen (aber nicht ideologischen) Kompromisses und die Ausarbeitung einer für alle Staaten annehmbaren Konvention.

Man muß den Beitrag der gesamten internationalen Gemeinschaft, der Vertreter aller maritimen Berufsstände und Fachbereiche sowie den Beitrag der Rechtsgelehrten zur schweren Arbeit der Konferenz und für die Verabschiedung einer Konvention erwähnen. Eine außerordentlich große Arbeit hatten die Mitarbeiter der Akademie der Wissenschaften der UdSSR zu bewältigen, unter ihnen die Mitarbeiter des Instituts für Staat und Recht, des Instituts für Weltwirtschaft und internationale Beziehungen, des Instituts für die USA und Kanada, der Sowjetischen Vereinigung für Seerecht, der Sowjetischen Vereinigung für Völkerrecht und anderer wissenschaftlicher und praktischer Organisationen. Während der Arbeit der Konferenz wurden viele Bücher und Artikel mit großer politischer, theoretischer, praktischer und informativer Bedeutung veröffentlicht. Sie brachten die sowjetische Wissenschaft vom Seevölkerrecht voran und stellten sie auf das Piedestal allgemeiner gesellschaftlicher Hochachtung.[2] Die Konferenz mobilisierte die Anstrengungen der Menschheit im nationalen und im internationalen Rahmen, ein äußerst vielschichtiges globales Problem zu lösen. Sie war ein weltweites Laboratorium des Seerechts, das viele Jahre auf einer dauerhaften Grundlage arbeitete. Ihre Tätigkeit fiel mit der Dekade des Ozeans zusammen, die von den Vereinten Nationen für die Periode von 1971 bis 1980 verkündet worden war. In diesem Laboratorium

---

[1] *K. Marx, F. Engels*, Soč, 2. Auflage, Bd. 1, S. 355.

[2] Wegen einer Zusammenstellung der von sowjetischen Autoren auf diesem Gebiet geleisteten Arbeit siehe: Raboty sovetskich avtorov po morskomu pravu, 1917 - 1978, Bibl. ukaz., Sost. *I. A. Razymnyj*, vstup. st. *A. K. Žudro*, Moskva 1981, 214 Seiten.

wurden zum Wohle der Menschheit aus einigen Dutzend unterschiedlichen politischen und rechtlichen Konzeptionen die notwendigen Elemente der künftigen konzeptionellen Begründung der Rechtsordnung auf den Meeren und Ozeanen ausgewählt, erprobt, überprüft, verabschiedet und in der allumfassenden Konvention von 1982 niedergelegt. Die Bedeutung der geleisteten Arbeit nicht nur für das Seevölkerrecht, sondern auch für andere Zweige des internationalen und staatlichen Rechts, des Luftrechts, des Weltraumrechts und des Naturschutzrechts, liegt auf der Hand.

Charakteristisch für die Konferenz waren ihre Arbeitsmethoden, ihre hohen globalen Ziele und insbesondere die Entscheidung aller Fragen durch eine „Paketlösung" (in einem Komplex) sowie durch die Methode der Übereinkunft, des Konsenses. Die Methode der „Paketlösung" erlaubte es, die Vorteile und Nachteile für jeden Staat auszugleichen und die gesamte Menschheit zu einem Schlußkompromiß zu führen. Die Konsensmethode verhinderte das in der Vergangenheit für diplomatische Konferenzen traditionelle Spiel mit den Stimmen, verminderte den Raum für Widersprüche und stellte das gemeinsame Ziel, im Namen des Friedens und der internationalen Zusammenarbeit einen Kompromiß zu erreichen, über die Sonderinteressen oder extrem nationalistischen Ziele. Natürlich verursachten die Bemühungen um einen Kompromiß Unklarheiten bei einigen Bestimmungen der VN-Seerechtskonvention von 1982, so daß diese unterschiedlich ausgelegt werden können. Außerdem führte die große Anzahl von Fragen auf den Tagesordnungen dazu, daß einige von ihnen generell außerhalb der Aufmerksamkeit der Konferenz blieben (z. B. die Sonderprobleme der Antarktis u. a.). Im Vergleich zum Erfolg der Konferenz bleibt dies jedoch nebensächlich. Die Konferenz umfaßte den gesamten grundlegenden Komplex der juristischen Bewertung internationaler maritimer Beziehungen in der Vergangenheit und in der Gegenwart wie in einem Brennpunkt. Sie bildete einen Präzedenzfall und ermöglichte allen Staaten der Welt, Erfahrungen für die Lösung vieler anderer globaler Probleme zu sammeln, auf welche die Menschheit in unserem Jahrhundert stieß und die noch auf eine Lösung auch mit Hilfe rechtlicher Instrumente in der Zukunft warten: Probleme der Ökologie, der Demographie, der Energiegewinnung, der Ernährung u. a. Die völkerrechtliche Beurteilung dieser Probleme hat vieles mit der Lösung des Problems des Weltmeeres gemeinsam: den globalen Gegenstand, entsprechende Subjekte der Rechte und Pflichten sowie die Lösungsmethoden.

Die objektiv existierenden Gesetze des dialektischen und historischen Materialismus erinnern uns ständig daran, daß alles auf der Welt in einer gegenseitigen Abhängigkeit steht, daß alle Elemente des gesellschaftlichen Lebens mehr oder weniger gegenseitig bedingt sind und irgendwelchen Einflüssen unterliegen. Die Normen des Seevölkerrechts stellen da keine Ausnahme dar. Die Entstehung von Normen des Völkerrechts vollzieht sich nicht in einem Vakuum, sondern in den internationalen Beziehungen, die zu regeln und denen ein Maximum an Harmonie, Zweckmäßigkeit, Gerechtigkeit und Nützlichkeit zu geben diese Normen aufgerufen sind. Die Politik der Staaten, ihre individuellen und kollektiven Handlungen, die Meinung der Weltöffentlichkeit, die Bevölkerungsbewegungen auf der Erde, staatliche und nichtstaatliche Organisationen und Konferenzen — alles dies sind Antriebskräfte für das Entstehen vollkommen neuer oder die Änderung alter Regeln, welche die Beziehungen zwischen den Staaten regeln. Einen besonderen Platz als Antriebskraft und Urahn der Normen des modernen Seevölkerrechts nahm, wie allgemein anerkannt wird, die 3. VN-Seerechtskonferenz ein. Deshalb ist es unmöglich, die Handlungen der USA auf der 3. VN-Seerechtskonferenz zu rechtfertigen, die nach der Machtübernahme Präsident *R. Reagans* früher vereinbarte Bestimmungen der VN-Seerechtskonvention von 1982 ablehnten, insbesondere die Bestimmungen über die Förderung von Tiefsee-Bodenschätzen aus dem internationalen Gebiet. Ohne Übertreibung kann man sagen, daß die 3. VN-Seerechtskonferenz und alle Ereignisse, die mit ihr im Zusammenhang stehen, fast auf alle völkerrechtlichen Kategorien und vor allem auf die Völkerrechtsdoktrin und das Völkerrechtsbewußtsein, auf die Normen des Völkerrechts und auf die Normen des nationalen Seerechts einen großen Einfluß hatte. Dieser Einfluß ist so offenkundig, daß es keines besonderen Nachweises bedarf: *manifestum non eget probationem.*

Was die Völkerrechtsdoktrin angeht, so reicht es aus, einige Konzeptionen anzuführen, die entweder im Zusammenhang mit der genannten Konferenz entstanden sind oder zu ihr führten, die auf ihr entweder formuliert oder abschließend bestätigt wurden. Unter ihnen befinden sich die Konzeption des gemeinsamen Erbes der Menschheit, die Konzeption der ausschließlichen Wirtschaftszone, die Konzeption der Archipelgewässer, das Antimonopolprinzip für die Ausbeutung der Naturschätze des Meeresbodens und andere. Es ist nur natürlich, daß sich im Verlauf des Kampfes und der Zusammenarbeit der Staaten auf der 3. VN-Seerechtskonferenz auch ein Völkerrechtsbewußtsein sowohl auf globaler als auch auf regionaler Ebene herausbildete. Darüber hinaus entstand auch ein nationales Rechtsbewußtsein. Auf globaler Ebene bildete sich das Bewußtsein von der Notwendigkeit einer neuen Konvention, eines erhöhten Schutzes der maritimen Rechte der Entwicklungsländer sowie der Möglichkeit und Notwendigkeit gewisser Vorzugsrechte zu ihrem Nutzen heraus. Dabei fällt jedoch in einer Reihe von Fragen das Rechtsbewußtsein der erdrückenden Mehrheit der Menschheit nicht mit dem Rechtsbewußtsein einiger gesellschaftlicher Kreise zusammen. Solcherart ist beispielsweise die Überzeugung der Mehrheit der Staaten und aller Völker von der Notwendigkeit der Bestätigung von antimonopolistischen Prinzipien und Normen, welche die Ausbeutung des Bodens des Weltmeeres im internationalen Gebiet regeln. Bekanntlich sind nur die Monopole der USA, Englands, der BRD, Japans und anderer kapitalistischer Länder nicht damit einverstanden. Die transnationalen Gesellschaften dürsten geradezu nach Handlungsfreiheit und nach einer Verteilung gemäß Macht und Kapital, widersetzen sich jedoch einer gleichberechtigten Teilnahme aller Länder und Völker.

Sehr groß ist auch der Einfluß der 3. VN-Seerechtskonferenz auf das Rechtsbewußtsein der internationalen Gesetzgeber selbst und auf die nationalen Gesetzgeber. Offen zu Tage tritt auch der Einfluß der Konferenz auf die Meinung der Weltöffentlichkeit. Er war mehrdeutig, weil er ein breites Spektrum von Reaktionen hervorrief, vom Patriotismus bis zum ungesunden Nationalismus, von der Idee der internationalen Zusammenarbeit bis hin zur Idee der Weltregierung und einer streng einzuhaltenden überstaatlichen Regelung zum Schaden der Souveränität der Staaten und Völker. Entgegen *Thomas von Aquin* wird das Rechtsbewußtsein nicht vom Himmel herabgesandt. Es bildet sich unter dem Einfluß objektiver und subjektiver Faktoren, realer innerstaatlicher und internationaler Beziehungen.

Die Erörterung der Probleme einer gerechten Regelung der entgegengesetzten maritimen Interessen der Staaten auf allen Ebenen im Verlauf vieler Jahre hinterließ im Bewußtsein der Menschen einen tiefen Eindruck. Bereits vor der Konferenz hatte sich das Rechtsbewußtsein eines bedeutenden Teils der Staatengemeinschaft um viele geltende Normen des Seevölkerrechts erweitert, jedoch richtete sich dieses Rechtsbewußtsein bei einer Reihe von Staaten nach diesen Normen und war nicht auf irgendeine ernsthafte Veränderung im Recht ausgerichtet. Infolge der großen Arbeit der Konferenz festigte sich im Rechtsbewußtsein praktisch aller Staaten das Verständnis für die Notwendigkeit einer Veränderung vieler Normen. Dadurch eröffnete sich die Möglichkeit, grundsätzlich ein einheitliches Modell der künftigen rechtlichen Regelung der internationalen maritimen Beziehungen zu formulieren, das auf Kompromissen, einem Konsens und dem Prinzip der „Paketlösung" aufgebaut ist. Verkörperung dieses Modells waren anfangs der „Informelle Einheitliche Verhandlungstext", seine später folgenden Überarbeitungen, der Entwurf einer Seerechtskonvention und schließlich die Konvention selbst, die am 10. Dezember 1982 in Montego Bay (Jamaica) unterzeichnet wurde.

Wie weiter unten ausgeführt wird, ist der Einfluß der Konferenz auch auf die entsprechenden Normen des Völkerrechts groß. Die Konferenz hat anschaulich gezeigt, daß einige Normen veraltet waren, andere einer Änderung bedurften und eine dritte Gruppe neu geschaffen werden mußte. In Übereinstimmung mit den Erfordernissen der Entwicklung und den Anforderungen der wissenschaftlich-technischen Revolution verstärkte sich das regelnde Element in den Gewässerbereichen des Weltmeeres. Eines der wichtigsten Ziele dieser Regelung ist es, die Meeresumwelt und die Naturschätze zu schonen und ihre Nutzung rationeller zu gestalten. Der Einfluß der 3. VN-Seerechtskonferenz auf die Normen des Vertragsvölkerrechts besteht darin, daß auf ihr die Notwendigkeit sichtbar wurde, die internationalen Verträge und Abkommen zu den maritimen Beziehungen zu modifizieren, in erster Linie einige Bestimmungen der Genfer Konventionen von 1958, die vor einem Vierteljahrhundert nur von dem Teil der Staaten angenommen wurden, der damals die internationale Gemeinschaft darstellte.

Der Einfluß der 3. VN-Seerechtskonferenz auf das Völkergewohnheitsrecht zeigt sich darin, daß während der Jahre der Konferenzarbeit in ihren Mauern Vorbilder für eine künftige rechtliche Regelung der internationalen maritimen Verhältnisse und (durch Implementierung) entsprechender innerstaatlicher Verhältnisse entstanden. Letztere wurden von vielen Staaten bereits auf der Grundlage der informellen Dokumente der 3. VN-Seerechtskonferenz geregelt, dies aber oft nicht *expressis verbis*, sondern mit gewissen Abweichungen, die für den konkret betreffenden Staat günstig waren. Es ist daran zu erinnern, daß nicht jede internationale Gewohnheit Völkerrecht ist, sondern nur diejenige, die den fundamentalen, imperativen Prinzipien des Völkerrechts entspricht.[3]

Man muß auch zwischen der gegenseitigen Beeinflussung von Normen oder von Normentwürfen des Völkerrechts einerseits und der nationalen Gesetzgebung oder Gesetzgebungsvorhaben im Bereich des innerstaatlichen Seerechts andererseits unterscheiden. So entstand das Institut des Festlandsockels anfangs in nationalen Gesetzgebungsentwürfen; später wurde es rezipiert und von der internationalen Gemeinschaft in einem Völkerrechtsakt nachgebildet, als dessen Folge das juristische Festlandsockelregime als ein vielschichtiges Institut des Völkerrechts feste Gestalt annahm. Umgekehrt entstanden Vorbilder für die Normen des künftigen Völkerrechtsinstituts der maritimen ausschließlichen Wirtschaftszone anfangs im Entwurf einer internationalen Konvention; sodann fanden sie mit gewissen — mitunter umstrittenen — Änderungen Eingang in die nationale Gesetzgebung einiger Dutzend Staaten.

Sehr groß ist auch die moralisch-politische Bedeutung der 3. VN-Seerechtskonferenz. Der faktische Zustand der Angelegenheiten auf dem Weltmeer war bis zur Einberufung der Konferenz äußerst deprimierend. Zwischen vielen Staaten reiften Konflikte heran oder liefen bereits Konflikte ab, die sich aus kollidierenden Interessen ergaben und ein hohes explosives Potential bargen. Viele Entwicklungsländer waren mit den Genfer Konventionen von 1958 und anderen Normen nicht zufrieden und traten tatkräftig gegen sie auf, nachdem sie ihre Ansprüche in politischen Deklarationen der Regierungen oder sogar in der Gesetzgebung bekräftigt hatten. In den vielstimmigen Positionen der Staaten konnte man die Gefahr eines künftigen Chaos spüren, die Gefahr einer Aufteilung des „nassen Landes" durch einseitige Maßnahmen mit Hilfe von Gewalt. Die internationalen maritimen Verbindungswege, die maritimen Fracht- und Passagieroperationen und der Weltmarkt schienen gefährdet. In diesem Lichte war die 3. VN-Seerechtskonferenz ein Versuch, auf dem friedlichen, vereinbarten Wege eines Kompromisses einen gemeinsamen Nenner für die unterschiedlichen „Zähler" zu finden, und zwar auf der Grundlage der Prinzipien des Völkerrechts und auf derjenigen von Rechts- und nicht von Machtbeziehungen. Im Verlauf der Konferenz und der diplomatischen Verhandlungen wurden die scharfen Kanten des Extremismus und des Maximalis-

---

[3] *G. I. Tunkin*, Teorija meždunarodnogo prava, Moskva 1970, S. 134.

mus abgeschliffen; im übrigen stellten bis zum Beginn dieser Konferenz viele Staaten äußerst übertriebene Ansprüche. Beispielsweise forderten einige Meerengenstaaten völlige Ermessensfreiheit für sich bezüglich der Durchfahrt ausländischer Handels- und Kriegsschiffe durch die Meerengen, was praktisch einer Beseitigung des Prinzips der Freiheit der Hohen See gleichgekommen wäre.

Schließlich sahen die Entwicklungsländer im Verlauf der Arbeiten der 3. VN-Seerechtskonferenz ein, daß sie, gestützt auf die Sowjetunion und die anderen sozialistischen Länder, ihre maritime Rechts- und Handlungsfähigkeit stärken und durch gemeinsame Anstrengungen wichtige neue Normen und Institute des Seevölkerrechts ausarbeiten und erhärten können, die auf das *jus cogens*[4] gegründet sind und ihre Entwicklungsinteressen gerecht berücksichtigen. Die Völker verstanden, daß ein Chaos und die Willkür der imperialistischen Mächte und Monopole vermieden werden können.

Weil man die Normen der internationalen Gewohnheit als unvollkommene Ausgestaltung einer Norm des Völkervertragsrechts ansehen kann, muß man anerkennen, daß die genannte Konferenz mit ihrem großen Einfluß auf die Herausbildung von Normen des Seevölkergewohnheitsrechts einen ebensogroßen Einfluß auch auf die Normen des Völkervertragsrechts hatte. Dieser Umstand erfordert nach unserer Meinung keinen besonderen Nachweis. Es reicht aus, auf den Entwurf zu verweisen und sodann auf die VN-Seerechtskonvention von 1982 selbst. Unter dem Einfluß der 3. VN-Seerechtskonferenz und der von ihr ausgearbeiteten Maßstäbe wurden bilaterale und multilaterale seerechtliche Übereinkommen zwischen den Staaten geschlossen. Nicht nur viele Staaten, sondern auch internationale Organisationen richteten sich in ihrer Praxis mehr oder weniger an den Entscheidungen und Entwürfen von Normen aus, die von der Konferenz ausgearbeitet worden waren. Es versteht sich von selbst, daß nur die Zeit zeigen kann, wie die neue allumfassende VN-Seerechtskonvention von 1982 „funktionieren", mit welchem Mechanismus sie in die Tat umgesetzt und mit welchem realen Inhalt sie erfüllt werden wird. Das Recht kann nicht nur eine leere Form oder ein formaler Rahmen sein, es hat sein Eigenleben, das eng verbunden ist mit der Außenwelt, die es regelt.

Der Abschluß der drei Bände wäre unvollständig, wenn wir nicht des Antipoden des Seevölkerrechts, seiner Verletzung, gedenken würden. Man kann sagen, daß im Seevölkerrecht wie auch im allgemeinen Völkerrecht ständig das Problem der internationalen Rechtsverletzungen und sogar internationaler Delikte auftaucht, die auf dem Meer ebenso wie auf dem Festland begangen werden. Das Seevölkerrecht, das aufgerufen ist, den Frieden, die internationale Zusammenarbeit und die Rechtsordnung auf dem Weltmeer zu sichern, wird ständig periodisch von den Kräften des Imperialismus verletzt.

---

[4] Siehe *L. A. Aleksidze*, Nekotorye voprosy teorii meždunarodnogo prava: Imperativnye normy jus cogens, Tbilissi 1982.

Objektiv ist das moderne Völkerrecht eine Barriere auf dem Weg hegemonistischer Bestrebungen der maritimen kapitalistischen Mächte, in denen die Traditionen des Kolonialismus und Neokolonialismus fortleben. Die Tatsache, daß die USA, England und einige andere Mächte es ablehnten, die VN-Seerechtskonvention von 1982 zu unterzeichnen, die praktisch von der ganzen Welt anerkannt wird, ist kein Zufall. Für diese wenigen Mächte ist das Völkerrecht ein Hindernis für Herrschaft und Hegemonismus. Selbst wenn man sich auf einige der letzten Jahre beschränkt, zeigt sich, daß alle wichtigen außenpolitischen Handlungen der USA, Englands und des NATO-Blocks insgesamt von groben Verstößen gegen das Seevölkerrecht begleitet wurden. Im Jahre 1982 gingen amerikanische Streitkräfte in Beirut an Land, wodurch sie offen die bewaffnete Aggression Israels gegen den Libanon unterstützten. Die bewaffnete Einmischung der USA in den inneren Bürgerkrieg im Libanon im Jahre 1984 vollzog sich in Gestalt barbarischer Bombardierungen friedlicher libanesischer Städte und Dörfer durch die 16-Zoll-Geschütze des Kreuzers „New Jersey". Im Jahre 1983 überfielen die USA das kleine Grenada, das dreißigtausendmal kleiner als sein Aggressor ist. Die Vereinigten Staaten führten eine massive Landung von „Rangers" und amerikanischer Marineinfanterie durch; die Aggression erfolgte von See aus.

Die jährlichen vielmonatigen und großangelegten kriegerischen Manöver der amerikanischen Seekriegsflotte in Zentralamerika unter dem Codewort „Ocean Venture" haben zum Ziel, die Völker des karibischen Beckens und der lateinamerikanischen Region einzuschüchtern, die nationalen Befreiungsbewegungen zu beseitigen und die Völker dieser Länder und ihre Naturschätze im Zustand des Neokolonialismus und Kolonialismus zu halten, der für die amerikanischen Monopolisten und Militaristen günstig ist. Dutzende von Kriegsschiffen, 250 Flugzeuge, darunter strategische „B-52"-Bomber, und mehr als 30.000 Soldaten und Marineinfanteristen nahmen an den Manövern „Ocean Venture-84" teil. Diese sind die größten Seekriegsübungen nach denjenigen, die dem Einfall der USA in Grenada im Oktober 1983 vorangingen.[5] Das Pentagon und die CIA sind an dem nichterklärten Krieg gegen das revolutionäre Nicaragua schuld, an der militärischen Einmischung in die Bürgerkriege in El Salvador und anderen Ländern auf seiten der reaktionären Kräfte. Sie versuchen, fortschrittliche gesellschaftliche Veränderungen zu unterbinden, wobei sie ihre Seekriegsstreitkräfte in großem Umfange für Ziele des Terrors und der Erpressung einsetzen und dabei das Völkerrecht mit Füßen treten. Die Agenten der CIA verminen mit direkter Unterstützung der US-Administration in Friedenszeiten die Häfen Nicaraguas, dessen Volk das verhaßte proamerikanische terroristische Somoza-Regime abschüttelte und ein selbständiges Leben aufzubauen begann. Die Handlungen der Söldner der USA führten dazu, daß in der kurzen Zeit vom 25. Februar bis 30. März 1984 mehr als acht Schiffe verschiedener Länder (unter ihnen Schiffe Japans, der Niederlande, der UdSSR

---

[5] Pravda vom 23. April und vom 28. April 1984.

und Panamas), die mit Nicaragua friedliche Handelsbeziehungen unterhalten, auf diesen Piratenminen in die Luft flogen. Die USA versuchen, Nicaragua im Feuerring einer Blockade von allen Seiten abzuschließen. Neben den erwähnten Kriegsspielen und Verminungen bildeten sie Tausende von Söldnern aus und setzten sie im Innern des Landes ab.[6] In Reaktion auf diese Handlungen und den Versuch, in Nicaragua ein Regime zu schaffen, das für die nordamerikanischen transnationalen Gesellschaften günstig ist, wandte sich die Regierung von Nicaragua an den Internationalen Gerichtshof der Vereinten Nationen. Die USA jedoch, die es ablehnten, die Jurisdiktion dieses Gerichtes anzuerkennen, demonstrierten dadurch erneut ihre klassenbezogene Haltung gegenüber der Nutzung friedlicher Mittel zur Streitbeilegung zwischen den Staaten.

Diese Politik des internationalen Piratentums ist nicht neu. Es ist bekannt, daß 1936-1939 das hitlerische Deutschland und das faschistische Italien — alle Normen der Moral, des Rechts und der Menschlichkeit mit Füßen tretend — die Küstengewässer des republikanischen Spanien verminten, friedliche Handelsschiffe überfielen, sie durch U-Boote torpedierten und dabei ertrinkende Seeleute und Passagiere erschossen. Die Empörung der öffentlichen Meinung der Welt führte zur Unterzeichnung des Nyoner Abkommens vom 14. und 17. September 1937 durch interessierte Länder, die Handelsschiffe unter rechtlichen Schutz nahmen und die genannten Aktionen zu Delikten erklärten.[7]

Es ist weithin bekannt, daß die USA mit einer Hartnäckigkeit, die einer besseren Verwendung würdig wäre, seit 25 Jahren versuchen, Kuba wirtschaftlich und politisch zu blockieren und zu erdrosseln. Die USA halten mit Gewalt an dem kubanischen Territorium der Marinebasis Guantanamo fest, diesem Überbleibsel des Kolonialismus und des Imperialismus. Die Völker und Länder Lateinamerikas und der ganzen Welt haben die lange Liste der bewaffneten Überfälle und Interventionen der USA, insbesondere die bewaffnete Intervention in der Dominikanischen Republik zum Zwecke der Unterdrückung des revolutionären Aufbruchs der Konstitutionalisten, die schmutzigen Kriege in Korea und Vietnam nicht vergessen, die unter Einsatz der Seekriegsflotte begonnen und durchgeführt wurden.[8]

Großbritannien steht hinter seinem Seniorpartner im aggressiven NATO-Block nicht zurück. England möchte auf seinen ehemaligen Kolonialbesitz der Falkland-Inseln (Malediven) nicht verzichten, die es im Jahre 1833 Argentinien mit Gewalt weggenommen hat, es ignoriert das Prinzip der Dekolonisierung sowie viele Entschließungen und Aufforderungen des Sicherheitsrates und der Generalversammlung der Vereinten Nationen. Es hindert Argentinien, sein Recht als souveräner Nachfolger der Inseln nach der Beseitigung des spanischen

---

[6] Granma vom 7. April 1984.

[7] Siehe Voenno-morskoj meždunarodno-pravovoj spravočnik, herausgegeben unter der Redaktion von *A. S. Bachov*, Moskva, Voenizdat 1956, S. 305.

[8] Siehe Chronika agressii i razboja (VMS SŠA kak orudie intervencionistskoj politiki), in: Morskoj sbornik 1984, No. 4, S. 86-87.

Kolonialreiches zu verwirklichen. So setzte England von April bis Juni 1982 seine bewaffnete Armada gegen Argentinien in Marsch. Ein mächtiger militärischer Verband moderner Kriegsschiffe, unter ihnen atomgetriebene Schiffe und Atom-U-Boote, griff die argentinischen Streitkräfte auf den Inseln an. Die konservative Regierung Englands wünschte ein Blutvergießen,[9] um ihrer kolonialen Ambitionen und der Macht im eigenen Lande willen, während die Regierung Argentiniens bereit war, Gespräche bei den Vereinten Nationen zu führen. In der TASS-Erklärung vom 24. Mai 1982 hieß es, daß „England einen massiven Angriff auf die Falkland-Inseln (Malediven) unter Einsatz von Flugzeugen und Schiffen der Kriegsflotte sowie von Landungstruppen durchgeführt hat", und daß „es keinem Zweifel unterliegt, daß England die Verantwortung für die Situation trägt, die sich um die Falkland-Inseln (Malediven) entwickelt hat, weil England sich über viele Jahre hinweg entschieden weigerte, Entschließungen der Vereinten Nationen über die Dekolonisierung der Inseln und zur Beilegung des Streites mit Argentinien über die Souveränität mit friedlichen Mitteln zu erfüllen. Vom Anfang dieses Konflikts an kalkulierte England mit bewaffneter Gewalt, entsandte eine Seekriegsarmada in das Gebiet des Südatlantik und entfesselte kriegerische Handlungen gegen Argentinien."[10]

Die Handlungen Großbritanniens waren eine direkte Provokation der gesamten internationalen Gemeinschaft und eine schwere Mißachtung der Forderungen der VN-Satzung. „London versucht mit Waffengewalt, den Kolonialstatus der Falkland-Inseln (Malediven) aufrechtzuerhalten, wobei es die Weltöffentlichkeit herausfordert, die vorbehaltlos den Kolonialismus verurteilt und ablehnt", hieß es in der TASS-Erklärung.[11] In der Erklärung wird auch die verwerfliche und aufwiegelnde Rolle der USA in diesem Konflikt unterstrichen: „Die Verantwortung dafür tragen auch diejenigen Regierungen, vor allem die Regierung der USA, die sich der englischen Haltung anschlossen, sich offen auf die Seite Londons stellten und es dadurch praktisch ermunterten, den Konflikt militärisch zu lösen. In der Sowjetunion ist man davon überzeugt, daß Streitfragen auf friedlichem Weg, am Verhandlungstisch, gelöst werden müssen, so unterschiedlich die Positionen auch sein mögen, welche die Parteien zu dem Kern des Konflikts einnehmen. Selbst die längsten Verhandlungen sind besser als ein kurzer Krieg."[12] Darüber hinaus müssen auch die Handlungen als

---

[9] Von dem Ausmaß dieses militärischen Konfliktes kann man sich auf Grund der eigenen Verluste Großbritanniens ein Bild machen. Es verlor vier modernste Kriegsschiffe: „Sheffield", „Ardent", „Coventry" und „Antelope". Versenkt wurden weiter das Transportschiff „Atlantic Conveyor" mit militärischer Ladung an Bord und das Landungsschiff „Sir Galahad" (eines von drei Landungsschiffen, über die England verfügte). Beschädigt und zum Verlassen des Kampfgebietes gezwungen waren 10 weitere Schiffe, einschließlich des Flugzeugträgers „Invincible" und des Stolzes der Britischen Flotte, des Flugzeugträgers „Hermes", der von der argentinischen Luftwaffe beschädigt wurde.

[10] Pravda vom 24. Mai 1982.

[11] A.a.O.

[12] A.a.O.

völkerrechtswidrig angesehen werden, die diese Aggression begleiteten, wie die Errichtung einer 200-sm-„Kriegszone" um die genannten Inseln für die Zeit des Krieges und einer 150-sm-„Sicherheitszone" durch England, nachdem die Inseln wieder durch britische Streitkräfte besetzt worden waren. Kein auch nur halbwegs objektiver Völkerrechtler kann irgendwelche Argumente und Beweisgründe dafür anführen, daß die Errichtung dieser Zonen rechtmäßig ist und daß sie von Argentinien oder anderen Staaten als verbindlich respektiert werden müssen. Die Errichtung dieser Zonen beruht nicht auf den Prinzipien und Normen des Völkerrechts und ist willkürlich. Mehr noch: sowohl der Aggressionskrieg Englands selbst als auch diese Maßnahmen sind unmittelbare Verletzungen der Prinzipien der internationalen Zusammenarbeit, des Aggressionsverbots, des Friedens und der internationalen Sicherheit. Insbesondere haben nach den über Jahrhunderte hinweg geheiligten Gesetzen und Gebräuchen des Krieges neutrale Staaten das Recht, mit den Kriegführenden, mit dem Opfer einer Aggression Handel zu treiben sowie entsprechende Ladungen und Waren einzuführen und auszuführen, wenn sie keine Kriegskonterbande darstellen. Dennoch maßten sich die britischen Kriegsschiffe das Recht an, in den genannten Zonen jedes Handels- und Kriegsschiff zu versenken, das sich dort aufhielt. Man muß also anerkennen, daß die von England erklärte „Kriegszone" und „Sicherheitszone" keine juristische Verbindlichkeit besitzen und *ab initio*, d.h. vom Beginn der Errichtung dieser Zonen an, für andere Staaten nicht verbindlich waren.

England hat durch seine Handlungen auch die lateinamerikanische nuklearwaffenfreie Zone grob verletzt, die durch den bekannten Vertrag von Tlatelolco aus dem Jahre 1967 geschaffen wurde und die zu beachten die britische Regierung verpflichtet war, da sie das Protokoll II zu dem Vertrag unterzeichnet hatte. In der Presse wurden Berichte verbreitet, daß der Kommandant des nuklearen Zerstörers „Sheffield" den geheimen Befehl hatte, Nuklearwaffen einzusetzen, falls die Lage der Engländer kritisch werden sollte. Bekanntlich ging die „Sheffield" mit ihrer äußerst gefährlichen Ladung unter, möglicherweise sogar mit Hilfe der Engländer selbst, als ihre Lage infolge der Angriffe der argentinischen Luftwaffe hoffnungslos wurde. Im April 1984 begann England unter dem Druck des Pentagon mit einem Vorhaben, das für die friedliche Rechtsordnung auf den Meeren gefährlich ist. England schritt zur qualitativ neuen Umrüstung seiner nuklearen U-Boot-Flotte auf das System „Trident-2". Dieses System besteht aus einem U-Boot der „Ohio"-Klasse, auf dem 16 ballistische Raketen des Typs „D-5" stationiert sind. Jede dieser Raketen kann 14 nukleare Gefechtsköpfe oder Miniraketen mit selbständiger, individueller Zielansteuerung tragen. Die Reichweite dieser Waffen beträgt 12.000 km. Nach seinen Eigenschaften stellt dieses System eine Angriffs- und keine Verteidigungswaffe dar.

Vor diesem düsteren Hintergrund ist auf den Verteidigungscharakter der Seekriegsflotte der Sowjetunion und anderer sozialistischer Länder hinzuweisen, die zudem noch wiederholt klare und konkrete Vorschläge unterbreitet haben, Verhandlungen zu beginnen, um den Rüstungswettlauf in die umgekehrte Richtung zu lenken und eine wirkliche Abrüstung auf dem Festland und auf See zu erreichen. Das Seevölkerrecht ist das beste Barometer, um die Rechtswidrigkeit des Verhaltens einiger Staaten und die Rechtmäßigkeit des Verhaltens anderer Staaten auf dem Weltmeer anzuzeigen. Seit langem ist bekannt, daß Macht ohne Recht Tyrannei und Recht ohne Macht, es schützen zu können, Hohn ist. Heute können wir feststellen, daß seit der Großen Oktoberrevolution eine solche Macht existiert, die für das Recht auf der Wacht steht. Das sind die Sowjetunion und die anderen sozialistischen Länder, die ein Bollwerk des Friedens und der internationalen Sicherheit darstellen.

Publikationen des Instituts für Internationales Recht an der Universität Kiel

A. Jahrbuch für Internationales Recht
German Yearbook of International Law (ab Band 19)

Verlag: Duncker & Humblot (ab Band 17).

Die früheren Bände sind im Verlag Vandenhoeck & Ruprecht, Göttingen, erschienen.

Bd. 12	629 S.	1965	75,— DM
Bd. 13	617 S.	1967	85,— DM
Bd. 14	645 S.	1969	85,— DM
Bd. 15	971 S.	1971	95,— DM
Bd. 16	571 S.	1973	128,— DM
Bd. 17	517 S.	1974	128,— DM
Bd. 18	574 S.	1975	138,— DM
Bd. 19	557 S.	1976	148,— DM
Bd. 20	569 S.	1977	148,— DM
Bd. 21	579 S.	1978	158,— DM
Bd. 22	581 S.	1979	168,— DM
Bd. 23	597 S.	1980	178,— DM
Bd. 24	566 S.	1981	178,— DM
Bd. 25	722 S.	1982	228,— DM
Bd. 26	550 S.	1983	218,— DM
Bd. 27	599 S.	1984	218,— DM
Bd. 28	555 S.	1985	212,— DM
Bd. 29	612 S.	1986	212,— DM

B. Veröffentlichungen des Instituts für Internationales Recht

Verlag: Duncker & Humblot, Berlin (ab Band 73).

Die früheren, hier aufgeführten Bände sind im Hansischen Gildenverlag, Hamburg, erschienen. Über die unten nicht aufgeführten Bände geben die Verlage und das Institut Auskunft.

40. Karl-Heinrich Buhse, Der Schutz von Kulturgut im Krieg. 1959. 150 S. 16,40 DM.

41. Wolfgang Pigorsch, Die Einordnung völkerrechtlicher Normen in das Recht der Bundesrepublik Deutschland. 1959. VI, 135 S. 14,80 DM.

42. Wolfgang Birke, Die Konfiskation ausländischer Privatvermögen im Hoheitsbereich des konfiszierenden Staates nach Friedensvölkerrecht. 1960. XVI, 214 S. 28,— DM.

43. Völkerrecht, Lehrbuch der Akademie der Wissenschaften der UdSSR (1957). Übersetzt von Prof. Dr. Schultz, Göttingen. Vorwort von Prof. Dr. E. Menzel, Kiel. 1960. XXVIII, 492 S. 38,— DM, Lw. 44,— DM.

44. Hans-Hinrich Biehl, Minderheitenschulrecht in Nord- und Südschleswig. 1960. VIII, 131 S. 14,80 DM.

45. Peter Becker, Der Einfluß des französischen Verwaltungsrechts auf den Rechtsschutz in den europäischen Gemeinschaften. 1963. XII, 148 S. 19,80 DM.

46. Hans W. Baade, Das Verhältnis von Parlament und Regierung im Bereich der Auswärtigen Gewalt der Bundesrepublik Deutschland. 1962. 247 S. 30,— DM.

47. Dietrich Rauschning, Das Schicksal völkerrechtlicher Verträge bei der Änderung des Status ihrer Partner. 1963. XIV, 264 S. 36,— DM.

48. Jürgen Schilling, Völkerrecht und staatliches Recht in Frankreich. 1964. X, 176 S. 26,— DM.

49. Uwe Lüthje, Die Theorie des Contrat Administratif im französischen Verwaltungsrecht. 1964. X, 142 S. 19,— DM.

50. Walter Wiese, Der Kampf um das Bricker-Amendment. Eine Studie über Abschluß und Stellung völkerrechtlicher Abkommen im Verfassungssystem der Vereinigten Staaten. 1965. XII, 231 S. 32,— DM.

51. 50 Jahre Institut für Internationales Recht an der Universität Kiel. Festakt am 12. 11. 1964 und Wissenschaftliche Kolloquien mit Referaten von Max Sørensen, Ulrich Scheuner, Paul Guggenheim, Konrad Zweigert. Lebensbilder und Bibliographien von Theodor Niemeyer, Walter Schücking, Hermann v. Mangoldt, 1965. 242 S. 30,— DM.

52. Dieter Feddersen, Die Rolle der Volksvertretungen in der Deutschen Demokratischen Republik. 1965. 235 S. 29,80 DM.

53. Wolfgang Clausen, Die Staatwerdung Ghanas. 1966. XII, 196 S. 28,— DM.

54. Fritz Fischer, Die institutionalisierte Vertretung der Verbände in der Europäischen Wirtschaftsgemeinschaft. 1965. 208 S. 26,— DM.

55. Wolfgang Wiesner, Der Widerruf individueller Entscheidungen der Hohen Behörde der EGKS. 1966. 128 S. 18,50 DM.

56. Volker Langbein, Die rechtliche Regelung des Lobbyismus in den Vereinigten Staaten. 1967. 181 S. 23,— DM.

57. Knut Ipsen, Rechtsgrundlagen und Institutionalisierung der atlantisch-westeuropäischen Verteidigung. 1967. 223 S. 28,50 DM.

58. Thomas Harms, Die Rechtsstellung der Abgeordneten in der Beratenden Versammlung des Europarates und im Europäischen Parlament. 1968. 173 S. 25,— DM.

59. Drei sowjetische Beiträge zur Völkerrechtslehre. G. I. Tunkin, Grundlagen des modernen Völkerrechts (1956); D. B. Lewin, Grundprobleme des modernen Völkerrechts (1958); G. I. Tunkin, Der ideologische Kampf um das Völkerrecht (1967). Übersetzt von Dr. Rossbacher, Dr. Frenzke, Dr. Rodingen. Einführung von Prof. Dr. E. Menzel. 1969. XL, 480 S. 68,— DM.

60. Sigrid Kunze, Wahlkosten und Wahlchancengleichheit bei den Unterhauswahlen in Großbritannien. 1968. 147 S. 20,— DM.

61. Klaus Stahl, Die Sicherung der Grundfreiheiten im öffentlichen Recht der Fünften Französischen Republik. 1970. XV, 337 S. 44,— DM.

62. Gerhard Kutzner, Die Organisation der Amerikanischen Staaten (OAS). 1970. 400 S. 48,— DM.

63. Sigmar-Jürgen Samwer, Die französische Erklärung der Menschen- und Bürgerrechte von 1789/91. Ihre Entstehungsgeschichte und ihre Herkunft. 1970. XI, 422 S. 48,— DM.

64. Die Nutzung des Meeresgrundes außerhalb des Festlandsockels (Tiefsee). Vorträge und Diskussionen eines Symposiums, veranstaltet vom Institut für Internationales Recht an der Universität Kiel vom 26.-28. März 1969. 1970. 257 S. 29,— DM.

65. Lothar Schöppe, Neue Konkordate und konkordatäre Vereinbarungen, Abschlüsse in den Jahren 1964 bis 1969. Nachtrag zu „Konkordate seit 1800", Frankfurt a. M./Berlin 1964. 1970. 231 S. 28,— DM.

66. Ostverträge, Berlin-Status, Münchener Abkommen, Beziehungen zwischen der BRD und der DDR. Vorträge und Diskussionen eines Symposiums, veranstaltet vom Institut für Internationales Recht an der Universität Kiel vom 27.-29. März 1971. 1971. 361 S. 38,— DM.

67. Niels Brandt, Das Interamerikanische Friedenssystem, Idee und Wirklichkeit. 1972. 522 S. 52,— DM.

68. Rüdiger Pernice, Die Sicherung des Weltfriedens durch Regionale Organisationen und die Vereinten Nationen. 1972. 178 S. 25,— DM.

69. Ondolf Rojahn, Die Ansprüche der lateinamerikanischen Staaten auf Fischereivorrechte jenseits der Zwölfmeilengrenze. 1972. 308 S. 37,— DM.

70. Bodo Richter, Völkerrecht, Außenpolitik und internationale Verwaltung bei Lorenz von Stein. 1973. 257 S. 35,— DM.

71. Beiträge zur Weiterentwicklung des humanitären Völkerrechts für bewaffnete Konflikte. Hrsg. von Dieter Fleck in Zusammenarbeit mit Michael Bothe, Kay Hailbronner, Knut Ipsen. 1973. XVI, 216 S. 35,— DM.

72. Ulrich Thieme, Rundfunksatelliten und internationales Recht — Eine neue Kommunikationstechnik und ihre weltweiten rechtlichen Auswirkungen. 1973. 117 S. 19,50 DM.

73. Die Vereinten Nationen im Wandel. Referate und Diskussionen eines Symposiums „Entwicklungslinien der Praxis der Vereinten Nationen in völkerrechtlicher Sicht", veranstaltet vom Institut für Internationales Recht an der Universität Kiel vom 20.-23. November 1974. 1975. 262 S. 68,— DM.

74. Eibe H. Riedel, Kontrolle der Verwaltung im englischen Rechtssystem. 1976. 312 S. 76,— DM.

75. Wulf Hermann, Das Rundfunkrecht in den nordischen Staaten. 1976. 150 S. 48,— DM.

76. Abschreckung und Entspannung. Fünfundzwanzig Jahre Sicherheitspolitik zwischen bipolarer Konfrontation und begrenzter Kooperation. 1977. XII, 897 S. 178,— DM.

77. Joachim Wege, Positives Recht und sozialer Wandel im demokratischen und sozialen Rechtsstaat. 1977. 346 S. 86,— DM.

78. Deutsch-Amerikanisches Verfassungsrechtssymposium 1976 / American-German Bicentennial Symposium on Constitutional Law: Pressefreiheit / Freedom of the Press — Finanzverfassung im Bundesstaat / Financial Powers in the Federal System. 1978. 251 S. 56,— DM.

79. Völkerrecht und internationale wirtschaftliche Zusammenarbeit. Referate und Diskussionen eines Symposiums, veranstaltet vom Institut für Internationales Recht an der Universität Kiel vom 9.-10. Dezember 1976. 1978. 262 S. 68,— DM.

80. Wilhelm A. Kewenig, Zu Inhalt und Grenzen der Rundfunkfreiheit. 1978. 149 S. 58,— DM.

81. Siegfried Magiera, Parlament und Staatsleitung in der Verfassungsordnung des Grundgesetzes. 1979. 359 S. 98,— DM.

82. Völkerrecht und Kriegsverhütung — Zur Entwicklung des Völkerrechts als Recht friedenssichernden Wandels. Referate, Berichte und Diskussionen eines Symposiums, veranstaltet vom Institut für Internationales Recht an der Universität Kiel vom 22. - 24. November 1978. 1979. 305 S. 75,— DM.

83. Wolfgang Hoffmann-Riem, Wilhelm A. Kewenig, Ingo v. Münch, Thilo Ramm, Die Kündigung des NDR-Staatsvertrages. Voraussetzungen und Folgen. 1980. 235 S. 96,— DM.

84. André Thomashausen, Verfassung und Verfassungswirklichkeit im neuen Portugal. 1981. 508 S. 148,— DM.

85. Ulrich Scheuner, Das Grundrecht der Rundfunkfreiheit. 1982. 99 S. 38,— DM.

86. Rainer Lagoni, Ländergrenzen in der Elbemündung und der Deutschen Bucht. 1982. 112 S. 48,— DM.

87. Hans-Joachim Schütz, Militärische Vertrauensbildende Maßnahmen aus völkerrechtlicher Sicht. 1984. 142 S. 48,— DM.

88. Antarctic Challenge — Conflicting Interests, Cooperation, Environmental Protection, Economic Development. Proceedings of an Interdisciplinary Symposium, June 22nd-24th, 1983. 1984. 253 S. 78,— DM.

89. Das neue Seerecht. Internationale und nationale Perspektiven. Referate und Diskussionen eines Symposiums, veranstaltet vom Institut für Internationales Recht an der Universität Kiel vom 1. - 4. 12. 1982. 1984. 258 S. 78,— DM.

90. Elmar Rauch, The Protocol Additional to the Geneva Conventions for the Protection of Victims of International Armed Conflicts and the United Nations Convention on the Law of the Sea: Repercussions on the Law of Naval Warfare. Report to the Committee for the Protection of Human Life in Armed Conflict of the International Society for Military Law and Law of War. 1984. 165 S. 56,— DM.

91. Marklen Ivanovič Lazarev, Theoretische Fragen des modernen Seevölkerrechts. 1985. 294 S. 68,— DM.

92. Eckart Klein / Matthias Pechstein, Das Vertragsrecht internationaler Organisationen. 1985. 107 S. 36,— DM.

93. Grigorij Ivanovič Tunkin, Recht und Gewalt im internationalen System. 1986. 213 S. 68,— DM.

94. Recht auf Information — Schutz vor Information. Menschen- und staatsrechtliche Aspekte. Referate und Diskussionsbeiträge eines Symposiums, veranstaltet vom Institut für Internationales Recht an der Universität Kiel vom 21. - 24. November 1984. 1986. 254 S. 78,— DM.

95. Antarctic Challenge II — Conflicting Interests, Cooperation, Environmental Protection, Economic Development. Proceedings of an Interdisciplinary Symposium, September 17th - 21st, 1985. 465 S. 158,— DM.

96. Eibe H. Riedel, Theorie der Menschenrechtsstandards. Funktion, Wirkungsweise und Begründung wirtschaftlicher und sozialer Menschenrechte mit exemplarischer Darstellung der Rechte auf Eigentum und auf Arbeit in verschiedenen Rechtsordnungen. 1986. 425 S. 136,— DM.

97. Jan Willisch, State Responsibility for Technological Damage in International Law. 1987. XXVIII, 326 S. 136,— DM.

98. Karin Heidenstecker-Menke, Die Bestandsgarantie völkerrechtlicher Verträge im österreichischen und deutschen Recht. Eine rechtsvergleichende Untersuchung. 1987. 169 S. 68,— DM.

99. Klaus Bockslaff, Das völkerrechtliche Interventionsverbot als Schranke außenpolitisch motivierter Handelsbeschränkungen. 193 S. 1987. 74,— DM.

100. Rainer Velten. Die Anwendung des Völkerrechts auf State Contracts in der internationalen Schiedsgerichtsbarkeit. 1987. 180 S. 76,— DM.

C. Studien aus dem Institut für Internationales Recht

Verlag: Duncker & Humblot, Berlin.

1. Eberhard Ott, Die Weltorganisation für Meteorologie (WMO). 1976. XIII, 174 S. 56,— DM.

2. Gerd-Rudolf Wehling, Die politischen Parteien im Verfassungssystem Israels. 1977. XVI, 238 S. 66,— DM.

3. Klaus Junker, Anlegerschutz im Recht des amerikanischen stock-broker. 1977. XVII, 233 S. 68,— DM.

4. Friedrich Leffler, Das Heuerverhältnis auf ausgeflaggten deutschen Schiffen. 1978. XIX, 492 S. 96,— DM.

5. Bibliographie des Deutschen Schrifttums zum internationalen und ausländischen Privatrecht 1945 - 1970. Bearb. von Peter Soyke und Eckart Wehser. 1978. XLIII, 616 S. 56,— DM.

6. Hans Jürgen Wildberg, Die Internationale Meeresbodenbehörde (ISA). Ihre rohstoffwirtschaftliche Aufgabe, entwicklungspolitische Bedeutung und der Entwurf durch die Dritte Seerechtskonferenz. 1979. 144 S. 42,— DM.

7. Eberhard Eyl, Das ordentliche Haushalts- und Finanzwesen der UNESCO. 1979. 291 S. 78,— DM.

8. Brigitte Namgalies, Das französische Arbeitsunfallrecht. Eine Darstellung mit rechtsvergleichenden Hinweisen zum deutschen Arbeitsunfallrecht. 1981. 208 S. 68,— DM.

9. Wilfried Braun, Vertragliche Geldwertsicherung im grenzüberschreitenden Wirtschaftsverkehr. 1982. 270 S. 98,— DM.

10. Wolfgang Steiniger, Das dänische Aktiengesetz. Eine Darstellung des dänischen Aktiengesetzes vom 13. Juni 1973 mit späteren Änderungen unter besonderer Berücksichtigung der Rechtsstellung des Aktionärs mit rechtsvergleichenden Hinweisen. 1983. 386 S. 148,— DM.

D. Sammlung „Dokumente"

Verlag: Alfred Metzner Verlag, Frankfurt/M.-Berlin

Diese Sammlung wird herausgegeben von der Forschungsstelle für Völkerrecht und ausländisches öffentliches Recht an der Universität Hamburg, dem Institut für Internationales Recht an der Universität Kiel und dem Institut für Völkerrecht der Universität Göttingen. Nachstehend werden nur die in Kiel bearbeiteten Bände angeführt.

Bd. 26. Hans W. Baade, Gesetzgebung zur Förderung ausländischer Kapitalanlagen. 1957. 89 S. 12,80 DM.

Bd. 29. Eberhard Jäckel, Die Schleswig-Frage seit 1945. 1959. 150 S. 19,80 DM.

Bd. 34. Günter B. Krause, Der Internationale Fernmeldeverein. 1960. 184 S. 24,— DM.

Bd. 35. Lothar Schöppe, Konkordate seit 1800. Originaltext und deutsche Übersetzung der geltenden Konkordate. 1964. XXXVII, 584 S. 68,— DM (Zur Fortsetzung vgl. unter B., Nr. 65).

Bd. 38. Hans-R. Krämer, Die Europäische Wirtschaftsgemeinschaft. Texte zur Entstehung und Ausführung. 1965. XI, 540 S. 68,— DM.

E. Parlamente und Parteien

Verlag: Athenäum-Verlag, Frankfurt/M. (Siehe auch unter C., Nr. 2.)

Bd. 1. Wolf-Eberhard Ahrens, Immunität der Abgeordneten. 1970. 141 S. 28,— DM.

Bd. 2. Carl-August Conrad, Die politischen Parteien im Verfassungssystem der Schweiz. 1970. 202 S. 34,— DM.

Bd. 3. Siegfried Magiera, Die Vorwahlen (Primaries) in den Vereinigten Staaten, Demokratisierung von Wahlen und Parteien. 1971. 174 S. 38,— DM.

Bd. 4. Jürgen Hansen, Die Institution des Ombudsman. 1972. 188 S. 38,— DM.

Bd. 5. Rainer Lagoni, Die politischen Parteien im Verfassungssystem der Republik Irland. 1973. 271 S. 58,— DM.

F. Bibliographien

Verlag: Hansischer Gildenverlag, Hamburg (Siehe auch unter C., Nr. 5.)

Bd. 1. Dietrich Rauschning, Bibliographie des deutschen Schrifttums zum Völkerrecht 1945 - 1964. 1966. 569 S. 40,— DM.

Bd. 2. Vladimir Ibler, Bibliographie des jugoslawischen Schrifttums zum Völkerrecht 1945 - 1964. 1970. XIX, 380 S. 30,— DM.

Bd. 3. Johannes R. Gascard, Bibliographie des deutschen Schrifttums (BRD) zum Völkerrecht 1965 - 1971. 1972. XLIV, 414 S. 35,— DM.